10 ℊ

Ewert von Krusenstjern

Weltumsegler und Wissenschaftler

Adam Johann von Krusenstern 1770-1846
Ein Lebensbericht

Ewert von Krusenstjern

Weltumsegler und Wissenschaftler

Adam Johann von Krusenstern 1770-1846

Ein Lebensbericht

Casimir Katz Verlag

Die Deutsche Bibliothek — CIP-Einheitsaufnahme

Krusenstjern, Ewert von:
Weltumsegler und Wissenschaftler: Adam Johann von
Krusenstern 1770-1846; ein Lebensbericht / Ewert von
Krusenstjern. — Gernsbach: Katz, 1991
    ISBN 3-925825-54-1

© Casimir Katz Verlag, Gernsbach 1991
Druck: Clausen & Bosse GmbH, Leck
Buchumschlag: Zembsch' Werkstatt München
ISBN 3-925825-54-1

Gewidmet Käte von Krusenstjern (†)

INHALTSVERZEICHNIS

Zur Einführung

Über Adam Johann von Krusenstern, dessen Namen heute ein Großsegler in alle Welt trägt, wo er auch einst verbreitet war, ist viel geschrieben worden[1], doch eine umfassende Biographie stand noch aus. Dies hat nicht zuletzt in der Quellenlage seinen Grund. Was an Material erhalten blieb, ist in Archiven, Bibliotheken und Privatsammlungen in mehreren Ländern verstreut, und seine Auswertung setzt wenigstens die gleichzeitige Kenntnis des Deutschen, Englischen, Russischen und Estnischen voraus. Als die Gräfin Sophie von Rüdiger im Jahre 1911 den Besitz ihres Großvaters Adam Johann von Krusenstern veräußerte, hatte sie als Nacherbin bei den notwendigen Verfügungen nicht bedacht, daß Schloß Ass in Estland, das sie nie gesehen hatte, Mengen an wertvollen Manuskripten barg. So geschah das Unglück, daß bei der Auflösung von Ass Möbelträger mit eisenbeschlagenen Stiefeln über knöchelhoch herumliegendes Schriftgut marschierten. Erst nachdem sich dies herumgesprochen hatte, gelang es Verwandten, aber auch Fremden, einiges davon an sich zu bringen, doch vieles ging für immer verloren. Darunter befanden sich wertvolle Briefschaften, womit nicht nur die Briefe prominenter Persönlichkeiten gemeint sind, sondern gerade auch solche alltäglichen Briefe wie die von Adam Johanns Bruder Carl Friedrich. Die beiden fast gleichaltrigen Brüder haben ihr Leben lang in engem Briefkontakt gestanden. Die andere Seite dieser Korrespondenz sollte ebenfalls nicht überdauern. Adam Johanns Briefe an seinen Bruder wurden in Haggud, dem Familiensitz in Estland, in einer sogenannten Brieflade aufbewahrt. Während der russischen Revolution von 1905 bemächtigten sich Aufständische der sorgsam gehüteten Truhe in der Annahme, sie müsse bis obenhin mit Gold, Silber und Diamanten gefüllt sein. Als statt der erwarteten Schätze nur altes, beschriebenes Papier zum Vorschein kam, verbrannten sie es aus enttäuschter Wut. Für einen Biographen war somit die gewiß ergiebigste und zuverlässigste Quelle verschüttet.

Da Adam Johann von Krusenstern weder ein Tagebuch noch Lebenserinnerungen geschrieben hat, bilden außer seinen Werken, in denen sich manche biographische Hinweise finden lassen, die wenigen Briefe, die über sein Leben Aufschluß geben, die wichtigste Quelle. Es ist dies vor allem sein (nicht ganz vollständiger) Briefwechsel mit dem Schweizer Astronomen Johann Caspar Horner aus den Jahren 1807 bis 1834, der

---

[1] Die erste biographische Arbeit aus dem Jahre 1879 stammt von Theodor von Bernhardi, die letzte von Wassili Passetzki ist 1974 erschienen.

Ende des vorigen Jahrhunderts in der Vierteljahrsschrift der Naturforschenden Gesellschaft in Zürich veröffentlicht wurde. Dem sowjetrussischen Historiker Wassili Passetzki ist es zu verdanken, an Adam Johann gerichtete Briefe englischer Polarforscher sowie dessen Briefe an den Grafen Nikolai Rumjanzew, Handelsminister, Außenminister und Kanzler unter Alexander I., als Quelle erschlossen zu haben. Daneben existieren in Privatbesitz noch vereinzelte Briefe Adam Johanns an seine Frau Julie und an seinen Sohn Paul - nicht aber die an seine anderen Söhne -, ferner Briefe Julies, der vier Söhne und der Schwiegertochter Mimi und einige seines Bruders. Von Interesse sind ebenfalls die Erinnerungen des Schwiegersohns Theodor von Bernhardi - er hat Adam Johann bereits in jungen Jahren gekannt - sowie die Briefe August von Kotzebues, der mit Adam Johann, seinem angeheirateten Vetter, regelmäßig korrespondiert hat. Leider fehlen auch hier die Antwortbriefe. Hinzu kommen zahllose weitere Einzelquellen, darunter Briefe Adam Johanns - an verschiedene Forscher seiner Interessengebiete -, die sich in der Welt verstreut in Archiven erhalten haben. Über die Weltumseglung gibt es zusätzlich zu den im Druck erschienenen Reisebeschreibungen, darunter die von Adam Johann selbst, als Manuskript das höchst aufschlußreiche Tagebuch des Leutnants Hermann von Löwenstern, dessen Existenz zwar bereits bekannt war, hier aber erstmalig ausgewertet wird.

Ob der Name Krusenstiern nun mit i oder mit j geschrieben wurde, die schwedische Abkunft war unabweisbar. In einer Zeit, in der Rußland und Schweden in mehreren aufeinanderfolgenden Kriegen um die Vorherrschaft im Ostseeraum rangen, hat Adam Johann als junger Kadett in einem russischen Korps, sei es freiwillig oder unter Druck, den ‚feindlichen' Namen durch Streichung des i in Krusenstern verändert, und dabei ist es für ihn und seine Deszendenz geblieben.

Meinem Bruder Georg, der sich im Zusammentragen von Quellenmaterial über Adam Johann besonders verdient gemacht hat und mir auch durch das Entziffern von Briefen eine nicht zu unterschätzende Hilfe geleistet hat, bin ich zu großem Dank verpflichtet. Danken möchte ich auch dem Archiv der Familie von Krusenstiern(a) in Schweden (Museum Kalmar) für die bereitwillige Überlassung von Material sowie meiner Tochter Benigna, die mir bei diesem Buch mit Rat und Tat zur Seite gestanden hat.

I
Herkunft und Kindheit

Adam Johann von Krusenstern wurde am 8. November 1770 geboren, somit im gleichen Jahr wie Hölderlin (20. März), Hegel (27. August) und Beethoven (17. Dezember), ein Jahr nach Alexander von Humboldt, Garlieb Merkel und Napoleon und ein Jahr vor Walter Scott. Erweitern wir die Zeitgenossenschaft noch um sieben Jahre vorwärts und rückwärts, dann bekommen wir auch Jean Paul (1763), Nikolai Karamsin (1766), Wilhelm von Humboldt (1767), die Gebrüder Schlegel (1767 und 1772), Schleiermacher (1768), Novalis (1772), Metternich (1773), Caspar David Friedrich (1774), Schelling (1775), E.T.A. Hoffmann (1776), Kaiser Alexander I., Kleist, Gauß und Ch. D. Rauch (alle 1777) ins Visier, ohne eine vollständige Prominentenliste angestrebt zu haben. Diese Häufung dürfte ihresgleichen nicht finden und verdient es daher, hier festgehalten zu werden, auch dann, wenn man mit der Astrologie nichts im Sinn hat.

Die eigentliche Zeit- und Schicksalsgenossenschaft aber ergibt sich in diesem Falle durch die Tatsache, daß sich 1770 James Cook auf seiner ersten großen Entdeckungsreise befand. Mit Cook, der 1779 auf seiner dritten Reise auf Hawaii erschlagen wurde, ging das dreihundert Jahre während Zeitalter der großen sensationellen Entdeckungen zu Ende. Es hatte 1471 begonnen, als die Portugiesen den Äquator überquerten, und wurde nun von James Cook gekrönt. In diesen Jahrhunderten war die Mitwelt fasziniert worden durch Nachrichten über Länder mit seltsamen Menschen, Tieren und Pflanzen, aus denen man mit Schätzen reich beladen heimkehren konnte. Was nun noch zu entdecken blieb in den Polarzonen und anderen unwirtlichen Gegenden oder entlegenen Meeren, war für das breite Publikum von zweitrangigem Interesse, für Geographen und Seefahrer dagegen nicht weniger spektakulär.

Bedeutsamer noch als die Tilgung der letzten weißen Flecken von den Land- und Seekarten war aber die Aufgabe, das Entdeckte gründlicher zu erforschen und das Erforschte zu erschließen. Es war Adam Johann von Krusenstern beschieden, Meilensteine auf diesem Wege zu setzen.

Die Annahme bedarf keiner besonderen Phantasie, daß Adam Johann die entscheidenden Anregungen hierzu bereits als Knabe empfangen hat. Cooks Entdeckungen fanden die Anteilnahme weiter Kreise, die man zu diesem Zeitpunkt - dank der Entwicklung der Presse - bereits als eine Weltöffentlichkeit ansehen kann, wenn diese zunächst auch noch auf Europa beschränkt blieb. Dort waren sie in aller Munde und nicht zuletzt auch ein erregender Gegenstand für abenteuerlustige Knaben. Und so gar abgeschieden war Reval in Estland, wo Adam Johann zur Schule ging, auch nicht mehr, denn 1774 wurden dort die ‚Revaler Wöchentlichen Nachrichten' begründet.

Adam Johann besaß später profunde Kenntnisse der Reiseberichts-literatur und verfügte selbst über einen beachtlichen Bestand ein-schlägiger Werke, was die Vermutung nahelegt, daß er früh begonnen hat, sie zusammenzutragen, was damals natürlich unvergleichlich schwieriger war als heute.

Adam Johann war der Jüngste von acht Geschwistern[1]. Als er geboren wurde, war die älteste Schwester, Eva Dorothea, bereits zwanzig Jahre alt. Er hatte noch vier weitere Schwestern - Johanna, Helene, Auguste und Ottilie - sowie zwei Brüder - Friedrich und Carl -, von denen Johanna und Friedrich früh starben. Zu Carl, von dem ihn nur ein Jahr Alters-unterschied trennte, hatte Adam Johann zeitlebens einen besonders guten Kontakt, ungeachtet ihres sehr unterschiedlichen Werdeganges bzw. Lebens.

Adam Johann, der weitgereiste Seemann, Offizier, Wissenschaftler, Schloßherr, hochdekoriert, weltberühmt, mit Kontakten zu Prominenten im In- und Ausland und Carl, der Erbe des Stammgutes Haggud in Estland, der biedere Landedelmann und sorgsame Hausvater, der auf Nebenverdienste bedacht sein und sich sehr nach der Decke strecken mußte, teils, weil das bescheidene und noch dazu verschuldete Gut nicht viel hergab, teils, weil er eine beachtliche Kinderschar großzuziehen hatte. Die Fama berichtet von 28 Kindern aus zwei Ehen, schriftlich überliefert sind davon 22. Fünfzehn dieser Kinder wurden erwachsen, darunter neun Söhne, die es alle zu etwas brachten.

Carls und Adam Johanns Vater, Johann Friedrich, war entgegen der Familientradition nicht Berufsoffizier geworden, sondern quittierte den Dienst mit dem Fähnrichsrang, um das Familiengut zu übernehmen. Sein Vater, Adam Johanns Großvater Ewert Philipp, hatte infolge des Nordischen Krieges 22 Jahre als schwedischer Offizier in Gefangenschaft in Sibirien verbracht. In ein völlig verwüstetes Land zurückgekehrt, hatte er sich der Instandsetzung seiner Besitzungen gewidmet, hatte in vorgerücktem Alter geheiratet und war 1748 gestorben. Johann Friedrich, sein ältester Sohn, war zu diesem Zeitpunkt 24 Jahre alt, und das Schicksal des Vaters war auch nicht sonderlich dazu angetan, den Wunsch nach einer Offizierslaufbahn zu wecken. Zudem regierte in Rußland damals Kaiserin Elisabeth, der Deutschfeindlichkeit nachgesagt wurde. Während ihrer Regierungszeit, ganz besonders aber in den 40er Jahren, war die Bereitschaft der neugewonnenen Untertanen im Baltikum, in russische Dienste zu treten, verständlicherweise deutlich unterentwickelt, obwohl sich auch für diese Zeit bedeutende Karrieren unter ihnen nachweisen lassen.

Der Nordische Krieg (1700 - 1721) hatte das Land in einem Maße verheert, das mit den Folgen des Dreißigjährigen Krieges durchaus vergleichbar ist. Die Pest tat noch ein übriges, das Land zu entvölkern

14

und seine Erholung zu verzögern. Als Adam Johann geboren wurde, waren seit Ende der unmittelbaren Kampfhandlungen knapp 60 Jahre, seit Ratifizierung des Friedensvertrages 45 Jahre und seit Einkehr annähernd normaler Lebensbedingungen aber eigentlich erst etwa zehn Jahre vergangen, so daß die Tilgung der letzten Spuren noch im Gange war und die Zeit der Prüfungen frisch im Gedächtnis, war doch der Heilungsprozeß u. a. vom Siebenjährigen Krieg beeinträchtigt worden, zwar nicht durch Kampfhandlungen, wohl aber durch empfindliche wirtschaftliche Belastungen.

Diese allgemein gehaltene Schilderung der Umwelt, in die Adam Johann hineingeboren wurde, läßt sich realiter für sein Elternhaus präzisieren. Als Johann Friedrich den Familienbesitz Haggud übernahm, hatte sein Vater nach dem langen Interregnum seiner sibirischen Gefangenschaft zwar das Notwendigste wieder ins rechte Geleise gebracht, aber das Gutshaus mit der kostbaren Bibliothek des Ahnherrn, des Statthalters Philip, war im Kriege eingeäschert worden. Johann Friedrich machte sich nun daran, die darniederliegende Wirtschaft in Schwung zu bringen und ein steinernes Herrenhaus zu errichten, Vorhaben, die aus den laufenden Einnahmen schlechterdings nicht zu finanzieren waren. Johann Friedrich hatte 1749 Christina Friederike von Toll geheiratet. Es ist gut möglich, daß ihre Mitgift auslösender Faktor für den Hausbau gewesen ist, doch wird man sie nicht überschätzen dürfen. Die Zeiten waren nicht danach. Haggud war eines der kleinsten und an Bodenqualität ärmsten Rittergüter des Landes, günstigstenfalls eine bescheidene Existenzbasis für eine Familie, ohne daß sich für Schuldentilgung oder gar Investitionen hätte etwas erwirtschaften lassen, geschweige denn Aufwendungen für solch einen Hausbau.

Der Vater hatte sich die erforderlichen Einnahmen zu verschaffen gesucht, indem er andere Güter bewirtschaftete. Wie angespannt seine finanzielle Situation Mitte der 70er Jahre, als der Bau vermutlich vor der Vollendung stand, sich darstellte, beweist die Tatsache, daß die Estländische Ritterschaft Johann Friedrich zweimal zum Mannrichter[2] gewählt und beide Male ihn von der Übernahme dieses ihn belastenden Ehrenamtes dispensiert hat. Die Verwaltung des Landes oblag durch Jahrhunderte der Ritterschaft und wurde von dieser ehrenamtlich geleistet, wofür sich in der Welt kein Beispiel findet[3]. Wann der Bau des neuen Herrenhauses fertiggestellt wurde und wie lange er sich hingezogen hat, ist nicht bekannt. Auf jeden Fall wurde Adam Johann in Haggud geboren und verbrachte dort seine Kindheit als Zweigespann mit seinem Bruder Carl.

Nicht nur die so schwierigen Zeitläufe allgemein und die speziellen Gegebenheiten in Haggud, sondern auch traditionelle Landessitte geboten sparsame Lebensführung. Von wenigen Ausnahmen abgesehen, regierte auf estländischen Rittergütern das einfache Leben. Was zur schlichten

Ernährung und Bekleidung benötigt wurde, hatte größtenteils die eigene Wirtschaft zu liefern, und auch für sonstige Anschaffungen bediente man sich, wo immer nur möglich, der Gutshandwerker des eigenen oder eines Nachbargutes. Nur für das, was auf solche Weise nicht zu beschaffen war, wurden Kaufleute oder Handwerker der nächstgelegenen Stadt in Anspruch genommen.

Nicht gespart wurde in Haggud, wenn es um die Ausbildung der Kinder ging. Mehrere Hauslehrer und eine französische Erzieherin zeugen hiervon. Soweit es dessen noch bedurft hätte, trug die Wirkung Friedrich des Großen dazu bei, die Kenntnis der französischen Sprache und Literatur zu einem Ausweis der Zugehörigkeit zu den gebildeten Ständen werden zu lassen.

Es hat in der Vergangenheit immer wieder Naserümpfen und Spott über baltische Rittergutsbesitzer gegeben, die mit Quartareife die Schule verlassen hätten, in deren Haus außer der Bibel und einem Jagdkalender kein Buch zu finden gewesen wäre und deren Gespräche sich allein um Landwirtschaft, Jagd oder Klatsch gedreht hätten. Aber es gab immer daneben auch solche, die Bildungsreisen unternommen und namhafte Universitäten besucht hatten und über prächtige Bibliotheken verfügten. Da es hierüber keinerlei Statistiken gibt, bleibt es jedem unbenommen, diese oder jene Gattung für typisch zu halten. Vermutlich gab es auch einige, die die Mitte zwischen den beiden Extremen ausfüllten. Tendenziell war jedoch das Streben eher darauf gerichtet, von vielem wenig zu wissen als von wenigem viel.

Je nach den Qualitäten der Hauslehrer, bei denen es sich meist um unbemittelte Studenten - vorzugsweise Theologen - aus Deutschland handelte, wurden die Söhne des Hauses im Pensum der unteren oder auch der mittleren Klassen unterrichtet, während den Töchtern im Regelfall ihre gesamte Bildung zu Hause vermittelt wurde. Manche dieser Hauslehrer sind Stammväter baltischer Pastoren- und Literatenfamilien geworden und einige sogar bedeutende Gelehrte an den Universitäten Dorpat und St. Petersburg. Die Entscheidung über die Dauer des häuslichen Unterrichts war natürlich auch von der Zahl und Begabung der Kinder und von der Lage des Gutes abhängig.

Einer der Hauslehrer, die Adam Johann unterrichtet haben, war Georg Heinrich von Kalm, der aus dem Braunschweigischen zugewandert war und später Adam Johanns Schwester Helene heiratete. Die Schwestern vermählten sich übrigens nicht - wie es sich gehört hätte - dem Alter nach, sondern im Gegenteil die Jüngste voran, und zwar ehelichte Ottilie mit etwa 17 Jahren den Major Johann Friedrich von Ruckteschel, während sich die zweitjüngste Schwester Auguste mit Otto von Bistram verheiratete. Aus diesen beiden Ehen gingen je elf Kinder hervor. Adam Johanns älteste Schwester, Eva Dorothea, blieb unverheiratet.

Zugleich mit seinem Bruder Carl kam Adam Johann 1782 zwölfjährig auf die Ritter- und Domschule zu Reval, deren Direktor damals gerade Hofrat Johann Christian Tideböhl geworden war, Sohn eines aus Pommern gekommenen Pastors. Das Gastspiel, das die Brüder in der Domschule gaben, war zwar kurz, aber doch bedeutsam, denn es galt schon etwas, dieser renommierten, erstmalig 1319 erwähnten, aber wohl noch früher gegründeten Lehranstalt angehört zu haben.

So brachte also das Jahr 1782 die Konfrontation mit der Schule und mit der Stadt, deren Einwohnerzahl uns mit 12.000 vielleicht gering erscheint, einem Landkind jedoch damals verwirrend groß vorkommen mußte, noch dazu eine Hafenstadt. Doch wieviel einschneidender war die Veränderung, die Adam Johann zwei Jahre später bevorstand!

II
Kronstadt

Die Berufswahl der Söhne ritterschaftlicher Familien in Estland war bis vor etwa hundert Jahren recht stereotyp. Ein Sohn übernahm das väterliche Gut, die anderen wurden Offiziere. Es blieb ihnen natürlich auch die Möglichkeit, die Erbin eines Rittergutes zu heiraten. Doch auch dabei kam ihnen ein Offiziersrang sehr zustatten, jedenfalls, wenn sie sich das Gut oder die Erbin einigermaßen ansehnlich wünschten. - Wer Glück hatte, schaffte es, ins Pagenkorps zu kommen oder wenigstens in eine der Kadettenanstalten. Eine Notwendigkeit hierzu bestand im 18. Jahrhundert nicht, denn nicht wenige haben damals als einfache Soldaten begonnen und dennoch in kurzer Zeit hohe Offiziersränge erreicht, andere wurden zunächst als Volontäre bezeichnet, und bei wieder anderen heißt es einfach, sie hätten sich bei der Armee einschreiben lassen und auch dieses mit Erfolg. Bei der Berufswahl Adam Johanns ging es somit eigentlich nur um die Waffengattung und Startposition. Seinem Bruder Carl, der die Domschule ein Jahr früher, nämlich 1784, verlassen hatte, wurde das Glück zuteil, in das kaiserliche Pagenkorps in St. Petersburg aufgenommen zu werden, womit ein weiterer Sohn nicht mehr rechnen konnte. Offen standen ihm die Kadettenkorps, die vorzugsweise Söhnen von Gutsbesitzern vorbehalten waren. Aber welches war empfehlenswert?

Die Wahl fiel auf das Seekadettenkorps, eine damals ungewöhnliche und keineswegs naheliegende Wahl, da bisher nur wenige Balten den Weg dorthin gefunden hatten. Auch hatte das Seekadettenkorps noch wenig Zugkraft entfaltet, so daß es nicht allein die Balten waren, die sich zurückgehalten hatten. Der russischen Flotte, die es seit knapp hundert Jahren gab, fehlte es noch an Tradition und Nimbus, war sie doch bisher auf den Weltmeeren nicht in Aktion getreten, sondern nur in Küstengewässern. Auch wurden Dienst und Fortkommen in den anderen Kadettenanstalten für leichter erachtet und dies durchaus nicht zu Unrecht. Seekadetten hatten es überall schwer, nicht nur in Rußland, wie jeder es z. B. bei Marryat nachlesen kann. Im Zeitalter der Segelschiffe, von dem hier die Rede ist, waren die Bedingungen des Seemannslebens immer und unter allen Umständen hart und wohl auch brutal. Der Kampf mit den Elementen war häufig bedrohlicher als der mit Feinden. Die geringe Attraktivität verbesserte auf der anderen Seite aber wieder die Chancen für ein Vorwärtskommen.

Ein Seekadettenkorps gab es in Rußland schon seit Beginn des 18. Jahrhunderts, doch war sein Domizil in St. Petersburg 1771 abgebrannt und wurde erst zwanzig Jahre später neu errichtet. In der Zwischenzeit bestand ein Provisorium in Kronstadt. Kronstadt war 1703 von Peter dem Großen im Ostzipfel des Finnischen Meerbusens auf der Insel Kotlin gegründet worden. In etwa 30 Kilometern Luftlinie von Petersburg und fünf Kilometer von der Küste Ingermanlands entfernt gelegen, war es verglichen mit der ansehnlichen Hauptstadt und mancherlei reizvollen Küstenplätzen ein wahrhaft trostloser Ort. Die 15 Quadratkilometer große Insel ist von so geringer Höhe über dem Meeresspiegel, daß sich beträchtliche Bedenken meldeten, die dort vorgesehenen baulichen Maßnahmen fortzuführen. Daher gab man diese Pläne auf und ließ schließlich auch die vorhandenen Anlagen verkommen. Zusätzlich veränderte der Ausbau der Häfen Petersburg und Reval die Voraussetzungen. Tatsächlich hat dann auch Kronstadt bei der Sturmflut im Jahre 1824 bei einem Wasserstand von 3,71 Metern über normal ein totales ,Land unter' erlebt. Die meisten Holzhäuser wurden bis an die Küste Finnlands weggeschwemmt und die anderen Gebäude zerstört oder verwüstet.

Die nicht natürlich gewachsene, sondern künstlich zum Schutze St. Petersburgs angelegte Stadt konnte gemessen an der Einwohnerzahl[1] und an ihren Dock- und Hafenanlagen und mit ihren geraden, einander rechtwinklig schneidenden Straßen zwar durchaus städtisch anmuten, zeichnete sich jedoch durch kaum passierbaren Schmutz aus. Kronstadt hatte auch so gut wie nichts an Anregung oder Abwechslung zu bieten, es sei denn, man akzeptierte als solche den wechselnden Anblick eines ringsum in der Sonne glitzernden, im Nebel verschwimmenden oder sich im Wogenprall überschlagenden Meeres, und fürs Ohr die Kommandorufe, dröhnende Hämmer und bisweilen das Heulen des Sturmes.

Diesem täglichen Einerlei zu entgehen, war schwierig, so daß schon ein Gefühl der Gefangenschaft aufkommen konnte, zumal auch Besucher kaum jemals den Weg hierher fanden. Es fehlte zwar nicht an Schiffsgelegenheiten, die man etwa zu einem Besuch Petersburgs hätte nutzen können, doch gab es im 18. Jahrhundert nichts, was einem Publikums-Kurzstreckenverkehr nach Fahrplan hätte ähneln können. Vermutlich fehlte in dieser Hinsicht auch das Anspruchsdenken, von all den Zufällen, die Wind und Wetter walten ließen, oder gar den Eisverhältnissen ganz zu schweigen. Erst zwei Jahrzehnte später führten die ersten Dampfboote Wandel herbei und lockerten die Isolierung Kronstadts. Auf jeden Fall war ein Vierzehnjähriger, den es dorthin verschlug, sehr weit weg aus der vertrauten Welt, die ihn bisher umgeben und behütet hatte.

Das Seekadettenkorps war im sogenannten Italienischen Hof, einem der ansehnlichsten Gebäude der Stadt, untergebracht. Der Leiter der Anstalt, Admiral Golenischtschew-Kutusow, hatte die Übersiedlung nach Kronstadt nicht mitgemacht, sondern war in Petersburg geblieben, teils weil andere Amtsgeschäfte dies erforderten, teils weil es gesellschaftlich gesehen eine Zumutung gewesen wäre, beinahe schon als Strafversetzung aufzufassen. So erschien er in Kronstadt nur von Zeit zu Zeit. Einige namhafte Lehrkräfte taten es ihm nach.

Die Folgen einer solchen Einstellung konnten nicht ausbleiben. Sie äußerten sich sowohl in einer Vernachlässigung der Ausbildung und Erziehung, als auch in einer Verschlechterung der ohnehin spartanischen Lebensbedingungen der Kadetten. Dies zeigte sich bereits an der fehlenden Instandhaltung des Gebäudes wie zerbrochenen Fensterscheiben und setzte sich fort bei Mängeln der Bekleidung, Beheizung und Beköstigung. "Selbst die Wäsche wurde nicht allzuoft gewechselt, obgleich sie Tag und Nacht ohne Unterschied getragen wurde", schreibt Theodor von Bernhardi[2], der Schwiegersohn Adam Johanns, und berichtet, an den Tagen des Wäschewechsels seien die Kadetten auf ein Glockenzeichen aus den Betten gesprungen, im Hemd durch die Korridore gelaufen, um in einem Saal anzutreten, wo ein Unteroffizier die Front abgeschritten sei, um die getragene Wäsche, die jeder nun abzulegen hatte, in Empfang zu nehmen. Unbekleidet seien die Kadetten in Reih und Glied geblieben, bis ein anderer Unteroffizier die sauberen Hemden ausgeteilt habe.

Bernhardi, der sich in allem, was er mitteilt, auf Erzählungen seines Schwiegervaters stützt, berichtet nur dieses, ihn offensichtlich schockierende, heute aber eher anekdotisch belanglos anmutende Detail und läßt bemerkenswerterweise andere Einzelheiten unerwähnt, wie sie ein anderer Biograph, Jewgeni Steinberg[3], festgehalten hat. Dieser berichtet, daß die Zöglinge von den Erziehern nur selten mit ihren Nachnamen angeredet worden seien, dafür um so häufiger mit Schmährufen und Schimpfworten. Der stets gleichbleibende Tagesablauf habe einen Vormittagsblock von 7 - 11 Uhr mit den schwierigeren Unterrichtsfächern wie z. B. Mathematik vorgesehen und von 14 - 18 Uhr einen Nachmittagsblock mit den leichteren Fächern wie z. B. Fremdsprachen. Zwischen den Blöcken hätten das Mittagessen und Spiele auf dem Plan gestanden, nach den Blöcken das Abendessen und die Erledigung der Hausaufgaben. Sonnabends habe es keinen Nachmittagsunterricht gegeben. Stattdessen seien die Listen vorgenommen worden, auf denen im Laufe der Woche alle - auch die geringsten - Verstöße und Versäumnisse zur Ahndung notiert waren. Die Zahl der Delinquenten, die zur Exekution anstanden, sei von Woche zu Woche zweistellig, mitunter aber auch dreistellig gewesen. Durch alle Korridore habe man die gellenden Schreie derjenigen vernommen, denen in der Wachstube 10 bis 15 ‚Heiße' übergebrannt wurden. Die Erzieher hätten den Anschein erweckt, daß ihnen diese Art der Pflichterfüllung nicht so sehr lästige Pflicht, als willkommene Zerstreuung gewesen sei.

Im übrigen seien die Kadetten durchaus nicht nur mit dieser offiziellen Obrigkeit konfrontiert gewesen, sondern noch mit einer anderen, nicht weniger grausamen. Es waren dies die Saalältesten, die aus den zu Gardemarins (Offiziersanwärter) beförderten Kadetten ausgewählt wurden und denen ebenfalls aufs Wort zu gehorchen war. Davon abgesehen habe

20

jeder Gardemarin das Recht gehabt, sich einen Kadetten als Adjutanten auszuwählen. Dieser hatte ihm zu dienen, bedingungslos seinen Weisungen zu folgen und dabei auch manche Ohrfeige einzustecken. Als Gegenleistung habe der Gardemarin die Verpflichtung übernommen, seinem Adjutanten bei den Aufgaben behilflich zu sein.

Eigentlich erwächst dem Autor aus solchen Schilderungen die Verpflichtung, daß er Zeugnis ablegt von einem, der physisch und psychisch gebrochen, zwangsläufig zum Versager, Verbrecher oder Revolutionär werden mußte. Doch kann ich damit nicht dienen, denn für den, über den ich zu berichten habe, ergab sich als Konsequenz lediglich, die Marineerziehung auf eine bessere Basis zu stellen und dies nicht etwa mit der Entwicklung neuer Theorien, sondern durch den Beweis erfolgreicher Praxis. Es kann aber zugleich nicht geleugnet werden, daß auch aus der vorangegangenen minderwertigen Erziehung nachweisbar viel guter, wenn nicht gar hervorragender Marinenachwuchs gekommen ist. Da sich rückschrittliche und fortschrittliche Erziehungsrichtungen nicht nur in unserem Jahrhundert befehdet haben, bietet sich mir die Schlußfolgerung an, daß von einem gewissen Alter ab die Möglichkeiten, Menschen durch Erziehung zu verändern, begrenzter sind, als es die einen hoffen und die anderen befürchten, was natürlich zu bedauernde Versäumnisse nicht entschuldigt.

Wie dem auch sei, auffallen mußte natürlich der Kontrast, wenn der so arg geschundene Kadett Adam Johann im Urlaub Gelegenheit erhielt, seinen Bruder Carl in St. Petersburg zu besuchen. Dieser - inzwischen Page der Kaiserin - bewohnte mit seinesgleichen ein palastähnliches Gebäude. Als der Besucher dies frühmorgens betrat, bedeutete ihm ein Hoflakai flüsternd, daß der junge Herr noch zu schlafen geruhe und nicht geweckt werden dürfe. Endlich vorgelassen, fand der Besucher seinen Bruder in einem getäfelten Zimmer mit poliertem Fußboden und in einem Himmelbett, von dessen Plafond seidene Vorhänge herabhingen. Ihm wurde gerade eine Tasse Schokolade ans Bett serviert[4].

Ob es für die Kadetten überhaupt reguläre Ferienzeiten, zumal bei der damaligen Umständlichkeit der Verkehrsverhältnisse, gegeben hat, ist fraglich. Jedenfalls findet sich keine Erwähnung hierzu, wohl aber wird berichtet, daß Carl aus Petersburg kommend 1786 seinen Bruder über Weihnachten in Kronstadt besucht hat.

Es darf natürlich nicht außer acht gelassen werden, daß es sich in der Kadettenanstalt um eine sehr große Ansammlung von Jungen in den ärgsten Flegel- und Pubertätsjahren handelte, und daß nach den Gesetzmäßigkeiten einer solchen Ansammlung die wildesten und ungebärdigsten Elemente den Ton angeben und sich gegenseitig hochschaukeln, kurzum eine Gesellschaft, die mit lächelnder Weisheit und gütiger Nachsicht allein nicht zu disziplinieren und nur schwer zu regieren gewesen wäre. Vielleicht waren auch die drohenden Prügel kein ganz unabwendbares Verhängnis, und vielleicht bestand die Hauptschwierigkeit vieler Kadetten weniger im Umgang mit den Erziehern als im Problem, sich gegenüber den Kameraden durchzusetzen. Wie unbarmherzig ein solches Kollektiv gegenüber denen sein kann, die hierbei Schwierigkeiten haben, braucht hier wohl nicht besonders erörtert zu werden. Doch nun vom Kadetten als Gattungswesen wieder zum Individuum.

Adam Johann kam mit vierzehn Jahren nach Kronstadt und war somit zwei Jahre älter als die meisten seiner Kameraden. In dieser Altersstufe fällt ein solcher Vorsprung bereits ins Gewicht, vor allem was das Miteinander anbelangt. Er könnte sich aber auch bei den Beziehungen zu den Lehrkräften günstig ausgewirkt haben. Ein Kamerad schildert Adam Johann damals wie folgt: seriös, konzentriert, zugeknöpft, schweigsam, kantig, spröde, uninteressiert sei er gewesen und habe nur selten seine Mußezeit gesellig mit anderen verbracht. Auch werden ihm Gründlichkeit und Pünktlichkeit bescheinigt. ,Uninteressiertheit' dürfte sicherlich auf alles das bezogen gewesen sein, was so allgemein die Kadetten bewegte und den Gesprächsstoff abgab. Diese Charakteristik stammt von Juri Lisjanski, der, obwohl jünger, zwei Jahre vor Adam Johann in das Kadettenkorps eingetreten war, und der im Gegensatz zu diesem Tagebuch geführt hat. Lisjanski berichtet u. a. auch, wie er Adam Johann kennengelernt hat. Auf ihrer einzigen Übungsfahrt hätten sie die gleiche Kabine geteilt und er habe in Adam Johanns Koje ein aufgeschlagenes Buch entdeckt, was ihm insofern aufgefallen sei, als den Kadetten außer den Schulbüchern kein Lesestoff zur Verfügung stand. Er, Lisjanski, habe es daher als großen Vorzug genossen, daß ihm ein alter Lehrer gelegentlich ein Buch geborgt habe. Das Buch des nicht anwesenden Kameraden sei ein Werk über Seefahrten im Eismeer gewesen und der Text der aufgeschlagenen Seite habe vom Tode Berings während der Überwinterung gehandelt. Auf der Seite fanden sich Anmerkungen von der Hand Adam Johanns, der inzwischen die Kabine wieder betreten hatte und nachdenklich geäußert habe: "Solch ein Ende ist zu beneiden. Ich hoffe irgendeinmal sein Grab besuchen zu können." In ihrem Gespräch habe er von seinen Plänen gesprochen, nicht nur diese Gewässer, sondern überhaupt ferne Ozeane und Länder aufzusuchen. Etwas Verlockenderes könne es doch für einen Seemann gar nicht geben[5].

Adam Johann war vermutlich der einzige Deutsche unter den Kadetten und kam dazu noch aus einem Lande, das im Bewußtsein der Russen noch eher als feindliches Territorium verankert war, denn als integrierter Bestandteil des russischen Reiches. Es ist unzweifelhaft, daß die eigentümliche, von seiner Deszendenz und auch von anderen Teilen der Familie übernommene Schreibweise des Namens Krusenstiern ohne 'i' bzw. 'j' ihren Ursprung in Kronstadt hatte. Auch der Vorname wurde unter Weglassung des in Rußland ungebräuchlichen 'Adam' in Iwan (= russisch Johann) abgeändert.

Normalerweise gehörte man dem Kadettenkorps sechs Jahre an, und zwar drei Jahre als Kadett und drei Jahre als Gardemarin. Der Gardemarin war somit ein älterer Kadett, den man vielleicht am treffendsten als Offiziersanwärter bezeichnen könnte. Der auch Unterleutnant genannte Midshipman, dem eine solche Stellung eigentlich zustand, wurde in der russischen Marine bereits dem Offizierskorps zugerechnet und auch mit entsprechenden Aufgaben betraut. Es bestand die Möglichkeit, bei Bedarf oder bei besonderer Eignung einen Gardemarin schon vor Ablauf der regulären Kadettenzeit in den aktiven Dienst der Flotte einzugliedern. Dies war bei Adam Johann 1787 der Fall, als noch nicht einmal die Hälfte seiner Kadettenzeit um war. Ein neuer Türkenkrieg Rußlands schien Schweden die willkommene Gelegenheit zu bieten, einen letzten Versuch zu unternehmen, alte Rechnungen zu präsentieren und seine Großmachtstellung im Ostseeraum wiederzuerlangen. So sah sich Rußland unversehens in einen Zweifrontenkrieg verwickelt und war genötigt, alle verfügbaren Reserven zu mobilisieren. Dies galt auch und in erster Linie für die Flotte. Im Mai 1787 wurden 142 Kadetten - unter ihnen Adam Johann - vorzeitig zu Gardemarins befördert, und bereits ein Jahr später, im Mai 1788, konnte Adam Johann 17jährig nach knapp dreieinhalb Jahren die Kadettenanstalt verlassen.

III
Krieg mit Schweden

Welch ein befreiendes Gefühl, nun als angehender Offizier der Fron der Kadettenanstalt zu entgehen! War es Glück oder bereits Berücksichtigung bewiesener Qualitäten? Adam Johann, dem eben zweieinhalb Kadettenjahre geschenkt worden waren, hätte es schwerlich besser treffen können: Er wurde der 'Mstislaw' zugeteilt, die auf der Reede von Kronstadt vor Anker lag und damals als eines der besten Linienschiffe[1] der russischen Flotte galt. Doch die größte Attraktion für Adam Johann waren nicht die Qualitäten des Schiffes, sondern die Person seines Kommandanten: Grigori Iwanowitsch Mulowski, und zwar nicht allein, weil dieser den Ruf genoß, ein hervorragender Offizier der russischen Flotte zu sein, sondern weil er den Oberbefehl einer von Katharina II. geplanten, großangelegten Weltumseglung übernehmen sollte[2]. Adam Johanns Sinnen und Trachten war es gewesen, zu diesem Mann Kontakt zu gewinnen, und nun führte ihn das Schicksal geradewegs auf sein Schiff. Mulowski war übrigens der natürliche Sohn eines Grafen Czernyschew[3] und erst 27 Jahre alt.

Die Planungen für diese Weltumseglung waren bereits nahezu abgeschlossen, als der Krieg einen Strich durch diese Rechnung machte, nicht jedoch die Hoffnungen Adam Johanns zerstörte. Tatsächlich gelang es ihm, Mulowski auf sich aufmerksam zu machen, mit ihm ins Gespräch zu kommen und dieses in eine gründliche Erörterung aller mit einer solchen Expedition zusammenhängenden Probleme münden zu lassen. Adam Johann erhielt sogar von Mulowski die Zusicherung, bei der Auswahl der Besatzungsmitglieder der geplanten Weltumseglung berücksichtigt zu werden.

Nicht zuletzt aus russischer Sicht handelte es sich bei den Jahren bzw. Jahrzehnten um die Wende des 18./19. Jahrhunderts politisch wie militärisch um sehr unruhige Zeiten, denn neben dem jetzt ausgebrochenen Zweifrontenkrieg mit der Türkei und Schweden hatte Rußland fast permanent mit schweren inneren Unruhen von Bauern und der ihrer Freiheit beraubten Kosaken fertigzuwerden, zu deren Unterdrückung regelrechte Feldzüge notwendig waren. Hinzu kam die Liquidation Polens, über das nach und nach die Nachbarn schamlos herfielen, um sich die größten Stücke aus dem Kuchen zu sichern.

Von den insgesamt acht russisch-türkischen Kriegen hat Adam Johann vier erlebt, allerdings ohne dabei eine aktive Rolle zu spielen, so daß es sich hier erübrigt, näher auf sie einzugehen. Erwähnt werden soll jedoch die Vernichtung der türkischen Flotte durch die Russen 1770, dem Geburtsjahr Adam Johanns. Dies geschah unter dem Kommando Admiral Samuel Greigh's, eines Schotten in russischen Diensten. Von ihm heißt es, daß er Adam Johanns großes Vorbild gewesen sei. Es dürfte sich jedoch hierbei kaum um mehr als eine unbestimmte Jugendschwärmerei gehandelt haben, denn Samuel Greigh hatte zwar noch den Oberbefehl über die Baltische Flotte, als die Kämpfe gegen Schweden begannen, doch ist er bereits am 15. Oktober 1788 ganz unerwartet im Alter von 53 Jahren gestorben. Zudem deutet nichts in Adam Johanns Lebenslauf darauf hin, daß er auf Soldatentum und Schlachtenruhm mehr bedacht gewesen wäre, als es ihm die Pflicht des erwählten Berufes gebot. (Er sollte jedoch einmal neben dem schottischen Admiral in der Revaler Domkirche beigesetzt werden.) - Übrigens war Greigh gerade im Begriff gewesen, sich mit einem Geschwader ins Mittelmeer zu begeben, um von dort aus in den Krieg gegen die Türken einzugreifen, als die Kriegserklärung Schwedens dieser Unternehmung ein Ende setzte.

Am 28. Juni 1788 war das Kronstädter Geschwader der Baltischen Flotte ausgelaufen, um sich den nahenden Schweden zu stellen. Das Wetter begünstigte die Unternehmung nicht. Der Wind schwächte sich ab, das Geschwader zog sich bei seinem Kurs an der Küste Finnlands in die Länge, und es ging nur langsam voran. Am Abend des 5. Juli kam im Westen Hochland in Sicht, eine größere, auf der halben Strecke Kronstadt-Reval gelegene Insel, etwa dort, wo der Finnische Meerbusen am breitesten ist. Am nächsten Tage trafen sie bei auffrischendem Winde auf die Schweden, und es entspann sich eine Seeschlacht, die den ganzen Tag über andauerte. Die 'Mstislaw' war mittendrin und wurde durch Treffer erheblich mitgenommen. Im 18. Jahrhundert hatte sich in der Seekriegsführung ein grundlegender Wandel vollzogen, wodurch diejenigen ins Hintertreffen gerieten, die sich in ihren taktischen Überlegungen dem nicht genügend anzupassen verstanden. Hatte man noch bis vor kurzem oft Bord an Bord und Mann gegen Mann gekämpft, so geschah solches nur noch ausnahmsweise, denn die entscheidende Rolle spielte jetzt allein die Schiffsartillerie, auf deren Reichweite, Schnelligkeit und Zielsicherheit alles ankam.

Adam Johann, der bereits wenige Wochen nach seiner Einstellung die Feuertaufe erhielt, war zum Dienst bei einem Geschütz an der Spitze des Schiffes eingeteilt worden. Doch bald erreichte ihn der Befehl des Kommandanten, ihm zu Ordonanzaufträgen zur Verfügung zu stehen, wohl weil die hierfür zuständigen Offiziere ausgefallen waren. Diese Aufträge führten ihn kreuz und quer durch das Schiff, was ihn vor keineswegs leichte Aufgaben stellte. Hatte er doch infolge seiner abgekürzten Kadettenzeit nur eine einzige Übungsfahrt mitgemacht, und fehlte es ihm somit schon allein an der Fertigkeit, sich auf schwankendem Boden und durch wenig bekannte Örtlichkeiten zu bewegen, um ihm nur wenig bekannte Besatzungsmitglieder ausfindig zu machen. Zudem waren diese Örtlichkeiten erfüllt von hastigem Getümmel, kaum jemand war für Auskünfte ansprechbar, überall lagen Tote und Verwundete in ihrem

Blute, Trümmer mußten überklettert, Hindernisse umgangen werden. Anfangs überfielen ihn Schwindel und Übelkeit. Er überwand sie jedoch und erfüllte Auftrag nach Auftrag, so genau und schnell ihm dies unter den gegebenen Umständen möglich war. In den wenigen freien Minuten suchte er dem Verlauf der Seeschlacht zu folgen, was sich jedoch inmitten des Pulverdampfes als schwierig erwies. Auf mehreren schwedischen Schiffen konnte er Brände beobachten. Was er nicht wissen und beobachten konnte, war, daß ihm vier Vettern gleichen Namens, ein Oberstleutnant und drei Leutnants, als Gegner gegenüberstanden[4], die sich alle auszeichneten. Offensichtlich hat es in jener Zeit keine Verbindungen zwischen seiner Familie in Estland und dem inzwischen in Schweden entstandenen Zweig gegeben.

Die einbrechende Nacht, auch wenn es eine nordische helle Sommernacht war, beendete die Schlacht und gestattete es dem schwedischen Verbande, sich zu lösen und Kurs auf Heimathäfen zu nehmen. Obwohl schwer mitgenommen, beteiligte sich die 'Mstislaw' an der Verfolgung des Gegners. Nachdem ein wenig Ordnung eingekehrt war und man die Verwundeten und die Toten geborgen hatte, fragte Mulowski den 17jährigen, ob es schrecklich gewesen sei. "Ja, es war schrecklich", soll dieser erwidert haben[5].

Beide Seiten hatten schwere Verluste erlitten, ohne entscheidende Vorteile errungen zu haben. Die Russen hatten mehr als 300 Tote und 600 Verwundete zu verzeichnen. Die 'Mstislaw' hatte fast alle Offiziere durch Tod oder Verwundung verloren. Das leckgeschossene Schiff gehorchte kaum noch dem Ruder, aber es hatte bis zum Schluß ausgehalten. Die Tapferkeit der Besatzung wurde von Admiral Greig rühmend hervorgehoben. Adam Johann wurde für Tapferkeit und Umsicht zum Midshipman befördert.

Immerhin konnten die Russen für sich in Anspruch nehmen, daß die Schweden sich zurückgezogen und eine erwartete Landung bei Petersburg nicht versucht hatten. Auch konnte Admiral Greig als persönlichen Erfolg für sich buchen, daß der schwedische Vizeadmiral Graf Wachtmeister sich genötigt sah, auf seinem Schiff 'Prinz Gustav' die Flagge zu streichen und zu kapitulieren.

Ob die Schweden damals tatsächlich eine Landungsoperation bei Petersburg geplant hatten oder ob ihnen die Russen dies lediglich unterstellten, um erfolgreicher zu erscheinen, mag hier dahingestellt bleiben. Ein zentrales Kriegsziel der Schweden war es, wieder im Baltikum Fuß zu fassen; so war eine Landungsoperation dort ohne Zweifel vorgesehen, wenn nicht gleich, dann nach vorausgegangener Ausschaltung der russischen Flotte.

Besonders in Estland konnten die Schweden sich günstige Chancen für ein solches Unternehmen ausrechnen. Obwohl die schwedische Herrschaft diesem Land überwiegend schwere Zeiten gebracht hatte, deren Entbehrungen und Opfer praktisch vergeblich gewesen waren, da sie sich weder für die Herrschenden noch für die Beherrschten ausgezahlt hatten, ist sie in nicht nur schlechter Erinnerung geblieben. Vor allem die estnische Landbevölkerung hatte Grund, auf eine Wiederherstellung der schwedischen Herrschaft zu hoffen. Da es in Schweden keine Leibeigenschaft gab, konnte sie die Befreiung daher eher von den Schweden als von den Russen erwarten. Wenn auch die Leibeigenschaft im Baltikum nie so schlimme Auswüchse gezeigt hat wie in Rußland, so war dennoch unverkennbar, daß nach dem Übergang von der schwedischen auf die russische Herrschaft sich die Lage der Bauern tendenziell verschlechtert hatte, wozu natürlich auch die allgemeine wirtschaftliche Misere beitrug, die nur wenig Freiraum für Großmut ließ. Vermutlich hat aber gerade diese negative Entwicklung bei den Deutschbalten die Kräfte geweckt, die sich in der zweiten Hälfte des 18. Jahrhunderts mit großem Elan für die Aufhebung der Leibeigenschaft einzusetzen begannen, dessen nicht achtend, daß sie einen Zweifrontenkrieg zu bestehen hatten, und zwar einmal gegen die Uneinsichtigen in den eigenen Reihen und zum anderen gegen die Staatsmacht, die allen Bestrebungen in dieser Richtung mit großer Entschiedenheit entgegentrat. Zu Beginn des 19. Jahrhunderts wurde der Sieg dennoch errungen, ein halbes Jahrhundert bevor Rußland sich hierzu entschloß und übrigens auch Jahrzehnte vor der Abschaffung der Sklaverei. - Das mag hier als Abschweifung erscheinen, doch wird dieses Thema zu einem späteren Zeitpunkt auch in Adam Johanns Leben relevant.

Vieles spricht dafür, daß mit der Seeschlacht bei Hochland bereits die Kriegsentscheidung gefallen war, da die Schweden erkennen mußten, daß ihre Siegeschancen mehr als fraglich geworden waren, was wohl die ursprünglichen Planungen über den Haufen geworfen hat, doch fehlte es noch an der Bereitschaft, eine solche Situation zu akzeptieren.

Die zweite Hälfte des Jahres brachte zur See keine Feindberührung mehr. Einige Beschädigungen wurden in Kronstadt repariert. Für einen Teil der Flotte wurde Reval als Stützpunkt ausersehen, weil sich von dort aus die Bewegungen des Gegners leichter beobachten ließen, insbesondere für den Fall, daß die Schweden versuchen sollten, ihre Schiffe, die in Sveaborg Zuflucht gesucht hatten, in Karlskrona zu vereinigen. Es wurden Beobachtungsfahrten unternommen, doch zeigte sich der Gegner nicht. Auch für die Überwinterung eines Teiles der Flotte war Reval ausgesucht worden, dessen Bucht zufror[6], was Adam Johann im Hinblick auf das benachbarte Haggud sehr angenehm gewesen sein dürfte und auch den Schweden, die sich inzwischen unbehelligt in Karlskrona versammeln konnten.

Von dort aus versuchten sie im Sommer 1789 eine Vereinigung der russischen Flotte mit aus Archangelsk herbeidirigierten Einheiten zu verhindern, was ihnen aber nicht glückte. Genau ein Jahr nach der ersten Seeschlacht kam es bei der Insel Öland zu einer erneuten Begegnung der beiden Flotten, mit so ungünstigem Ausgang für die Schweden, daß diese sich unverrichteter Dinge zurückziehen mußten. Adam Johann jedoch erlitt in dieser Schlacht einen schweren Verlust. In seinem Beisein fand sein verehrter Vorgesetzter und Freund Kapitän Mulowski, von einer Kanonenkugel getroffen, den Tod. Adam Johann verlor damit auch die Bezugsperson seiner hochfliegenden Zukunftspläne, die Welt zu umsegeln. Das Kommando über die 'Mstislaw' übernahm zunächst Kapitänleutnant Otto von Essen und im Jahr darauf ein Däne namens Biloff. Und wieder folgte ein Winter, in dem sich große Teile des Finnischen Meerbusens, insbesondere seine Buchten mit festem Eis bedeckten, und wieder überwinterte die 'Mstislaw' mit neun weiteren Linienschiffen und einigen Fregatten in Reval.

Im Frühjahr machte sich die schwedische Flotte - einem Plan König Gustavs III. folgend - den Vorteil zunutze, daß für sie die Navigation viel früher beginnen konnte als für den Gegner. Ein Geschwader von dreißig Schiffen - nach Geschütz- und Tonnageziffern eine etwa zweieinhalbfache Übermacht - sollte überfallartig den russischen Flottenverband in Reval vernichten und danach die bei Kronstadt liegenden Einheiten. So hoffte man, das Kriegsglück wenden zu können und endlich zu dem entscheidenden Erfolg zu gelangen.

Am 2. Mai 1790 erschienen die Schweden vor Reval. Völlig überrumpelt wurde die russische Flotte nicht. Sie hatte noch Zeit, sich gefechtsbereit zu machen und ihre Schiffe in eine günstige Position zu bringen, denn obwohl die Lage aussichtslos schien und es nur um die Alternative Kapitulation oder Vernichtung gehen konnte, war man zu äußerstem Widerstand entschlossen.

Doch der Verlauf und das Ergebnis der dritten Seeschlacht des schwedisch-russischen Krieges stellten jegliche Berechnung auf den Kopf. Sie dürften ein Kuriosum der Seekriegsgeschichte darstellen. Wohl infolge schwerer taktischer Fehler des schwedischen Befehlshabers[7] gelang es den Schweden nicht, ihre Übermacht zur Geltung zu bringen. Schlimmer noch, sie wurden regelrecht zusammengeschossen und mußten unter Verlust zweier Schiffe, von den Russen verfolgt, den Rückzug antreten und schließlich vor der vereinten Macht der Revaler und Kronstädter Flottenverbände Schutz in der Wiborger Bucht suchen, wo die Russen - deren Oberbefehl nach dem Tode Greighs Admiral Tschitschagow übernommen hatte - sie einen Monat lang blockierten.

Da die Lage der schwedischen Flotte vor Wiborg auf die Dauer unhaltbar zu werden drohte, übernahm König Gustav III. persönlich ihren Oberbefehl, und ihm gelang auch der Ausbruch, allerdings unter schweren Verlusten. Die Schweden büßten dabei sieben Linienschiffe, drei Fregatten und vier Galeeren ein. Darunter befand sich das Admiralsschiff 'Sofia Magdalena', das von der 'Mstislaw' zur Streichung der Flagge und Kapitulation genötigt wurde und dies, obwohl die 'Mstislaw' gerade durch einen Volltreffer ihren Großmast verloren hatte, so daß dessen Takelage das ganze Schiff zudeckte.

Adam Johann wurde der ehrenvolle Auftrag zuteil, sich aufs gegnerische Schiff zu begeben und den schwedischen Admiral Leijonancker samt den Flaggen in Empfang zu nehmen. Diese vierte Seeschlacht fand am 22. Juni 1790 statt. Erst 19 Jahre alt, wurde Adam Johann am 6. Juli in Anbetracht seiner Verdienste zum Leutnant befördert. Die erneut schwer mitgenommene 'Mstislaw' war nicht mehr einsatzfähig und nahm daher Kurs auf Kronstadt.

Obwohl der Krieg mit Schweden nun eigentlich zu Ende war, kam es noch zu weiteren, zum Teil recht blutigen Scharmützeln zur See, wobei auch noch Galeeren eingesetzt wurden. Aber auch ihr Erfolg in der Seeschlacht bei Svensksund änderte nichts mehr daran, daß für die Schweden dieser Krieg nicht zu gewinnen war. Sicher sahen sie auch Chancen für günstigere Friedensbedingungen, solange der russisch-türkische Krieg noch andauerte. So wurde denn im August 1790 zu Werelä der Friedensvertrag unterschrieben, der die russische Vormachtstellung im Ostseeraum sicherte.

IV
Im Dienste Englands

Zwei Kriegsjahre mit vier Seeschlachten hatten Adam Johann gewandelt. Aus dem gehemmt und verlegen wirkenden Neuling war ein gehärteter Mann geworden, der über Erfahrungen verfügte, wie sie ihm Jahrzehnte Friedensdienst nicht hätten vermitteln können. Nun sollte ihm jedoch Leerlauf bevorstehen. Die 'Mstislaw' bedurfte gründlicher Reparaturen, mit denen man es jetzt wohl nicht mehr eilig hatte, denn das Schiff hat nach dem Friedensschluß drei Jahre lang keine einzige Fahrt mehr unternommen. Da der Krieg gegen die Türken weiterging und Mulowski nicht mehr lebte, war von einer Weltumseglung keine Rede mehr. Man konnte nur davon träumen, wobei Adam Johann wenigstens Gefährtenschaft fand, denn er hatte sich mit dem jungen Jakob Bering angefreundet, einem Enkel des berühmten Seefahrers. Als dritter im Bunde gesellte sich der Gefährte aus Kadettentagen Juri Lisjanski hinzu, der auf einer Fregatte an den Seeschlachten teilgenommen hatte und mit dem Adam Johann mehrmals zusammengetroffen war.

Die Jahre 1791 und 1792 verbrachte Adam Johann in Reval, vorübergehend auch in Kronstadt. Der Dienst ließ ihm viel Freizeit, die er dazu verwendete, die Bildungslücken zu schließen, die sich durch die abgekürzte Kadettenzeit ergeben hatten. Auch entsprach es nicht seiner Natur, seine Zeit mit Nichtstun oder billiger Unterhaltung zu vertrödeln. Zu den Fächern, mit denen er sich vornehmlich befaßte, gehörten die Sprachen Englisch und Französisch. Er sollte schon sehr bald Gelegenheit bekommen, gute Kenntnisse darin zu beweisen, schließlich waren diese Sprachen der Schlüssel für die weite Welt, von der er träumte. Nicht minder wichtig war für ihn die Beschäftigung mit Astronomie und Geographie. Doch daneben hat Adam Johann auch die Allgemeinbildung nicht vernachlässigt.

Später lernte er noch Latein, was er wie folgt kommentiert: "Ich konnte Lateinisch in der Domschule, wo ich einen vorzüglichen Lehrer hatte, lernen, aber ich tat es nicht, weil man mir weisgemacht hatte: ein Offizier brauche nicht lateinisch zu wissen. Tausendmal habe ich es bedauert und habe es später angefangen. Die Kenntnis der lateinischen Sprache gewährt einem nicht nur Genuß, sondern sie empfiehlt auch jeden, der sie kennt, abgerechnet, daß man auch in Lagen kommen kann, wo sie von höchster Wichtigkeit ist. Fast jeder englische Seeoffizier versteht Latein, wie überhaupt in England keiner auf Bildung Anspruch machen kann, wer nicht Latein versteht."[1]

Eine Biographie sollte gehalten sein, auch der weltbewegenden Ereignisse zu gedenken, die die Kulisse des Lebenslaufes abgeben, auch wenn sie nicht unmittelbar zur Handlung gehören. Ein Mangel an herausragenden Ereignissen hat im ausgehenden 18. Jahrhundert nicht bestanden, deshalb sollen nur drei herausgegriffen werden. Da wäre der Vulkanausbruch 1783 in Island zu nennen, der als der größte der geschichtlichen Zeitrechnung gilt und dem ein Viertel der isländischen Bevölkerung und 80 Prozent der Weidetiere zum Opfer fielen, überwiegend nicht direkt durch die gewaltigen Lavaströme, sondern indirekt durch die von diesen verursachten Hungersnöte und Seuchen. Dann wäre als nächstes 1786 der Tod Friedrichs des Großen zu nennen, eines Monarchen, den seine Zeitgenossen - im Gegensatz zu späteren Generationen - nicht in nationaler Gloriole gesehen haben, der sie aber als Vertreter eines aufgeklärten Absolutismus zutiefst beeindruckt hat. Wäre etwas von seinem Geist auf andere Monarchen übergesprungen, vielleicht wäre das dritte und bedeutendste Ereignis hier gar nicht zu nennen gewesen. Doch haben sich die Herrschenden von Aussichten wohl eher beeinflussen lassen als von Einsichten. So hat denn hier, beginnend mit dem Jahr 1789, die Französische Revolution den historischen Hintergrund zu bieten. Aber auch in dieser Hinsicht darf nicht übersehen werden, wie unterschiedlich im Vergleich zu uns die Perspektive der Zeitgenossen gewesen ist. Die epochemachende Bedeutung dieses Angelpunktes der Weltgeschichte kann so deutlich wie uns damals kaum jemandem bewußt geworden sein. Mehrheitlich hat man die spektakulären Geschehnisse wohl eher schaudernd als Ausgeburt menschlicher Unvernunft registriert und auf die Polizei im eigenen Lande vertraut, die so etwas zu verhindern wissen werde. Selbst diejenigen, die die Parole 'Freiheit, Gleichheit, Brüderlichkeit' sympathisch, wenn nicht gar faszinierend fanden und ihre inneren Unvereinbarkeiten übersahen, wurden durch die so wenig idealen Methoden, mit denen dieser Parole Nachdruck verschafft werden sollte, abgestoßen. Und dann war auch schon Napoleon da, dessen Aufstieg und Taten bald alle in Atem hielt, wie zuletzt auch seine Beseitigung. Kurz, genügend Ereignisse, die Revolution vergessen und ihre Funken unbemerkt unter der Oberfläche schwelen zu lassen, bis die Zeit für sie reif wurde, oder, richtiger gesagt, die ersten Eruptionen der industriellen Revolution den Aufstand der Bürger überholten.

An revolutionäre Zwischenfälle war man gerade in Rußland durchaus gewöhnt. Doch handelte es sich entweder um von oben gelenkte oder aber um ein Aufbäumen geschundener Menschen, die ihre Gutsherren totschlugen. Mitunter wuchs sich ein solcher Aufruhr zum Flächenbrand aus, aber solange der Aufstand des ideologischen Unterbaues entbehrte, ließ sich das Feuer immer wieder leicht austreten. Heute weiß man ja sogar schon um die Brüchigkeit ideologischen Unterbaues.

Am 30. August 1791 verlor Adam Johann seinen Vater, Johann Friedrich, der im Alter von 67 Jahren starb. Dieser hat nicht nur mehrere Güter verwaltet, sondern auch Güter erworben und wieder veräußert. Sein

Bruder Karl Adolph war auf diese Weise ein sehr vermögender Mann geworden, und man weiß von ihm, daß er auch seinen Neffen Adam Johann mit Geldgeschenken bedacht hat. Johann Friedrich scheint nicht das gleiche Geschick oder Glück gehabt zu haben. Vermutlich hatte er sich mit dem Bau des Herrenhauses und den Aufwendungen für Mitgift und Aussteuer für seine drei Töchter, die 1780, 1782 und 1786 fällig geworden waren, zu sehr übernommen, um erfolgreich spekulieren zu können. Vielleicht hatte die Witwe auch wenig Einblick und Erfahrung in geschäftlichen Dingen und zu diesem Zeitpunkt noch keine wirksame Stütze an ihren Söhnen. Auf jeden Fall war die finanzielle Situation prekär, so daß sich als Ausweg anbot, Haggud auf zehn Jahre einem Pfandleiher zu überlassen. Diese Lösung enthob Carl, den älteren Bruder Adam Johanns, zugleich der Notwendigkeit, unverzüglich und mit drückenden Zahlungsverpflichtungen die Bewirtschaftung des Familiengutes anzutreten, wozu er schon allein deshalb nicht in der Lage gewesen wäre, da er als Offizier an der türkischen Front stand und nur zu einem Urlaub anläßlich des Todes des Vaters heimgekehrt war. Adam Johann hatte sich, obwohl spätgeboren, des Vorzuges erfreuen dürfen, bis zur Volljährigkeit ein intaktes Elternhaus zu besitzen, ein unschätzbarer Vorteil angesichts der Anforderungen, die Schul-, Kadetten- und Kriegsjahre an ihn stellten. Da das Elternhaus[2] zudem für ihn in erreichbarer Nähe lag, konnte er davon auch Gebrauch machen.

Adam Johanns Drang, in die Welt hinauszukommen, begannen sich unerwartet Chancen zu eröffnen, die seine Gedanken von den Weltumseglungsplänen, hinsichtlich derer sich rein gar nichts rührte, abbrachten und seine Hoffnungen wie die seiner Gefährten in eine andere Richtung lenkten. Zwischen Rußland und England bestand nämlich eine Vereinbarung, die vorsah, russische Seeoffiziere zur Fortbildung nach England zu delegieren. Hatte doch die britische Marine Weltgeltung erlangt und Rivalen mit älterer Tradition überflügelt, so daß für einen Offizier einer noch jungen Marine dort die höchsten Weihen zu erhalten waren. Mehr noch wog für Adam Johann die Tatsache, daß keine andere Marine so präsent in aller Welt war.

Der genannte Vertrag war nicht auf dem Papier geblieben, aber richtig greifen können hatte er auch nicht, wohl im Hinblick auf den Krieg und die dubiose Haltung Englands. Es scheint bei Einzelfällen geblieben zu sein. Die Bedenken dürften sich nach dem Friedensschluß mit der Türkei 1792 verflüchtigt haben, denn das Abkommen wurde im März 1793 erneuert und zum Jahresende statt der im Vertrag vorgesehenen 12 sogar 16 russische Marineoffiziere für den Dienst in der englischen Flotte freigestellt. Unter ihnen befand sich auch Adam Johann.

Am 1. November 1793 war es soweit: In St. Petersburg lief die 'Fanny of London' unter Kapitän Stevenson mit der äußerst gespannten und hochgestimmten Offiziersgruppe an Bord in Richtung London aus. Da sich England seit Februar d. J. im Kriege mit Frankreich befand, war ein friedlicher Verlauf der Überfahrt - zumindest was die Nordsee anbelangte - nicht gewährleistet. Aus diesem Grunde hatten sich der 'Fanny of London' in Helsingfors einige Schoner angeschlossen, die die Fahrt allein nicht riskieren wollten und sich nun zu einem Geleitzug zusammenschlossen. Dabei war die 'Fanny of London' nur ein Kauffahrteischiff, das lediglich einige Kanonen an Bord genommen hatte. Tatsächlich kam es auch zu einer kritischen Begegnung. Aus unerfindlichen Gründen drehten die Franzosen jedoch ohne Schußwechsel ab. Der Geleitzug konnte seine Fahrt ungehindert fortsetzen, nun jedoch nicht nach London, sondern nach Hull an der Ostküste, wo man am 19. November vor Anker ging.

Ein freundlicher Empfang erwartete die russischen Offiziere hier nicht, wohl aber ein strenger Zoll, der zu ihrem Befremden jedem für sein spärliches, nur aus Wäsche und Kleidung bestehendes Reisegepäck einen Zoll von vier Guineen abforderte. Dies war ein sehr ansehnlicher Betrag, der etwa 40 Rubeln entsprach. Auch die Preise, die im Gasthaus und in den Läden zu zahlen waren, erschienen ihnen bemerkenswert hoch. Da Hull abgesehen vom Hafen nicht mehr viel zu bieten hatte und sie es nach London zog, bestiegen sie bereits am 22. November Postkutschen, die sie in vier Tagen an ihr Ziel brachten.

In London empfing sie der russische Botschafter Graf Woronzow, der zu den fähigsten Diplomaten Europas zählte und in London eine bedeutende Rolle spielte. Seinem Bemühen wird es zugeschrieben, daß die Regierung Pitt[3] nicht in den Krieg gegen Rußland eingegriffen hatte. Zum Empfang seiner Schützlinge hatte er einen goldbestickten Paraderock angelegt, zu dem er Seidenstrümpfe und Schuhe mit silbernen Schnallen trug. Bei der Vorstellung richtete er an jeden einzelnen einige huldvolle Worte und eröffnete, daß ihnen bis zum Dienstbeginn noch fünf Monate zur Verfügung stünden, um sich etwas umzusehen, die Sprache zu studieren und Land und Leute kennenzulernen. Die Reisezeit eingerechnet waren sie somit ein halbes Jahr vom Dienst freigestellt. Die Freiheit und das lockende Abenteuer im fremden Lande ließ die jungen Offiziere getrennte Wege ziehen, doch Krusenstern, Bering und Lisjanski, denen sich als vierter noch ein Baskakow anschloß, blieben beisammen.

Wie lang waren ihnen zunächst die fünf Monate erschienen und wie schnell verflogen sie. Zu viel gab es zu sehen und kennenzulernen. London zählte zu diesem Zeitpunkt bereits eine Million Einwohner und war die größte Hauptstadt Europas. Ihre Ausdehnung zählte in einer Richtung zwölf und in der anderen Richtung vier Kilometer. Eindrucksvoller Reichtum und erschreckende Armut in den Slums hatten sich hier geballt. Die Besichtigung historischer Gebäude forderte ihr Recht, desgleichen das unvergleichlich große kulturelle Angebot. Adam Johann suchte so viel als möglich davon mitzubekommen. Die Konzertsäle boten eine reiche Auswahl bedeutender italienischer, deutscher und auch französischer Komponisten, während auf den Theaterbühnen besonders Shakespeare die Besucher faszinierte. Doch auch auf der Straße gab es genug zu erleben: z. B. König Georg III. schreckensbleich in einer Karosse, inmitten einer Menschenmenge, die 'Frieden' und 'Schluß mit dem Krieg gegen Frankreich' rief. Als auch Pflastersteine gegen das königliche Gefährt geschleudert wurden, ging die Garde mit gezogenen Säbeln gegen die Demonstranten vor. - Funkenflug aus Paris!

Aber auch an geselligen Kontakten fehlte es speziell Adam Johann nicht. Es ist zu vermuten, daß Graf Woronzow seinen Schützlingen einige Einladungen verschafft hat, mit denen es wohl in den meisten Fällen sein Bewenden gehabt haben dürfte. Doch für Adam Johann, den unbemittelten Fremdling, ergaben sich hieraus erstaunlich viele und gute Kontakte. Adam Johann dürfte seinen Gefährten an Sprachkenntnissen und gesellschaftlichem Schliff überlegen gewesen sein. Eine nicht minder bedeutsame Rolle wird gespielt haben, daß er eine Zuneigung zu England und der Wesensart der Engländer gefaßt hatte. Sie gefielen ihm, und er gefiel ihnen. So mag eine Einladung die andere nach sich gezogen haben, und viele der dabei geknüpften Beziehungen hatten Bestand. Adam Johann blieb zeitlebens ein Freund und Bewunderer Englands, ohne daß diese Sympathie seinen Patriotismus gegenüber Rußland und dem Zaren geschmälert hätte.

Nach Ablauf der fünf Monate trafen sich die 16 noch einmal zu einem Kameradschaftsabend, worauf sich ihre Wege endgültig trennten. Die meisten hatten ein Kommando im Mittelmeer gewählt, wo mehrere am gelben Fieber erkrankten und starben. Adam Johann hatte sich für Nordamerika gemeldet, da er sich ausgerechnet hatte, daß für einen russischen Seeoffizier ohnehin Möglichkeiten bestanden, ins Mittelmeer zu gelangen, kaum jedoch nach Amerika. Am liebsten wäre er natürlich nach Indien oder Ostasien gegangen, doch den Offizieren aus Rußland wurde nichts dergleichen offeriert. Lisjanski und auch Baskakow folgten Adam Johanns Beispiel.

Am 4. Mai 1794 ging Adam Johann in Portsmouth an Bord der Fregatte 'Thetis', unter dem Kommando des Kapitäns Cochrane. An Bord befand sich auch dessen Neffe, der später als Admiral Lord Cochrane große Bekanntheit erlangen sollte. Die Schiffe lichteten am 21. Mai ihre Anker, und am 13. Juli kam die kanadische Küste in Sicht.

Das Operationsgebiet war die gesamte Ostküste Nordamerikas, beginnend im Norden inmitten gefährlicher schwimmender Eisberge bis hinunter zu den Taifunen der Karibik. Man machte Jagd auf französische Kauffahrteischiffe und natürlich auch auf die sie begleitenden Kriegsschiffe. Die Frontlage zu Lande war insofern etwas undurchsichtig, als

Kanada, das sich bereits unter britischer Oberhoheit befand, über einen sehr großen französischen Bevölkerungsanteil verfügte und auch die Sympathien der gerade erst - 1776 - selbständig gewordenen Vereinigten Staaten deutlich profranzösisch und antibritisch waren. In der Karibik, deren Inseln teils zu England und teils zu Frankreich gehörten, hatte die Französische Revolution fernwirkend die Negerbevölkerung zur Rebellion aufgestachelt, was wiederum bei den Weißen, ob sie nun Franzosen, Engländer oder Spanier waren, einen probritischen Solidarisierungseffekt auslöste. Adam Johann war der einzige an Bord, der fließend Französisch sprach und erwarb sich als Dolmetscher im Umgang mit den Gefangenen Wertschätzung.

Die Kaperung von Kauffahrteischiffen war für die Kapitäne und Offiziere erfolgreicher Kriegsschiffe nicht nur ruhmreich, sondern auch ein einträgliches Geschäft. Die Zeiten, da die Landheere sich vorwiegend durch Plünderung und Kontributionen ernährten, gehörte der Vergangenheit an, doch bei der Marine spielten die Prisengelder - der Erlös von aufgebrachten Schiffen bzw. deren Ladung - eine große Rolle. Manch einer ist auf diesem Wege zu beträchtlichem Wohlstand gelangt, während andere das so leicht erworbene Geld mit ebenso leichten Händen wieder ausgaben. Für Adam Johann hatte sich auf diese Weise ein für ihn ansehnlicher Betrag von 100 Pfund angesammelt, der ihm bei seinen weiteren Plänen hätte von großem Nutzen sein können, doch er verzichtete darauf zu Gunsten der Besatzungsmitglieder des Schiffes, die bei der Verteilung der Prisengelder im allgemeinen leer ausgingen oder mit einem Trinkgeld abgefunden wurden. Man mag Adam Johann wegen dieses Verzichts töricht schelten, doch dürfte dies kaum eine unüberlegte Handlung etwa jugendlicher Großspurigkeit gewesen sein, sondern die Konsequenz eines Charakterzuges, der sich wie ein roter Faden durch sein Leben zieht.

Die britische Marine war wohl frei von Minderwertigkeitskomplexen und auf allen Weltmeeren zu Hause, doch ihr Traditionsbewußtsein war zugleich mit dem Nachteil verbunden, daß es auch negative Eigenschaften zu bewahren half, obwohl den Engländern, als der auf diesem Gebiet führenden Nation Fortschrittlichkeit wohlangestanden hätte. Die Mannschaften an Bord waren teils noch 'gepreßt', Lücken im Bestande wurden oft unmittelbar vor dem Auslaufen durch regelrechte Entführung aus Hafenkneipen geschlossen. Man machte die Männer betrunken, verführte sie dann, ein Handgeld zu nehmen und somit waren sie dran. Harte Lebensbedingungen und körperliche Züchtigung rundeten das Bild ab.

"Offiziere leben unter solchen Umständen in der Regel ganz der Gegenwart, von der sie fortgerissen, ja beherrscht werden. Anders Krusenstern; sein strebender Sinn wußte sich auch in dieser Umgebung die Möglichkeit zu ernsten Studien zu verschaffen; er hat eine Menge Folio-Bände Handschriften hinterlassen - Studien der verschiedensten Art, die an Bord der 'Thetis' geschrieben sind."[4] Spätere Reisen haben diese Hinterlassenschaft noch gemehrt.

Die 'Thetis' hatte das Pech zu stranden. Zwar gelang es, das Schiff wieder frei zu bekommen, doch waren die Beschädigungen so schwerwiegend, daß ihre Behebung längere Zeit erforderte. Dies verschaffte Adam Johann die willkommene Gelegenheit, sich in den Vereinigten Staaten etwas umzusehen - ein Land in geradezu explosionsartiger Entwicklung - , das aber damals auch nur mit der Postkutsche zu bereisen war. New York etwa hatte seine Einwohnerzahl in wenigen Jahrzehnten verfünffacht. Sie lag nun bei ca 350.000 und konnte daher mit London noch nicht annähernd konkurrieren, schon gar nicht was das Stadtbild anbelangte. Denn dieses wurde nicht von mehrgeschossigen Häusern geprägt, sondern überwiegend von ärmlichen einstöckigen Bauten hinter Palisadenzäunen an schmalen Straßen, die schmutzig und wenig befestigt waren. Zudem herrschte 1795 in New York die Pest.

In Philadelphia - der damaligen Hauptstadt des Landes - wurde Adam Johann vom ersten Präsidenten der Vereinigten Staaten, George Washington, empfangen, der ihn für den Aufbau der US-Marine zu gewinnen suchte. Ein englischer Marineoffizier, der kein Engländer war, aber über Erfahrungen aus zwei Kriegen verfügte, schien ihm für seine Zwecke hochwillkommen. Doch Adam Johann, den nur ein Angebot hätte reizen können, das ihm Aussichten eröffnete, nach Südostasien zu gelangen, erkannte bald, daß die US-Marine ihm derlei Chancen vorerst nicht bieten werde, und sagte ab.

Da sich für Adam Johann keine anderweitige Verwendung ergab und sich seine Gefährten in ähnlicher Lage befanden - Lisjanski hatte das gelbe Fieber erwischt und danach eine Verwundung bei einem Gefecht erlitten, so daß er Rekonvaleszent war -, schifften sich alle drei am 12. September 1796 zur Rückkehr nach England auf der Fregatte 'Cleopatra' ein. Es hätte nicht viel gefehlt, und sie wären auf dieser Fahrt in französische Kriegsgefangenschaft geraten, denn unweit der irländischen Küste tauchte plötzlich aus dem sich lichtenden Nebel das französische Linienschiff 'Castor' auf, und zwar so dicht neben ihnen, daß sie die Gesichter der Gegner sehen und ihre Gespräche verstehen konnten. Sich in einem so ungleichen Kampf zu behaupten, schien aussichtslos und auch ein Entkommen, denn die 'Castor' war wesentlich schneller. Ob nun die Begegnung für die Franzosen so überraschend kam, daß keine Gefechtsbereitschaft bestand, oder ob sie sich so dicht bei der irländischen Küste nicht auf ein Gefecht einlassen wollten, auf jeden Fall entschwanden sie, ohne daß ein Schuß gefallen war. So langte denn die 'Cleopatra' im Januar 1797 wohlbehalten in England an.

Die drei Rückkehrer berichteten Graf Woronzow über ihre Erlebnisse und bemühten sich hartnäckig, aber ergebnislos um ein Kommando nach Indien. Die Engländer waren eifersüchtig darauf bedacht, Ausländer ihren ostindischen Besitzungen fernzuhalten. Adam Johann nutzte die Zeit, um seine Sammlung an Reiseberichten, Atlanten und sonstiger geographischer Literatur zu vervollständigen. Ohne Zweifel dürfte er auch seine freundschaftlichen Beziehungen wiederaufgenommen haben.

Nach so langer Abwesenheit galt es aber auch, sich über die politischen Entwicklungen zu informieren, und da gab es Nachrichten, die die russischen Offiziere sehr unmittelbar angingen. Am 17. November 1796 war Katharina die Große nach 34jähriger Regierungszeit gestorben. Sie hatte viel dazu beigetragen, die Stellung Rußlands als europäische Großmacht zu festigen. Den Thron hatte ihr Sohn als Paul I. bestiegen. An seine Herrschaft knüpften sich eher negative denn positive Erwartungen und vor allem ein erheblicher Grad von Unsicherheit, bedingt durch seine Neigung, alles abzulehnen, was seine Mutter befürwortet oder in die Wege geleitet hatte. Andererseits schien er die Absicht zu haben, an der Seite Englands in den Krieg gegen Frankreich einzutreten, so daß eine sofortige Rückberufung der russischen Offiziere aus England nicht aktuell sein konnte. So bemühte sich Adam Johann weiterhin um ein geeignetes Kommando, und es bot sich schließlich in der gewünschten Richtung, nämlich nach Südafrika. Daran knüpfte sich die heimliche Hoffnung, von dort weiterzukommen, denn englische Schiffe sahen sich öfter in der Notlage, in Südafrika Lücken in der Besatzung auffüllen zu müssen.

So schifften sich die Gefährten denn am 16. März 1797 in Portsmouth auf dem Linienschiff 'Reasonable' ein, das acht Schiffe der Ostindischen Kompanie zu geleiten hatte. Am 4. Juni kam das Kap der Guten Hoffnung in Sicht, das als erster Bartolomeu Diaz 1486 erblickt hatte. Er war jedoch angesichts der Stürme dieser See umgekehrt und hat es seinem Landsmann Vasco da Gama überlassen, 15 Jahre später den Seeweg nach Indien zu entdecken. Seinen Spuren zu folgen, war nun Adam Johanns beherrschendes Ziel. Es war nicht pure Abenteuerlust, die ihn dorthin trieb, sondern es ging um ganz konkrete Pläne, an denen er arbeitete und die ihn nicht mehr losließen.

Adam Johanns Annahme, es werde sich in Kapstadt eine Möglichkeit zum Weiterkommen finden, bestätigte sich tatsächlich. Er und seine Gefährten beobachteten den lebhaften Schiffsverkehr, und Lisjanski entdeckte sogar sein ehemaliges Schiff, auf dem er von den Engländern zum Dienst eingeteilt worden war. Es war dies die Fregatte 'Oiseau', die die Engländer von den Franzosen erobert hatten, und gerade an dieses Schiff verwies sie der kommandierende Admiral, bei dem sie sich gemeldet hatten. Allerdings mußte Lisjanski enttäuscht feststellen, daß sowohl der Kapitän als auch fast die gesamte Besatzung gewechselt hatten. Was letztere anbelangte, so hatte es durch Krankheit große Ausfälle gegeben, und der Kapitän war über die Aussicht heilfroh, drei erfahrene Seeleute auf einen Schlag zu gewinnen. Ein Bekannter, den Lisjanski dennoch unter der Besatzung entdeckt hatte, riet ihm dringend davon ab, die geplante Reise mit diesem Schiff zu unternehmen, denn nach einer Beschädigung durch ein Riff sei es der reinste Seelenverkäufer und werde auch im Hafen nur durch ständiges Pumpen über Wasser gehalten. Einen Sturm könne das Schiff nicht überstehen, und es bestände somit kaum Aussicht, daß es sein Ziel Kalkutta erreichen werde. Daraufhin wurde der Entschluß geändert, und Lisjanski und Baskakow holten unverzüglich ihr Gepäck von Bord. Adam Johann, der nicht dabei gewesen war, wollte am nächsten Tage ihrem Beispiel folgen. Nach Darstellung von Lisjanski habe Kapitän Lindsay Adam Johann jedoch so freudig begrüßt und seine Anerkennung darüber geäußert, daß dieser sich nicht so ängstlich zeige wie seine Gefährten, worauf Adam Johann sich spontan entschlossen habe, mitzufahren.

Es kann gut sein, daß es sich tatsächlich so abgespielt hat, ausschlaggebend dürfte aber wohl der Umstand gewesen sein, daß Adam Johann unbedingt nach Ostasien wollte, während die beiden anderen, ohne konkretes Ziel vor Augen, sich eigentlich mehr von ihm hatten inspirieren lassen und sich auch gern damit zufrieden gaben, sich ein wenig in Südafrika umzusehen, zumal nach den abschreckenden Informationen über das Schiff. So trennten sich denn ihre Wege.

Die Fahrt der 'Oiseau' wurde zunächst von gutem Wetter ungemein begünstigt. Erst unweit der Küste Arabiens gerieten sie in einen kurzen, aber heftigen Sturm, der das Schlimmste befürchten ließ. Der eigentliche Schrecken erfaßte sie jedoch erst, als sie ihr Ziel Madras und dann Kalkutta erreicht hatten und das Schiff auf das Trockendock gehoben worden war. Dort machte man nämlich eine Entdeckung, angesichts derer professionelle Spinner von Seemannsgarn vor Neid erblassen würden und die man nicht geglaubt hätte, wenn nicht fast ganz Kalkutta durch die sensationelle Kunde alarmiert, herbeigeströmt und somit Augenzeuge geworden wäre. Im Schiffsrumpf befand sich ein riesiges Leck, das nahezu vollständig durch einen eingedrückten Felsbrocken abgedichtet war. Hätte sich während der Fahrt dieser Brocken aus der Schiffswand gelöst, so wäre das Schiff in wenigen Minuten verloren gewesen.

Während der Reparatur kreuzte Adam Johann drei Monate auf einer anderen Fregatte im Golf von Bengalen. Die vielfältigen Erlebnisse dieses Jahres 1798 sind sparsam notiert, denn der mitteilsame Gewährsmann Lisjanski war ja nun nicht mehr dabei. Zwar hat ihn der Zufall zu Beginn des Jahres 1799 auch auf einem englischen Schiff nach Indien geführt, jedoch ohne daß es zu einer Begegnung mit Adam Johann gekommen ist.

Für einen noch dazu durch dienstliche Obliegenheiten eingeschränkten Besucher war es nicht leicht, einen Überblick über das vielgestaltige und verwirrende Gesicht Indiens zu erlangen. Das Nebeneinander von Arm und Reich war hier natürlich noch wesentlich krasser, als es sich in London dargeboten hatte. Aber ungeachtet des räumlichen Beieinanders hatte die Sphäre der in üppigen Landhäusern Wohnenden mit derjenigen der ohne Dach über dem Kopf Vegetierenden kaum Berührungspunkte. Auch Einheimische hatten an der erstgenannten Schicht einen auffallenden Anteil.

Politisch hatte das Land das Ansehen eines Flickenteppichs, auf dem sich regelrechte Kolonialgebiete mit mehr oder weniger selbständigen Territorien vermengten. Die Kolonialgebiete unterstanden mehreren englischen Gouverneuren und einem englischen Generalgouverneur. Das eigentliche Sagen hatte jedoch die Ostindische Kompanie. Der ganze Subkontinent befand sich in ständiger Unruhe und Bewegung, gesteigert noch durch den Krieg mit Frankreich, der gerade zu jenem Zeitpunkt über Bonapartes Suezabenteuer und die Vernichtung der französischen Flotte durch Admiral Nelson am 1. August 1798 bei Abukir in jene Weltgegend beträchtlich ausstrahlte, so daß britische Kriegsschiffe sich ständig einsatzbereit zu halten hatten. Unter diesen Umständen war es für Adam Johann nicht leicht, die für seine eigenen Erkundungen notwendige Zeit und Freiheit zu erübrigen, zumal auch noch ein Abstecher nach China auf seinem Programm stand. Kapitän Lindsay lehnte Urlaubsgesuche rundweg ab. Doch da kam Adam Johann wieder einmal eine Havarie zur Hilfe, die Kapitän Lindsays Widerstände hinfällig werden ließ. Die 'Oiseau', ohnehin in schlechtem Zustand, da wohl nur mangelhaft instandgesetzt, erlitt während eines Sturmes in der Straße von Malakka so schwere Beschädigungen, daß mit ihrer Wiederherstellung in absehbarer Zeit nicht zu rechnen war. Daher konnte Adam Johann in Penang das Schiff verlassen und sich nach Malakka begeben.

Er hatte jetzt zwar die ersehnte Freiheit gewonnen, stand jedoch einigermaßen mittellos vor der Aufgabe, sie nun auch zu nutzen. Verschlimmert wurde seine Lage durch eine lebensgefährliche Krankheit, Tropenfieber. Zwei Monate mußte Adam Johann in einem malaiischen Krankenhaus auf dem Fußboden liegen, bis ihn englische Freunde in ihre Obhut nahmen. Eben diese Freunde verhalfen ihm nach der Genesung schließlich auch zu der von ihm so dringend gewünschten Reise nach Kanton.

Kanton, oder genauer die bei Kanton gelegene portugiesische Kolonie Macao war damals eigentlich der einzige Punkt, an dem Kontakte zu dem gegenüber der Außenwelt fast gänzlich abgeschlossenen China möglich waren. Die Kenntnisse über dieses geheimnisvolle Land waren insbesondere in Rußland sehr mangelhaft. Adam Johanns Interesse war hauptsächlich auf den Handel gerichtet, der hier abgewickelt wurde und nahezu ausschließlich in den Händen der Ostindischen Kompanie sowie der Portugiesen und der Holländer lag. Ja, Adam Johann hatte sogar das Glück, das Einlaufen einer etwa 100 Tonnen großen Brigg zu beobachten, die aus Alaska eintraf und ihre Ladung Felle mit enormem Gewinn verkaufte.

Zwei zufällige Bekanntschaften waren es, die Adam Johann in Indien besonders viele, für seine Pläne wertvolle Informationen vermittelten. Es waren dies Gerassim Lebedew, ein dorthin verschlagener Russe, der sich als Kenner Südostasiens später in Rußland einen Namen gemacht hat, und zum anderen ein livländischer Landsmann namens Torkler, der die Nord-westküste Amerikas bereist hatte und sich dort auskannte.

Was Adam Johann bereits seit Jahren beschäftigt und woran er auch auf der 'Thetis' in seiner Freizeit gearbeitet hatte, das begann nun eine immer konkretere Gestalt anzunehmen. Seine Projekte sahen nicht mehr und nicht weniger vor, als Rußland mit den führenden Seemächten der Welt in Wettbewerb treten zu lassen. Ausgangspunkt war die dringend notwendige Verbesserung der Versorgung, Entwicklung und Sicherung der russischen Gebiete am Pazifik, insbesondere Alaskas, und zwar auf dem Seewege um die halbe Welt, während sich für den Verkauf der Erzeugnisse dieser Gebiete der kürzere Seeweg nach Kanton anbot. Sowohl die Versorgung als auch der Verkauf der Produkte erfolgte bisher auf dem Landwege, also quer durch Sibirien, so teuer und zeitraubend, daß jeder denkbare Nutzen hierbei verschlungen wurde, zumal ein großer Teil der Ware verdarb.

Man hat sich dies wie folgt vorzustellen: Aus Petersburg oder aus Moskau fuhr man im Frühjahr, alle hundert Werst[5] die Pferde wechselnd, nach Osten. Im Juni passierte man die Wolga, im Juli den Ural, im August den Ob. Nachdem man auch den Jenissei überquert hatte, erreichte man zugleich mit dem ersten Schnee Irkutsk. Hier wartete man den Wintereinbruch ab, stieg in einen Schlitten um und fuhr entlang dem gefrorenen Flußlauf der Lena nach Jakutsk, wo man im Januar eintraf. Da eine Weiterreise durch die winterliche Taiga unmöglich war, mußte man in Jakutsk den Frühling abwarten. Doch war es auch zur Zeit der Schneeschmelze und der Überschwemmungen nicht möglich zu reisen. Erst im Juni konnte man mit Rentiergespannen durch die Wälder die Reise fortsetzen. Im August erreichte man Ochotsk am Meere und erst im Herbst Kamtschatka, wo man überwintern mußte, um im darauffolgenden Sommer über das Bering-Meer nach Amerika zu fahren. Dort erhandelte sich der Kaufmann für sein Krims-Krams Felle, dann vergingen wieder Jahre bis er auf dem gleichen Weg zurückgelangte. Zwar verkaufte er seine Felle sechshundertmal teurer, als er für sie bezahlt hatte, dieser Gewinn wurde jedoch von seinen Reisespesen nahezu völlig aufgefressen.

Verglichen damit dauerte eine Seereise um die halbe Welt nicht lange, bot mehr Bequemlichkeit, war viel billiger und gestattete auch den Transport umfangreicher und gewichtiger Güter. Demgegenüber verlor der landreisende Kaufmann sechs Jahre, leicht auch seine Gesundheit und mitunter sein Leben. Und Reichtum konnte er wie gesagt dabei auch nicht gewinnen.

Doch abgesehen von dieser vordergründigen Nutzanwendung zielte das Projekt Adam Johanns darauf, Rußland zu einer seefahrenden Nation zu machen, die ihre Handelsbeziehungen selbst und ohne Mittelsmänner abwickelte in erfolgreichem Wettbewerb mit Engländern, Holländern und Portugiesen. Zu diesem Zweck sollten Weltumseglungen zu einer ständigen Einrichtung werden. Ferner schwebte Adam Johann vor, das Seekadettenkorps im Interesse geeigneten Nachwuchses für die Kauffahrteischiffahrt zu erweitern und auch Nichtadligen zu öffnen. In diesem Sinne verfaßte er umfangreiche Denkschriften mit allen für diese Entscheidungen nützlichen Unterlagen.

Zu den neugewonnenen Freunden Adam Johanns gehörte auch ein Hamilton, Herr über einen großen 'Ostindienfahrer', worunter ein bewaffnetes Kauffahrteischiff zu verstehen ist. Dieser Kapitän Hamilton lud Adam Johann ein, auf der Rückreise nach London sein Gast zu sein, dieses Mal richtiger Gast mit allem nur denkbaren Komfort und ohne jede Verpflichtung, so daß diese viermonatige Reise ihm vollkommene Muße bescherte und neben anderen Annehmlichkeiten die Benutzung einer bedeutenden Bordbibliothek. Adam Johanns Interesse erregten vor allem englische Geschichtswerke, die damals als die besten galten, die die historische Literatur zu bieten hatte.

Die Reise der 'Bombay Castle' ging wieder über Kapstadt. Auch der Felseninsel St. Helena wurde ein Besuch abgestattet. Inzwischen war es Herbst geworden, und gleich den anderen russischen Offizieren erhielt Adam Johann die Weisung zur Heimkehr. Diese Weisung war mit einer Beförderung zum Kapitänleutnant verbunden, und zwar mit Wirkung vom 27. März 1798.

So trat Adam Johann von London aus unverzüglich die Heimreise nach St. Petersburg an, das er nach fast sechsjährigem Auslandsaufenthalt im Oktober 1799 erreichte.

V
Warten

Die Heimkehr eines so weitgereisten Mannes mit so ungewöhnlichen Erlebnissen war geeignet, einiges Aufsehen zu erregen, in der Familie ohnehin, aber auch in einer breiteren Öffentlichkeit und ganz besonders natürlich im Kameradenkreise. Am meisten Staunen und Bewunderung rief dort die Tatsache hervor, daß einer der ihren ohne amtlichen Auftrag und ohne eigene finanzielle Mittel ein so fernes und verschlossenes Land, wie China es war, betreten hatte.

Im krassen Gegensatz zu dieser lebhaften Resonanz stand der Empfang durch die vorgesetzten Dienststellen. Hatte man für selbstverständlich gehalten, diese würden sich unverzüglich bemühen, aus den Erfahrungen eines so vielseitigen erprobten Offiziers möglichst viel Nutzen für die Marine zu ziehen, so geschah nichts dergleichen. Weder Adam Johann noch einer seiner Kameraden wurde mit angemessenen Aufgaben betraut. Der Grund für ihre Zurückbeorderung war übrigens ein politischer: Kaiser Paul hatte in flammendem Haß gegen die Französische Revolution an der Seite Englands gestanden, war jedoch nun als rückhaltloser Bewunderer Napoleons im Begriff, zur anderen Seite überzuschwenken, was natürlich ausschloß, daß sich russische Offiziere in englischen Diensten befanden. Die Offiziere selbst interessierten nicht, denn ihre Entsendung war ja noch ein Erbteil Katharinas und somit keiner Beachtung wert.

Adam Johann wurde eine belanglose Tätigkeit auf einem kleinen Schiff[1] in Reval zugewiesen. Das mag ihn zwar gewundert haben, doch waren alle seine Gedanken so ausschließlich auf sein großes Vorhaben gerichtet, daß es ihm sogar ganz lieb gewesen sein dürfte, eine Verwendung gefunden zu haben, die ihn nur wenig in Anspruch nahm und ihn in Reichweite von St. Petersburg beließ. Dies bot ihm genügend Gelegenheit, seine Projekte zu betreiben.

Was konnten einen, der im Begriff war, so große Dinge zu bewegen, eine momentane Mißachtung oder Karrierenachteile schon viel kümmern. Seine wohlvorbereiteten Vorschläge waren so zwingend, daß er keinen Augenblick daran gezweifelt haben dürfte, daß sie die führenden Köpfe des Landes aufhorchen lassen und den Einsender zum Gegenstand allgemeinen Interesses machen würden. Adam Johann glaubte dessen gewiß sein zu können, vor einer großen Wende zu stehen. Eine solche Stimmung lag in der Luft, stand man doch im Begriff, ein Jahrhundert zu verabschieden und ein neues zu begrüßen, was in diesem Falle dem Eintritt in ein neues Zeitalter gleichkam. Die Dampfmaschine gab es zwar schon seit mehr als dreißig Jahren, aber erst seit ungefähr einem Jahrzehnt war sie so weit fortentwickelt, daß sie industriell wirklich nutzbar und auch der Fortbewegung dienlich gemacht werden konnte. Nicht zuletzt aus dieser Erfindung sollte die industrielle Revolution resultieren.

Der Schock, den die Französische Revolution verursacht hatte, begann sich zu verlieren, und der strahlende Glanz des aufgehenden Sternes Napoleon Bonapartes schlug die Menschen in ihren Bann, gleich ob sie zu den Bewunderern oder zu den Widersachern zählten. Und während das Gedankengut der Französischen Revolution in den Köpfen der Zeitgenossen weiter rumorte, feierte in Rußland der Despotismus unter Paul I. Triumphe.

Nachdem Adam Johann die Denkschriften über sein Projekt eingereicht hatte, vergingen Wochen und Monate, aber nichts geschah. Angeblich fristeten die Denkschriften in irgendwelchen Schubladen ihr Dasein. Adam Johann antichambrierte hier und dort, schrieb Briefe und machte neue Eingaben. Er fand Bundesgenossen, ja sogar begeisterte Fürsprecher in der Direktion der Russisch-Amerikanischen Kompanie, die erst nach jahrelangem vergeblichen Warten 1799 endlich vom Kaiser ihre Bestätigung erhalten hatte. Für die Russisch-Amerikanische Kompanie, die Alaska exploitierte, war das Projekt Adam Johanns von entscheidender Bedeutung. In der eigentlich so reichen Kolonie Alaska herrschte immer wieder großer Mangel, vor allem infolge unzureichender Lebensmittelversorgung Skorbut. Dringend hätten die Russen in Alaska auch Waffen und sonstigen Nachschub gebraucht, die auf den üblichen Transportwegen spät und unzureichend eintrafen, so daß sie sich bei Feindseligkeiten mit den Indianern in zunehmenden Schwierigkeiten befanden. Schnelles und entschlossenes Handeln war unbedingt geboten, doch es geschah nichts.

Es gab vielerlei Gründe für solche Indolenz. Beginnend mit der negativen Einstellung Kaiser Pauls, der Projekte überhaupt nicht mochte und schon gar nicht solche, die bereits von seiner Mutter gefördert worden waren. Es heißt, er habe die Denkschriften - gelesen oder ungelesen - ärgerlich mit der Bemerkung 'dummes Geschwätz' beiseitegeschoben. Es kann aber auch an dem Mann gelegen haben, bei dem alle Fäden in Marineangelegenheiten zusammenliefen. Admiral Graf Kuschelew, den Kaiser Paul geradewegs vom Kapitän zum Voll-Admiral befördert hatte, obwohl seine Kenntnisse und Fähigkeiten in Marinekreisen eher gering eingeschätzt wurden. Möglicherweise hat dieser die Denkschriften dem Kaiser ohne Fürsprache oder zumindest ohne Gutachten vorgelegt, weil er für sie ohnehin keine Chance sah. Zur Trägheit des Bürokraten-Apparates gesellte sich unter einem Despoten die Scheu der Funktionäre, unnötig aufzufallen vor allem mit Angelegenheiten, von denen anzunehmen war, daß sie dem Herrscher mißliebig, wenn nicht gar widerwärtig sein würden und noch dazu, wenn sie von keinem Prominenten, sondern von einem Offizier niederen Ranges ausgingen. Der Adressat der Denkschriften, der Präsident des Kommerzkollegiums, Soimonow - der allerdings bald danach starb -, verbot Adam Johann sogar nach Petersburg zu kommen, so daß diesem noch zusätzlich die Hände gebunden waren.

Das Jahr 1800 ging darüber hin. Von Kuschelew kam eine Absage, die alle Hoffnungen zu vernichten schien. Doch Adam Johann ließ sich nicht entmutigen und verstand zu warten. Zudem zeigte er sich flexibel und suchte seine Projekte zu aktualisieren, indem er auf den unmittelbar drohenden Krieg mit England abhob und in einem langen, an Admiral Ribas gerichteten Schreiben auf die Chancen hinwies, die ein auf der Höhe der Azoren operierender russischer Flottenverband gegenüber dem englischen Indienhandel haben könne[2].

Aber Adam Johann blieb auch nicht von Depressionsanfällen verschont, die ihn daran denken ließen, um den Abschied einzukommen und sich der Landwirtschaft zuzuwenden oder Geographielehrer an der Domschule zu werden. Statt dessen bewies er, daß er wirklich warten konnte, und es sollte sich zeigen, daß sein Warten belohnt wurde, und zwar auf eine völlig andere Weise, als er es sich hätte vorstellen können.

Zunächst aber rückte Adam Johanns Privatleben in den Vordergrund. Er ging auf Freiersfüßen. - Es versteht sich von selbst, daß Adam Johann nach seiner Heimkehr in Reval und Umgebung ein höchst interessanter und begehrter Mann war, um den sich die Spitzen der Gesellschaft rissen, ihn in ihren Salons präsentieren zu können. Da er zudem im besten Heiratsalter stand, hielten vor allem auch junge Damen nach ihm Ausschau, zumal ihre Blicke sich auf eine recht stattliche Erscheinung richteten. Die Rolle, die er zu spielen hatte, mag Adam Johann nicht sonderlich behagt haben, doch ganz entziehen konnte er sich ihr angesichts der geringen dienstlichen Inanspruchnahme nicht.

Es bestanden somit außergewöhnlich günstige Voraussetzungen, eine glänzende Partie zu machen. Doch wird es nach allem, was bisher über Adam Johann festgehalten wurde, kaum überraschen, daß dieser einen derartigen Kurs nicht gesteuert hat. Seine Wahl fiel auf eine mit Vorzügen reich ausgestattete junge Dame, die materiell aber nichts zu bieten hatte.

Seine Zuneigung galt Juliane (Julie) von Taube, damals 20 Jahre alt[3]. Sie war Vollwaise - ihre Mutter war bei ihrer Geburt gestorben, während sie ihren Vater, Arrendator eines Kronsgutes, erst vor wenigen Jahren verloren hatte[4]. Julie lebte bei ihrem älteren Stiefbruder Otto Heinrich.

Dieser war allerdings von dem Bewerber, der auf seine Schwester nicht ohne Eindruck geblieben war, wenig erbaut. Gerade weil sie unbemittelt war, hielt er nur einen Gutsbesitzer für eine akzeptable Partie.

Ungeachtet dieser Bedenken wußte Adam Johann sich durchzusetzen, wobei ihm Julies Gefühle entgegenkamen. Die Wandlung in den Beziehungen des jungen Paares spiegeln anschaulich die Unterschriften wider, mit denen Julie ihre Briefe an Adam Johann versah. Hieß es noch am 18. September 1800 'Ihre ergebene Dienerin', schreibt sie am 30. Januar 1801 bereits 'Ihre aufrichtige Freundin' und am 23. März 'Ihre Sie zärtlich liebende Julie'.

Julie, die ohne Mutter aufgewachsen war, hatte von einem geistlichen Lehrer eine gründliche Bildung erhalten. Entsprechend jener Zeit hatte sie sich auch mit der Philosophie Kants beschäftigt, was man bei einem schönen und liebenswürdigen jungen Mädchen, als die sie von Zeitgenossen geschildert wird, nicht unbedingt voraussetzt. Zu ihren besonderen Interessen zählten auch Literatur und Kunst[5]. Es war bezeichnend für Adam Johann, daß er eine Frau regen Geistes wählte.

Die Hochzeit fand am 14. September 1801 in Jerwakant, dem Gut von Julies Bruder, statt. Im gleichen Jahr trat Adam Johanns Bruder Carl den vom Pfandleiher eingelösten Familiensitz Haggud an. Ihre Mutter hat diese Geschehnisse noch erleben können. Sie starb erst am 19. März 1804 im Alter von 74 Jahren. Ihr Tod war auch für Julie sehr schmerzlich, da sie in ihr wahrhaft einen Mutterersatz gefunden hatte. Julies einziger Angehöriger, ihr Stiefbruder Otto Heinrich, war schon bald nach ihrer Heirat gestorben.

Wer könnte diese Ehe besser charakterisieren als Julie selbst: "Für ein Herz von einigem Gefühl ist auch eine gewöhnliche Ehe ein Unglück. Wie wenig ist das, daß man sich nur erträgt und aus Pflicht nur seinen Pflichten getreu bleibt - ach! wie ganz anders ist es mit uns."[6]

VI
Die Vorbereitung der Weltumseglung

Der März 1801 brachte in Rußland eine radikale Wende. Vermutlich im Einverständnis mit dem Thronfolger putschten Gardeoffiziere, und Paul I. wurde am 23. März mit einem Halstuch erwürgt.

An Kaiser Pauls Stelle trat nun dessen ganz und gar anders gearteter Sohn, der als Alexander I. die Geschicke des Reiches in die Hand nahm. Der Chef der Admiralität Kuschelew wurde durch den aktiven und neuen Ideen aufgeschlossenen Admiral Mordwinow ersetzt, und Graf Rumjanzew[1], ein Mäzen und aktiver Förderer von Entdeckungsreisen, der Adam Johanns Plänen sehr wohlgesonnen war, übernahm das Handelsministerium. Somit bestanden gute Voraussetzungen, einen neuen Vorstoß zu unternehmen und die Denkschriften wieder auf den Weg zu bringen, wobei Adam Johann nun nicht mehr allein stand. Um ganz sicher zu gehen, haben die Förderer des Projektes den wichtigsten Würdenträgern, auch Kaiser Alexander selbst, eine Teilhaberschaft an der Russisch-Amerikanischen Kompanie angetragen, wobei ihnen unermeßliche Gewinne in Aussicht gestellt wurden. Adam Johann war an der Kompanie in keiner Weise beteiligt.

Alexander I. zeigte sich von dem Projekt so begeistert, daß er dessen unverzügliche Ausführung anordnete. Mit der Durchführung betraute er Adam Johann selbst und überließ ihm auch die Entscheidung über alle Einzelheiten, einschließlich der Wahl der Reiseroute, der Teilnehmer und auch der Schiffe. In zwei Monaten sollte nach Meinung des Kaisers das Expeditionskorps zur Weltumseglung startklar sein.

Nach allem, was vorhergegangen war, mußte die Berufung Adam Johanns zum mit allen Vollmachten ausgestatteten Leiter der Expedition als sensationell empfunden werden, zumal diese mit den bisherigen Zuständigkeiten schwer in Einklang zu bringen war. Es ist zu vermuten, daß es eine sehr spontane Entscheidung des Kaisers gewesen ist, denn der verantwortlichen Bürokratie sah es wahrhaftig nicht ähnlich, mit solch einer außergewöhnlichen Aufgabe ausgerechnet einen Offizier zu betrauen, der gerade erst den Rang eines Kapitänleutnants erreicht hatte. Besonders überrascht wurde von dieser Entscheidung die Russisch-Amerikanische Kompanie, die gerade im Begriff war, als Expeditionsleiter einen Engländer namens Mac Master zu engagieren. Der Abbruch dieser Verhandlungen wurde übrigens von Adam Johann bedauert, da dieser befähigte Mann der Kompanie auch in anderer Funktion hätte nützlich sein können. Niemand aber konnte überraschter sein als Adam Johann selbst. Dieser beispiellose Auftrag, der seine kühnsten Hoffnungen übertraf, und ihn auf Jahre in die Welt hinausführen sollte, hätte jedoch zu einem ungelegeneren Zeitpunkt nicht kommen können.

Am 7. August 1802 erging der offizielle Erlaß über die Ausarbeitung von Plänen für die erste russische Weltumseglung, und neun Tage später wurde in Reval Adam Johanns und Julies erstes Kind, Otto, geboren. Die Koordinierung der dienstlichen und privaten Termine war also denkbar ungünstig. So sehr lastete dieses Verhängnis auf der jungen Ehe, daß Adam Johann sich ernstlich mit dem Gedanken befaßte, dem Kaiser eine Absage zu erteilen. Sollte es sich doch um eine Trennung von vielen Jahren handeln und mit nur minimalen Möglichkeiten einer Postverbindung, die ohnehin keinen Gedankenaustausch gestattete. Auch das große Fragezeichen, ob sie sich je wiedersehen würden, stand damals ganz selbstverständlich über einer solchen Reise. Adam Johann schreibt über sein Dilemma: "Ich stand eben im Begriff, den Dienst ganz zu verlassen, um eingezogen im Genusse von ungestörtem häuslichen Glücke meine Tage zu verleben. Meine Gefühle widerstrebten, als ich den Antrag, der so ehrenvoll für mich war, annehmen sollte. Doch der Minister erklärte mir, man rechne darauf, daß ich ihn nicht ablehne, da andernfalls mein Entwurf unausgeführt bleiben würde. Ich war meinem Vaterlande ein Opfer schuldig und brachte es. Ich entschloß mich zur Reise und goß dadurch Jahre langen Kummer und Leiden über die Tage meiner unglücklichen Frau. Tausendmal machte ich mir Vorwürfe hierüber."[2]

Erleichtert wurde die Entscheidung durch eine großzügige finanzielle Regelung, mit der der Kaiser den Unterhalt der Familie auf die Dauer von zwölf Jahren sicherstellte, und zwar einem Betrag in Höhe von 1500 Rubel jährlich. Erschwerend fiel dagegen ins Gewicht, daß Julie keine nahen Angehörigen mehr hatte, so daß das Alleinbleiben für sie doppelt wog. Man muß sich vorstellen, was ein Abschied auf eine so gefahrvolle und langjährige Unternehmung damals bedeutete, umso mehr, als die Möglichkeit zu einem gesicherten und regelmäßigen Briefwechsel nicht gegeben war.

Inzwischen war der Kaiser davon überzeugt worden, daß solch eine Expedition langwieriger Vorbereitungen bedurfte, zu denen vor allem die Beschaffung geeigneter Schiffe gehörte. Daß es zwei sein sollten, um sich notfalls gegenseitig beistehen zu können und auch wegen der zu transportierenden Gütermenge, stand für Adam Johann von Anfang an fest. Das Kommando des zweiten Schiffes übertrug er seinem Kameraden Lisjanski. Während russische Biographen hieraus ein Freundschaftsverhältnis zwischen beiden ableiten, wird man die Wahl Adam Johanns unter ganz anderen Aspekten zu betrachten haben.

Adam Johann hatte gehofft, wohl sogar erwartet, daß seine Pläne in irgendeiner Form in die Tat umgesetzt werden würden. Daß er jedoch nicht nur zum Mitglied, sondern zum Leiter der Expedition ernannt werden würde, noch dazu mit so außergewöhnlichen Vollmachten ausgestattet, damit hatte er mit Sicherheit nie gerechnet. Nachdem ihm dies Glück jedoch zuteil geworden war, mußte er, mußte jeder vernünftige Mensch erwarten, daß ein solcher Auftrag unvermeidbar mit einer Rangerhöhung verbunden werden würde, schon allein im Hinblick auf mancherlei praktische Gesichtspunkte. Doch nichts dergleichen geschah, und er sah sich somit folgendem Problem gegenüber: Bei der Rekrutierung der Besatzung seines Schiffes konnte er in Anbetracht seines relativ niedrigen Ranges keine erfahrenen Offiziere, sondern ausschließlich junge Leutnants berufen. Und da er das Kommando des zweiten Schiffes unmöglich ebenfalls einem Leutnant übergeben konnte - denn was für Offiziere hätte er dem unterstellen sollen? -, so war er darauf angewiesen, einen gleichrangigen Offizier zu gewinnen, der bereit war, sich ihm unterzuordnen. Erschwerend kam noch hinzu, daß Adam Johann ja sechs Jahre im Auslande verbracht hatte und danach noch zwei Jahre gewissermaßen im verborgenen Winkel. Er kannte also den Marinenachwuchs fast gar nicht. Und einen Mann, dem man einen solchen Posten anvertraute, mußte man schon recht gut kennen. Es gab somit für ihn so gut wie keine Wahl, sondern er war auf Lisjanski angewiesen. Dieser wird dies gewußt haben und konnte es sich daher leisten, Bedingungen zu stellen. Wie weit diese Bedingungen auch das Expeditionsprogramm beeinflußt haben, das für einen großen Teil der Reise dem zweiten Kommandanten völlige Selbständigkeit einräumte, läßt sich nicht eindeutig ermitteln, wohl jedoch, daß Lisjanski alles daran setzte, für sich den größtmöglichen Nutzen herauszuholen, und er wohl auch einkalkuliert hat, daß Adam Johann es seinem Wesen entsprechend ihm gegenüber vermeiden werde, den Vorgesetzten hervorzukehren. Eine Bedingung, die Lisjanski nachweislich gestellt hat und mit der er auch gleich zum Zuge kam, war, sich sein Schiff und seine Besatzung selbst aussuchen zu dürfen.

Ein weiterer Nachteil des zu niedrigen Ranges bei einer solchen Aufgabe lag darin, daß er Neider und Wichtigtuer anlocken mußte, die mitzumischen versuchten. Um hierbei nicht untergebuttert zu werden, erschien es Adam Johann dringend erforderlich, auf der Hut und auf dem Plan zu bleiben. Da in Rußland keine geeigneten Schiffe aufzutreiben waren, mußten sie im Auslande gekauft werden, was mit einer längeren Abwesenheit und somit auch mit mancherlei Risiken verbunden war. So ist es wohl zu erklären, daß Adam Johann, der es sich in dieser Phase nicht leisten konnte, die Kommandobrücke zu verlassen, Lisjanski den Kauf der beiden Schiffe überließ.

Im September 1802 begab sich Lisjanski in Begleitung eines Schiffbau-Sachverständigen bzw. eines Direktors der Russisch-Amerikanischen Kompanie, die für die Kosten der Schiffe aufzukommen hatte, nach Hamburg, wo zwei Schiffe für 70.000 Rubel ausgewählt wurden, für deren Güte sich der Hamburger Stadtrat verbürgte. Unter der Vorgabe, sich auf alle Fälle auch noch in London nach Schiffen umsehen zu wollen, reiste

Lisjanski allein dorthin und kaufte dort ohne jede Absprache zwei wesentlich teurere Schiffe von 450 und 370 Tonnen für 230.000 Rubel, die zudem hohe Reparaturkosten von 30.000 Rubel erforderten. Wie ein Gewährsmann zu berichten weiß, habe sich Lisjanski, da hier ganz unkontrolliert, bei dieser Gelegenheit auch noch kräftig die eigenen Taschen gefüllt. Der erwähnte Gewährsmann ist der Expeditionsteilnehmer Hermann von Löwenstern, dessen unveröffentlichtes Tagebuch bisher von der Forschung noch nicht ausgewertet worden ist[3]. Gestützt wird seine Darstellung, die selbstverständlich voraussetzt, daß Lisjanski auch die Direktoren der Kompanie mit Nebeneinnahmen versorgt hat, durch die Tatsache, daß diese sich später mit Erfolg darum bemüht haben, nur die Kosten des einen Schiffes tragen zu müssen, während sie die des anderen auf den Staat abwälzten. Als Gegenleistung bedang sich der Staat aus, das Schiff auf dieser Reise auch noch zu einem weiteren Zweck verwenden zu können. Über den Kopf Adam Johanns hinweg wurde vereinbart, daß sein Schiff einen Gesandten samt Gefolge zur Aufnahme russisch-japanischer Beziehungen nach Japan mitnehmen solle. Über das Verhängnis dieser Entscheidung wird noch zu berichten sein, doch sei zum Schiffskauf noch angemerkt, daß Unterschlagungen und Bestechungen solcher Art im damaligen Rußland nicht nur nicht ungewöhnlich, sondern fast selbstverständlich waren. Da fast jeder Dreck am Stecken hatte, brauchte er kaum etwas zu befürchten, so lange er es nicht gar zu toll trieb und er auch die zuständige Obrigkeit angemessen beteiligte. Viel gefährlicher war es wohl, wenn sich jemand wie Adam Johann mit sauberen Händen derlei Gefälligkeiten entzog und dadurch in den Verdacht geraten konnte, als 'Spielverderber' anderen auf die Finger zu sehen. Löwenstern, der eigentlich keinen Grund gehabt hat, Lisjanski besonders anzuschwärzen, berichtet übrigens, daß sich dieser nach seiner Rückkehr aus London weitere Eigenmächtigkeiten geleistet und sein Betragen überhaupt den Eindruck erweckt habe, als sei er - da inzwischen saturiert - an der Expedition selbst gar nicht mehr sonderlich interessiert.

Ein Gönner stand Adam Johann nach wie vor wohlgesonnen zur Seite, Handelsminister Graf Rumjanzew. Es scheint allerdings, daß dieser zwar ein hoch zu schätzendes Interesse gehabt hat, aber auch ein etwas lästiger und betulicher Förderer gewesen ist, wovon ein reger Briefwechsel zeugt. Hingegen hat es Rumjanzew an Tatkraft fehlen lassen, wenn es um die mancherlei Bedrängnisse Adam Johanns ging, in die er z. B. wegen der ausgebliebenen Rangerhöhung geraten war. Ungewollt hat ihm die Protektion Rumjanzews vielleicht sogar geschadet, indem Adam Johann gewissermaßen als dessen Schützling abgestempelt wurde, wodurch sich andere übergangen fühlten. Ein eklatantes Beispiel dafür ist Admiral Tschitschagow, der schon nach wenigen Monaten Mordwinow als Marineminister abgelöst hatte und es als Affront empfinden mußte, daß der Handelsminister sich so intensiv um Dinge kümmerte, die in die Zuständigkeit der Marine gehörten, und die Detailplanung der Expedition an sich gezogen hatte, während er, Tschitschagow, praktisch ganz beiseite geschoben war. Zwar konnte er nicht einer Weisung des Kaisers oder Intentionen des Handelsministers zuwiderhandeln, aber es blieben ihm genügend Möglichkeiten für Erschwernisse, und sei es nur in Gestalt der Unterlassung der dringend gebotenen Rangerhöhung. Dies hätte dem Kaiser auffallen müssen, aber seines Amtes war es nicht, an solche Details zu denken. Er mußte sich da schon auf seine Minister verlassen können.

Steinbergs These, daß hinter den Verweigerungstendenzen des Marineministers auch politische Motive gesteckt hätten[4], will mir doch etwas weit hergeholt erscheinen, denn gemeint sind hier ausgerechnet probritische Machenschaften, die Tschitschagow, der längere Zeit in England gelebt hat und mit einer Engländerin verheiratet war, im Verein mit Graf Woronzow verfolgt haben soll. Aber ganz von der Hand zu weisen ist die Sache nicht, denn tatsächlich wurde Adam Johann mit dem von einflußreichen Persönlichkeiten vorgetragenen Ansinnen konfrontiert, für seine Weltumseglung eine britische Besatzung anzuheuern, da sie mit russischen Seeleuten keinesfalls zu bewerkstelligen sein werde. Auch ein so entschiedener Bewunderer Englands, wie Adam Johann es war, konnte eine solche Zumutung keinesfalls akzeptieren, da sie ja seiner Grundkonzeption zuwiderlief. Hierbei hat er sich dann auch ohne jede Konzession durchgesetzt, womit er sich zwar nicht bei seinen Vorgesetzten, aber bei späteren russischen Autoren eine gute Note erworben hat. Ob der Georgs-Orden IV. Klasse, den Adam Johann am 26. November 1802 erhielt, die Versäumnisse an repräsentativer Ausstattung gutmachen konnte, muß bezweifelt werden. Dafür war der Orden eine Nummer zu klein.

Ganz und gar ausgeliefert war Adam Johann hingegen den Machenschaften der Kompanie, deren hochgepriesener Bundesgenosse er noch vor kurzem gewesen war, deren Direktoren ihn jedoch nun, wo die Sache lief, kaum noch der Beachtung für wert hielten. Dies äußerte sich u. a. darin, daß ihm keinerlei Überblick über Menge und Art der zu befördernden Ladung gegeben wurde. Noch unmittelbar vor der Abfahrt wurden große Mengen angeliefert. Die Schiffe wurden infolgedessen nicht nur bis zur äußersten Möglichkeit überladen, sondern die Ladung mußte planlos und somit unzweckmäßig verstaut werden, was einem so exakt planenden Menschen zuwider sein mußte, zumal damit der Expeditionserfolg gefährdet war. Auch mußten aus Raummangel große Mengen als Schiffsverpflegung vorgesehener Lebensmittel zurückgelassen werden. Andere waren infolge unzweckmäßiger Lagerung schnellerem Verderb preisgegeben, wie z. B. der Schiffszwieback, der sorgfältig in Fässern verpackt zu viel Raum beanspruchte, so daß man ihn in Säcke umpackte. Die planlose Verstauung führte zu einer Schieflage des Schiffes, das deshalb in Kopenhagen völlig entladen und wieder neu beladen werden mußte. Geladen hatte man vornehmlich Eisen, Schiffsanker, Segeltuch, Taue, Kanonen, Blei, Pulver, Feuerwaffen, Säbel, Kupfergeschirr, Mehl, Tabak, Kaffee und Zucker im Werte von mehr als 600.000 Rubel.

Ungleich viel größer war jedoch der Ärger, den sich Adam Johann mit den höchst unwillkommenen Passagieren einhandelte, die ihm die Kompanie eingebrockt hatte: die für Japan bestimmte Gesandtschaft.

Aus Fremdenfurcht hatte sich Japan gegenüber der Außenwelt völlig abgeriegelt und war ähnlich wie China ein isoliertes und rückständiges Land, das seine Untertanen streng gegen alle europäischen Einflüsse abschirmte. Von den europäischen Ländern hatten es nur die Holländer verstanden, sich ein Monopol auf den bescheidenen Warenaustausch zu sichern, der den Japanern genehm war. Sie waren hierbei auf den Hafen Nagasaki beschränkt und mußten sich strengen Vorschriften unterwerfen. Vor etwa zehn Jahren hatte auch Rußland sich bemüht, mit Japan in Handelsbeziehungen zu treten. Doch war man dabei denkbar ungeschickt vorgegangen, indem man statt Nagasaki einen falschen Hafen angelaufen und zudem noch einen Beauftragten niederen Ranges entsandt hatte. Das Ergebnis war entsprechend dürftig, den Russen wurde die Entsendung eines Schiffes im Jahr zugestanden. Doch nicht einmal diese bescheidene Möglichkeit, wenigstens einen Fuß in der Tür zu haben und sich allmählich um mehr zu bemühen, hatte man wahrgenommen.

So wollte man denn nun einen neuen Anfang wagen. Dieses Mal mit einer ansehnlicheren Delegation und kostbaren Gastgeschenken, d. h. gar so sehr angestrengt hatte man sich bei der Wahl des Leiters der Gesandtschaft auch wieder nicht, denn man hatte sich für einen Funktionär und Teilhaber der Kompanie, einen gewissen Nikolai Resanow entschieden, mit der Nebenabsicht, diesen als Wichtigtuer und Intriganten lästigen Mann auf solch geschickte Weise für längere Zeit, wenn nicht gar für immer loszuwerden, was anders nicht denkbar war, da es sich um den Schwiegersohn des Kompaniegründers handelte. Um ihm die für seine Mission erforderliche Reputation zu verschaffen, wurde er flugs zum Kammerherrn ernannt, mit einem Orden dekoriert und beachtlichen Vollmachten ausgestattet. Rangmäßig nun höher gestellt als Adam Johann, stieg ihm dieses alles mächtig zu Kopfe, zumal er entschlossen war, sich keine der gebotenen Chancen entgehen zu lassen. Er schrieb die für ihn geltende Instruktion vermutlich selbst und faßte sie in einem Sinne ab, daß die nur aus Kostengründen als zusätzliche Aufgabe gedachte Mission in Japan in den Mittelpunkt der Expedition gerückt wurde und er somit zum obersten Chef des ganzen Unternehmens bestimmt wurde, was im absoluten und unvereinbaren Gegensatz zu der Instruktion stand, die Adam Johann zum mit allen Vollmachten ausgestatteten und uneingeschränkten Leiter der

Weltumseglung bestimmte. Beide Dokumente aber trugen die Unterschrift des Kaisers.

Bernhardi und auch Steinberg vertreten die Meinung, daß es für Alexander I. sehr typisch gewesen sei, huldvoll Dinge zu gewähren, die einander ausschlossen und es dann den solchermaßen Beglückten zu überlassen, wie sie miteinander ins Reine kamen, und sie nennen auch markante Beispiele hierfür[5]. Doch erscheint es mir naheliegend, daß der Kaiser solche Instruktionen entweder gar nicht oder nur sehr flüchtig bzw. ohne notwendigen Sachverstand gelesen hat. Er mußte sich ja schließlich darauf verlassen können, daß sich ein Marineminister um solche Details kümmern werde. Diesem wird es vielleicht ein heimliches Vergnügen bereitet haben, die Dinge auf sich beruhen zu lassen. Es steht fest, daß Adam Johann den Auftrag abgelehnt hätte, wenn ihm etwas von einem solchen Doppelspiel bekannt geworden wäre. Doch er ahnte davon nichts, zumal es sich hier um Geschehnisse handelte, die sich in den letzten hektischen Monaten vor der Abreise hinter den Kulissen abspielten.

Mit dem Jahreswechsel 1802/03 hatte Adam Johann seine Tätigkeit in Reval beendet und war nach Petersburg übergesiedelt, um an Ort und Stelle die Dinge in die Hand zu nehmen. Seine Frau hatte er mitgenommen, doch das Kind mußten sie zurücklassen, ein erster bitterer Vorgeschmack auf die nahende Trennung.

Zwar war die Komplikation mit der Mission nach Japan zu diesem Zeitpunkt noch nicht aufgetaucht und auch der Schiffskauf noch nicht perfekt, doch es gab bereits genügend zu bedenken, zu besprechen und zu entscheiden. So beruhte beispielsweise Adam Johanns Ablehnung, eine englische Besatzung anzuheuern, nicht etwa auf der unbedachten Durchsetzung eines dem Projekt innewohnenden Prinzips, sondern setzte sorgfältige Planung voraus. Die Bedenken der Fachleute aufnehmend, stellte Adam Johann Vorbedingungen für die Anheuerung einer russischen Mannschaft auf, die damals einigermaßen ungewohnt und neu waren. Erstens sollten ausschließlich Freiwillige an der Weltumseglung teilnehmen. Um dies zu verstehen, muß man sich vergegenwärtigen, daß in Rußland Matrosen damals fast durchweg Leibeigene waren, die bisher noch nie nach ihrer Meinung oder ihren Wünschen gefragt worden waren. In einem Fall ließ es Adam Johann sogar zu, daß ein Matrose, dem Bedenken gekommen waren, von seiner Verpflichtung dispensiert wurde, obwohl er nicht in der Lage war, den erhaltenen Vorschuß zurückzuzahlen. In einem anderen Fall tolerierte er, daß ein Matrose, der gerade geheiratet hatte, nach langem Hin und Her seine Entscheidung widerrief. Zweitens gelang es Adam Johann, durchzusetzen, daß die Matrosen besoldet wurden, was bis dahin keinesfalls üblich war. 120 Rubel pro Mann und Jahr wurden hierfür bewilligt. Da sich genügend Bewerber meldeten - man hätte ein ganzes Geschwader bemannen können -, fand den Vorstellungen Adam Johanns entsprechend eine sehr sorgfältige Auslese statt. Jeder wurde begutachtet und gründlich untersucht. Für die Betreuung der Besatzung während der Reise schließlich hatte Adam Johann Pläne bis ins Detail ausgearbeitet, die sich kaum ein anderer Kapitän damals hätte einfallen lassen. Sie betrafen vorzugsweise die Ernährung, die Bekleidung (Kleidung, Leibwäsche, Decken und Matratzen wurden eigens für die Weltumseglung angeschafft) und die Regelung der Freizeit.

Sich für drei Jahre oder auch länger für eine so gefahrvolle Reise auf einem so kleinen Schiff zu melden, wie man es heute eher auf Binnengewässern denn auf Ozeanen anzutreffen pflegt, das war schon eine Schicksalsfrage und bedurfte gründlicher Überlegung. Aber für einen jungen Offizier war es natürlich eine große Chance und ein verlockendes Abenteuer noch dazu. So fehlte es denn auch für die Offiziersstellen nicht an Bewerbern. Nachdem er einige wegen unannehmbarer Voraussetzungen zurückgewiesen hatte, entschied sich Adam Johann für die folgenden Offiziere:

1. Leutnant:	Makar Ratmanov (Seit 14 Jahren Leutnant, hatte bereits ein selbständiges Kommando gehabt und sich im Kriege ausgezeichnet.)
2. Leutnant:	Fedor von Romberg (Ein Balte, den Adam Johann im Jahr zuvor im Dienst kennengelernt hatte.)
3. Leutnant:	Piotr Golowatschew (War Adam Johann gänzlich unbekannt und wurde auf Empfehlung eingestellt, sollte sich als Fehlgriff erweisen.)
4. Leutnant:	Hermann von Löwenstern (Ein Estländer, der gleich Adam Johann als russischer Seeoffizier sechs Jahre in englischen Diensten gestanden hatte. Da es auch für ihn keine befriedigende Verwendung gegeben hatte, quittierte er den Dienst und war unterwegs nach Frankreich, als ihn die Nachricht von der Weltumseglung erreichte. Er war sofort umgekehrt und hatte sich gemeldet.)
5. Leutnant:	Fabian von Bellingshausen (Ebenfalls ein Balte und später einer der erfolgreichsten Schüler Adam Johanns. Er wurde Admiral und gilt in Rußland als Entdecker der Antarktis.)

Neben diesen fünf Leutnants gehörten zur Besatzung des von Adam Johann zu kommandierenden Schiffes: zwei Steuermänner, der Arzt Dr. Carl Espenberg, der auch aus Estland stammte und in Halle, Jena und Erlangen studiert hatte, wo er mit einer Arbeit über Lues promovierte, ferner der Chirurg Johann Sydham und schließlich drei 14-15jährige

Kadetten, alles Neffen von Adam Johann, und zwar ein Sohn seiner Schwester Bistram sowie Otto und Moritz von Kotzebue, zwei Söhne des Dichters, der dreimal mit Cousinen Adam Johanns verheiratet war. Die weitere Besatzung setzte sich aus 30 Matrosen, sieben Handwerkern und elf Sonstigen zusammen.

Zur Besatzung des zweiten Schiffes gehörten außer Matrosen vier Leutnants, ein Steuermann, ein Arzt und ein Priester. Da das größere Schiff die Reise im Dienste des Staates machte, das kleinere hingegen im Dienste der Kompanie, waren auch die Anstellungsverträge unterschiedlich. So mußten z. B. Lisjanskis Offiziere damit einverstanden sein, daß ihnen ihr Sold zu einem beträchtlichen Teil nicht in bar, sondern in Aktien der Kompanie gezahlt wurde.

Im Februar 1803 traf die Nachricht vom Schiffskauf aus London ein und löste die verhängnisvolle Entwicklung aus, als deren Ergebnis der Expedition die Mission in Japan als eine weitere Aufgabe aufgepfropft wurde. Damit verbunden war ein erheblicher Zeitverlust, der sich wesentlich auf den Reiseverlauf auswirken sollte, sowie die Hypothek, eine zusätzliche, der Befehlsgewalt des Expeditionsleiters nicht unterstellte Gesellschaft in die so sorgfältig ausgesuchte Besatzung so zu integrieren, wie es ein lang andauerndes enges Beieinander erforderte.

Was jedoch Adam Johann zunächst und in erster Linie Sorgen bereitete und Pläne über den Haufen warf, war die Unterbringung so vieler Personen auf so begrenztem Raum. Schließlich ging es ja nicht um eine Abenteuerreise von kurzer Dauer, die ihren Teilnehmern nur für eine gewisse Zeit einige Einschränkungen zumutet, sondern um eine mit außergewöhnlicher Verantwortung und Strapazen verbundene Aufgabe, die den vollen Einsatz einer verschworenen Gemeinschaft über mehrere Jahre erforderte. In Erkenntnis dieser Sachlage hatte Adam Johann vorgesehen, seinen Gefährten größtmögliche Freiräume und Bequemlichkeiten zu bieten. Daher hatte er auch die Besatzung zahlenmäßig knapper bemessen, als es normalerweise angebracht gewesen wäre.

Alles dies wurde nun rücksichtslos zunichte gemacht, denn es entsprach den Gernegroß-Allüren des Gesandten Resanow, daß er mit einem möglichst großen Gefolge in Japan aufzutreten wünschte. Doch damit noch nicht genug, er und seine Hintermänner glaubten der Mission ein besonders eindrucksvolles Entree zu verschaffen, wenn sie neben den prächtigen Gastgeschenken dem japanischen Kaiser auch einige seiner Landeskinder zurückerstatteten, die 1796 ein Schiffbruch bei den Aleuten zu den Russen verschlagen hatte. Es handelte sich um ganz einfache Fischer, die sich zum Teil bereits akklimatisiert und den christlichen Glauben angenommen hatten. Fünf Mann jedoch, für die dies nicht galt, zeigten sich bereit, in die Heimat zurückzukehren. Damit sie keinen Grund hätten, sich etwa zu beklagen, wurden sie ab sofort wie hochwichtige Staatsgäste behandelt, und jeder erhielt vom Zaren eine Uhr geschenkt. Man scheute keine Kosten und Mühen, sie aus Irkutsk nach Petersburg zu befördern, wo sie zu Adam Johanns Kummer noch gerade rechtzeitig eintrafen, nachdem einige Pferde zu Tode gejagt worden waren. Sie mußten nun ebenfalls noch auf dem überfüllten Schiff angemessen untergebracht werden.

Als welch absurde Fehlinvestition sich diese zusätzlichen Passagiere erweisen sollten, ahnten die unwissenden Initiatoren nicht. In Japan herrschte nämlich an schlichten Landeskindern durchaus kein Mangel, und der Gedanke, es lohne sich, einzelnen von ihnen besondere Aufmerksamkeit zu schenken, lag hohen Herren in diesem Lande gänzlich fern. Es gab somit niemanden, zuletzt den Kaiser, der an so speziellen Schicksalen interessiert gewesen wäre. Im Gegenteil, Landeskinder, die jenseits der Grenzen verderbliche Eindrücke gewonnen hatten, waren so unerwünscht, daß ernstlich zu besorgen war, sie würden umgehend getötet werden. Zumindest war ihnen ein rauher und gar nicht herzlicher Empfang gewiß. Diese einfachen Menschen konnten natürlich nicht ahnen, wie unwillkommen sie in der Heimat waren, und sie konnten auch die Aufmerksamkeit, die ihnen plötzlich zuteil wurde, nicht begreifen, aber sie stieg ihnen mächtig zu Kopf und machte sie an Bord zu reichlich unleidlichen Reisegefährten, was ihre ohnehin gegebene Isolierung noch vergrößerte.

Adam Johann sah nun alle Felle für ein gedeihliches Miteinander an Bord wegschwimmen. Dies mußte ihn um so mehr mit Sorge erfüllen, als dadurch die Voraussetzungen erfolgreicher wissenschaftlicher Arbeit wesentlich verschlechtert wurden, die für ihn selbst ganz im Vordergrund einer solchen Weltumseglung stand. So sehr er in seinen Denkschriften auch die wirtschaftlichen und politischen Notwendigkeiten herausgestellt hatte, als treibende Kraft stand dahinter doch immer der unbändige Wille, wichtige Beiträge zur weiteren und genaueren Erforschung der Meere zu leisten. Hierbei gab es mit dem Grafen Rumjanzew vollkommene Übereinstimmung. Mit ihnen im Bunde stand die Petersburger Akademie der Wissenschaften, die der Expedition regelrechte Aufgaben auf den Gebieten der Mineralogie, Botanik und Zoologie gestellt und Adam Johann noch vor Antritt der Reise zu ihrem korrespondierenden Mitglied gewählt hatte, obwohl von ihm noch keine wissenschaftlichen Veröffentlichungen erschienen waren.

Die offizielle Instruktion für Adam Johann erwähnt nur beiläufig, daß wissenschaftliche Forschungen vorgenommen werden können, wenn Zeit und Umstände dies gestatteten. Amtlicherseits hatte man sich sogar damit begnügen wollen, für solche Zwecke nur zwei Studenten mitzunehmen. Auf Betreiben Rumjanzews wurden jedoch statt ihrer zwei renommierte Wissenschaftler engagiert, und zwar der junge Astronom Dr. Horner[6] aus der Schweiz, der sich nach übereinstimmenden Aussagen Adam Johanns und Löwensterns als der sympathischste und verträglichste Mann an Bord erweisen sollte sowie der durch Publikationen bekannt gewordene Arzt und Naturforscher Dr. Tilesius[7]. Letzterer war zunächst als Dozent in Leipzig und danach als Hofrat in russischen Diensten tätig. Beide Wissenschaftler sollten in Kopenhagen zusteigen, wo sich unerwartet noch ein weiterer Zunftgenosse einfand. Der Arzt und Naturforscher Dr. von Langsdorff[8] hatte, von einer Auslandsreise zurückgekehrt, von dieser außergewöhnlichen Gelegenheit erfahren und sich sofort nach Kopenhagen aufgemacht, wo er um jeden Preis zu erreichen suchte, daß man auch ihn mitnahm. Er vertrat sein Anliegen mit solch einem Engagement, daß ihm die Teilnahme gewährt wurde.

Für Adam Johann selbst stand natürlich die geographische Wissenschaft im Mittelpunkt. Hier hatte er noch und noch erregende Aufgaben vor Augen, an denen er aber nun zum größten Teil vorüberzusegeln verurteilt war. Um so mehr wollte er wenigstens alles das erforschen, was unmittelbar an seiner Reiseroute lag und ihm Gelegenheit bot, wesentliche Beiträge zur Vervollständigung der Land- und Seekarten zu leisten.

Schon ein flüchtiger Blick auf die um die damalige Jahrhundertwende gültigen Kartenwerke offenbart, worum es da u. a. alles ging. Als erstes fällt einem das Fehlen eines ganzen Kontinents, nämlich der Antarktis, ins Auge. Ein anderer Kontinent - Australien - war zwar 200 Jahre zuvor entdeckt worden, aber immer noch unerforscht und von Weißen nahezu unbesiedelt. Nordamerika war damals im Westen über eine Landbrücke mit dem Tschuktschenland, d. h. mit Asien und im Osten mit Grönland verbunden. Dazwischen herrschte völlige Ungewißheit, und man stritt sich noch darum, ob es nicht doch eine Seeverbindung gebe. Ja, selbst der Norden des europäischen Rußland war noch weitgehend unerforscht. Auf den Karten gab es auch nicht wenige Inseln, die einige Forscher entdeckt, andere hingegen vergeblich gesucht hatten. Vielleicht würde es Adam Johann vergönnt sein, ganz neues Land oder ganz neue Seewege zu entdecken. Es war noch so viel offen, und diese Fragen bewegten damals die Forscher ganz Europas. Daher ging auch die Nachricht von dieser spektakulären Expedition durch die Presse insbesondere der Länder, die solche Vorhaben eifersüchtig beobachteten.

Lisjanski besorgte nach Vorgaben von Adam Johann in London physikalische und astronomische Instrumente wie Sextanten, Spiegelkreise, künstliche Horizonte, Theodolite u. a. m. sowie sechs Seeuhren. Umfangreiches Kartenmaterial beschaffte Adam Johann selbst, soweit er es nicht besaß. "Kapitän von Krusenstern hat eine reiche und auserlesene astronomische und nautische Bibliothek an Bord", berichtet der Astronom Freiherr von Zach[9]. Die Verpflegung der Schiffsbesatzung hat Adam Johann besonders sorgfältig geplant. Skorbut war damals noch die nahezu unvermeidbare Seuche der Meere und auch zu Lande mancherorts nicht unbekannt. Über die Entstehung dieser Krankheit bestand Unklarheit, und es wurden verschiedene Meinungen verfochten. Man argwöhnte, zu große Anstrengungen und zu harte Lebensbedingungen seien die hauptsächlichste Ursache. Da diese Voraussetzungen in der Schiffahrt gang und gäbe waren, ohne daß zu ihrer Behebung sonderliche Anstrengungen unternommen wurden, hielt sich dieser Verdacht sehr hartnäckig. Vitamine waren zwar damals noch nicht entdeckt, wohl aber wußte man einiges über ihre Wirkungen. Adam Johann hatte bei der englischen Marine die Erfahrung gemacht, daß Skorbut etwas mit der Ernährung zu tun haben müsse. Diese war ja auf See tatsächlich äußerst einförmig und dürftig, und Seereisen dauerten unverhältnismäßig viel länger als heute. Bei einer Reise gar, die für drei Jahre geplant war und auch in Gegenden führen sollte, wo es mit der Beschaffung frischer Verpflegung fragwürdig bestellt war, mußte solches schon sehr gründlich bedacht werden, zumal man ja auch tropische Regionen zu passieren hatte. Konserven befanden sich damals erst im Stadium der Erfindung bzw. Entwicklung, so daß sie bei dieser Weltumseglung noch keine Anwendung finden konnten.

Grundbestandteile der Schiffsverpflegung waren üblicherweise Schiffszwieback und Salzfleisch gewesen und natürlich viel Branntwein. Daneben spielten noch Trockenerbsen und Grütze eine Rolle. Diesen tristen Speisezettel bereicherte Adam Johann nun durch Sauerkraut, Kransbeersaft[10], Zitronensaft, Bier, Wein, Malzessenz, Tannenessenz, Hefe und in London erworbene Suppentafeln. Wo immer möglich und ohne Rücksicht auf die Kosten war er bemüht, den Essensplan durch frische Lebensmittel und auch an Bord genommene lebende Tiere auf eine möglichst breite Basis zu stellen. Als dauerhafte Schiffsverpflegung kamen unterwegs u. a. noch Reis und vor allem getrocknete Seemuscheln dazu, die Adam Johann in Japan kennen und schätzen gelernt hat, so daß er sie wegen ihrer langen Haltbarkeit als Schiffsproviant sehr empfiehlt.

Als sich unterwegs herausstellte, daß das Sauerkraut verdarb und ins Meer gekippt werden mußte, ließ Adam Johann die Mannschaft als Ersatz Bärlauch sammeln, woraus ein vergorenes Getränk bereitet wurde, das widerlich schmeckte, aber gute Wirkung zeigte. Auf der ganzen Reise waren nur zwei Fälle von Skorbut zu verzeichnen, allerdings von so geringem Ausmaß, daß sie bereits in wenigen Tagen zum Abklingen gebracht werden konnten. Dr. Espenberg war übrigens von Adam Johanns These nicht sehr überzeugt und war nur bereit, bei Skorbut die Ernährung als einen Faktor unter anderen anzuerkennen. Er schreibt in seinem medizinischen Reisebericht: "Man weiß, daß Mangel an Nahrung und schlechte Nahrung, Nässe, Kälte, Traurigkeit, Mangel an Bewegung, übertriebene Anstrengung den Skorbut hervorbringen; man weiß, daß gute

Nahrungsmittel, Reinlichkeit, trockne Luft, gehörige Bewegung, ein heitrer Geist, Wein und andre gegorene Getränke den Skorbut nicht zulassen."[11]

Wenn auch sehr viel verdorbene Lebensmittel weggeworfen werden mußten, so hätte auch das, was für genießbar befunden wurde, heutigen Vorstellungen von Bordverpflegung kaum entsprochen. Dr. Espenberg bemerkt dazu u. a.: "Wenn Herr von Krusenstern sagt, daß das Salzfleisch, besonders das in Petersburg eingesalzene, sich während der ganzen Reise gut erhalten habe, so heißt das, es war so gut als nur nach den Umständen möglich war: denn Salzfleisch, das schon über ein Jahr alt ist und mehrere Monate hintereinander in einer Temperatur von wenigstens 20 Grad Wärme nach Reaumur gestanden hat, das kann man immer schon ziemlich weit riechen. Ich muß von mir selbst gestehen, daß ich oft einen unüberwindlichen Ekel davor gehabt habe."[12]

In den Vorratsräumen des Schiffes herrschte eine Luft, daß man es nicht riskieren konnte, sie ohne Vorsichtsmaßnahmen zu betreten. Man pflegte zuvor eine Laterne mit einem brennenden Licht hinunterzulassen, das lebensgefährliche Gasansammlungen angezeigt hätte. Eine besonders kritische Situation entstand während der Rückreise auf der Newa, als die aus Pelzen bestehende Ladung zu faulen begonnen hatte. Ein unerträglicher Gestank erfüllte das ganze Schiff. Lisjanski teilte seine Mannschaft in drei Gruppen ein und ließ sie umschichtig trotz heftigen Sturmes die gesamte Ladung umpacken. Die Schinderei dauerte vier Tage, und es mußten 30.000 verdorbene Seeotterfelle über Bord geworden werden. Nachher waren die Männer vom Gestank und der Arbeit so erschöpft, daß 14 auf der Krankenliste standen.

Eine Vorstellung von den üblichen Rationen vermitteln die Angaben Lisjanskis: pro Mann und Tag ein Pfund (gemeint ist ein russisches Pfund = 0,453 kg) Fleisch, ein Pfund Schiffszwieback, ein Glas Branntwein (Besatzungsmitglieder, die ihre Branntweinration nicht in Anspruch nahmen, konnten stattdessen Geld erhalten). Pro Woche und Mann gab es ein Pfund Butter, bei der allerdings in warmen Zonen keine Vorratshaltung möglich war. Reichlich gab es Essig und Senf.

Ein besonderes Problem stellten die Trinkwasservorräte dar. Zwar gelang es mit Hilfe geteerter Segeltuchplanen, die ausgespannt wurden, recht beachtliche Mengen Regenwasser zu sammeln, so daß es auch gestattet werden konnte, Wäsche zu waschen. Gab es aber kein Regenwasser, so war es nicht gestattet, die Wasservorräte für andere Zwecke zu verwenden als zum Trinken. Für Fahrtstrecken, die eine baldige Ergänzung der Wasservorräte nicht erwarten ließen, war auch eine Trinkwasserrationierung vorgesehen, und zwar zwei Stof (= 2,5 l) pro Mann und Tag. Eine solche Rationierung hat es gegeben, zu einer ernstlichen Wasserknappheit ist es aber während der ganzen Reise nicht gekommen. Schlechter konnte es um die Qualität der Wasservorräte bestellt sein, denn Rezepte zur Konservierung von Trinkwasser waren damals ebenso zahlreich wie wirkungslos. Nach zwei bis drei Wochen ging Trinkwasser regelmäßig in Fäulnis über und stank abscheulich, doch klärte es sich nach zwei- bis dreimaligem Faulen von selbst wieder auf. Glücklicherweise hatte gerade eben Graf Berthollet aus Savoyen die absorbierende Wirkung der Kohle entdeckt, eine Erfindung, die sich Adam Johann unverzüglich zunutze machte. Er scheute sich nicht davor, in Kopenhagen alle Wasserfässer ausbrennen zu lassen, bis die Innenwände eine verkohlte Schicht aufwiesen. Zwar ließ sich ein Beigeschmack nicht vermeiden, doch davon abgesehen hat sich diese Maßnahme hervorragend bewährt.

Vorsorge wurde natürlich auch für die Ausstattung der Schiffsapotheke getroffen. Für russische Schiffe, die Reisen bis zu sechs Monaten unternahmen, gab es ein verbindliches Medikamentenverzeichnis. Dr. Espenberg, der sich dieser Aufgabe angenommen hatte, hielt sich jedoch nicht an diese Liste, sondern stellte eine eigene zusammen. Die Bestände wurden von Lisjanski in London gekauft, da man den Engländern mehr Erfahrung auf diesem Gebiet zutraute.

Ende Mai bzw. im Juni trafen die beiden Schiffe mit allen in London getätigten Einkäufen in Kronstadt ein. Der 450 Tonnen große und mit 16 Kanonen ausgerüstete 'Leander' hatte den Namen 'Nadeshda' (= Hoffnung) erhalten und die 370 Tonnen große 'Thames' mit 14 Kanonen den Namen 'Newa'.

Adam Johann hat jede kritische Äußerung über die so teuer eingekauften Schiffe unterlassen. Doch ordnete er ungeachtet dessen, daß die beiden Schiffe gerade eben für viel Geld gründlich instandgesetzt worden waren, nach einer ersten Inspektion seines Schiffes die Auswechslung der Masten und des gesamten Tauwerks an. Schäden zeigten sich auch bei Lisjanskis Schiff, die allerdings erst unterwegs 'entdeckt' wurden und mit großem Zeitverlust behoben werden mußten.

Die Einhaltung des Zeitplanes spielte insofern eine bedeutsame Rolle, als er sorgfältig jahreszeitlich abgestimmt worden war. Adam Johann wollte möglichst Anfang Juli starten, um Nordsee und Biskaya in einer sommerlichen Jahreszeit passieren zu können und dann jenseits des Äquators rechtzeitig den Sommer der südlichen Halbkugel zu nutzen, was speziell bei Kap Hoorn geradezu lebenswichtig sein konnte. Die verspätete Abfahrt, der längere Aufenthalt in Kopenhagen und später der Mastwechsel bei der Newa sollten arge Striche durch diese genau ausgeklügelte Rechnung machen. Es sollte September werden, bis man in Kopenhagen, und Oktober, bis man in England die Anker lichtete.

Neben dem Zeitverlust, der durch die Auswechslung der Masten entstanden war, ergab sich ein weiterer durch verspätetes Eintreffen der

Ladung, und zuletzt mußte man noch auf den Gesandten Resanow und seine Begleitung warten, was sich übrigens wiederholen sollte. Das Gefolge des Gesandten war so unmäßig aufgebläht, daß die unhaltbaren Zustände der Unterbringung auf dem überladenen Schiff sogar zu Ohren des Zaren kamen, der daraufhin seine Minister beauftragte, unverzüglich nach dem Rechten zu sehen. Diese Inspektion und die mit großer Spannung erwartete Entscheidung fand erst unmittelbar vor der Abreise statt. Wer jetzt ausgemustert wurde, den mußte es doppelt treffen. Man vergegenwärtige es sich, wie peinlich, ja geradezu vernichtend es für einen Menschen sein mußte, der sich zu einer mehrjährigen Weltreise ausgerüstet, aufgemacht, gerührten Abschied von seinen Angehörigen und Freunden genommen hatte. Seinen Dienst hatte er einem Nachfolger übergeben und an Bord um einen passablen Platz gerungen, um nun die Mitteilung zu erhalten, er könne seine Sachen wieder einpacken und nach Hause fahren.

Wen würde nun dieses Los treffen? Allgemein rechnete man damit, daß zu allererst die beiden Kotzebue-Söhne wegen ihrer Jugend dazu gehören würden. Doch dies wäre wohl ein zu großer Affront gegenüber Adam Johann gewesen, auch hatte sich Kotzebue vorsichtshalber noch beim Kaiser rückversichert. Gerechterweise wurden von der Entscheidung der Minister Mitglieder der Suite des Gesandten Resanow getroffen, darunter zwei Neffen desselben und auch ein besonders unangenehm aufgefallenes Subjekt, dessen Scheiden mit großer Genugtuung registriert wurde. Auch ein Matrose war dabei, bei dem deutliche Anzeichen von Scharlach festzustellen waren. Unter den Ausgemusterten - deren Zahl Löwenstern mit sieben angibt - erhob sich ein großes Wehklagen und Flehen. Sie waren alle bereit, mit einer Mannschaftsunterkunft vorlieb zu nehmen, doch war auch diese so überfüllt, daß dies niemandem zuzumuten gewesen wäre. So gingen denn wahrhaft Verzweifelte von Bord.

An Bord der 'Nadeshda' waren jetzt 83 Mann, und zwar 62 Mann Besatzung, zehn Mitglieder der Gesandtschaft, sechs Passagiere für Alaska, fünf Japaner. In Kopenhagen sollte sich die Personenzahl noch um drei Forscher erhöhen, um dann in England durch einen Abgang ihren Endstand von 85 zu erreichen. Energisch gegen die Aufnahme nicht zur Besatzung gehöriger Personen hatte sich Lisjanski gewehrt, dessen Schiff weniger Raum bot und zudem Eigentum der Kompanie war. Von den 55 Mann, die an Bord der 'Newa' gingen, waren 53 Besatzungsmitglieder, ein Funktionär der Kompanie und zu Lisjanskis größtem Ärger ein Priester, den abzuweisen ihm nicht gelang.

Mit welchen Raumproblemen man sich auseinanderzusetzen gezwungen war, zeigt die Tatsache, daß es für den Gesandten Resanow an Bord der Nadeshda keine angemessene Unterkunft gab, die sein Prestigebedürfnis hätte befriedigen können. Es blieb Adam Johann daher nichts anderes übrig, als seine Kabine mit ihm zu teilen, was sich angesichts der sich während der Reise dramatisch verschlechternden Beziehungen noch als äußerst peinlich erweisen sollte.

VII
Abschied von Europa/
Überquerung des Äquators

Am 7. August (neuen Kalenders) 1803 lichteten die beiden Schiffe
'Nadeshda' und 'Newa' ihre Anker zum Antritt ihrer Reise um die Welt.
Zur Entdeckung niegeschauter Welten, vorbei an geheimnisvollen Küsten,
entgegen Abenteuern in tropischer Hitze und arktischer Kälte, hindurch
zwischen unbekannten tückischen Riffen und Sandbänken, umlauert von
unberechenbaren Primitiven, Menschenfressern und Piraten.

Eine große Menschenmenge hatte sich in Kronstadt versammelt, um dem
historischen Geschehen dieses Aufbruchs beizuwohnen. Von einer gewissen Bedeutungsschwelle an kommen ja nicht nur diejenigen, die sehen,
sondern auch die, die gesehen werden wollen, und natürlich fehlten
Angehörige und Kameraden nicht in der festlich gestimmten Menge. Die
Zuschauer konnten die Absegelung allerdings nur von weitem beobachten,
denn die Schiffe lagen nicht im Hafen, sondern schon seit Wochen auf der
Reede. Mit den symbolischen Salz- und Brot-Gaben und seinem Segen war
der Oberkommandeur des Hafens Kronstadt, Admiral Chanikow, an Bord
der Nadeshda gekommen, um ihr ein Stückchen das Geleit zu geben.

Dieses war nicht die erste Welt- bzw. Erdumseglung. Die Reihe
derartiger Unternehmen war bereits stattlich, und kaum einer hätte sie
genauer im Kopf haben können, als derjenige, der sich nun anschickte, sie
zu verlängern. Aber Adam Johann hat sich hierzu nicht geäußert. Und er
wußte wohl warum, denn es handelte sich bei einer solchen Buchführung
nicht so sehr um Wissens- als um recht knifflige Ermessensfragen, die
man wohl am besten auf sich beruhen läßt. Denn wen sollte man gelten
lassen und wen nicht? Die Schwierigkeiten beginnen gleich beim
Weltumsegler Numero 1 Fernao de Magalhaes, der zwar als erster
(1519-1521) den praktischen Beweis für die Kugelgestalt der Erde
erbracht hat, aber umrundet hat er die Erde nicht, denn er ist unterwegs
im Kampf mit Eingeborenen gefallen. Einer seiner Begleiter namens del
Cano ließ sich an seiner Stelle als erster Weltumsegler feiern, und ein
anderer Begleiter namens Pigafetta schrieb ein aufsehenerregendes Buch
darüber. Durch sein Buch wurde auch John Byron - der Großvater des
Dichters - berühmt, er hat allerdings gar keine eigene Weltumseglung
durchgeführt, sondern nur an der des Admirals George Anson (1741-1745)
teilgenommen. Zu nennen sind hier noch der französische Weltumsegler
Louis Antoine de Bougainville, der 1766-1769 unterwegs war und als
erster Wissenschaftler mitnahm, sowie der Niederländer Jakob Roggeveen
(1721-1723), der Entdecker der Osterinsel. Unübertroffen jedoch blieb
James Cook, der zwei Weltumseglungen vollendete (1768-1771 und 1772-
1775) und auf einer dritten (1776-1779) getötet wurde. Den Anspruch als

zweiter nach Magalhaes die Erde umsegelt zu haben, könnte man für Sir Francis Drake (1577-1580) erheben. Anwärter auf die dritte Stelle wäre - sofern man ihn gelten ließe - Drakes Piraten-Zunftgenosse William Dampier, der nur mit knapper Not der Enthauptung entging. Auch war seine eigene Weltumseglung (1699-1700) mißglückt. Danach beteiligte er sich jedoch an der Expedition des nahezu unbekannten Weltumseglers Woodes Rogers (1703-1707). Hinter diese Aufzählung der Erdumsegler lassen sich viele Fragezeichen setzen, die eine korrekte Buchführung unmöglich machen.

So konnte die Expedition Adam Johann von Krusensterns nur als 'erste russische Weltumseglung' firmieren, was spektakulär genug war in Anbetracht der bisher fehlenden russischen Präsenz auf den Weltmeeren. Aber auch darüber hinaus hatte diese Weltumseglung manches für sich anzuführen, was ihr in den Augen der Welt eine Pionierrolle verlieh. Es war erstmalig eine nach genauen Zeit- und Terminplänen ablaufende Mehrzweckunternehmung, noch dazu in einem Schiffsverband. Die Schwierigkeiten, die dies impliziert, vermag nur der zu ermessen, der vom gemeinsam verabredeten Navigieren mit Segelschiffen in Sturm, Nebel und Dunkelheit, ohne zuverlässige Seekarten, ohne Funkverkehr und auch ohne zuverlässige Zeitangaben weiß. Mit der Uhrzeit half man sich damals, indem man drei Chronometer an Bord hatte und aus ihnen einen Mittelwert errechnete.

Die Menschen an Bord beherrschten nicht nur erhebende, sondern durchaus auch zwiegespältige Gefühle. Hinter ihnen lagen zwei ungemein turbulente Monate. Nach Löwensterns Notizen ergeben sich nachstehende Rahmendaten, die nach dem alten, damals in Rußland gebräuchlichen Kalender[1] festgehalten sind. Mit Beginn der Reise wird hier nur noch der neue Kalender verwendet, der in der übrigen Welt Geltung hatte. - Es ist zu vermuten, daß Löwenstern seinen Dienst am 1. Mai angetreten hat, und zwar zunächst als Verbindungsmann in Reval, von wo er mit den dort angeworbenen Expeditionsteilnehmern sowie einer Ladung Genever, Spiritus und Butter[2] mit dem Schiff 'Catharina Magdalena' am 15. Mai gestartet war und drei Tage später in Kronstadt eintraf. Es vergingen dort noch einige Tage mit Warten auf das Eintreffen der Schiffe aus England, bis der 'Count down' seinen Anfang nehmen konnte:

26. Mai	Ankunft der Schiffe in Kronstadt.
27. Mai	Ankunft Adam Johanns in Kronstadt, Besichtigung der Schiffe.
02. Juni	Besuch des Grafen Rumjanzew und der Direktoren der Kompanie.
04. Juni	Nach der Entladung der Nadeshda verliert diese aus nicht genannten Gründen das Gleichgewicht und wird nur durch

	das Aufschlagen der Masten auf die Kaimauer vor dem völligen Kentern bewahrt.
14. Juni	Einsetzung neuer Masten auf der Nadeshda.
15. Juni	Besuch des Kaisers, der die Arbeiten an der Nadeshda längere Zeit beobachtet.
07. Juli	Die Schiffe werden auf die Reede gezogen, wo die Beladung fortgesetzt wird, da immer neue Sendungen eintreffen.
10. Juli	Julie, die in Kronstadt Wohnung genommen hat, stattet dem Schiff, das ihr den Mann entführen soll, einen Besuch ab. Außer ihr werden noch Graf Stroganow[3] und eine Menge weiterer Gäste empfangen. Der Kapitän erläßt seinen ersten schriftlichen Tagesbefehl. An die Matrosen werden Kleider und Wäsche ausgeteilt.
18. Juli	Nach Abschluß der Ladearbeiten befinden sich die überladenen Schiffe in einem unbeschreiblichen Zustand. Es müssen große Mengen Unrat beseitigt werden, ehe mit der gründlichen Säuberung begonnen werden kann.
20. Juli	Admiral Tschitschagow, Graf Rumjanzew und Resanow kommen an Bord, um zu entscheiden, wer zurückbleiben soll.
21. Juli	Der Kapitän mit Frau und Gästen an Bord. Spät abends treffen die Entscheidungen der hohen Kommission ein und werden bekannt gegeben. Die fünf Japaner treffen ein.
23. Juli	Die Nadeshda wird eingesegnet. Abschied Adam Johanns von seiner untröstlichen Frau. Erster, durch Umschlagen des Windes gescheiterter Versuch zu starten.
26. Juli	Nach Tagen ungeduldigen Wartens stellt sich zwischen 9 und 10 Uhr morgens endlich günstiger Wind ein, und die Anker werden gelichtet. Dieser günstige Wind währt allerdings nur zwölf Stunden, dann wird er wieder konträr, so daß es auch am nächsten Tage noch nicht gelingt, die Insel Hochland zu umsegeln.

Es waren eigentlich keine stolzen Schiffe, die da in See stachen, sondern - wie bereits erwähnt - überladene mit erheblicher Schlagseite. Adam Johann schreibt: "Mit Erstaunen sahen viele, wie sehr wir beladen waren, und wie wenig wir in dieser Lage im Stande sein konnten, eine so weite Reise zu unternehmen."[4] Die beiden Minister, die die Personenzahl reduziert hatten, waren zwar auch hinsichtlich der Ladung den maßlosen Wünschen der Kompanie entgegengetreten, da aber ja ohnehin die Notwendigkeit bestand, in Kopenhagen alles umzuladen, wäre es höchst unzweckmäßig gewesen, sich jetzt noch damit aufzuhalten, zumal dafür der Hafen von Kopenhagen geeigneter war als die Reede von Kronstadt.

Nun waren sie also zusammengepfercht und auf schier unabsehbare Zeit aufeinander angewiesen. Die Nadeshda war 117 Fuß lang, 28 Fuß und 4 Zoll breit und lag 13 Fuß und 6 Zoll tief im Wasser - fortan der Lebensraum für 85 Personen, von den Tieren ganz zu schweigen. Es hätte also zusätzlicher Erschwernisse nicht bedurft, doch es gab solche zur Genüge in Gestalt ungeklärter Beziehungen und Ressentiments im Gepäck: nämlich die ganz unerwartet auftretende Rivalität zwischen dem Gesandten und dem Kapitän ganz obenan, ferner unterschwellige Rivalitäten zwischen den beiden Kapitänen wie auch zwischen den Leutnants, den Ärzten bzw. Naturforschern. Und dann waren da auch noch die Japaner im Schlepptau der Gesandtschaft, die man glauben gemacht hatte, von ihrem wohlwollenden Zeugnis in der Heimat werde das Wohl und Wehe aller abhängen. "Ihr sollt schon vor uns zittern, wenn wir einmal nach Japan kommen"[5], ließen sie sich vernehmen. Einmal geriet das Schiff durch Unachtsamkeit der disziplinlosen Japaner sogar in Brand. Es gelang jedoch, das Feuer rechtzeitig zu löschen.

Den Auftakt bildeten gleich in der ersten Reisewoche einige unangenehme Vorfälle. Man hatte am 12. August die Reval vorgelagerte Insel Nargen passiert, da fiel bei Gotland ein Matrose der Newa über Bord und ertrank, obwohl er ein guter Schwimmer war und man auch unverzüglich ein Boot zu Wasser gelassen hatte. Auf der Nadeshda wurde eine Reihe von Diebstählen entdeckt, u. a. eine goldene Uhr und eine goldene Dose. Adam Johann ordnete eine Generaluntersuchung an und ließ allen die Schlüssel abnehmen. Nur im Falle der Japaner wurde die Durchsuchung von Resanow verweigert. Gefunden wurde nichts. Ein erster Streit entbrannte, und zwar gerieten der Gesandte Resanow und Graf Fedor Tolstoi heftig aneinander. Letzterer war ein Gardeoffizier von wüster Lebensart, den aus Petersburg zu entfernen wohl angebracht erschienen war, während es Resanow zunächst geschmeichelt haben mochte, einen Grafen in seinem Gefolge zu haben, dessen Despektierlichkeit diese Aquisition dann aber so fragwürdig machte, daß Resanow die unverzügliche Entfernung Tolstois in Kopenhagen wünschte. Er schob jedoch die Entscheidung darüber dem Kapitän zu, dem es gelang, den Streit beizulegen. Nur zu bald sollte es sich allerdings zeigen, daß dieser Streit nur der Anfang einer Kette von Zwistigkeiten gewesen war.

Mit günstigem Winde langten die Schiffe bereits am 17. August in Kopenhagen an, wo der Astronom Horner schon seit zwei Wochen voll Ungeduld wartete, während Naturforscher Tilesius eine Woche später eintraf und dann im letzten Augenblick, ganz unerwartet und atemlos herbeigeeilt, Dr. von Langsdorff.

Gut drei Wochen lagen die Schiffe in Kopenhagen fest. In dieser Zeit wurden sie völlig entladen. Hierbei wurde festgestellt, daß bereits jetzt ein beträchtlicher Teil der Lebensmittelvorräte verdorben war. Ein Teil des

Salzfleisches, Sauerkrautes und der Roten Beete mußten über Bord gekippt werden. Eine andere Partie Salzfleisch gelang es gerade noch, durch Umsalzen zu retten, während eine dritte sich als gut haltbar erwiesen hatte. Für einige Lebensmittel war Kopenhagen ohnehin als Ort der Zuladung vorgesehen gewesen, andere wiederum wurden aus Raummangel zurückgelassen. Die Passagiere nutzten den langen Aufenthalt in Kopenhagen gern, um der Enge und dem noch ungewohnten Beieinander zu entgehen und in der ja auch reizvollen Stadt Wohnung zu nehmen.

Am 8. September verließen die Schiffe Kopenhagen, um die nächste Nacht auf der Reede von Helsingör zu verbringen. Daraus wurde jedoch ein unvorhergesehener Aufenthalt von sechs Tagen, da sie heftiger Sturm an der Weiterfahrt hinderte. Obwohl eine grundlegende Besserung nicht in Sicht war, lichtete man am 15. September die Anker, denn eine noch größere Verzögerung der Reise wäre nicht mehr zu verantworten gewesen.

Bis Kopenhagen war die Reise bei nur frischem Wind vonstatten gegangen, doch gab es mit Resanow, Tolstoi und den drei Kadetten bereits die ersten Seekranken. Was die Schiffe aber im Kattegat und Skagerak, auf der Nordsee und auch nach der Abreise aus England erwartete, war veritabler Sturm, der die Wogen über das Deck schlagen ließ, so daß die Schiffe eine Menge Wasser einnahmen und die Kabinen auf der Leeseite kein Tageslicht mehr hatten. Adam Johann vermerkt: "Das Schiff legte sich stärker auf die Seite, als ich es je auf irgendeinem Schiff vorher erfahren hatte."[6] Und Löwenstern berichtet: "Das Stöhnen und Kotzen hat kein Ende. Auch Ratmanow ist seekrank, ich muß seine Wache wechseln. In den Kajüten sah es bejammerswert aus, alles lag drunter und drüber, und kaum eilten die Passagiere aufs Verdeck, so wurden sie blaß vor Schreck über das Toben der Elemente. - Die Kajüte Compagne (Aufenthaltsraum) ist stille und der Tisch unbesetzt. - Das Seekranksein der Passagiere wird schon unangenehm. Wir Seeleute haben uns etwas erkältet."

Am schlimmsten unter der Seekrankheit zu leiden hatte von Anfang an der Kadett August von Bistram. Es hätte somit für die Entscheidung des Kapitäns, die dessen Reise in England ein Ende setzte, wohl dieses außergewöhnlichen und lange andauernden Sturmes gar nicht erst bedurft. Bereits vor dem Eintreffen in England erbot sich ein Adam Johann bekannter Kapitän einer englischen Fregatte, der man begegnete, den Knaben an Bord zu nehmen und für seine Heimbeförderung Sorge zu tragen. Es war ein Abschied unter Tränen. - Da es sich bei der Fregatte um ein sehr viel schneller segelndes Schiff handelte, bot sich auch einigen weiteren Passagieren die günstige Gelegenheit, England um Tage früher zu erreichen und einen Besuch Londons in ihr andernfalls nur auf Falmouth beschränktes Englandprogramm einzubeziehen. Resanow,

Horner und Friederici[7] waren es, die von dem großzügigen Angebot des englischen Kapitäns profitierten, wobei Horner den Einkauf einiger astronomischer Instrumente übernahm.

Vom 28. September bis zum 5. Oktober hielt man sich in Falmouth auf. In dieser Zeit wurden die Schiffe kalfatert, da es sich im Sturm gezeigt hatte, daß sehr viel Wasser durch die Seitenwände eindrang. Ferner wurden diverse Einkäufe getätigt, u. a. auch irisches Salzfleisch, Kartoffeln, Kohl, Rüben und Zwiebeln. Und dann ging es wieder auf den von Herbststürmen aufgewühlten Ozean hinaus. Die Temperaturen lagen bei etwa 10 Grad und ließen noch nichts von den tropischen Breiten ahnen, denen man sich näherte. Aber der Abschied von Europa war endgültig. Der Zivilisation hatte man den Rücken gekehrt, das Abenteuer und die Exotik hatten begonnen. Auch war man nun wieder gefordert, miteinander zurechtzukommen.

In dieser Hinsicht war eine bedeutsame Vorentscheidung bereits auf der Kronstadter Reede getroffen worden, und zwar mit der Auswahl derjenigen, die zur Tischgesellschaft des Kapitäns zählten, soweit ihnen dies nicht - wie z. B. Horner - vertraglich zugesichert worden war. Dieser Tisch stand in einem als Offiziersmesse zu kennzeichnenden Raum, der auf der Nadeshda 'Kajüte Compagne' genannt wurde. An der Tafel des Kapitäns saßen: die fünf Leutnants, Steuermann Kamentschikow, Dr. Espenberg, die beiden Kadetten, Dr. Horner, Dr. von Langsdorff, Dr. Tilesius, Resanow sowie aus dessen Begleitung Hofrat Fosse, der Major des Generalstabes Friederici, Gardeleutnant Graf Tolstoi, der Arzt und Botaniker Dr. Brinkin, der Maler Kurlandzow und der Bevollmächtigte der Kompanie Schemelin. Mit Adam Johann somit zwanzig Personen. Das Fassungsvermögen des Raumes dürfte ein wenig größer gewesen sein, da gelegentlich auch Gäste von der Newa oder von auswärts zugegen waren.

Die Ökonomie, d. h. die Verantwortung für die Qualität des Essens wechselte umschichtig für je eine Woche unter den Teilnehmern, doch waren an dem Turnus offensichtlich nicht alle beteiligt, denn Löwenstern vermerkt, daß man hierbei alle acht Wochen drankäme. Auch die finanzielle Abrechnung, d. h. eine Umlage der Verpflegungskosten, scheint dabei eine Rolle gespielt zu haben. Jedenfalls bestand viel Anlaß, am Hofrat Fosse, der als erster an der Reihe war, Kritik zu üben. Ihm wurde vorgeworfen, daß das obere Ende des Tisches besser und reicher bedient worden sei als das untere, und "da Fosse uns keine Rechnung von unserem Gelde geben will, sind unsere Gemüter alle in Gährung, besonders da er uns noch darben läßt", und an anderer Stelle heißt es bei Löwenstern: "Die Rechnung von Fosse war sehr groß, um aber Frieden zu halten, übersehen wir vieles. - Viel Mühe haben wir, die Sachen, die dem Verderben unterworfen sind, vor gänzlicher Untauglichkeit zu bewahren und zu bestimmen, was in Teneriffa aufgekauft werden soll." Wenig

Anklang hatte in dieser Rolle übrigens auch Adam Johann selbst gefunden. In seinem Falle war nicht von Geld die Rede, sondern die Kritik richtete sich gegen ein Pilaw-Gericht (Schaffleisch in Reis gebacken) und veranlaßte ihn, auf weitere derartige Bemühungen ganz zu verzichten, so daß er dem Ökonomie-Turnus danach nicht mehr angehörte.

Welche Sprache wurde an dieser Tafel und überhaupt an Bord gesprochen? Da auf diese Frage weder Adam Johann noch Löwenstern eine Antwort geben, wird man daraus schließen dürfen, daß sich so etwas in jenen Jahren unproblematisch und ohne nationale Empfindlichkeiten regelte. Bekannt ist, daß weder Horner noch Langsdorff noch Tilesius Kenntnisse der russischen Sprache besaßen und auch, daß man sich diesen ausländischen Gästen gegenüber sehr bemüht zeigte. Diese Zuvorkommenheit galt auch seitens Resanows und seines Gefolges. Daraus folgt, daß eine allgemeine Tischunterhaltung nur in deutscher Sprache geführt werden konnte, was natürlich nicht ausschließt, daß sich auch Gesprächsgruppen bildeten, die sich der russischen Sprache bedienten. So erwähnt beispielsweise Löwenstern Bellingshausens witzige russisch-deutsche Impromptus und dann auch, daß der Arzt und Naturforscher Brinkin gar kein Deutsch gesprochen habe, so daß ihm eine Verständigung mit den deutschen Kollegen nicht möglich gewesen sei. Er habe zwar versucht, als Basis die lateinische Sprache heranzuziehen, doch sei dieser Versuch gescheitert, da die deutschen Kollegen Latein nicht annähernd so fließend beherrscht hätten wie er. Auf Zweisprachigkeit deutet es auch, wenn Löwenstern in ganz anderem Zusammenhang erwähnt: "Was ich in Deutsch gesagt hatte, wiederholte ich auf Russisch."

Löwenstern, der über alle Intrigen und Differenzen recht genau Buch geführt hat, berichtet nichts, woraus sich auf nationalistische Tendenzen schließen ließe, etwa im Sinne, daß sich Deutsche untereinander besser verstanden oder sich gar gegen Russen bzw. umgekehrt verbündet hätten. Sicherlich fand die dienstliche Verständigung zwischen dem Kapitän und seinen Offizieren durchweg in russischer Sprache statt, während sich die Unterhaltung in der Freizeit je nach der Volkszugehörigkeit der Gesprächspartner richtete.

Die 'Kajüte Compagne' diente außer als Speiseraum natürlich auch als Aufenthaltsraum, denn die Schlafkabinen waren so eng, daß sie in dieser Hinsicht nicht viel zu bieten hatten. So wurde denn im Gemeinschaftsraum außerhalb der Mahlzeiten auch parliert, gelesen, geschrieben, gezeichnet, gemalt, Schach, Mühle und Karten gespielt, gelehrt bzw. gelernt, wobei es sich nicht nur um Zuwendungen gegenüber den Kadetten handelte, die ja aus ihrem Schulunterricht gänzlich herausgerissen worden waren, sondern auch um Sprachstudien der Erwachsenen. So z. B. lernte Resanow Japanisch, Fosse Englisch, Friederici Französisch und Horner Russisch. Aber es wurde auch musiziert, und zwar in durchaus gehobenem Sinne. Das Orchester, das sich hier zusammengefunden hatte, setzte sich wie folgt zusammen: 1. Violine Romberg, 2. Violine Resanow, Basso Tilesius, Bratsche Langsdorff, 1. Flöte Friederici, 2. Flöte Horner. Vermutlich ist jedoch in dieser Besetzung nicht sehr lange musiziert worden, woran Dissonanzen Schuld trugen, die ihren Ursprung bei der 2. Violine hatten.

"Ich sprach mit Horner über unsere Zwistigkeiten", schreibt Löwenstern und fährt fort: "Und wir fanden, daß Menschen nirgends einander so feind werden können, als auf einem Schiff. Doch können Zwistigkeiten zur See auf einem Schiffe von keiner langen Dauer sein. Man ist zu sehr aneinandergekettet." Die Zwistigkeiten, von denen hier die Rede ist, dauerten aber doch recht lange und sollten sich bei einigem Auf und Ab noch zu dramatischen Höhepunkten steigern.

Resanow hatte sich zunächst recht zurückgehalten und war nur auf andere Weise unangenehm aufgefallen. In Hafenstädten steuerte er geradewegs die verrufensten Gassen und Bordelle an. Hierüber hätte man sich vermutlich nur lustig gemacht, wenn der Gesandte seine Wichtigkeit nicht so weit getrieben hätte, seine lichtscheuen Ausflüge in voller Galauniform mit Ordensschmuck zu unternehmen und noch dazu mit so lärmendem großsprecherischem Getue, daß er unliebsames Aufsehen erregte und zu befürchten stand, derlei Peinlichkeiten könnten in die örtliche Presse geraten, was zum Glück nicht geschah. Um so deutlicher prägte dieser Themenkreis seine Gespräche, denn Löwenstern vermerkt: "Resanow versteht von nichts anderem zu reden als von Mädchen und Zoten." - Als Löwenstern dies seinem Tagebuch anvertraute, ahnte er noch nicht, wie sehr er hätte wünschen sollen, daß es dabei geblieben wäre. Daß dies nicht der Fall war, sollte sich nur zu bald herausstellen. Erstmalig die Katze aus dem Sack gelassen hatte Resanow in England, als er gesprächsweise erwähnte, er sei der Chef der Expedition und die Kapitäne seien nur für die Segelmanöver zuständig. Adam Johann hatte dies für einen skurrilen Witz gehalten, und er brachte unzweideutig zum Ausdruck, daß nichts dergleichen in seiner Instruktion stehe und daß er es für absurd halte, einen Mann, der noch nie zur See gefahren sei, mit der Leitung einer Weltumseglung zu beauftragen. Resanow hatte dies geschluckt, und die Angelegenheit schien erledigt.

Kälte und Sturm mochten den Kampf um die Entscheidung, wer nun eigentlich das Sagen hatte, noch etwas aufgeschoben haben. Doch der Sturm hatte sich ausgetobt, und es wurde nun von Tag zu Tag wärmer, ein günstiger Wind blähte die Segel traumhaften, exotischen Zielen entgegen. Da erwachten die Lebensgeister und lockten auch die von Seekrankheiten Mitgenommenen aus ihren Kajüten. Die Schiffe machten so günstige Fortschritte, daß Adam Johann im Hinblick auf die eingetretenen Verzögerungen der Reisetermine beschloß, die nächste Station auf der

Insel Madeira ausfallen zu lassen und direkt Kurs auf die Kanarischen Inseln zu nehmen. Hierdurch fühlte sich Resanow in seiner angemaßten Rolle als Chef des Unternehmens herausgefordert, von 'seinem' Kapitän Rechenschaft zu verlangen, da er dem Kaiser hierüber rapportieren müsse. Der Kapitän nannte ihm lakonisch sein Gutdünken als Grund für die Änderung des Reiseprogramms. Übrigens war Madeira kurz zuvor von einem Orkan verwüstet worden, dem gegen tausend Menschen zum Opfer gefallen sein sollen. Von hier ab schien der Krieg erklärt, und Resanow sorgte dafür, daß dies niemandem verborgen bleiben konnte. Als Eröffnung zeigte er Adam Johann seine Instruktion, die ihm tatsächlich alle Vollmachten zu erteilen schien und des Kaisers Unterschrift trug. Der Gesandte ließ auch keinen Zweifel daran, daß er auf der Durchsetzung seiner Rechte bestehen würde. Andererseits wiederum bat er Adam Johann flehentlich um Verzeihung, falls er ihn irgendwie gekränkt haben sollte. Dies offensichtlich mit der Absicht, ihn davon abzubringen, von den Kanarischen Inseln aus entsprechend nach Petersburg zu berichten. Nach Einsichtnahme der Instruktion hatte Adam Johann erklärt, daß Resanow gehalten gewesen wäre, ein solches Schriftstück den Kapitänen vor Antritt der Reise vorzulegen, da dann keiner von ihnen bereit gewesen wäre, die Reise anzutreten.

Dank dem günstigen Winde trafen die Schiffe bereits am 19. Oktober in Santa Cruz auf Teneriffa ein. Der Ort und die Insel machten keinen guten Eindruck auf die Ankömmlinge, doch waren die Kanarischen Inseln damals weit davon entfernt, ein attraktives Reiseziel zu sein, viel eher konnten sie als ein spanisches Sibirien gelten. Löwenstern vermerkt: "Die Inseln waren früher von Quantschen (Guanchen bzw. Guancis) bewohnt, wie man das Volk nannte. Die Erscheinung der Maria bekehrte sie, wie man sagt, und jetzt existieren hier keine Eingeborenen mehr." Der Gouverneur empfing den Gesandten mit viel Aufmerksamkeit, schenkte jedoch Schiffskapitänen so niederen Ranges keine besondere Beachtung, was sich auch beim nächsten Aufenthalt in Brasilien wiederholen sollte.

In seinem Bericht an Rumjanzew erwähnt Adam Johann die Resanow-Affäre nicht, über die Insel äußert er sich wie folgt: "Allgemeines Elend des Volkes, Sittenlosigkeit des anderen Geschlechts und Scharen von feisten Mönchen, die in den Straßen, sobald es dunkel wird, herumziehen, um ihren Sinnen zu frönen, dies sind die charakteristischen Merkmale von Santa Cruz, welche den Fremden, der einen solchen Anblick nicht gewohnt ist, mit Mitleid und Ekel erfüllen. In Lumpen gekleidete Bettler beiderlei Geschlechts und von jedem Alter und mit allen Arten von ekelhaften Krankheiten behaftet, füllen die Straßen nicht weniger als unzüchtige Mädchen, betrunkene Matrosen und mißgestaltete Diebe. Man wird trotz größter Vorsicht bestohlen. Ich war gezwungen, niemanden an Bord des Schiffes kommen zu lassen. ...

70

Die Inquisition ist hier eingeführt und wird mit voller Strenge ausgeübt. Für einen freidenkenden Mann muß es entsetzlich sein, an einem Orte zu wohnen, wo er der Willkür der Inquisition und des Gouverneurs, der unumschränkte Gewalt über Leben und Tod eines jeden Bürgers hat, ausgesetzt ist. ...

Wir fanden einen Überfluß an Weintrauben, Pfirsichen, Zitronen, Apfelsinen, Melonen, Zwiebeln und Kartoffeln. Alles war indes außerordentlich teuer."[8]

Am 27. Oktober - also nach einer Woche - lichtete man die Anker zur großen Ozeanüberquerung, die bis zum 21. Dezember dauern sollte. Am 6. November sichtete man zum letzten Mal Land, und zwar die westliche Kapverdische Insel St. Antonio. Am 26. November überquerten die Schiffe mit einigen Feierlichkeiten und dem üblichen Brimborium den Äquator, als erste unter russischer Flagge. Die beiden Kapitäne an Bord waren die einzigen, die den Äquator bereits früher passiert hatten, je zweimal in beiden Richtungen.

Die Hitze beiderseits des Äquators erwies sich als viel weniger schlimm, als zu befürchten gewesen war. Um so mehr hatte man unter der Feuchtigkeit zu leiden. Nichts wollte trocknen, alles klebte, schimmelte, rostete und faulte. Ergiebige tropische Regenfälle trugen nicht wenig zu dieser Feuchtigkeit bei. Sie brachten den Vorteil, daß man mit Wasser nicht zu sparen brauchte und genügend davon besaß, um sich und die Wäsche zu waschen. Adam Johann legte, wie in seinem Reisebericht zu lesen ist, besonderen Wert auf die Reinlichkeit seiner Mannschaft und kontrollierte regelmäßig die Sauberkeit der Körper und Kleidung, was gute Resultate zeigte[9].

Natürlich hatten die Treibhausluft und die Wasserwüste ringsum auch zur Folge, daß die Menschen sich gehörig auf die Nerven gingen. "Die Beschwerden einer Reise um die Welt überwiegen bei weitem die Annehmlichkeiten", vermerkt Löwenstern, und an anderer Stelle äußert er: "Noch drei Jahre mußt du mit diesen Menschen zusammen leben, wir werden uns, einer dem anderen zum Ekel haben."

Einige Streiflichter seien hier auch noch festgehalten: "Tilesius hält sich für einen gar wichtigen Mann in Europa, mit Langsdorff sind sie beständig aneinander, weil Tilesius jenen für subordiniert hält. Tilesius gab sich Airs, die ihm nicht zukamen, nannte Langsdorff 'er' und behandelte ihn wie einen Gehülfen. Doch enden ihre Dispute immer witzig."[10] Mißgünstig gegeneinander waren nicht nur Langsdorff und Tilesius, sondern auch Langsdorff und Friederici. Fosse als ehemaliger Polizeioffizier bot ohnehin viel Angriffsflächen für Hänseleien. "Er glaubt in seiner Dummheit pfiffiger zu sein wie wir alle".[11] Auch Dr. Espenberg wurde nicht gemocht. Er stand mit niemandem auf gutem Fuße und galt als knurrig und übellaunig, aber auch als verfressen sowie als geizig mit seinen Medikamenten. Den diversen Leiden seiner Gefährten widmete er nicht annähernd so viel Interesse wie diese selbst. Es erregte zudem Anstoß, wenn er in Schlafrock und Pantoffeln an Deck promenierte. Natürlich gab es an den Leutnants ebenfalls einiges auszusetzen. Ratmanow, der als ältester mit der Charge des 'First Leutnant' betraut war, wurde Mangel an theoretischen Kenntnissen und Bildung nachgesagt. Es hieß, er suche nur den Eifer der Kameraden zu ermuntern. Golowatschew wird von Löwenstern als falsch, scheinheilig und mißtrauisch sowie als Heuchler und Schmeichler abqualifiziert, der sich dem Kapitän durch scheinbaren Fleiß gefällig zu machen suche. Bellingshausen gilt Löwenstern als unbiegsamer Mensch. Romberg nimmt er in Schutz, gibt jedoch zu, daß dieser dem Alkohol zu viel zuspreche. Schemelin gilt als Kreatur von Resanow, "die es gar nicht verdient, unter gesitteten Menschen gerechnet zu werden." Zwischen Resanow und Tolstoi war es in Santa Cruz zu einem Bruch gekommen, doch reichte ersterer seinem Gegner überraschend die Versöhnungshand. Wohl am wenigsten Beifall fand der Maler Kurlandzow, schon allein wegen seiner beruflichen Qualifikation, die nach allgemeinem Urteil sehr zu wünschen übrig ließ. Ihm wurde angelastet, sich zum Konflikt zwischen dem Gesandten und dem Kapitän in einer Weise geäußert zu haben, die ihm nicht zustand. Das führte im weiteren Verlauf dazu, daß die Tischgesellschaft ihn aus ihrer Mitte ausschloß, und dann auch noch dazu, daß der Kapitän ihm untersagte, sich mit ihm in einem Raum aufzuhalten. Als der Gemaßregelte gegen dieses Gebot verstieß, wurde er von Adam Johann mit allem Nachdruck hinausgewiesen. Bei dieser Regelung ist es auch geblieben, während der Ausschluß aus der Tischgesellschaft im weiteren Verlauf der Reise auf Bitten des Delinquenten und nach einer gewundenen Entschuldigung wieder aufgehoben wurde.

Nicht in das Frontschema Besatzung kontra Gesandtschaft einreihen ließen sich die Unannehmlichkeiten, die Graf Tolstoi bereitete, denn teils mußte man ihn gegen seinen Dienstherren in Schutz nehmen, teils aber auch sich seiner erwehren, denn er war aus Langeweile unerschöpflich im Erfinden von Streichen und Affären. Man mußte ihm den Umgang mit den Kadetten verbieten. Gelegentlich drohte er aber auch, Resanow umzubringen und das Schiff in Brand zu setzen. Adam Johann dürfte es bereut haben, ihn nicht in Kopenhagen losgeworden zu sein. Er hat ihn laut Löwenstern im Verlauf der Reise zu überreden versucht, unter dem Vorwand von Krankheit vorzeitig heimzukehren.

Sich selbst bescheinigt Löwenstern einen heftigen Charakter, so daß er es vorziehe, Konflikten aus dem Wege zu gehen, was sich jedoch schlecht mit der Neigung vertrage, seinen Mitmenschen objektiv zwar gute, subjektiv jedoch unwillkommene Belehrungen zu geben, was diese zum Widerspruch herausfordere.

Der Chef kommt in Löwensterns Tagebuch zunächst erstaunlich wenig vor, wenn man bedenkt, wie viel und rückhaltlos er sich sonst zu äußern pflegte. Aber die wenigen den Kapitän betreffenden Notizen sind um so aufschlußreicher. Da heißt es z. B.: "Alles ist froh und zufrieden; denn Krusenstern ist wieder gesund!" Die Krankheit hatte übrigens nur einen Tag gedauert, doch hatte dies bereits genügt, daß Resanow Aktivitäten entfaltete, diesen oder jenen dazu anzustiften, dem Kapitän seine Instruktion zu entwenden. Und an anderer Stelle schreibt Löwenstern: "Dem Kapitän Krusenstern kann man nur die zu große Güte und Gefälligkeit als Fehler anrechnen. - Unser Kapitän ist so nachsichtig mit unseren Matrosen, daß man sagen kann, er ist schwach vor lauter Güte." Hierzu ist zu bemerken, daß üblicherweise damals für jede Unachtsamkeit und jedes Versäumnis geprügelt wurde, so daß es für die Offiziere ungewohnt, ja fast unbegreiflich war, daß man auf diesem Schiff ohne Prügelstrafe auskam[12]. Zu moderat will den Offizieren der Kapitän auch im Hinblick auf Resanow und seine Kreaturen erscheinen, doch vermögen sie die Gegebenheiten seiner Zwangslage zu erkennen, denn Löwenstern bemerkt: "Bloß durch Nachgiebigkeit ist hier Ruhe zu erhalten. Darum hat uns Krusenstern auch gebeten, und unserem Kapitän tun wir gern alles zu Gefallen."

In ähnlichem Sinne äußert sich Dr. Horner in einem Brief an seinen Mentor Zach über Adam Johann: "Es herrscht bei unserer Schiffsgesellschaft unausgesetzt viel Munterkeit und Fröhlichkeit, und wir danken alle dem Himmel, der uns einen Kapitän gegeben hat, welcher durch Eigenschaften des Geistes wie des Herzens sich die unbedingte Liebe aller erworben hat. Mit Recht ist er über uns alle gesetzt, denn seine Vorzüge erheben ihn über alle. Seine Kenntnisse in der Astronomie, seine Liebe, sein Eifer, sein Interesse für dieselbe, machen ihn mir doppelt lieb und wert, und ich hoffe mit seinem Beistande Ihnen, mein teuerster Lehrer, etwas ordentliches liefern zu können. Sehr glücklicherweise bin ich nächst denen, die von der Marine sind, derjenige, der am wenigsten an Seekrankheit leidet. Ich kann bei der stärksten Bewegung des Schiffes meine Sonnenhöhen nehmen und auch unten in meiner Kajüte ohne Beschwerden berechnen."[13]

Eines Tages begegnete man einem Schiff, das, obwohl von Baltimore nach Batavia unterwegs, dennoch Gelegenheit bot, Post über Kapstadt nach Europa zu befördern. Außer der Möglichkeit, den Angehörigen ein Lebenszeichen zu senden, hatte die Post jetzt die Funktion gewonnen, den heimtückischen Krieg, der alle an Bord bedrückte und ihnen die letzte Freude an ihrer großen Weltreise raubte, nun nach Petersburg zu tragen. Resanow war es natürlich klar, daß es nicht für ihn sprechen würde, wenn er als Urheber der Streitigkeiten erschiene, so galt es also für ihn, den Spieß umzudrehen und die Gegner als solche zu denunzieren. Für diese wiederum galt es, solche Schachzüge zu erraten und ihnen mit Geschick zu begegnen. Zum Glück besaß Adam Johann in Rumjanzew einen Vertrauensmann, demgegenüber er sich einigermaßen offen äußern konnte. Doch leider war dieser, was Machtkämpfe und Intrigen anbelangt, gar kein effektiver Anwalt. Auch mußte ständig mit der Möglichkeit gerechnet werden, daß Resanows Mittelsmänner sich in Besitz der Postsendungen setzten. - Die Schiffe segelten eine Weile nebeneinander, und alles schrieb fieberhaft, bis fünfzehn Briefe übergeben werden konnten.

Als Anlaufziel in Südamerika hatte sich Adam Johann die dem Südende Brasiliens zu gelegene Insel St. Catharina ausgesucht. Wer die verschiedenen bei Adam Johann oder bei Löwenstern auftauchenden Orte in heutigen Atlanten zu finden sucht, hat es nicht leicht. Sie haben entweder ihren Namen oder ihre Bedeutung geändert. So heißt die einzige Stadt auf dieser Insel heute Florianopolis, damals jedoch Nostra Senhora del Destero bzw. Dodesterro. Adam Johann rät Seefahrern dringend, diesen Hafen Rio de Janeiro vorzuziehen, da Fremde in Rio mit einer geradezu beleidigenden Vorsicht behandelt würden. St. Paul läßt sich natürlich als Sao Paulo identifizieren, aber schwerlich hätte es damals jemand für möglich gehalten, daß dieser kaum erwähnenswerte Platz zur größten Stadt Brasiliens und zur zweitgrößten Südamerikas aufsteigen werde.

Noch bevor man sich der Küste Südamerikas näherte, war Adam Johann bestrebt, eine Insel namens Ascensao zu suchen, um deren Existenz in der Fachwelt heftiger Streit wogte, da einige Entdecker sie gesehen oder gar betreten haben wollten, andere hingegen behaupteten, es handele sich um eine Verwechslung mit der nahegelegenen Insel Trinidad. Da eine sehr bekannte Insel dieses Namens im karibischen Raum gelegen ist, wird kaum jemand sie mit einer Insel südlich des Äquators verwechseln. Tatsächlich gibt es jedoch eine ganz kleine Insel des Namens Trinidad etwa 100 Kilometer südlich des 20. Breitengrades und etwa 1.200 Kilometer östlich der Küste Südamerikas. Unweit von ihr ist tatsächlich eine pünktchengroße Insel eingezeichnet, die jedoch keinen Namen trägt und auch nicht in der von den Entdeckern angegebenen Richtung liegt. Um die Dinge noch mehr zu verwirren, gibt es in dieser Weltgegend, allerdings in gehöriger Entfernung, nämlich an der Schiffsroute nach Kapstadt, südlich vom Äquator und nördlich von St. Helena eine kleine Insel namens Ascension. Alle diese Inseln sind so klein, daß sich heute nicht einmal Tourismus-Manager für sie interessieren und ein Streit um eine von ihnen den Seefahrern vorbehalten blieb und bleibt und sowie denjenigen, die in diesen so verloren mitten im Ozean liegenden Überbleibseln einer Auseinanderreißung zweier Kontinente wichtige Zeugnisse urgeschichtlicher Geschehnisse erkennen. Solche Klarstellungen waren der erste größere Forschungsbeitrag Adam Johanns auf dieser Reise. Es versteht sich, daß man laufend durch Ortsbestimmungen, Messung von Strömungen, Tiefen und Temperaturen sowie Wetterbeobachtungen vorhandene Daten ergänzte oder verbessserte. Auch die Naturforscher blieben nicht untätig. Ihr Augenmerk richtete sich u. a. auf die Ursachen des Meeresleuchtens, wobei eine ganze Anzahl unterschiedlicher Tierarten als Urheber identifiziert wurden.

Der beabsichtigte Aufenthalt in Brasilien hatte nicht nur den Zweck, die Wasser- und Lebensmittelvorräte zu ergänzen und Kräfte zu sammeln, ehe man sich daran machte, das berüchtigte Kap Hoorn zu umsegeln, da man nicht so bald wieder Gelegenheit haben würde, den Fuß aufs Land zu setzen, sondern er diente auch der Notwendigkeit, die Masten der Newa zu erneuern. Sie waren den zu erwartenden Strapazen keinesfalls gewachsen. Vermutlich wäre dies bereits in Kronstadt zu erkennen gewesen, aber für Lisjanski damals wohl nicht opportun. Es mochte schon genügend peinliches Aufsehen erregt haben, daß Adam Johann noch in Kronstadt darauf bestanden hatte, die Masten der Nadeshda auszuwechseln, denn schließlich waren die beiden Schiffe doch geradewegs aus einer sehr kostspieligen Generalüberholung gekommen. Da war Lisjanski wohl nichts anderes übrig geblieben, als beide Augen zuzudrücken und zu hoffen, die Masten der Newa würden noch ein wenig vorhalten, was sie denn auch taten. Unterwegs ließ sich das Versäumnis einigermaßen unauffälig nachholen.

Widrige Winde, ein Gewittersturm dicht am Ziel und fehlende Unterlagen über die Einfahrt machten es zu Resanows Spott erforderlich, unmittelbar vor der Küste abzudrehen und wieder Kurs auf die See hinaus zu nehmen. Erst im zweiten Anlauf gelang es, einen geeigneten Ankerplatz zu erreichen. Es war der 21. Dezember 1803, Frühsommer in Brasilien und noch dazu in seiner angenehmsten gemäßigten Zone.

VIII
Erholsame Tage in Brasilien

Fünfundfünfzig Tage waren sie ununterbrochen unterwegs gewesen und hatten nur zweimal am Horizont ein Streifchen Land erblickt. Doch nun war Land nicht nur in Sicht, sondern auch unter den Füßen, nämlich die brasilianische Insel Santa Catharina. Die Passagiere konnten ausschwärmen und sich Quartiere an Land suchen, was nach der langen 'Gefangenschaft' und im Hinblick auf den zu erwartenden Aufenthalt von etlichen Wochen lohnend erschien, aber doch auch problematisch, da sich die Unterkünfte weder als preiswert noch komfortabel erwiesen. So mußte z. B. Horner mit einer feuchten und von mancherlei Insekten bewohnten Scheune vorliebnehmen.

Die Hauptsache war, daß der Gesandte beim Gouverneur Aufnahme fand. Löwenstern notiert: "Die ganze Soße der Gesandtschaft lebt auf dem Lande, zu unserer Beruhigung, denn nun ist Friede auf dem Schiff." Von den an Bord Gebliebenen wich ein Alptraum, und es breitete sich fast so etwas wie Ferienstimmung aus, voreiligerweise, da Resanow vom Lande aus weiter agierte.

Geradezu berauschend wirkte auf die Ankömmlinge die üppige Vegetation ringsum: Ananas, Apfelsinen, Bananen, Melonen in allerdings erst allmählich heranreifender Fülle. Der Dezember entspricht in etwa unserem Juni, und der Januar gilt als Hochsommer, der die größte Wärme bringt, die hier jedoch durchaus erträglich ist. Daß dort gerade Weihnachtszeit war, schienen die Gäste über all der Wunderwelt, die sie umgab, nicht bemerkt zu haben. Sie selbst gedachten des Weihnachtsfestes erst nach dem alten Stil mit einem Gottesdienst, den Adam Johann vom Popen halten ließ, und ansonsten nur im stillen Gedenken an die Lieben daheim.

Sie glaubten sich in ein wahres Paradies versetzt, aber - bei genauerem Hinsehen - eines mit Schönheitsfehlern. Zunächst solche, wie sie der Natur eigen sind, etwa in Gestalt besonders giftiger Schlangen, deren Biß in kürzester Frist zum Tode führt, oder in Gestalt winziger Parasiten (Sandflöhe, die Barfüßigen durch die Poren der Haut dringen und dort ihre Eier ablegen, und sofern sie nicht rechtzeitig operativ entfernt werden, zu quälenden Vereiterungen führen). Tolstoi und andere Gefährten wurden von ihnen befallen, wobei der Schaden bei einigen erst Wochen später entdeckt wurde.

Viel gewichtiger waren die Schönheitsfehler, die gar nicht der Natur dieses unermeßlich reichen Landes entsprachen, ja ihr geradezu entgegengesetzt schienen und nur menschlichem Unverstand entsprangen - in diesem Falle dem portugiesischer Kolonialherren, die das Land immerhin seit annähernd 300 Jahren regierten. Dodesterro - Hauptort der Insel

Santa Catharina - zählte damals etwa 3.000 Einwohner, die ungeachtet des reichen und fruchtbaren Landes und seines wohltätigen Klimas in Armut und Elend lebten. Es gab nur zwei ansehnlichere feste Gebäude im Ort, die Kirche und den Wohnsitz des Gouverneurs, alle anderen waren kümmerliche Behausungen. Dodesterro hatte nur eine Gastwirtschaft, die jedoch diesen Namen kaum verdiente, und keine einzige Verkaufsstelle, auch keinen Markt, von Ladengeschäften ganz zu schweigen. Handel jedweder Art war verboten und durfte nur über das angesichts fehlender Verkehrsverbindungen fast unerreichbare Rio de Janeiro abgewickelt werden. Verboten war auch die Vermarktung des größten und auch am leichtesten verwertbaren Reichtums des Landes, der mannigfachen Edelhölzer, u. a. gediehen hier diejenigen Bäume, von denen Rizinusöl gewonnen wird. Den Schiffsärzten gelang es jedoch nicht, auch nur die kleinste Menge von diesem Öl aufzutreiben. Es gab auch keinen Arzt und keine Hebamme. Die einzige medizinische Autoritätsperson weit und breit war ein nicht akademisch ausgebildeter Regimentschirurg.

Unter solchen Umständen konnte selbstverständlich kein Gewerbe und erst recht keine Industrie entstehen. Nur eine Ware durfte auf offenem Markt verkauft werden, nämlich Negersklaven jeden Alters und beiderlei Geschlechts. Ihr Anschaffungspreis war auch für weniger bemittelte Leute bezahlbar, und Folgekosten entstanden so gut wie keine, da die Sklaven von ihren Besitzern weder gekleidet noch ernährt zu werden brauchten.

Sie waren nackt und hatten sich ihre Nahrung selbst zu suchen, selbstverständlich nur so, daß sie stets verfügbar waren, wenn sie gebraucht wurden. Vereinzelt sah man Sklaven in Ketten, die meisten bewegten sich jedoch frei, da nur geringe Fluchtgefahr bestand, denn die Weißen siedelten fast ausschließlich am Küstenstreifen, während das Landesinnere von Indios beherrscht wurde, die auf die Neger Jagd machten, da sie ihr Fleisch sehr schätzten und Neger ihnen, und nicht nur ihnen, als eine Art Affen galten.

Die Besatzung der russischen Schiffe wurde hier erstmalig mit dem Sklavenproblem konfrontiert und war schockiert. Dabei unterschied sich die Leibeigenschaft, wie sie damals in Rußland gehandhabt wurde, von der Sklaverei nur geringfügig. Dort dienten Leibeigene ja nicht nur als Knechte und Mägde, sondern auch als Fabrikarbeiter und Soldaten. Leibeigene wurden in Rußland gleich Sklaven verkauft und gelegentlich beim Kartenspiel verloren. Ob man sie als tote oder lebende Seelen zählte, hing eher von der Geschicklichkeit der Buchhalter als von der der Ärzte oder Priester ab. Aber als Menschen galten sie immerhin, und die meisten Besitzer trafen Verfügungen für ihr Wohlergehen. Die einen aus wirtschaftlicher Vernunft, die anderen aus sozialer Verantwortung und die dritten aus unberechenbarer sentimentaler Aufwallung, wie sie slawischen Menschen eigen ist. Lisjanski und seine Männer sollten noch Gelegenheit bekommen, auf dem nordamerikanischen Kontinent zu studieren, daß Sklaverei bzw. Leibeigenschaft nicht Eigenheiten der weißen Rasse waren, da sie in großem Umfang und in rüden Formen auch von Indianern betrieben wurden, nur daß es sich um besiegte Gegner gleicher Rasse handelte.

Zu Dodesterro gehörte eine Zitadelle mit einer Besatzung von etwa 500 Mann. Die Soldaten hatten schon seit mehr als drei Jahren keinen Sold erhalten und wurden gerade nur vor dem Hunger bewahrt. Die fachliche Begutachtung durch die russischen Offiziere ergab, daß die Geschütze der Portugiesen völlig verrottet und unbrauchbar waren. Hierdurch erklärten sich wohl auch die Klagen der Bevölkerung über gelegentliche Indio-Überfälle aus dem Innern des Landes, die zwar meist unblutig verlaufen seien, aber doch ihren ohnehin so geringen Besitz dezimierten. Auf Hungerlohn gesetzt waren vermutlich auch die übrigen Staatsdiener, und dies in einem Lande, das durch sensationelle Diamantenfunde von sich reden gemacht hatte.

Doch all dies registrierten die russischen Offiziere eher mit Verwunderung als exotische Seltsamkeiten. Über das, was ihnen eigentlich die Stimmung verdarb, äußert sich Löwenstern mit den Worten: "Nichts gewährt uns aber mehr Freude! Mit Verdruß gegen Resanow im Herzen sind wir abgestumpft gegen alles, was uns Freude machen könnte."

Um wieviel schlimmer mußte sich die Situation einem Manne darstellen, dem nach unablässigem Bemühen über Erwarten kaiserliches Wohlwollen zuteil geworden und der auf die höchsten Höhen katapultiert worden war, die sich ein junger Offizier nur erträumen konnte. Daß sich die großartig gewährten Vollmachten in der Praxis dann als eher fadenscheinig erwiesen, mochte bei realistischer Einschätzung etwas sein, womit man hatte rechnen müssen. Dies galt auch noch für die Einschaltung der Kompanie, die Mitnahme der Gesandtschaft und die Änderung der Reisepläne, obwohl schon all dieses so gar nicht mehr zum ursprünglichen Kaiserwort passen wollte, das Adam Johann uneingeschränkte Verfügungsgewalt zugestanden hatte. Die wissenschaftliche Begeisterung und Kameradschaft, die er sich an Bord seiner Schiffe erträumt hatte und auf die alle seine Planungen aufgebaut waren, vielleicht wären sie kraft seiner Persönlichkeit noch zu retten gewesen, wenn es nur darum gegangen wäre, einen Fremdkörper in Gestalt der Gesandtschaft in die eigene Gemeinschaft zu integrieren. Doch daß es sich um offene Feindschaft eines Usurpators und seiner ihm ergebenen Hilfstruppe handeln würde, wer hätte dies voraussehen können?

Obwohl es ein ungeschriebenes Gesetz gibt, daß an Bord eines Schiffes der Kapitän immer und unter allen Umständen die oberste Instanz ist, wer auch immer sich an Bord befinden mag, so wagte es hier einer, aufzustehen und unablässig zu verkünden: "Ich bin durch die Gnade des

Kaisers unumschränkter Befehlshaber der beiden Schiffe wie auch der ganzen Expedition."

Der Spiritus rector, der für seine Aufgabe so große Opfer gebracht hatte, sah sich einem Schwadroneur gegenüber, der zwar seine Inkompetenz und seine Unfähigkeit zur Übernahme leitender Funktionen drastisch bewies, jedoch mit einem höheren Rang und einer fast gleichlautenden kaiserlichen Vollmacht ausgestattet war und sie sich ohne Skrupel dienstbar zu machen suchte.

Auf drei Ebenen liefen die Aktionen Resanows: 1. direkte Bemühungen, Keile zwischen den Kapitän und seine Leute zu treiben oder doch wenigstens die Autorität des Kapitäns durch Intrigen zu schwächen, wobei jedes Mittel recht war, 2. denunzierende Berichte nach Petersburg und 3. permanente Schwierigkeiten, die sich aus der Verwaltung der Kassenbestände und Vorräte in den Händen von Vertretern der Kompanie ergaben, deren Chef Resanow war.

Um den unter 1. genannten Bestrebungen entgegenzuwirken und Klarheit zu schaffen, versammelte Adam Johann seine Offiziere und ließ sie mit Bezug auf den Standpunkt Resanows vom Inhalt seiner Instruktion Kenntnis nehmen. Alle Offiziere stellten sich uneingeschränkt hinter ihren Kapitän und suchten ihn zu einer harten Linie zu überreden. Keiner war bereit, Weisungen Resanows entgegenzunehmen. Nur widerstrebend zeigten sie Einsicht in die von Adam Johann dargelegte Notwendigkeit, einen vorsichtigen Kurs zu steuern und alles zu vermeiden, was dem Gesandten hätte Anlaß zu berechtigter Klage bieten können. Als besonders erschwerend hierbei erkannte man die extremen Schwankungen in den Äußerungen Resanows, die zum Teil auf Hinterhältigkeit, zum Teil aber auch auf echter Unsicherheit beruhen mochten.

Was die Berichte nach Petersburg anbelangt, so meldeten sich natürlich beide Seiten zu Wort. Löwenstern notiert: "Der Kaiser wird sich wundern, aus Brasilien so viele Bittschriften zu erhalten. Resanow schreibt, und der Kapitän bittet um Gerechtigkeit und Schutz. Graf Tolstoi muß sich wohl oder übel rechtfertigen. Daß Resanow uns alle denunzieren wird, daraus macht er kein Geheimnis, sieht seinem Charakter ähnlich - hol ihn der Henker! Krusenstern zeigte mir heute den Brief oder die Bittschrift, die er an den Kaiser zu schicken gesonnen ist. Möchte der Kaiser nur diesen Brief erhalten." Dieser Zweifel mochte berechtigt sein, da man Briefe ja nicht in einen Briefkasten steckte, sondern sie jemandem mitgab und nicht wissen konnte, wem dieser sie auslieferte. Auch hatte sich Fosse seiner vollendeten Fähigkeit gerühmt, verschlossene Briefe so zu öffnen und wieder zu verschließen, daß ihnen niemand etwas anmerken könne. Noch berechtigter erscheint jedoch die Frage, ob die Briefe, wenn sie Petersburg erreichten, auch vom Kaiser gelesen wurden, oder ob er sich über den Inhalt nur oberflächlich unterrichten ließ. Wer die politischen und militärischen Geschehnisse des Jahres 1804 bzw. 1805 Revue passieren läßt, dem werden gewisse Bedenken kommen, ob der Herrscher eines Weltreiches sich nicht vielleicht mit wichtigeren Fragen zu befassen hatte als mit den Zänkereien an Bord eines Schiffes, das sich auf der entgegengesetzten Hälfte der Erdkugel befand. Selbst wenn er ihnen Aufmerksamkeit geschenkt haben sollte, wäre diese kaum so weit gegangen, die Zweitschriften der Instruktionen prüfen zu lassen, sondern hätte allenfalls in die Überlegung gemündet: diese beiden Streithähne seien seiner Gunst nicht würdig gewesen.

Auch beim dritten erwähnten Bereich ging es weniger um harte Konflikte als um kränkende und die Schiffsführung erschwerende Ärgernisse, dazu angetan, die Position des Kapitäns zu schwächen. Auch ohne daß es zu einer direkten Verweigerung notwendiger Geldmittel kam, versuchte Resanow seine Macht zu demonstrieren. So eröffnete er z. B. eines Tages bei Tisch, die Kompanie habe den Kapitänen Erfolgsprämien in Höhe von 10.000 Rubel versprochen. Die Kapitäne sollten aber nicht glauben, daß sie von diesem Geld tatsächlich etwas zu sehen bekommen würden, denn man werde ihnen von diesem Betrag alles abziehen, was sie leichtfertig und unnötig ausgegeben hätten, und auch wenn sie in ihre eigene Tasche wirtschafteten, so werde dies genauestens registriert. Eine geforderte Übersicht über die noch vorhandenen Schiffsvorräte wurde dem Kapitän von den Leuten Resanows verweigert, die sich unkontrolliert und außerplanmäßig aus den Vorräten bedienten. Über die Bevorratung genau Bescheid zu wissen, war um so notwendiger, als beträchtliche Mengen verdorbener Lebensmittel über Bord geworfen werden mußten und lange Reiseetappen ohne Landung bevorstanden.

Zu den Unbegreiflichkeiten Resanows zählte auch der finanzielle Ärger, den er sich mutwillig selbst mit denjenigen herbeischaffte, um deren Gunst er offensichtlich bemüht war. So versuchte er ohne Erfolg, von den ausländischen Teilnehmern irgendwelche Beträge einzuziehen, die mit ihnen nicht vereinbart worden waren und deren Zahlung sie daher auch ablehnten. Tilesius wurde sogar eine Abschlagszahlung auf die ihm zustehenden Bezüge verweigert. - Ein typisches Beispiel dafür, mit welchen Komplikationen man sich zu plagen hatte, wenn die Expeditionsleitung nicht zugleich auch über die Kasse verfügen konnte, boten die neuen Maste der Newa. Eine Ausgabe übrigens, die zu Recht auf die Kritik Resanows stieß, was Lisjanski veranlaßte, sich großartig anheischig zu machen, die Kosten aus eigener Tasche zu tragen, allerdings galt dies Angebot nur unter der Voraussetzung , es werde sich hier an diesem entlegenen Ort um eine überaus preiswerte Anschaffung handeln. Dem war aber nicht so, denn der Gouverneur, der allein in der Lage war, solche Maste zu beschaffen, lehnte es ab, hierfür etwas in Rechnung zu stellen. Eine solche Großzügigkeit des Gouverneurs anzunehmen, der doch bereits den Gesandten beherbergte und sonstiges Entgegenkommen gezeigt hatte, hielt Adam Johann weder für opportun noch angängig, und dies wurde vermutlich auch gar nicht erwartet. Nach einigem Hin und Her, wie es der Anstand erforderte, erklärte sich der Gouverneur bereit, eine recht stattliche Summe entgegenzunehmen, und unter den gegebenen Umständen war es selbstverständlich nicht möglich, diese Summe herunterzuhandeln. Damit entfiel auch Lisjanskis Bereitschaft zur Kostenübernahme. Für Resanow ergab sich jedoch die hochwillkommene Gelegenheit zu behaupten, es sei eine Machenschaft Adam Johanns gewesen, um sich auf diesem Wege selbst die Taschen zu füllen.

Mit den Masten wurde auch das gewünschte Brennholz geliefert, das auf der bevorstehenden rauhen Strecke für die notdürftigste Wärme sorgen sollte: Mahagoni, Rosenholz und Palmenholz. Der Gouverneur hatte die russischen Besucher aufgefordert, sich mit allen ihren Einkaufswünschen an seine Offiziere zu wenden, sie würden das Gewünschte beschaffen. Da sich diese Quelle jedoch nicht als sonderlich vorteilhaft erwies, wußte man die zufällige Bekanntschaft mit einem Einwanderer aus Deutschland zu schätzen, der - vermutlich ohne einen speziellen Beruf erlernt zu haben - sich hier als Diakon, Lehrer, Apotheker, Arzt, Zahnarzt und Agent betätigte, der alles und jedes zu beschaffen in der Lage war, und zwar erstaunlich pünktlich und preiswert.

Während Butter und Milch in diesem rätselhaften Lande fast gar nicht zu bekommen waren, wurden neben großen Mengen von Früchten sehr viele lebende Tiere geladen, vor allem Schweine, Ferkel und Hühner, damit man so wenig wie möglich auf Salzfleisch zurückgreifen mußte. Es ist erstaunlich, wie ein so kleines, mit 85 Menschen und Mengen von Gütern bis zur äußersten Möglichkeit beladenes Schiff noch so viele lebende Tiere beherbergen konnte und natürlich auch das Futter, das diese benötigten. Nicht minder erstaunlich ist aber auch die Großzügigkeit, mit der private Tierhaltung an Bord toleriert wurde. Die Beobachtung dieser Tiere bereitete zwar dort viel Spaß, doch führten Ungeschick und Unverstand bei der an Bord eines kleinen Schiffes zweifellos schwierigen Tierhaltung, aber auch gemeine Roheit zu einem frühen Ende der Lieblinge. Ein Hund und eine Katze benahmen sich nicht so, wie die Redensart es von ihnen voraussetzte, sondern wurden unzertrennliche Gefährten, die vergnüglich zu beobachten waren. Doch da der Hund eine Hündin war, die in die Jahre kam, da sie zu Zeiten Mißfallen erregte, löste man dieses Problem, indem man sie über Bord warf. Die Katze, die verstört zurückblieb, ging bald danach den gleichen Weg. Fast jeder an Bord legte sich in Brasilien Papageien oder Sittiche zu, aber viele dieser Vögel fanden ein schnelles Ende, spätestens als man in bitterkalte Zonen kam. Auch ein Waschbär und ein Affe trieben an Bord ihr Wesen. Einigen Anstoß erregte Dr. Espenberg mit seiner Tierhaltung, denn er kaufte sich

Ferkel und Hühner zum eigenen Verzehr, und wo hätte es denn hinge-
führt, wenn alle 85 dies getan hätten. Überlebt haben zwei Kanarienvögel,
die der Kapitän auf den Kanarischen Inseln als Mitbringsel für seine Frau
gekauft hatte. Vermutlich waren Kanarienvögel zu jenem Zeitpunkt in
Europa noch wenig verbreitet. Das Schicksal anderer Tiere an Bord
beklagt Löwenstern mit den Worten: "Fängt man ein Tier, so freut man
sich, seine Neugierde zu befriedigen, und noch mehr, dem Tier wieder die
Freiheit zu geben. Letzteres fällt bei uns ganz weg. Wird ein Fisch
gefangen, so stopft ihn Langsdorff aus, ist es ein Vogel, den wir gefangen
haben, so kriegt ihn der Jäger zum Ausstopfen, Insekten und Würmer
werden gleich mit Nadeln aufgespießt, und was nicht gespießt, gestopft
oder getrocknet werden kann, wird in Spiritus gesteckt." Viele der
gefangenen Fische dienten natürlich auch als Nahrung. Das erste Tier,
das an Bord eine Rolle spielte, war eine noch in europäischen Gewässern
zugeflogene Bachstelze, die so zahm wurde, daß sie sich auf die Hand
setzte. Dies wurde ihr zum Verhängnis. Einer der Japaner erwürgte sie.

Da die Beschaffung und Einsetzung der Masten länger dauerte, als
vorherzusehen war und der Aufenthalt sich somit auf anderthalb Monate
ausdehnte, bot sich genügend Zeit für eine andere dringend notwendige
Arbeit. Adam Johann beauftragte die Schiffszimmerleute, seine Kabine
durch eine Trennwand zu teilen, und sein Kabinengenosse fand diese
Neuerung als Überraschung bei seiner Rückkehr aufs Schiff vor. Diese
Maßnahme hatte in erster Linie symbolische Bedeutung, denn man konnte
an Bord ohnehin jedes Wort verstehen, das in einer Nachbarkabine oder
auf dem Gang gesprochen wurde. Da so viele Menschen auf engem Raum
beisammen waren, konnte es kaum einen Wortwechsel geben, der nicht
von anderen mitgehört wurde.

Und da, was wer gesagt hatte, oft die einzigen Geschehnisse endlos sich
aneinanderreihender Tage waren, wurde alles kolportiert und jede
unbedachte Äußerung zur wichtigen Staatsaktion. Selbst auf den
Schanzen, wie man das von Seitenwänden geschützte Deck nannte, bot
sich kaum jemals Gelegenheit, eine vertrauliche Unterhaltung zu führen.
Nur zu oft wurde der Kapitän gefordert, Streitigkeiten mit mahnenden
oder vermittelnden Worten zu beenden.

Dr. Horner berichtet aus Santa Catharina: "Aus diesem gesegneten
Lande hoffte ich eine reiche Ernte von Sternbedeckungen zu schicken. Wir
sind seit einem Monat hier, aber ich rufe alle unsere Journale zu Zeugen
an, ob nur zwei gute Nächte ordentlich hell gewesen sind. Mein Schmerz
darüber ist sehr groß. Instrumente haben wir genug, und der Beistand
unseres vortrefflichen, von allen Guten hochgeschätzten Kapitäns hätte
der Astronomie die schönsten Früchte versprochen, aber hier scheint der
Himmel wie die Erde den Untersuchungen aller Fremden verschlossen zu
sein. ... Hinge es nur von dem Mute, Eifer, der Sorgfalt und den Kenntnis-

sen unseres Kapitäns ab, so müßte unsere Expedition gewiß die glücklich-
ste sein und wird es so Gott will auch werden."[1]
Tatsächlich war Horner, als er dies schrieb, von solchem Optimismus weit
entfernt. Der an seinen Lehrmeister Freiherr von Zach[2] gerichtete Brief
war zur Veröffentlichung bestimmt und wurde von einem Geheimbericht
begleitet, der den kritischen Stand der Dinge offenlegte. Diese Äußerungen
wurden von Zach auszugsweise kopiert und unbekannterweise Adam
Johanns Frau übermittelt, so daß sie heute als neutrale Stimme zur
Verfügung stehen. Damals dürften sie, so wie die Dinge verliefen,
wirkungslos geblieben sein. Der Wortlaut des Geheimberichts befindet sich
im Anhang dieses Buches. In seinem Begleitschreiben unterstrich Herr
von Zach die Notwendigkeit, in dieser Sache mit Bedacht vorzugehen und
vorerst auf einen direkten Angriff zu verzichten. Vor allem müsse er
wissen, ob Graf Rumjanzew Resanows Freund sei, zumal "da ich weiß, daß
Rumjanzew alle meine Briefe dem Kaiser zeigt, so werde ich solche schon
einzurichten wissen, daß sie die gewünschte Wirkung nicht verfehlen"[3].
    Am 4. Februar 1804 war es so weit, daß die Anker gelichtet wurden. Die
schönen Tage in Santa Catharina hatten ein Ende. Es ging nun der Kälte
entgegen und auch der nautisch kritischsten Passage, dem von der
Segelschiffahrt so gefürchteten Kap Hoorn.

IX
Kap Hoorn

"Sieben Stunden schlafe ich, eine Stunde vergeht beim Mittagessen, eine beim Abendessen, sechs Stunden stehe ich des Tags auf der Wache, zwei Stunden vergehen beim Kaffee und Tee trinken und Tabak rauchen, drei Stunden brauche ich täglich, Observations zu machen, mein Journal zu schreiben, auf die Berechnungen vergeht oft viel Zeit. Habe ich die Nachtwache gehabt, so schlafe ich den Nachmittag eine Stunde. Ein paar Stunden vergehen im Sprechen, Herumgehen etc. und sind ständig unterbrochen, so daß nicht viel Zeit nachbleibt." So beschreibt Löwenstern seinen vergleichsweise tätigen Tagesablauf, wie er sich zu Hunderten von Malen abspielte, sofern ihn nicht ausnahmsweise ein Landaufenthalt abwandelte. Unmittelbare Rückschlüsse auf den Tagesablauf des Kapitäns oder gar der Passagiere lassen sich aus ihm nicht ziehen, aber einige Anhaltspunkte bietet er doch.

Wie ersichtlich wurde relativ viel Zeit an der Tafel verbracht, wobei neben der Sättigung auch die Gemeinschaft, die sich hier manifestierte, sie zu einem besonderen Mittelpunkt des Bordlebens erhob. Das Benehmen an dieser Tafel hat Löwenstern kritisch beobachtet und anschaulich geschildert.

"Tilesius erhielt heute zufällig bei Tische auf einmal von beiden Seiten Bratenschüsseln, die herum präsentiert wurden; er schlug die, auf der nur noch wenig war, aus, und in dem nämlichen Augenblick trug der Bedienstete die andere Schüssel weiter. Ich sagte hierauf: Sie nehmen die Taube auf dem Dach für den Sperling in der Hand. Das nahm der Hofrat übel, obgleich er sonst ganz gut Spaß versteht, und wurde ungezogen. Nach Tische sagte ich ihm, daß zum letztenmal zwischen uns beiden Spaß gewesen ist." Offensichtlich gab es bei Tisch nicht immer Bedienstete, und man war genötigt aufzupassen, um zu dem Seinigen zu kommen. Jedenfalls beschreibt Löwenstern an anderer Stelle, wie die Offiziere, in eine Debatte vertieft, sich nicht rechtzeitig darum gekümmert hätten, daß die Schüsseln ihr Ende erreichten, was zur Folge gehabt habe, daß diese Schüsseln leer gegessen waren und die Offiziere ohne Essen blieben. Als Hauptschuldigen solcher Gefräßigkeit prangert er Dr. Espenberg an: "Setzen wir uns zu Tische, so scheint es, als hätte unser Doktor mehrere Tage lang gehungert. Er wirft sich über Speise und Trank her; andere folgen seinem Beispiele, dadurch entsteht ein Ripsen und Rapsen, das unausstehlich ist. Die Übertreter der Wohlanständigkeit sind über die Schuljahre heraus, und niemand mag sich mit ihrer Erziehung befassen."

"Unser letztes Schwein wurde heute aufgetischt. Espenberg häufte so viel auf seinen Teller, daß mehrere nur einen Bissen kriegten. Aufessen konnte er es unmöglich, er war daher so klug, und verwahrte das übrige aufs nächstemal. Sehr lobenswert!"

"Unsere frische Provision nimmt täglich ab, und die Begierde und Ungezogenheit unserer Tagediebe täglich zu. Gestern Abend riß Langsdorff dem Bellingshausen die Senfdose beinahe aus der Hand. Der Baron faßte ihn aber so treuherzig an, daß er es für ratsam hielt, seine Beute fahren zu lassen. Wir sind der leidende Teil, schlimm wäre es, wenn wir auch so zugreifen wollten."

"Ich will suchen, einige Sätze zu entwerfen, wie es beim Tee und bei der Mahlzeit auf unserem Schiffe zugeht. Die Compagne halten jetzt wöchentlich zwei von uns, ein Flottenoffizier und ein Passagier. Da die Herren nichts zu tun haben, so sehen sie es doch ein, obwohl es keine Abmachung ist, daß es ihre Pflicht ist, den Tee einzuschenken. - Den Morgen um 8 Uhr ist die Teestunde, obgleich die Herren hinlänglich Zeit zum Schlafen haben, sind sie immer die Letzten. Macht man ihnen Vorwürfe darüber, so setzt es Streit. Endlich erscheint der Wirt und tritt sein Amt an. Nichts ist leichter, als den Geschmack zu verfehlen. Einer aus der Gesellschaft bittet sich daher noch ein Stück Zucker aus oder der Tee ist ihm zu stark oder zu schwach, er wünscht Zwiebacken zu haben etc. Die Antwort, die er erhält ist: Man kann nicht allen auf einmal dienen oder die Frage wird mit Fleiß überhört. Nach wiederholtem Fordern erhält der Bittende endlich ein Stück Zucker, nur mit einer Miene und einer Art, die ihm den Tee eher versalzt als versüßt. Ich habe wenig Bedürfnisse, mir wagt es auch keiner so zu begegnen, es ist aber unangenehm, anderen auf eine so ungesittete Art begegnet zu sehen. - Kaum ist das Teezeug abgetragen, so fordert einer der Langschläfer die Überreste des Abendessens. Da wir (gemeint sind der Kapitän und die Offiziere) zu der Zeit gewöhnlich zu tun haben, ist schon alles verzehrt, ehe wir es uns träumen lassen, daß etwas zum Frühstück gereicht worden ist. Nun erwarten wir mit Ungeduld das Mittagessen. Endlich erscheint um 1/2 2 Uhr die Suppenschüssel. Die Herren, die durch das Frühstück einen Fond gelegt haben, verschmähen diese Speise und warten auf etwas Besseres. Nun kommt Salzfleisch. Der Geruch allein ist den Herren zuwider. Während wir nun unseren ersten Hunger stillen, amüsiert sich die gelehrte Fakultät mit den Wein-Bouteillen. Geleert sind sie, ehe wir zur Besinnung kommen. Nur zu oft erhält unser Kapitän nicht mehr als ein Glas Wein zu trinken, denn die Herren trinken alle aus Biergläsern, obgleich sie alle Weingläser vor sich stehen haben. Nun wird der Hühnerbraten hereingetragen. Da die Herren wissen, auf welcher Seite die Speisen zuerst herumgetragen werden, so sind schon, ehe der Tisch gedeckt ist, alle diese Plätze besetzt. Um sich nun für die beiden ersten verschmähten Gerichte schadlos zu halten, wird nun eine doppelte Portion vom Braten genommen. Der Letzte bleibt natürlich beinahe ohne oder muß sich mit einem

Hühnerhals begnügen. Das Los trifft bestimmt einen von uns. Nun kommt die Grütze, ein Pudding oder sonst eine sättigende Speise, von der immer eine große Portion gekocht wird. - Aufgeräumt und munter ist gewöhnlich die Gesellschaft nach Tisch in der Kajüte Compagne. Kein Wunder! Jeder der Herren Passagiere hat für zwei gegessen und getrunken."

"Beim Tee nachmittags geht es wie am Morgen zu, mit dem Unterschiede, daß man sich ohne Zurückhaltung um die Branntwein-Bouteille, Zitronen und Apfelsinen reißt, und ohne Scham im Stande ist, sich wegen einer Zitrone etc. Grobheiten zu sagen. - Nun kommt das Abendessen, welches sehr frugal ist und nur als Zubiß betrachtet werden kann. Gewöhnlich besteht dasselbe aus einem Stück Salzfleisch und einer Schüssel Gemüse. Da die Herren das Salzfleisch nicht riechen und um so weniger essen können, so halten sie sich für berechtigt, sich der Gemüseschüssel zu bemächtigen, und in einem Augenblick ist die Schüssel leer. Da die Portionen, die sie auf ihre Teller gehäuft haben, ihnen selbst anstößig sind - besonders da sie uns ganz ohne sehen -, so verursacht das Schlingen und verstohlene Umhersehen mir zum wenigsten einen Ekel. Trifft es sich zufällig, daß einer aus der Sippschaft ohne bleibt, dann wird gleich ein großer Lärm gemacht, und er hält sich für berechtigt, das nächste Mal eine noch größere Portion zu nehmen. Nach der Branntwein-Bouteille, die zur Abendmahlzeit gegeben wird, sind schon 6 - 8 Hände ausgestreckt, ehe die Bouteille noch auf den Tisch gesetzt worden ist, weil jeder der erste sein will, der sich das halbe Bierglas vollgießt, denn darum bekümmert sich niemand, ob sein Nachbar was kriegt."

"Unser Kapitän übersieht dieses alles mit seiner Sanftmut und um sich nicht zu kompromittieren. Wir folgen seinem Beispiel aus Achtung für seinen außerordentlichen Charakter."[1]

Bliebe nur noch nachzutragen, daß die Herren, die das so ungut duftende Salzfleisch verschmähten, sich einander auch dieses mit Gier vorweggegessen haben, sobald es kein anderes Fleisch mehr gab. Erwähnenswert ist ferner, daß an den Vorräten, die nicht als verdorben weggekippt werden mußten, außer den Menschen auch nicht wenige Ratten partizipierten, die sich insbesondere für den Schiffszwieback interessierten.

Wind und Wetter begünstigten die Fahrt der Schiffe über alles Erwarten. In der Rekordzeit von nur drei Wochen war das berüchtigte Kap Hoorn-Gebiet erreicht und noch immer freundliches Wetter und ruhige See. Dabei hatten sich alle so viel Mühe gegeben, den Gesandten mit der Schilderung der zu erwartenden Schrecken zu ängstigen. Kap Hoorn war bei der Schiffahrt tatsächlich so berüchtigt, daß man den Umweg über Kapstadt in Kauf nahm und es auch vorkam, daß ein Schiff, das Kap Hoorn zu passieren versuchte, sich gezwungen sah, umzukehren und Kurs auf Kapstadt zu nehmen. Stürme und hoher Seegang waren es nicht allein, die dies Seegebiet so berüchtigt machten. Gefährlicher für

Segelschiffe waren die starken Strömungen verbunden mit dem oft lange anhaltenden Weststurm, der es den Schiffen unmöglich machte, das Kap zu umsegeln. Ggen den Wind zu kreuzen, gehört zum Rüstzeug des geübten Segeljachtführers. Für schwerfällige Segelschiffe sind die Vorbedingungen weit weniger günstig, und das Kreuzen gegen Sturm wird zur Unmöglichkeit, zumal bei so widrigen Strömungen, wie sie bei Kap Hoorn aufzutreten pflegen. Natürlich sagte man damals nicht 'kreuzen', sondern gebrauchte stattdessen das heute mehr im übertragenen Sinne verwendete Wort 'lavieren'.

Einen Teil der in Brasilien mit dem Ersatz der Newa-Masten verlorenen Zeit hatte man durch die flotte Fahrt wieder aufholen können, lag aber dennoch hinter den ursprünglichen Plänen zurück, so daß der günstigste Termin für Kap Hoorn verpaßt schien. Doch der gefürchtete Weststurm blieb aus, und Mitte März war es glücklich so weit, daß sie dem Kapitän bei Schnaps und Sakuska[2] gratulieren konnten. Nur erbärmlich kalt war es. Die Temperaturen gingen draußen auf den Gefrierpunkt zurück, und in den Kabinen schwankten sie zwischen drei und fünf Grad, und dies zwei Wochen lang. Geheizt wurde nur in der Mannschaftsunterkunft. Doch die Hauptsache, man war um das Kap herum. Die Windrichtung konnte zwar den Kurs beeinträchtigen, aber nicht mehr die Tatsache, daß man sich nun im Stillen Ozean befand, den man heute vorwiegend den Pazifik nennt, was dem Wortsinne nach ebenfalls auf ein friedliches Meer hindeutet.

Ganz ungeschoren blieben sie von Kap Hoorn aber dennoch nicht. Es wurde einiges nachgeliefert. Insbesondere 'hohle See' - auch Dünung genannt -, die dort sogar in den Karten eingezeichnet ist, machte dem Schiff und seiner Besatzung viel zu schaffen. Gläser, Karaffen, Flaschen und dergleichen gingen in Mengen zu Bruch. Auch trug das Schiff ein Leck davon, so daß gepumpt werden mußte. Manches an dem Schiff scheint an einen Seelenverkäufer zu gemahnen, denn Löwenstern beklagte sich bei Espenberg darüber, daß nachts durch die Decke seiner Kabine Wasser laufe, wodurch sich sein Arm so erkältet habe, daß er wie gelähmt sei, worauf Espenberg ungerührt entgegnete, in seiner Kabine sei es noch schlimmer, da dringe das Wasser durch die Wand.

Besonderes Lob des Kapitäns verdiente sich Dr. Horner, der die Kälte nicht achtend stundenlang an Deck ausharrte, um einen Sonnenstrahl zu erhaschen, der ihm eine Standortbestimmung erlaubte. Abgesehen von den wissenschaftlichen Beobachtungen, die Horner auf dieser Reise zu seinem Fachgebiet beizusteuern vermochte, ist hier festzuhalten, daß die Tätigkeit eines qualifizierten Astronomen für ein Schiff auf weiter Fahrt durch unzureichend bekannte Gewässer von entscheidender Bedeutung war, da nur er zuverlässige Standortbestimmungen liefern konnte, sofern dies dichte Bewölkung, Nebel oder Sturm nicht unmöglich machten. Die verbreitete Meinung, daß der Kompaß das wichtigste nautische Instrument an Bord eines Segelschiffes gewesen sei, ist irrig im Hinblick auf den deutlichen Vorrang, der dem astronomischen Handwerkszeug zukam. Die geographische Breite ließ sich aus der Höhe der Sonne oder des Polarsterns über dem Horizont ermitteln. Viel schwieriger war es um die Berechnung der Länge bestellt. Abgesehen von der Ungenauigkeit der Uhren gab es damals noch keine Zeitzonen, die erst durch die Entwicklung der Eisenbahn erzwungen wurden. Der heutige Greenwich-Meridian existierte zwar bereits, war jedoch noch weit davon entfernt, international als Nullmeridian anerkannt zu werden, was zu zahlreichen Irrtümern und Verwechslungen führte. So bemerkt Horner u. a.: "Überhaupt ist der Unfug mit den vielen Meridianen und das Verfahren nach Ost und nach West zu zählen eine Quelle von vielen geographischen Fehlern."[3] Übrigens verfügte außer Horner auch Adam Johann über ein eminentes astronomisches Wissen. Er hatte ja auch dafür gesorgt, daß sich an Bord die hervorragendsten Instrumente dieses Fachgebietes befanden. Der Kapitän eines Schiffes hatte selbstverständlich zu vielfältige Verpflichtungen, als daß er sich auf solch ein Teilgebiet so hätte konzentrieren können, wie dies ihm lieb gewesen wäre.

Der 29. März 1804 war der erste warme Tag. Die Lebensgeister erwachten. Adam Johann ordnete eine große Skorbut-Untersuchung an, die keinerlei Anzeichen erbrachte. Endlich konnte auch alles klamme Zeug getrocknet und gelüftet werden. Neben der Ausbesserung der Segel entfalteten sich noch weitere nützliche Tätigkeiten an Bord, so trat z. B. die Schiffsschmiede in Aktion, um Messer und Beile als Tauschware für Eingeborene zu produzieren. Sogar für Graf Tolstoi fand sich eine nützliche Verwendung, er exerzierte mit der Mannschaft und erteilte ihr Schießunterricht. Schließlich war das Reiseziel jetzt eine Insel, von deren Bewohnerschaft und Lebensumständen noch überhaupt keine Nachrichten vorlagen. Die Insel Nukahiwa war auch als Treffpunkt mit der Newa vereinbart, die man bald nach Kap Hoorn aus den Augen verloren hatte. Das eventuell vorgesehene Anlaufen eines chilenischen Hafens hatte man der widrigen Windverhältnisse wegen aufgegeben. Aus dem gleichen Grund war auch der Kurs auf die geheimnisvolle Osterinsel unterblieben.

Der Kapitän hatte die Reisepläne auch noch in einem dritten, und zwar entscheidenden Punkte geändert und bestimmt, als erstes asiatisches Ziel nicht wie vorgesehen Japan, sondern direkt Kamtschatka anzusteuern. Ausgelöst wurde dieser Entschluß durch die - wie es sich herausstellen sollte - nur zu berechtigte Überlegung, daß der Japan-Aufenthalt sich unter Umständen sehr lange hinziehen könne, so daß die Gefahr bestand, daß die in Kamtschatka dringend benötigten Güter dort sehr spät und zum Teil in verdorbenem Zustand eintreffen würden, womit eine wichtige Aufgabe der Expedition verfehlt worden wäre. Resanows Einverständnis hierzu wurde eingeholt. Da man es zu oft erlebt hatte, daß sich dessen Meinung änderte, ließ sich der Kapitän von ihm alles schriftlich geben. Nach einigen Tagen Bedenkzeit kam das gewünschte Schriftstück. Wie es sich noch zeigen sollte, entsprachen die geänderten Reisepläne allerdings aus völlig anderen Gründen ganz und gar den Intentionen des Gesandten, der allerlei böse Hintergedanken hegte. Wohl gerade deswegen präsentierte er sich seiner üblichen Taktik entsprechend ganz auf Versöhnung gestimmt. Löwenstern berichtet: " 'Wie leid tut es mir', sagte Resanow zum Kapitän, 'daß Zwistigkeiten stattgefunden haben unter uns. Daran ist allein Graf Tolstoi schuld. Sie müssen es doch selbst gesehen haben, daß der Graf schlecht gegen mich gehandelt hat, und Sie hatten Unrecht, ihn nicht meinem Verlangen gemäß zu arretieren.' - Alsdann beklagte sich Resanow über unser Betragen gegen ihn, über unseren Mangel an Aufmerksamkeit etc. und sagte, diese Behandlung zieme sich nicht gegen einen Mann, der die Vollmacht habe, einem ganzen Distrikte Rußlands Gesetze vorzuschreiben. Auf die Frage des Kapitäns, er möge doch ein Beispiel angeben, wo man den ihm gebührenden Respekt aus den Augen gelassen habe, wußte Resanow keine Antwort. Dann versicherte er dem Kapitän, er habe sich über ihn weder aus Teneriffa noch aus St. Catharina beim Kaiser beklagt, sondern sich bloß über den Grafen Tolstoi beschwert. Man habe das Gerücht verbreitet, 'als wolle ich mich in Japan gegen Sie rächen. Darüber seien Sie ganz ruhig, es meint es keiner so gut mit Ihnen wie ich'. - Krusenstern blieb ihm keine Antwort schuldig."

Bisher war es Resanow nicht geglückt, den einen oder den anderen Offizier aus der gegnerischen Front herauszubrechen und durch Versprechungen auf seine Seite zu ziehen, doch er ließ davon nicht ab, auch wenn er sich eine Abfuhr nach der anderen einhandelte. Aber im Unterbewußtsein der Leutnants, die plötzlich von Gefolgsleuten zu Beschützern ihres Herrn avanciert waren, mochte sich doch etwas verändert haben. Jedenfalls taucht in Löwensterns Tagebuch erstmalig offene Kritik auf:

"Der Herr von Krusenstern gibt seit einiger Zeit den Unteroffizieren Befehle, von denen der wachthabende Offizier nichts weiß. Das macht Unordnungen und hat uns schon oft verdrossen." Löwenstern schildert einen Vorfall mit Romberg und zitiert die Antwort des Kapitäns auf dessen Einspruch: "Sie brauchen sich gar nicht über eine Sache zu ereifern, die ich haben will! - Diese Geschichte tut mir leid, und besser wäre es, wenn sie sich gar nicht zugetragen hätte."

Kaum habe sich der Kapitän entfernt, sei Resanow hinzugetreten, der die Auseinandersetzung belauscht hatte, und habe versucht, den Kapitän anzuschwärzen und aus Romberg einen Proselyten zu machen. Die Antwort, die er erhielt, habe ihn jedoch veranlaßt, sich mit vielen Entschuldigungen zu entfernen.

Das schleichende Gift der Disziplinlockerung bekam aber auch Resanow sehr unmittelbar zu spüren. Unter den Offizieren machte sich eine immer gereiztere Stimmung gegen ihn breit, die den Abwiegelungsversuchen des Kapitäns trotzte. "Drei Jahre Gift und Galle in sich fressen, ohne im Stande zu sein, seiner Brust nur einmal Luft zu verschaffen. Ist ein menschlicher Körper auch im Stande dieses auszuhalten? Müssen wir denn immer nachgeben, und sehen, daß Heimtücke und Bosheit über uns frohlocken? Vorsicht und Vernunft! Leitet uns auf unserer dornigen Bahn und helft uns, alle Schwierigkeiten zu übersteigen und zu bekämpfen, die uns in den Weg gelegt sind, um darüber zu stürzen. Mehr brauchen wir nicht, als bloß die ganze Geschichte, wie sie wirklich ist, vor die Welt zu bringen, um unsere Feinde zu entlarven, sie in ihrem wahren Lichte zu zeigen und uns zu rechtfertigen", mit diesen Worten gibt Löwenstern dieser Stimmung Ausdruck.

Es kam zu einer Entladung. Die Offiziere versammelten sich auf dem Deck und forderten Resanow auf, seine Kabine zu verlassen und mit dem Wortlaut seiner Instruktion vor ihnen zu erscheinen. Vor Angst schlotternd folgte er dieser Aufforderung, wagte es jedoch nicht, auf dem Deck zu erscheinen oder gar das Papier aus der Hand zu geben, sondern verlas es auf der Treppe stehend und nur den Kopf aus der Luke steckend, eine Situation, die nicht gerade sehr würdevoll wirkte. Aber wann hatte denn der Gesandte schon jemals Sinn für Würde bewiesen?

"Der ganze Vorfall wurde zu Papier gebracht, und Resanow kriegte Wahrheiten zu hören, daß ihm die Haare zu Berge standen. Die wir aber Dreistigkeit genug haben, ihm auch in Gegenwart des Kaisers ins Gesicht zu sagen. 'Resanow seine Instruktion und Krusensterns, sie sind sich widersprechend von Anfang bis zu Ende', sagte Ratmanow mit seiner donnernden Stimme, man muß glauben, daß er ein 'Samoswanez' (einer, der sich selbst ernannt hat) ist, und ist er das, so muß man ihn wie einen Verrückten in der Kajüte einsperren", so hat es Löwenstern notiert.

Am 7. April erschien erstmalig seit der Abfahrt aus Brasilien Hofrat Fosse aus der Begleitung Resanows in der Öffentlichkeit. Zwei Monate war er unsichtbar in seiner Kabine geblieben. An welcher Krankheit er gelitten hatte, wurde nicht bekannt, wohl aber - jetzt erst -, daß er Epileptiker war und mindestens jeden zweiten Tag einen Anfall hatte. Nach einer Behandlung durch Dr. Espenberg war er wiederhergestellt, und es traten auch keine Anfälle mehr auf.

Mit vollen Segeln ging es nun wieder dem Äquator entgegen. Die eisigen Temperaturen in den Kabinen wichen beschwerlicher Hitze. Viel schlimmer war die strenge Rationierung des Trinkwassers, was nicht nur im Hinblick auf die zunehmende Wärme als arg empfunden wurde, sondern auch da die Vorräte an Früchten und Frischfleisch erschöpft waren, so daß der viele Salzfleischgenuß zusätzlichen Durst erzeugte.

Bekanntlich ist es psychologisch bedingt, daß ein Gut um so mehr begehrt wird, je knapper es ist, zumal in einer Gemeinschaft, in der einer den anderen anregt. Größere Wasserrationen wurden lediglich den Japanern zugestanden. Die Normalration pro Tag und Mann - gleich ob Matrose oder Kapitän - betrug zwei Stof (= 2,5 l). Doch ausgerechnet die Japaner beklagten sich. Adam Johann schreibt über sie wie folgt - im übrigen äußert er sich in seiner Reisebeschreibung relativ selten zu bordinternen Angelegenheiten: "Schon oft hatte ich während dieser Reise Gelegenheit gehabt, mit unseren Japanern sehr unzufrieden zu sein. Es ist kaum möglich, sich schlechtere Menschen zu denken. Obgleich ich sie mit seltener Güte und mit der größten Aufmerksamkeit behandelte und ihre eigensinnigen Launen mit einer mir selbst unbegreiflichen Geduld ertrug, so hatte dennoch diese gewiß unverdient gütige Behandlung nicht den geringsten Einfluß auf ihren störrischen Charakter. Faul, schmutzig in ihrer Kleidung und an ihrem Körper, immer verdrießlich, im höchsten Grade boshaft, dies sind ungefähr die Hauptzüge ihres Charakters. Nur einen sechzigjährigen Greis konnte man ausnehmen, der in allen Stücken sehr von seinen Landsleuten abstach, und der nur allein die Gnade verdiente, die der Kaiser ihnen widerfahren ließ, daß sie in ihr Vaterland zurückgeführt wurden. Sie arbeiteten nie, auch dann nicht, wenn sie einsehen mußten, daß selbst ihre Hülfe nützlich sein würde. Mit dem Dolmetscher (ein zum Christentum übergetretener Gefährte), der übrigens ebenso wenig taugte wie sie selbst, lebten sie im immerwährenden Kriege."[4] - Daß diese sehr einfachen Menschen von so ganz anderer Mentalität sich in einer höchst ungewöhnlichen Situation befanden, die sie weit überforderte, und daß ihnen vielleicht ein Befehls- und Gehorsamsverhältnis viel gemäßer und hilfreicher hätte sein können, sind Überlegungen, die der damaligen Zeit wohl fernlagen.

Die Osterinsel hatte man zwar nicht zu Gesicht bekommen, aber das Osterfest war herangekommen. Der in Rußland übliche, unglaublich reich gedeckte Ostertisch, der die lange, vorhergegangene Fastenzeit ablöste, blieb dort vom frühen Morgen des Ostersonntags bis zum späten Abend stehen und ersetzte alle regulären Mahlzeiten. Man frequentierte nicht nur ihn, sondern ohne besondere Einladung auch die Ostertische aller Freunde und Bekannten, so daß es bei diesem Kommen und Gehen durchaus vorkommen konnte, daß, während die Gastgeber anderweitig unterwegs waren, sich zahlreiche Gäste an ihrem Ostertisch delektierten. Selbstverständlich waren die Herrlichkeiten des Ostertisches eine ständige Herausforderung für Schnaps, aber da die vielen Schnäpse sich über einen langen Tag und viel Essen verteilten, hielt sich die Trunkenheit in Grenzen und war eine aufgeräumte Stimmung vorherrschend.

Diese Schilderung eines damaligen russischen Osterfestes soll verdeutlichen, was alles Löwenstern ausdrücken wollte, als er in sein Journal schrieb: "Ich rate keinem, der nicht entbehren gelernt hat, eine Reise um die Welt zu machen!" Was hätte denn jetzt an Bord auf einem Ostertisch stehen können, wo doch schon die Hauptzutaten zur wichtigsten Osterspeise, der Pas'cha, fehlten: Quark, Sahne und Butter? Von bunten Ostereiern ganz zu schweigen. Eine Osterüberraschung gab es dennoch, und Löwenstern versichert, daß sie köstlicher gewesen sei, als alle Herrlichkeiten eines Ostertisches: eine Kruke[5] mit einer Extraration fauligen Wassers.

Zu dieser großzügigen Spende hatte sich der Kapitän um so leichter entschließen können, als endlich Land in Sicht war und damit die Aussicht, die arg dezimierten Vorräte wieder zu ergänzen. Übrigens pflegte Adam Johann Geldprämien auszusetzen für denjenigen, der als erster Land erblickte.

Das Ziel, das angesteuert wurde, waren die Washington-Inseln, ein kleines, nach Nordosten vorgeschobenes Archipel Polynesiens und von diesem wiederum die größte Insel Nukahiwa. In den heutigen Atlanten heißt diese Gruppe Marquesas-Inseln, die 1595 entdeckt worden sein soll. Adam Johann war hingegen der Meinung, die Inselgruppe sei erst 1791 vom amerikanischen Kapitän Ingraham entdeckt und benannt worden und dann einige Wochen später vom Franzosen Marchand, der sie für Frankreich in Besitz genommen habe.

X
Nukahiwa

Am 7. Mai lag vor ihnen die Insel Nukahiwa. Schroffe Felsen, an denen das Meer brandete und über die herrliche Wasserfälle herabstürzten. Daneben flacheres Land mit üppiger Vegetation und auch eine Bucht mit geeignetem Ankerplatz. Noch ehe dieser erreicht war, löste sich ein Kanu vom Lande, und bald befand sich eine Abordnung der Eingeborenen an Bord. Große, ansehnliche und von Natur relativ hellhäutige Menschen, die jedoch so stark und kunstvoll tätowiert waren, daß sie fast schwarz wirkten. Unter ihnen fiel ein ebenfalls nackter, jedoch als Europäer kenntlicher Mann auf. Es handelte sich um einen Engländer namens Edward Robarts, der nach einer Schiffsmeuterei auf einer Nachbarinsel Zuflucht gesucht hatte und dann hierher übergesiedelt war, wo er seit sieben Jahren als akzeptierter, angesehener und verheirateter Mann lebte. Für die Ankömmlinge war er von unschätzbarem Wert. Konnte er sie doch mit allen gewünschten Informationen über die Insel und die Sitten und Gebräuche ihrer Bewohner versehen und die Verständigung mit den Eingeborenen ermöglichen. Ein seltsamer Zufall hatte es so gefügt, daß auf dieser weltabgeschiedenen und nahezu unbekannten Insel noch ein zweiter Europäer lebte, Jean Cabri, ein desertierter französischer Matrose, der sich ebenfalls akklimatisiert hatte. Er hatte seine Muttersprache beinahe verlernt und zeigte sich auch sonst sehr viel weniger verständig. Statt einander in dieser extremen Situation eine Stütze zu sein, lebten die beiden Europäer in erbitterter Feindschaft miteinander, obwohl es hierfür keinerlei vernünftige Gründe gab, schon gar nicht solche, die etwas mit dem gerade im Gang befindlichen Kriege ihrer beiden Staaten zu tun gehabt hätten.

Selbst der 'König' Keatonui erschien an Bord und sicherte die gewünschten Lebensmittel zu, nachdem reichlich Geschenke verteilt worden waren. Es war dies nicht etwa der König dieser Insel, sondern nur der seines Stammes, einer der sieben oder mehr, die diese Insel bewohnten und sich häufiger untereinander bekriegten. Da es sich um Kannibalen handelte, die ihre besiegten Gegner verzehrten und bei diesem Genuß nicht gern gestört sein wollten, wurden die Kriegshandlungen zum Zwecke solcher Mahlzeiten in beiderseitigem Einverständnis unterbrochen. Behauptet wurde, daß im Falle von Hungersnot gelegentlich auch Frauen und Kinder verzehrt würden, und Adam Johann verknüpfte diese Kunde mit Ausdrücken des Abscheus und der moralischen Entrüstung, wie sie Leser solcher Berichte damals von einem Autor selbstverständlich erwarten durften. Mir will es jedoch wenig glaubhaft erscheinen, daß eine so fruchtbare tropische Insel von Hungersnöten geplagt sein konnte. Man hätte ja in solchen Fällen auch auf den Fischreichtum des umliegenden

Meeres zurückgreifen können. Übrigens 'greifen' im wahren Sinne des Wortes, denn die Eingeborenen benutzten eine Wurzel, deren Saft betäubend auf die Fische wirkte, so daß sie sich greifen ließen. Auf Fischfang wurde jedoch zugunsten noch leichter zu gewinnender Nahrung weitgehend verzichtet, so daß es der Schiffsbesatzung ungeachtet guter Angebote nicht möglich war, von den Eingeborenen Fische zu erwerben. Fisch, der im übrigen roh gegessen wurde, galt als Armeleuteessen. Seltsamerweise gab es hier, wo der Lebensunterhalt nur mit einem Minimum von Arbeit bestritten wurde, soziale Unterschiede. Sie waren an der Tätowierung abzulesen, denn Geld war unbekannt. Je reicher einer war, um so vollständiger und kunstvoller war seine Tätowierung. Bei armen Männern und bei Frauen beschränkte sich die Tätowierung oft auf die Arme. Ein Tätowierer bekam viel Arbeit an Bord, sogar Adam Johann nahm ihn in Anspruch.

Keatonui genoß mehr als Symbolfigur Achtung, ohne irgendwelche Machtvollkommenheiten zu besitzen. Er hielt sich gern und ausgiebig an Bord auf und interessierte sich für alle Einzelheiten, so u. a. für die Schiffsschmiede in Aktion. Stundenlang verbrachte er vor dem großen Spiegel, in dem er sich in ganzer Figur betrachten konnte. Adam Johann bat die Gäste auch in seine Kajüte, wo er sie mit Schnaps und Tee mit Zucker bewirtete. Sehr beeindruckt waren Keatonui und sein Gefolge vom Zucker, den sie sofort verzehrten und noch mehr davon verlangten. Größtes Staunen rief ein Ölbild von Adam Johanns Frau hervor. Hoch beglückt war der König, als man ihn rasierte und mit Duftwasser einrieb. Er betrug sich bewundernswert natürlich und ungezwungen und aß bei Tisch mit Messer und Gabel, so wie er es den anderen absah. Selbstverständlich stattete Adam Johann mit Begleitern Keatonui einen offiziellen Gegenbesuch ab. Außer einer Wohnhütte besaß dieser noch eine zweite geräumige Hütte, die den Mahlzeiten und Zusammenkünften im größeren Kreise diente.

Nukahiwa hat das gesündeste Klima Polynesiens. Die Eingeborenen kannten kaum Krankheiten und erreichten ein hohes Alter. Auf der Insel begegnete man Scharen von Ratten, mit denen die Schweine gefüttert wurden. Das kulturelle Niveau der Bewohner entsprach dem der Europäer der Jungsteinzeit, wobei erwähnenswert ist, daß das Töpferhandwerk unbekannt war. Als Behälter zur Aufbewahrung von Flüssigkeiten verwendeten sie ausgehöhlte Früchte der Kürbisbäume. Zur Anfertigung von Hausrat und Waffen dienten ihnen Steine, Knochen, Muscheln und Holz als Werkstoffe. Äxte wurden aus einem flachen, schwarzen Stein hergestellt und mit Kokosfasern an einem Holzstiel befestigt. Die Axt war das wichtigste Werkzeug.

Tagsüber war das Schiff von Schwimmern und Schwimmerinnen darunter auch kleine Kinder - umgeben, die keine Ermüdung zu kennen schienen, denn sie legten nicht nur die beträchtliche Entfernung vom Lande zurück, sondern umschwammen das Schiff stundenlang ohne sich auszuruhen, wobei die Frauen unzweideutig ihre Wünsche zu erkennen gaben und schließlich ganz kläglich darum baten, aufs Schiff gelassen zu werden. Adam Johann vermutete wohl zu Recht, daß sie es auf Belohnung abgesehen hatten und von ihren Männern abkommandiert waren. Da es nach den Informationen der Gewährsmänner keine venerischen Krankheiten auf der Insel gab und solche auch an Bord nicht festgestellt worden waren, gab der Kapitän jeden zweiten Tag die Prostitution an Bord frei, wo man die Dinge unter Kontrolle behalten konnte. So geschah alles in der größten Ordnung. Nachdem das Schiff durch einen Kanonenschuß tabu gemacht worden war, erscholl der Ruf 'Wahina ehe' (Mädchen herbei)! An herabgelassenen Stricken kletterten die Frauen flink an Deck, wo sie sich in einer Reihe zur Auswahl aufstellten. Diejenigen, die übrigblieben, mußten tiefgekränkt wieder über Bord und sich zu Hause wohl wegen ihres Mißerfolgs rechtfertigen. Die anderen wurden am nächsten Morgen gezählt und von Bord gelassen. Ihr Lohn wurde ihnen von ihren entgegenschwimmenden Männern abgenommen. Am begehrtesten waren Stückchen von zerkleinerten Faßreifen.

Eines Tages, als Adam Johann mit Gefährten am Ufer stand, setzte sich eine Frau vor ihn hin und deutete auf ihr 'Uka'. Als der erwartete Erfolg ausblieb, verschwand sie und kehrte - sich nun für unwiderstehlich haltend - frisch geölt wieder zurück. Das Problem wurde von einem Matrosen, der für seinen Kapitän einsprang, ohne Komplikationen gelöst, denn eine Abweisung wäre als große Kränkung empfunden worden und hätte zu einer heiklen Situation führen können. Im Zusammenhang mit diesem Vorfall berichtet Löwenstern, daß der Kapitän seine Gefährten überragt habe, ein Beleg dafür, daß Adam Johann von hohem Wuchs war.

Zu einer sehr heiklen Situation kam es tatsächlich, als sich ohne erkennbaren Grund eine große Erregung der Eingeborenen bemächtigte und sie sich bewaffnet am Ufer zusammenrotteten, ganz offensichtlich in kriegerischer Absicht. Angeblich soll sich die Kunde verbreitet haben, der König werde an Bord des Schiffes gefangengehalten. Dieser hielt sich jedoch nur zu einem seiner gewohnten Besuche dort auf. Doch auch nach seiner Rückkehr war die Ruhe nicht wiederhergestellt. Genau ließ sich dieses seltsame Mißverständnis nicht aufklären. Adam Johann hatte den Franzosen im Verdacht, Gerüchte verbreitet zu haben. Mit unserem heutigen psychologischen Verständnis bedarf es solchen Rätselratens nicht. Die Gründe liegen auch für einen, der nicht dabei war, offen zutage: unmittelbar zuvor war die Newa eingetroffen und neben der Nadeshda vor Anker gegangen. Das Auftauchen eines zweiten großen Schiffes mußte die Eingeborenen, die an solche Besuche nicht gewöhnt waren, Schlimmes befürchten lassen und nervös machen. Erst ein neuer offizieller Besuch beim König mit eindringlicher Versicherung friedlicher Absichten, brachte die Gemüter wieder zur Ruhe.

Die Newa hatte die Osterinsel aufgesucht, die auch als Treffpunkt in Aussicht genommen worden war, hatte sich dort jedoch nicht länger aufgehalten, als sie die Nadeshda nicht vorfand und da die Wind- und Ankerplatzverhältnisse denkbar ungünstig waren.

Der Hauptzweck des Besuches in Nukahiwa war die Bevorratung mit frischen Lebensmitteln gewesen, aber gerade in dieser Hinsicht verlief er enttäuschend. Man hatte eine Menge Kokosnüsse einhandeln können, der 'Einkauf' von Fleisch jedoch entsprach nicht den Erwartungen. Es gelang nur, sieben Schweine aufzutreiben, davon eines im Tausch gegen einen Papagei und eines gegen ein Beil. - Die Fruchtbarkeit der Kokospalmen war groß, aber die Fruchtbarkeit der Menschen schien irgendweswegen gering. Man sah nur wenig Kinder. Vielleicht war auch die Fruchtbarkeit der Schweine gering, denn diese waren ebenfalls nur vereinzelt anzutreffen. Ihr Fleisch gehörte nicht zum alltäglichen Speisezettel, sondern blieb besonderen Festen vorbehalten. Um die Bereitschaft zur Lieferung von Schweinen anzuregen, verfügte Adam Johann, daß bei den übrigen Tauschgeschäften keine Beile, Messer und Sägen abgegeben werden sollten, sondern diese besonders begehrten Gegenstände nur noch gegen Schweine getauscht werden dürften. Die Gesandtschaftsleute ließen jedoch die Weisung unbeachtet, unter Hinweis darauf, daß die Weisungen des Kapitäns für sie nicht verbindlich seien. Sie tauschten die genannten Gegenstände gegen Muscheln, Korallen und dergleichen, mit dem Erfolg, daß Schweine nun gänzlich ausblieben und Resanow später behauptete, der Kapitän habe rücksichtslos die Gesandtschaft daran zu hindern gesucht, ihrem Kaiser Reiseandenken zu besorgen. Es schien kaum etwas zu geben, was sich nicht zu einer infamen Anklage ausmünzen ließ. Ein letzter Versuch, der vor der Abreise bei einem Nachbarstamm unternommen wurde, scheiterte, obwohl das Gebot für ein Schwein ungemein gesteigert worden war.

Was an Bananen, Brotfrüchten und Tarowurzeln eingetauscht werden konnte, reichte mengenmäßig kaum für den laufenden Bedarf, geschweige denn für Vorratshaltung. Gut klappte dagegen die Auffüllung der Wasserreserven. Die Wasserfälle lieferten Wasser vorzüglicher Qualität, und nachdem man es zunächst mit eigenen Kräften versucht hatte, übernahmen die Eingeboren es gern, die Fässer zu füllen und sie durch die Brandung zum Schiff zu transportieren. Eine Arbeit, die diese Männer spielend schafften, während sie den eigenen Leuten viel Schweiß gekostet hätte und für sie auch nicht ganz ungefährlich gewesen wäre. Dafür waren nur einige Eisenstücke aufzuwenden, und auch ein gestohlener Faßreifen ließ sich verschmerzen.

Ehe am 17. Mai die Anker zur Weiterfahrt gelichtet wurden, nahm man gerührten Abschied vom Engländer Robarts, dem der Kapitän angeboten hatte, ihn mitzunehmen. Doch er konnte sich zur Mitfahrt nicht entschließen, zumal ihm seine Frau gerade in diesen Tagen einen Sohn geboren hatte. Die Eingeborenen von Nukahiwa haben die Expeditionsteilnehmer als ein heiteres und gefälliges Volk in freundlicher Erinnerung behalten, die allerdings getrübt wurde von Mären über Kannibalismus sowie von der Versicherung der Kundigen, daß nur der Heidenrespekt vor den 'Puhis', d. h. vor den Schußwaffen, die Insulaner davon abgehalten habe, über die Ankömmlinge herzufallen. Es ist zu bedenken, daß Diderot, Voltaire und andere Aufklärer eine regelrechte Schwärmerei für ozeanische Lebensgemeinschaften entfacht hatten, auf der anderen Seite jedoch bei den Europäern die völlig unangebrachte Tendenz bestand, eigene moralische Normen an das Verhalten fremder Völker zu legen. - Als einziger an Bord hatte Doktor Brinkin es ängstlich vermieden, die Insel zu betreten, denn er, der auffallend weiß und feist war, hatte den Eindruck gewonnen, daß bei seinem Anblick den Eingeborenen das Wasser im Munde zusammenlief.

Die Abfahrt gestaltete sich schwierig. Kapriolen des Windes drohten das Schiff gegen die Felsen zu treiben. "Auf den Felshügeln lagen die Wilden, auf unser Verderben und Plünderung lauernd",[1] schreibt Horner. Unter Verlust eines Warpankers entging die Nadeshda einem Unglück nur mit knapper Not. Erst als man glücklich genügend Abstand gewonnen hatte, wurde bemerkt, daß sich der Franzose Cabri noch an Bord befand. Doch da war es für ihn bereits zu riskant, zurückzuschwimmen.

XI
Über Hawaii nach Kamtschatka

Adam Johann hat zwar auf seinen früheren Reisen eine Menge von der Welt gesehen, doch für seine Weltumseglung gilt dies nicht. Es ist kaum denkbar, daß ein Reisender, der drei Jahre unterwegs war und den Erdball umrundete, so wenig von diesem zu sehen bekommen hat. An etwa 395 Tagen hat er fast nur Wasser gesehen, an 192 Tagen befand er sich in japanischem Arrest. Wohl elfmal hat das Schiff an fremder Küste vor Anker gelegen. Diese Aufenthalte ergeben insgesamt mehr als 300 Tage, von denen 127 auf die Awatscha-Bay in Kamtschatka entfielen, 81 auf Macao/Kanton, 45 auf Brasilien, 48 auf europäische Häfen und 24 auf sonstige Aufenthalte[1]. Wenn man von China und Europa absieht, so war im Hinblick auf die gegebenen Umstände der Anteil der Tage mit Landgang sehr gering, und von diesen wiederum konnten nur wenige seine Weltkenntnisse mehren. - So betrachtet war Nukahiwa ein Glücksfall. Eigentlich die einzige Visite in einer exotischen Welt, wie sie sich abenteuerlustige Reisende und Nichtreisende erträumen. Daher kann auch kein Zweifel daran bestehen, daß die hiervon handelnden Kapitel das enorme Interesse an der Reisebeschreibung Adam Johanns ausgelöst haben und indirekt nicht wenig zu seiner Popularität beitrugen.

Die Reise ging von Nukahiwa zu den Hawaii-Inseln, die damals noch Sandwich-Inseln genannt wurden, eine Bezeichnung, unter der heute eine ganz andere, weniger bedeutende Inselgruppe bekannt ist. Doch deutete sich der spätere Name bereits an, denn Adam Johann nennt die Bewohner 'Owaihier'. Wer die Reiseroute auf der Karte des Pazifiks oder noch besser auf einem Globus verfolgt, kann sich davon überzeugen, daß für jedweden, der auf kürzester Linie von Kap Hoorn Kamtschatka erreichen wollte, sich Nukahiwa und Hawaii als Stationen am ehesten anbieten. Diese Feststellung ist notwendig, wenn man bedenkt, welch verlockende geographische Ziele in der Nähe - von der Ferne ganz zu schweigen - dieser Route lagen und wie bitter es für Adam Johann gewesen sein muß, an ihnen vorbeizufahren.

Zwei Wochen nach der Abfahrt aus Nukahiwa gab es an Bord der Nadeshda einen Todesfall, der allerdings nicht unerwartet kam. Es starb der Koch des Gesandten, der Kurländer Neuland, der - die Mitglieder der Gesandtschaft waren ja nicht wie die Besatzung vorher ärztlich untersucht worden - als Schwindsüchtiger an Bord kam. Bereits in Brasilien war erkennbar geworden, daß er nicht mehr lange zu leben haben werde. Der Kapitän hatte ihm angeboten, ihn entsprechend versorgt auf Santa Catharina zurückzulassen. Doch hatte der Kranke sich entschieden geweigert. Er wollte an Bord bleiben und dort sterben.

Ohne weitere Zwischenfälle erreichte man in insgesamt drei Wochen die Hawaii-Inseln, die im Gegensatz zu Nukahiwa häufiger von Schiffen aufgesucht wurden, waren sie doch von ihrer Lage her eine Art Drehscheibe der Schiffahrt im Pazifik[2]. Die Bewohner waren daher im Umgang mit Fremden erfahren, und es gab welche, die gewerbsmäßig in Sicht kommenden Schiffen einen Besuch zwecks Tauschgeschäften abstatteten. Sich hierauf verlassend, wollte Adam Johann mit einem Besuch der Inseln keine Zeit verlieren und die Proviantierung gewissermaßen im Vorüberfahren vornehmen. Als Grund nannte er die gebotene Eile, in der es galt, Kamtschatka und danach Japan noch vor Beginn des Monsuns zu erreichen. Diese Entscheidung stieß jedoch verständlicherweise auf Unmut, um so mehr, als sie sich schon bald als Fehlkalkulation erweisen sollte. Auch will es wenig überzeugend erscheinen, daß es bei einer so ungeheuren Entfernung mit allen ihren Unberechenbarkeiten auf einige Tage mehr oder weniger so sehr angekommen sein sollte. Es muß daher noch andere, nicht genannte Gründe gegeben haben: bewußte, unterbewußte, unbewußte. Schließlich war hier vor genau 25 Jahren James Cook getötet worden. Zudem wurden die Bewohner der Hawaii-Inseln schwer von den eingeschleppten Krankheiten der Weißen heimgesucht, denen sie keine Abwehrkräfte, geschweige denn Heilmittel entgegenzusetzen hatten, so daß solche Krankheiten hier einen weit schlimmeren Verlauf nahmen als in Europa. Infolge der freieren Sexualmoral breitete sich insbesondere die Syphilis gleich einem Flächenbrand aus, aber auch andere Hautübel waren häufig, so die Frambösie, die zu vergleichbaren Schäden führte. Die Eingeborenen, die sich zeigten und ohnehin einen weniger ansehnlichen Eindruck machten als die Bewohner Nukahiwas, waren zum Teil so entstellt, daß Cabri, der gebeten hatte, hier abgesetzt zu werden, sich spontan entschloß, hiervon Abstand zu nehmen und die Fahrt fortzusetzen. Die Bewohnerzahl der Inseln begann in jenen Jahren rapide zurückzugehen.

Es waren überraschend wenige Boote, die zum Schiff ruderten. Daß ungünstige Windverhältnisse das Schiff daran hinderten, sich der Küste so zu nähern, wie es wünschenswert gewesen wäre, um genügend Boote anzulocken, war als Grund für diese Zurückhaltung nicht ausreichend. Vielleicht war sie durch irgendwelche Zwischenfälle in jüngster Zeit verursacht worden. Auch die wenigen Boote, die sich zum Schiff aufmachten, hatten entweder nicht das Gewünschte zu verkaufen oder zeigten sich an den gebotenen Tauschwaren nicht interessiert. Zwei Boote hatten nichts anderes anzubieten als ein jeweils sehr junges Mädchen. Sie wurden nicht an Bord gelassen und hatten die weite Strecke vergeblich zurückgelegt. Und diejenigen, die ein Ferkel oder Obst offerierten, zeigten kein Interesse für Beile oder Messer. Was verlangt wurde, waren Textilien, im Falle des einzigen angebotenen Schweines sogar ganz speziell ein langer Mantel. Auf derlei Nachfrage war man an Bord der Nadeshda nicht eingerichtet. Obwohl man das Gebot ungemein steigerte, entschwand dieses einzige Schwein auf Nimmerwiedersehen.

Textilien hatten in Nukahiwa nur als schmückendes Beiwerk gedient, das Prestigeansprüchen Ausdruck verlieh. Sie wurden daher nur in geringem Umfang gefertigt, durch das Flechten von Fasern. Doch lag Nukahiwa innerhalb des subtropischen Gürtels, südlich vom Äquator, von dem es nur halb so weit entfernt ist wie die Hawaii-Inseln, die auf dem nördlichen Wendekreis gelegen sind. Somit mochten den Eingeborenen dort Textilien auch in klimatischer Hinsicht als fortschrittliche Errungenschaft erscheinen. Umhänge sollen dort auch schon vor der Entdeckung in Gebrauch gewesen sein.

Vereinbarungsgemäß hatten sich die Wege der beiden Schiffe bei den Hawaii-Inseln getrennt. Während die Nadeshda ihren Kurs nach Kamtschatka fortsetzte, steuerte die Newa nordwestlich ihrem Ziel Alaska entgegen. Dort sollte sie ihre Ladung, die aus Hilfsgütern bestand, löschen, eine Ladung Felle aufnehmen, und, wie es sich erweisen sollte, auch militärische Unterstützung leisten. Lisjanski, der ja die weitere Entwicklung der Affäre Resanow nicht mehr miterleben sollte, schien sich auf alle Fälle rückversichern zu wollen, denn er fragte den Gesandten beim Abschied, ob er Befehle für ihn habe. Dieser entgegnete unwirsch, da Lisjanski bisher nicht bereit gewesen sei, Befehle von ihm entgegenzunehmen, so habe er auch jetzt keine für ihn, worauf Lisjanski erwiderte, er habe ja bisher gar nicht wissen können, daß Resanow der eigentliche Chef der Expedition sei. Diese Antwort setzte Resanow in einige Verlegenheit, da er nicht wußte, wie er darauf reagieren sollte. Schlagfertigkeit gehörte nicht zu seinen Gaben, und gerade ihrer hätte ein so unsicherer Mensch dringend bedurft.

Im Gegensatz zur Nadeshda hat die Newa längere Zeit auf Hawaii Station gemacht und sich mit allem Notwendigen versorgen können. Lisjanski hat ausführlich über Land und Leute berichtet[3]. Laut ihm waren die Bewohner mit den Polynesiern auf Nukahiwa unverkennbar stammesverwandt, aber sehr viel fortschrittlicher, wie u. a. Ackerbau, Viehzucht, Fischfang und Webkunst bewiesen. Auch waren sie geschickte und erfahrene Seeleute. Hawaii ist im übrigen erst 1820 missioniert worden. Die aus acht Inseln bestehende Gruppe vulkanischen Ursprungs zeichnet sich durch gutes Klima, üppige Vegetation und malerische Landschaft aus.

So entfernte sich die Nadeshda-Besatzung nun, ohne die wegen ihrer Schönheit gepriesenen Inseln in Augenschein genommen zu haben, vor allem aber ganz ohne frische Lebensmittel, für eine kaum absehbare Zeit auf Salzfleisch und Schiffszwieback angewiesen, und noch dazu bei einem Kurs, der geradewegs in kalte, unwirtliche Regionen führte, in denen mit Gemüse und Obst überhaupt nicht und mit Frischfleisch nur wenig zu rechnen war. Daß solche Aussichten mißmutig stimmten, ist verständlich. Doch noch gab es einen Hoffnungsschimmer. Auf ihrer Route - Adam Johann hatte sich für eine entschieden, die Abweichungen von denen der Vorgänger aufwies - sollte noch ein sagenhaftes, an Gold und Silber reiches Land zu entdecken sein. Die Instruktion, die Adam Johann mitbekommen hatte, befaßte sich sehr ausführlich mit diesem Objekt. Spanier hatten es als ein großes Land im Osten von Japan beschrieben, welches von weißen Menschen von sanfter Wesensart und viel Kultur bewohnt sei. Diese Insel wiederzuentdecken, sei bisher jedoch keinem gelungen.

Tatsächlich begannen sich Anzeichen zu mehren, daß man sich einem Lande näherte. Speziell Vögel, die sich nicht weit vom Lande zu entfernen pflegen, schienen darauf hinzudeuten. Ein großer schwarzer Vogel und dann eine Schildkröte versetzten alle in freudige Erregung. Doch so sehr man auch Ausschau hielt, es sollte sich kein Land blicken lassen. Stattdessen begegnete man einem anderen Phänomen. Obwohl man sich inmitten des Pazifiks befand, wurde das Schiff von einer anhaltenden Flaute betroffen. Eine Erscheinung, die zwar auf allen Meeren vorkommen kann, doch hier ging die Windstille mit einer völlig unbewegten, im Wortsinne spiegelglatten Meeresoberfläche einher, von der Adam Johann sagt, daß er sie ähnlich nur auf der Ostsee beobachtet habe. Dieser 'Stille Ozean' machte seinem Namen jedoch nur vorübergehend Ehre, denn es stellte sich bald Nebel ein und danach Sturm, ohne daß dieser den Nebel vertrieben hätte. Die Chancen, irgendetwas zu entdecken, schwanden endgültig dahin, es sei denn unbekannte Riffe. Dieses Risiko jedoch hatte damals jeder Seemann einzugehen, der nicht einen vielbefahrenen Kurs wählte.

Am 13. Juli kam Kamtschatka in Sicht, und zwei Tage später lief die Nadeshda im Hafen von St. Peter und Paul ein - heute Petropawlowsk. Ungeachtet der Flaute hatte man diese Strecke, grob geschätzt 7.000 Kilometer gerechnet ab Nukahiwa, in rund zwei Monaten geschafft.

Petropawlowsk liegt nicht an der Spitze, aber doch am südlichen Ende der Halbinsel, etwa auf dem 53. Breitengrad, auf dem in Europa ein angenehmes gemäßigtes Klima herrscht[4], in Kamtschatka dagegen alles andere als das. Es ist eine gerade noch kultivierbare, aber rauhe und wenig einladende Gegend mit viel Nebel und Regen.

Was man damals in unzivilisierten Gegenden Hafen nannte, hatte mit heutigen Begriffen wenig gemein. Keine Anlegebrücken, keine Kais, keine Hebekräne, meist auch keine Lagerschuppen, oft nicht einmal eine befestigte Straße. Eben nur eine Bucht, in der Schiffe Wellenschutz und Ankergrund finden konnten, sowie einige mitfühlende Seelen. In diesem Falle auch ein Hafen, in dem das Einlaufen eines größeren Schiffes, das noch dazu aus Europa kam, ein Ereignis ohnegleichen war.

XII
Kamtschatka

Kaum jemand wäre auf den Gedanken verfallen, in St. Peter und Paul die Keimzelle einer Stadt zu vermuten, war doch die Bevölkerung in der letzten Zeit auffällig zurückgegangen. Die Eingeborenen, die infolge der Ungunst des Klimas und der Kargheit des Landes ohnehin ein äußerst primitives Leben geführt hatten, wurden von den Russen gleich Sklaven ohne Entschädigung als Arbeitskräfte ausgebeutet, so rücksichtslos, daß sie oft der Möglichkeit beraubt waren, sich während der hierfür geeigneten Monate Wintervorräte zu beschaffen. Spottpreise waren es, die für Felle beim Ankauf gezahlt, und Wucherpreise, die ihnen für Lebensmittel und lebensnotwendigen Bedarf wie z. B. Schießpulver abgeknöpft wurden. Schnaps und eingeschleppte Krankheiten sowie fehlende medizinische Versorgung dezimierten die Einwohner Kamtschatkas, nicht anders wie die Alaskas, der Aleuten und später auch Sachalins, erschreckend. Statt Entwicklung wurde diesen Regionen Ausbeutung, Not und Elend zuteil. Dabei stand der damalige Provinzgouverneur Koschelew, im Gegensatz zu seinen Vorgängern, in einem ausgesprochen guten Ruf. Doch nicht deswegen war er hierher gekommen, sondern es handelte sich um eine Strafversetzung, der verleumderische Anklagen zugrundelagen.

Löwenstern, den die deprimierende Entwicklung Kamtschatkas beeindruckt hat, liefert eine Menge Zahlen hierzu. Ihnen zufolge sind auf Kamtschatka drei Städte und viele, darunter auch große Dörfer vollständig verschwunden, u. a. auch das bei Cook erwähnte Dorf Paratunka, das einmal 360 Einwohner zählte. Die Einwohnerschaft Kamtschatkas, eines gewaltigen Landes mit großen Flüssen - davon einer über 500 Werst lang -, mit Seen und einer Kette mächtiger Vulkane[1] und einer früher erfolgreich ausgebeuteten Eisenmine, zählte jetzt nur noch 4.700 männliche Seelen, weibliche wurden nicht gezählt, befanden sich jedoch ganz offensichtlich weit in der Minderzahl, so daß die Gesamtbevölkerung längst unter die Zehntausendgrenze gesunken war und sich fortgesetzt verringerte. Dafür nahm die Zahl der Bären mächtig zu. Ein Mann erlegte an einem Tag 17 Bären und im Laufe von zwei Jahren 500. Die Bären ernährten sich vorzugsweise von Fischen und waren in den fischreichen Monaten sehr friedliche, andernfalls jedoch gefährliche Tiere, vor denen niemand und nichts sicher war, bis sie sich zum Winterschlaf begaben.

Erschreckender noch als das quantitative Absinken der Bevölkerung war der qualitativ für Kamtschatka und Alaska bestimmte Nachschub der Russisch-Amerikanischen Kompanie, die ihre Angestellten vorwiegend aus Spitzbuben, Abenteurern und gescheiterten Existenzen rekrutierte. Selbst diese mußten überwiegend zwangsweise herbeigeschafft werden, so daß nicht wenige die erste beste Gelegenheit zur Flucht benutzten, andere an

102

Skorbut und sonstigen, nicht behandelten Leiden dahinsiechten und der Rest unter geradezu trostlosen Lebensbedingungen dahinvegetierte und auf die niederste Stufe menschlicher Existenz absackte. Kaum jemand entging der Trunksucht, denn Alkohol war das einzige, was es immer gab, sogar auf Kredit. Natürlich war auch die Spitze der Kompanie entsprechend beschaffen: "Gott behüte, mit der Amerikanischen Kompanie etwas zu tun zu haben", konnte getrost als Motto darüberstehen. Immerhin ist zu berücksichtigen, daß das russische Alaska-Abenteuer erst 1790 begonnen hatte, es also zu diesem Zeitpunkt erst knapp fünfzehn Jahre währte, daß die Verbindungen dorthin unzulänglich und zeitraubend waren und schließlich auch, daß in diesen fünfzehn Jahren drei sehr unterschiedliche Herrscherpersönlichkeiten an der Macht waren, die zudem sehr intensiv mit näherliegenden Problemen befaßt waren.

Doch Löwenstern sieht das Problem global: "Es ist eine wahre Schande, daß die Europäer, obgleich sie sich nicht wenig mit ihrer Aufklärung und Bildung brüsten, sich allgemein so schlecht gegen die Eingeborenen betragen, wo sie Kolonien errichtet haben. In Europa predigen sie Freiheit und Gleichheit und in diesen entfernten Regionen, wo sie das Glück und die Zufriedenheit natürlicher, unverdorbener Menschen gründen könnten, sind sie die Tyrannen. Keine Nation hat in dem Betrachte einer anderen etwas vorzuwerfen. So wie die Spanier und Portugiesen sich in Amerika betragen, so benehmen sich die Engländer und Franzosen in West- und Ostindien. Ebenso und am allerhärtesten ist das Betragen der Holländer in Ceylon, Batavia und auf den Molukken und der Russen auf den Aleutischen Inseln und an der Nordküste Amerikas. Überall erzählt man sich eine Menge Greueltaten und Beispiele der Tyrannei der Europäer."[2]

Doch zurück nach Petropawlowsk, das Adam Johann wie folgt beschreibt: "Man sieht hier nichts, was einen könnte glauben machen, daß dieser Ort von zivilisierten Menschen bewohnt sei. Sowohl die Bay Awatscha als auch die drei anstoßenden Buchten sind leer und unbewohnt. ... Die Ufer sind mit stinkenden Fischen übersät, in welchen hungrige Hunde wühlen. ... Vergebens sieht man sich nach einem einzigen wohlgebauten Hause um. Umsonst sucht das Auge nach einem gemachten Weg, oder auch nur nach einem sicheren Fußsteig. Kein Garten, keine Wiese, keine Pflanzung, keine Einzäunung. Man sieht nichts als elende meistenteils verfallene Hütten, Balagans und Jurten. ... In diesem höchst traurigen Zustande befindet sich das berühmte St. Peter und Paul, unstreitig der wichtigste Ort in Kamtschatka."[3]

Die ökonomische Situation beleuchtet Horner: "Der hiesige Flecken... ist der teuerste Ort der Welt; zwei Bouteillen halb mit Wasser vermischten Branntwein kosten 20 Rubel, ein Pfund Zucker 3 1/2 Rubel und ein Tagelöhner, der Lasten trägt, verdient deren täglich 25. Krusensterns glücklicher Ausführung eines wohldurchdachten Projekts ist es gelungen, diese Teuerung zu vermindern, und schon ist der Wert der meisten Lebensbedürfnisse um 2/3 gesunken. Landeskultur ist hier ganz im Verfall. Unbebaut bringt der hiesige Boden nichts als viele Fuß hohes Gras hervor, das alle Berge unzugänglich macht."[4]

Der Handel lag in den Händen der örtlichen Bevollmächtigten der Kompanie, die mangels Konkurrenz die Preise für An- und Verkauf diktieren konnten. Die potentiellen Käufer mußten froh sein, wenn es überhaupt etwas zu kaufen gab und wenn sie in die Lage versetzt wurden, etwas bezahlen zu können. Außer dem Lagerverwalter gab es noch den Hafenkommandanten, einen Major Krupski, der mit zwei Offizieren und einigen Soldaten die Garnison und zugleich auch einen Teil der Einwohnerschaft dieses Stützpunktes stellte.

Der Major war hocherfreut über die Abwechslung durch einen so sensationellen Besuch und die Mengen kostbarer Güter, die dieser mitgebracht hatte. Doch für die mitgebrachten Konflikte konnte er, allein schon von seinem subalternen Rang her, nicht zuständig sein. Er gab sich jedoch alle Mühe, den Gästen so hilfreich und gefällig wie möglich zu sein. Insbesondere über die üppigen Fischmahlzeiten fielen die so lange auf Salzfleischdiät Gesetzten mit wahrem Heißhunger her. Leider waren sie zunächst zur Untätigkeit gezwungen, da erst nach Ablauf von etwa vier Wochen mit der Ankunft des Provinzgouverneurs gerechnet werden konnte, der nicht hier, sondern in einiger Entfernung residierte[5] und erst noch benachrichtigt werden mußte.

Ungeachtet der gebotenen Eile, die Reise fortzusetzen, vor allem im Hinblick auf die Gunst bzw. Ungunst der Jahreszeiten, beharrte Resanow darauf, den Gouverneur sprechen zu müssen. Er ließ alle über seine Absichten im Dunkeln und vertraute wohl auf den Beistand und die Entscheidungshilfe des Gouverneurs. So begnügte er sich mit Andeutungen und verschob alle Erklärungen bis zu dessen Ankunft. Der Kapitän, der immer mehr den Gesandten an allen Entscheidungen zu beteiligen suchte, um ihm die Grundlage für Beschwerden zu entziehen, befand sich dadurch in Schwierigkeiten bei seinem Bemühen, diese Wochen des Wartens nicht ganz nutzlos verstreichen zu lassen. Ein großer Teil der Ladung wurde gelöscht und stattdessen Ballast hereingenommen. Immerhin konnte man in der Zwischenzeit die notwendigen Reparaturen in Angriff nehmen, wozu auch ein neuer Anstrich des Schiffes gehörte. Nur die Suche nach dem Leck blieb ergebnislos. Hierbei wurde festgestellt, daß der Schiffsrumpf asymmetrisch gebaut war, denn das Schiff ließ sich mühelos auf die eine Seite kippen, auf die andere dagegen nicht. Auch machte man sich nützlich mit der wissenschaftlichen Aufnahme der umliegenden Küsten. Der Jahrestag des Reisebeginns fand unter den gegebenen Umständen kaum Beachtung.

Der Gouverneur, dessen Anwesenheit in Petropawlowsk normalerweise nicht notwendig gewesen wäre, war von Resanow dringend herbeizitiert worden, und zwar mit der Begründung, daß an Bord eine Meuterei stattgefunden habe und es daher erforderlich sei, den Kapitän sofort zu erschießen und mindestens zwei der Hauptträdelsführer (Ratmanow und Romberg) in Ketten nach Petersburg zu bringen. Da man nicht wisse, wie sich die übrige Besatzung verhalten werde, solle der Gouverneur ein Truppenkontingent von 60 Mann mitbringen, damit jeder Widerstand gebrochen werden könne. Von solchen Nachrichten alarmiert, blieb dem Gouverneur nichts anderes übrig, als die weite beschwerliche Reise nach Petropawlowsk anzutreten und den kostspieligen Truppentransport über eine Strecke von 700 Werst zu organisieren, wobei er sich allerdings mit 36 Mann zur Verstärkung der Garnison an Ort und Stelle begnügte.

Telegraphische Verbindungen gab es dazumal noch nicht, und bis man über Estafetten Petersburg benachrichtigt hatte und eine Antwort von dort erwarten konnte, hätte gut und gern ein halbes Jahr vergehen können. Wohl aus eben diesem Grunde hatte der Gouverneur General Koschelew eine exterritoriale Position und somit große Selbständigkeit in seiner Entscheidungsgewalt. Irgendeinen renitenten Kapitänleutnant zu erschießen, hätte er leicht auf seine Kappe nehmen können, ohne daß ein Hahn danach gekräht hätte. Überlegenswert an der Sache war jedoch, daß sehr wohl nach dem Schuldigen gesucht werden würde, wenn eine vom Kaiser persönlich entsandte Expedition scheiterte. Hierfür die Verantwortung zu übernehmen, bestand für den Gouverneur keine Veranlassung, dafür sollte doch dieser streitbare Kammerherr, der mit allen Vollmachten ausgestattet zu sein schien, selbst einstehen. Er als Gouverneur konnte sich darauf beschränken, die erbetene Militärhilfe zu stellen.

Doch genau damit traf Koschelew unmittelbar Resanows schwächsten Punkt, denn dieser wollte wohl seinen Rivalen und Widersacher beseitigt sehen, doch die Verantwortung hierfür sollte gefälligst der Gouverneur übernehmen, der doch über alle Rechts- und Machtmittel verfügte. Keinesfalls konnte er, Resanow, es riskieren, als derjenige vor dem Kaiser zu erscheinen, der die Weltumseglung kaputtgemacht, ja sogar seine eigene Mission in Japan gewissermaßen vor der Tür hatte scheitern lassen. Auf dieses Problem schien jetzt alles - auch nach einer eventuellen Beseitigung des Kapitäns - hinauszulaufen, denn keiner der Offiziere war bereit, ohne den Kapitän an Bord zu bleiben, auch Golowatschew nicht, der Resanow bisher am ehesten Grund geboten hatte, ihn für ihm ergeben zu halten. Als einziger erklärte sich der 1. Steuermann Kamentschikow bereit, das Kommando über das Schiff und die Weltumseglung zu übernehmen. Er verzichtete jedoch sofort auf die begehrenswerte und unverhoffte Würde, als ihm klar wurde, daß keiner der Offiziere für ihn verfügbar sein würde. Dieser einfache Mann vermochte nicht zu begreifen, warum ihm so plötzlich angeboten und dann wieder verwehrt wurde, Kapitän zu werden. Er geriet aus dem Gleichgewicht und ergab sich dem Trunk.

Eine Überraschung für den Gouverneur bot die Begegnung mit dem Kapitän, die so ganz anders verlief, als er es sich vorgestellt hatte. Statt des erwarteten erregten Mannes, der sich in Anschuldigungen und Rechtfertigungen ergeht, reichte sein Gegenüber ihm gelassen seinen Degen und erklärte sich ohne Einwände bereit, sein Kommando abzugeben. Als einzige Bedingung erhob er, in Petersburg vor ein ordentliches Gericht gestellt zu werden. Spätestens zu diesem Zeitpunkt dürfte dem Gouverneur gedämmert haben, daß es beim Anliegen des Kammerherrn Resanow nicht mit rechten Dingen zuging. Die einhelligen, Resanow widersprechenden Aussagen der Offiziere konnten die Bedenken Koschelews nur verstärken, um so mehr, als ihm die Neigung Resanows nicht verborgen blieb, sich vor jeder Verantwortung zu drücken. Er vermied allerdings eine Stellungnahme, weigerte sich aber auch, den Degen des Kapitäns entgegenzunehmen. Die betroffenen Parteien, im Unklaren über den weiteren Verlauf der Dinge gelassen, wälzten eigene Pläne. So berichtet Löwenstern, daß der Kapitän zunächst an der Absicht festhielt, nach Petersburg zu reisen, um vor dem Kaiser sein Recht zu verlangen, was wiederum Resanow veranlaßte, ein Gleiches tun zu wollen, nachdem er vorher noch den Plan geäußert hatte, mit einem kleinen, in Petropawlowsk verfügbaren Schiff nur mit seiner Begleitung nach Japan zu reisen. Resanow erging sich im übrigen in groben Beschimpfungen des Kapitäns und anderer Personen wie Dr. Espenberg und Dr. Tilesius. So rief er Adam Johann einmal nach: "An den Galgen!", ein anderes Mal: "Sie Räuber und Aufrührer!"[6] Resanow wußte im Grunde selber nicht, wie er handeln sollte, und er wurde hierbei von Koschelew auch in keiner Weise unterstützt. Die Forderung, Resanow möge endlich eine Entscheidung treffen, wurde jedoch immer dringender erhoben.

Unter der ungeklärten Situation sowie unter den Vorstellungen, was mit ihnen hinfort geschehen werde, litt natürlich die Stimmung der ganzen Besatzung, namentlich der Offiziere und Wissenschaftler. Niemand konnte es begreifen, warum die bisher so erfolgreiche Weltumsegelung ohne triftigen Grund nicht fortgesetzt werden sollte bzw. nicht unter ihrem Kapitän. Die deprimierende Lage spiegelt sich in Löwensterns Aufzeichnungen wider: "Also Krusenstern verläßt uns, gibt das Kommando auf. Gott mit ihm! Mit ihm sind wir gerechtfertigt. Unser Schicksal ist hart, hier in der Ungewißheit zu überwintern. Was soll aus uns werden? Womit wird alles enden? Das Kommando abgeben? Wem? Keiner will es, keiner mag es, doch können weder Kommando noch Schiff ohne Offiziere bleiben. Resanow will zu Lande nach Petersburg! Darf er unverrichteter Sache zurückkehren? Hat er auch die Gewalt, alle Kontrakte zu vernichten, Instruktionen zu annullieren? Darf er wider seine eigenen Instruktionen handeln? Ich habe noch Hoffnung, daß alles anders gehen wird."

Und es ging auch alles anders. Resanow forderte nämlich nun, den Kapitän in Petropawlowsk vor ein Kriegsgericht zu stellen, dessen Vorsitz er selbst zu übernehmen wünschte, obwohl er ja als Ankläger fungierte und ein General für eine solche Aufgabe zur Verfügung stand, dem die Zumutung einer solchen Forderung entschieden zu weit ging.

Ob nun bewußt oder unbewußt, verhielt sich Koschelew in dieser vertrackten Situation, die ihn in dieser weltfernen Gegend ereilte, mit großem Geschick. Verstand er es doch ohne jede Unfreundlichkeit, mit vorgespielter Loyalität und Bonhomie gegenüber Resanow, diesen sich in eine Lage manövrieren zu lassen, in der er sich aus einem großspurigen Ankläger in einen reuigen Sünder verwandelte. Es war ja nicht das erste Mal, das Resanow solches zustieß, doch hatte es sich bisher nur um Durchsetzung seiner Ansprüche gehandelt, bei der er vorgeprescht und wieder zurückgewichen war. Dieses Mal jedoch war er erstmalig scheinbar ganz oben und sein Konkurrent schon so gut wie erledigt gewesen. Daher mußte Resanows jäher Absturz alle Beteiligten, nicht zuletzt den Gouverneur, frappieren. Es war tatsächlich so weit gekommen, daß sich Resanow den 'meuternden' Kapitän zu bitten genötigt sah, seinen Posten zu behalten. Daß es sich um eine totale Kapitulation handelte, bewies Resanows Bereitschaft, alle Bedingungen zu akzeptieren, die der Kapitän und seine Offiziere stellten. Diese Bedingungen sahen vor, daß Resanow sich öffentlich zu entschuldigen habe. Ein entsprechendes Schreiben sei auch an den Kaiser zu richten.

Die Gelassenheit Adam Johanns in einer für ihn so kritischen Situation wie beim Zusammentreffen mit dem Gouverneur gründete sich nicht nur auf sein Naturell, sondern auch auf sein Bewußtsein, absolut im Recht zu sein, so daß er ein Gerichtsverfahren in Petersburg nicht zu scheuen brauchte. Auch konnte er nach allem, was von Resanow ausgehend bisher auf der Reise vorgefallen war, in diesem keinen ebenbürtigen Gegner sehen, wohl aber ein bösartiges Subjekt, dessen Hinterhältigkeit ihn über alle Maßen schwer belastete. Die von Resanow in Kamtschatka inszenierte Affäre brachte die Situation auf den Siedepunkt. Die erneute und schwere Niederlage Resanows hat sicherlich wie eine Entspannung nach einem Gewitter gewirkt und Adam Johann Erleichterung verschafft, aber zurück blieb eine Schwächung seiner Stellung gegenüber den Offizieren, die zeitweise in die Rolle von Beschützern ihres Kapitäns gedrängt worden waren.

Nach Resanows Kapitulation kam es zwischen den Gegnern zu einer zumindest äußerlichen Versöhnung. Nachdem eine Essenseinladung Resanows zunächst nicht angenommen worden war, veranstaltete der Gouverneur Festlichkeiten. Die in Petropawlowsk vorgenommene Teilung in eine Kapitäns- und eine Gesandten-Tafel wurde wieder aufgehoben, und sogar die Trennwand in der Kapitänskajüte verschwand. Der Gesandte, der in Petropawlowsk an Land Quartier genommen hatte, wurde bei seiner Rückkehr an Bord mit Salutschüssen empfangen. Der durch die unerwartete Entwicklung der Affäre vermutlich amüsierte Gouverneur scheint es wohl mit den Ehrungen etwas übertrieben zu haben, denn Resanow sah Anlaß, sich darüber zu beklagen, daß er von ihm wie ein Kind behandelt werde.

Resanow leistete die vereinbarte öffentliche Abbitte, jedoch bedang er sich aus, dies nicht pauschal, sondern individuell zu tun, mit jeweils anderem Wortlaut, wobei er zur Ordnung gerufen werden mußte, da sich einige dieser Entschuldigungen eher wie Anklagen anhörten. Er las auch den Brief an den Kaiser vor. Mit viel Geschick hatte er seine Selbstanzeige, die sich auch eher wie eine Anklage gegen Tolstoi anhörte, dem er alle Schuld anlastete, so ganz beiläufig in harmlose Reiseberichte verpackt und in deren Vordergrund den Plan zur Errichtung eines Krankenhauses am Ort einer heißen Quelle gestellt. Für dieses Projekt hatten die Teilnehmer der Weltumseglung namhafte Beiträge gezeichnet. Mit dieser 'Großtat' suchte Resanow seine 'kleinen Ungeschicklichkeiten' zu kaschieren. In der allgemeinen Versöhnungsstimmung wurde dieser Brief akzeptiert. Es dürfte auch Adam Johann zutiefst widerstrebt haben, einem so tief Gefallenen kleinlich erscheinende Demütigungen zuzufügen. Er wollte den neuen Frieden durch kein Mißtrauen gestört sehen. Hinterher allerdings erhoben die Offiziere Bedenken dagegen, daß dieser Brief nicht einbehalten, sondern Resanow zur Absendung überlassen wurde. Diese Bedenken sollten sich als nur zu berechtigt erweisen. Der Kapitän hatte sich von Resanow erneut hintergehen lassen, denn statt des vorgelesenen Briefes hatte Resanow einen anderen abgesandt, in dem nicht einmal mehr von seinen "kleinen Ungeschicklichkeiten" die Rede ist.[7]

Nun konnte man sich endlich zur Abreise rüsten. An Bord gab es einige personelle Veränderungen. Graf Tolstoi, der es nicht verstanden hatte, von der allgemeinen Versöhnungsstimmung zu profitieren, sondern es im Gegenteil fertiggebracht hatte, sich zwischen sämtliche Stühle zu setzen, sah sich nun als Zielscheibe allgemeiner Ablehnung. Er war dazu verurteilt, das Schiff und die Gesandtschaft, ehe diese ihr Ziel erreicht hatte, zu verlassen, um durch Sibirien nach Petersburg zurückzukehren. Ihm schlossen sich Dr. Brinkin und der Maler Kurlandzow an. Während Resanow sich dem vielgeschmähten Tolstoi gegenüber großzügig benahm und ihm die vollen Bezüge gewährte, erfuhren die beiden anderen eine solche Gunst nicht. Dennoch zeigte sich Brinkin hocherfreut, dem Schiff und seiner Gesellschaft den Rücken kehren zu können, denn es hatte zum Schluß noch einen heftigen Zusammenstoß mit Resanow gegeben. Beim

108

Abschied entschuldigte er sich beim Kapitän, daß er sich ihm gegenüber nicht habe so zeigen können, wie er es sich gewünscht hätte. Nach der Heimkehr werde der Kapitän eine ganz andere Meinung von ihm gewinnen. Diese Voraussage sollte nicht in Erfüllung gehen, denn Dr. Brinkin ist unmittelbar nach seiner Rückkehr gestorben. Kurlandzow verzichtete darauf, sich an Bord zu verabschieden, es sei denn, man wollte es für einen Abschied halten, daß er seine Kabine, die nun für Hauptmann Fedorow bestimmt war, vollständig verwüstete.

Noch zwei weitere Passagiere verließen das Schiff, und zwar Jean Cabri aus Nukahiwa, der sich als gelernter Seemann an Bord nützlich gemacht hatte und dem es gelang, später in Petersburg Schwimmlehrer der Marine zu werden, sowie der Japaner, der nicht als Rückkehrer, sondern als Dolmetscher an Bord gewesen war.

In dessen Gepäck wurden übrigens Hemden der Kotzebues gefunden.

Pech mit ihren Hemden hatten auch andere Besatzungsmitglieder, die auf Überredung hin ihre schmutzige Wäsche, für die Löwenstern den Fachausdruck 'schwarze Wäsche' verwendete, dem örtlichen Subchirurgen anvertraut hatten. Ob nun schwarz oder weiß, dieser hatte die Wäsche versetzt, und der Gouverneur mußte helfen. Es handelte sich bei dem Sünder nebenbei bemerkt um die einzige medizinische Kapazität Kamtschatkas. Er war nur selten anzutreffen, was weniger mit der Größe Kamtschatkas zusammenhing, als damit, daß er sich zur Ausnüchterung im Gefängnis befand.

Leerer wurde das Schiff durch diese Abgänge nicht, denn statt ihrer kamen der Bruder des Gouverneurs an Bord, der diesem bisher als Adjutant gedient hatte und nun an Stelle Tolstois die Japanreise mitmachen sollte, sowie eine Ehrenwache von acht Mann unter Führung des Hauptmanns Fedorow. Eine Ehrenwache war in Petersburg ausdrücklich nicht vorgesehen worden, und zwar nicht nur wegen des begrenzten Raumes, sondern in erster Linie, weil ein militärischer Anstrich unbedingt vermieden werden sollte. Bei dieser Mission ging es allein um Handelsfragen, und daher sollte die Nadeshda ihre Visite in Japan auch nicht als Kriegsschiff, sondern als Kauffahrteischiff abstatten. Für Resanow dagegen war das Fehlen einer Ehrenwache ein Schönheitsfehler, der im Interesse der Sache und zu seinen Gunsten unbedingt zu korrigieren war.

Zu den personellen Veränderungen gehörte auch, daß Ratmanow sein fünfzehnjähriges Leutnantsjubiläum begehen konnte. Ein solches brachte es mit sich, daß er automatisch zum Kapitänleutnant avancierte und nunmehr mit dem Kapitän gleichrangig war. Im Hinblick auf diese Rangerhöhung wurde er vom Wachdienst dispensiert und fungierte hinfort ohne bestimmte Dienstpflichten als Kapitänstellvertreter. Seine Wache übernahm Bellingshausen, der bisher Löwensterns Wache zugeteilt gewesen war. Löwenstern registriert, daß dieses Avancement sich nicht vorteilhaft auf das Auftreten Ratmanows ausgewirkt habe, wohl ohne genügend zu berücksichtigen, daß es keine leichte Stellung war, die sein von Routinepflichten entlasteter Exkamerad nun einzunehmen hatte. Auf jeden Fall war es eine neue Komplikation im menschlichen Miteinander, zumal ja auch die Geschehnisse in Kamtschatka nicht spurlos vorübergegangen waren. Zeilen aus Löwensterns Tagebuch verraten etwas davon:

"Krusenstern ist sehr gelinde mit dem Kommando, aber auch nachsichtig mit uns Offizieren, schon ist mancher Befehl, der den Abend gegeben wurde, den Morgen unerfüllt geblieben." Und an anderer Stelle: "Es ist ein gefährliches Wasser hier, Krusenstern ist daher sehr vorsichtig. Diese ängstliche Vorsicht wird nun bekrittelt und bespöttelt selbst in Krusenstern seiner Gegenwart. Schon oft hat es mich geärgert, daß er es leidet. - Seine Geduld und Langmut ist aber auch zu groß." Und von sich berichtet Löwenstern: "Zum ersten Mal, seit ich auf der Nadeshda bin, habe ich einen Matrosen geschlagen."

XIII
Japan

Am 6. September war es glücklich so weit, daß man die Anker lichten und Kurs auf Nagasaki nehmen konnte, dem einzigen für ausländische Schiffe zugelassenen Hafen Japans. Auch dieser durfte nur mit besonderer Genehmigung angelaufen werden, was zu jenem Zeitpunkt praktisch nur Holländer und Chinesen taten. Nagasaki liegt am Südwestende des japanischen Festlandes. Das primäre Ziel der Expedition waren zwar die Verhandlungen der russischen Gesandtschaft über einen Handelsvertrag mit Japan, aber Adam Johann verfolgte darüber hinaus bedeutsame geographische Interessen, denn es existierten über dieses Inselreich und seinen Umkreis nur höchst unvollständige und unzuverlässige Karten. Auch das Land selbst und seine Bewohner waren weitgehend unbekannt, da sich Japan seit Jahrhunderten von der Welt abgeschlossen hatte[1]. Die Beziehungen zu den Spaniern und Portugiesen waren nach Ausrottung des Christentums abgerissen, und die Holländer, deren Schiffe in regelmäßigen Abständen Nagasaki anliefen und bescheidene Handelsbeziehungen unterhielten, veröffentlichten weder Karten noch Berichte, sei es aus der Befürchtung, die Japaner damit zu verärgern, sei es aus Furcht vor unerwünschten Konkurrenten. Die Japaner selbst hatten das Kartenzeichnen oder sonstige Publikationen über ihr Land absichtlich vernachlässigt, weil solches nach ihrem Verständnis an Landesverrat grenzte. Sie wachten auch streng darüber, daß ausländische Schiffe nicht in ihre Gewässer eindrangen. Daher hielt Adam Johann die Geheimniskrämerei der Holländer für unverantwortlich und fand harte Worte dafür.

Die Verproviantierung des Schiffes in Kamtschatka war doch viel reichlicher ausgefallen, als man es hätte erwarten können, denn der Gouverneur hatte keine Kosten und Umstände gescheut und sogar eigene Vorräte geopfert, um alles herbeizuschaffen, was das Land aufzubieten hatte. So waren denn sieben lebende Ochsen an Bord gekommen, gesalzenes Wild, das Fleisch von Rentieren, Bergschafen und Wildgänsen, gesalzener und getrockneter Fisch, ja sogar Gemüse und drei große Fässer wilden Knoblauchs, den Adam Johann als antiskorbutisches Mittel und Sauerkraut-Ersatz bezeichnet.

Der Kurs des Schiffes führte auf dem kürzesten Wege um das japanische Festland außen herum und dann durch die Van-Diemen-Straße nach Nagasaki. So wohltuend sich die internen Wogen der Erregung geglättet hatten, so heftig machten sich die Elemente ringsum bemerkbar. Die ganze Fahrtstrecke, die in knapp fünf Wochen zurückgelegt wurde, stand von kurzen Unterbrechungen abgesehen im Zeichen ungewöhnlich heftiger Stürme, die als Finale in einen sogenannten 'Typhon' mündeten, eine für diese Gegend typische und sehr gefürchtete Orkanart, heute als 'Taifun' bekannt. Und dies alles spielte sich in nahezu unbekannten Gewässern ab, durch die man nur von sehr ungenauen Seekarten geleitet wurde. Den dramatischen Verlauf dieser stürmischen Reiseetappe schildern Adam Johann wie auch Löwenstern und Horner anschaulich.

Löwenstern:

"Den 7. September: Kaum hatten wir die Bai hinter uns, so fingen unsere alten und neuen Passagiere an, der hohlen See ihren Zoll zu entrichten. ...

Den 8. September: In der Nacht wurde die Nadeshda stark herumgeworfen. Der Wind ist günstig, und da läßt sich alles ertragen. ...

Den 11. September: Das Äquinoktium ist in der Nähe und mit ihm toben Sturm und Ungewitter um uns herum. Die Wellen schmeißen die Nadeshda wie einen Ball herum. ...

Dem 12. September: Der Wind hat sich stark gelegt. Desto übler waren wir aber dran, denn nun hatten die Wellen erst recht freies Spiel. Alles krachte im Schiffe durch die Gewalt, mit welcher das Schiff von einer Seite auf die andere geworfen wurde. Fosse ist im Schlaf ein Stuhl gerade aufs Maul gefallen und hat ihm die Lippe gespalten. Das Unangenehmste beim Rollen des Schiffes ist das Herumrollen alles dessen, was beweglich oder schlecht befestigt ist. Hier fallen Menschen, dort zerbrechen Stühle, unser Kamin fiel um, eine ganze Wand der Kajüte Compagne riß los und vier Kabinen waren delaboriert. Bouteillen, Gläser, Flaschen und Töpfe wurden in einem Augenblick zu Dutzenden zerschmettert. Vor Scherben konnte man keinen Schritt mehr tun, ohne Gefahr zu laufen, sich die Füße zu schneiden. Überdem war noch alles seekrank. Oben auf dem Deck hatten wir zu viel zu tun, um unten zu helfen. - Ein wahrer Jammer!

Den 13. September: Wir haben schwerlich ein so schlechtes Wetter während unserer Reise gehabt, als das Vergangene. Und man muß dem Kapitän, den Offizieren und dem Kommando die Gerechtigkeit widerfahren lassen, daß unsere Schiffsarbeiten mit der größten Ordnung und Pünktlichkeit vonstatten gingen.

Den 14. September: Wenn man in einem unbekannten Gewässer Land zu erblicken befürchtet, so guckt man sich die Augen blind. Morgen kommen wir in eine Gegend, wo das Meer mit schlecht bestimmten Inseln, Klippen und Untiefen besät ist. Die Jahreszeit läßt uns kein heiteres Wetter erwarten, und in Sturm und Nebel läuft ein Schiff nur zu leicht Gefahr, zu verunglücken."[2]

Adam Johann:

"Den 20. September: Es war meine Absicht, die von den Holländern im Jahre 1643 entdeckte Insel Zuyden Eyland oder Süden-Eyland aufzusuchen, es stürmte aber so heftig mit dicken regnigtem Wetter, daß ich diesen Entschluß aufgab. ...

Den 21. September: Das stürmische dunkle Wetter hielt die ganze Nacht an. ... Am Morgen ließ der Sturm etwas nach, das Wetter behielt aber ein drohendes Ansehen. Um acht Uhr wandte sich der Wind plötzlich und stürmte so heftig wie vorhin. In der kurzen Zwischenzeit, wo es auf einige Augenblicke ziemlich stille ward, zeigten sich mehrere Schmetterlinge und Seenymphen, auch kam eine Eule an Bord geflogen, welche für Dr. Tilesius, der sie abzeichnete, kein geringes Geschenk war. ...

Den 28. September: Um zehn Uhr des Morgens zeigte sich endlich die Küste von Japan. ...

Den 29. September: Meine Hoffnung, die Untersuchung der Küste fortzusetzen, schlug fehl. Kaum hatte ich Kurs nach dem Lande zu genommen, umwölkte sich der Himmel gänzlich; wir verloren nicht nur sogleich das Land aus dem Gesichte, sondern unser Horizont erstreckte sich höchstens auf eine englische Meile. Ich hielt es nicht nur für zwecklos, sondern auch für gefährlich, uns dem Lande jetzt zu nähern, da wir uns auf die Karten nicht im geringsten verlassen durften. Gegen Abend ward der Wind noch stärker, mit beständigem Regen; der Himmel hatte dabei ein drohendes Ansehen. Ich entschloß mich daher bis zum Morgen beizulegen. Um Mitternacht wuchs der Wind zu einem Sturm an. Das böse Wetter dauerte den ganzen folgenden Tag. ...

Den 1. Oktober: Um Mittag nahm das Wetter eine Gestalt an, die uns keine Zweifel über das, was bald folgen würde, ließ. Die Wellen gingen berghoch. Der Wind hatte um ein Uhr so zugenommen, daß wir nicht ohne die größte Anstrengung und mit vieler Gefahr, die Marssegel und Untersegel einnehmen konnten, indem die Stricke, obgleich die meisten neu waren, dennoch zerrissen. ... Um drei Uhr nachmittags hatte der Sturm so sehr zugenommen, daß alle Sturmsegel, die einzigen, die wir trugen, zerrissen. Nichts konnte jetzt der Wut des Sturmes gleichkommen. So viel ich auch von Typhons an den chinesischen und japanischen Küsten gehört hatte, so überstieg dieser doch bei weitem meine Erwartung. Es gehört zum Gebiete des Dichters, ihn wahrhaft zu schildern, ich beschränke mich darauf, die Wirkungen zu erzählen. Es ward völlig unmöglich, selbst ein doppelt gerefftes Sturmsegel zu setzen, und das Schiff war den Wellen, die außerordentlich hoch gingen, ganz preisgegeben. Ich erwartete jeden Augenblick, daß die Masten über Bord gehen würden. Der Zustand der Atmosphäre erklärt sich am deutlichsten durch den ungewöhnlich niedrigen Barometerstand. Das Quecksilber fiel so plötzlich, daß es um fünf Uhr nicht nur ganz unter der Skala verschwand, sondern daß es selbst bei den starken Schwingungen des Barometers nicht zum Vorschein kam. Ich erinnere mich nicht, daß der barometrische Zustand der Atmosphäre während einer von diesen gewaltsamen Revolutionen der Natur beobachtet worden sei. ... Solange die Masten standen, fürchtete ich nicht für das Schiff; wir schwebten aber in einer anderen größeren Gefahr, die freilich nur mir und einigen Personen an Bord bekannt war. ... Mit dem Winde, der aus OSO bließ, trieb das Schiff gerade aufs Land zu, und wir konnten nicht weit von der Küste entfernt sein. Ein einziger Stoß auf den Grund hätte das Schiff zertrümmert, und bei einem so gewaltigen Sturm wäre an eine Rettung der Mannschaft nicht zu denken gewesen. Nur eine Veränderung des Windes konnte diese Gefahr abwenden. Um acht Uhr abends änderte sich der Wind, und wir waren außer aller Gefahr. Bei der plötzlichen Veränderung des Windes schlug eine Welle ins Hinterteil des Schiffes, riß die Galerie auf der linken Seite weg und überschwemmte die ganze Kajüte bis auf drei Fuß hoch mit Wasser, wobei ich die gänzliche Zerstörung aller meiner Karten und Bücher zu bedauern hatte. ... Um zehn Uhr schien endlich der Sturm von seiner Heftigkeit nachzulassen und zu nicht geringer Freude zeigte sich das Quecksilber wiederum im Barometer. Wir sehen dies als das sicherste Kennzeichen an, daß der Sturm zur vorigen Wut nicht wieder zurückkehren würde."[3]

Horner:

"Der erste Oktober war der schrecklichste Tag unseres Lebens. Schon am Abend vorher wallte die See in großen Wogen; zum erstenmal trat eine Welle ins offene Fenster der Hinter-Kajüte. Die Luft war still. Am Morgen war der Horizont mit einem dünnen Nebel von Wasserstaub umzogen, ein gebrochener Regenbogen, kein Gnadenzeichen, stand darüber. Gegen Mittag verhüllte sich die Sonne und blickte verzerrt und trübe durch den verwirrten Dunst der niedrigen Wolken; schnellere Wogen warfen das Schiff. Endlich brach der Typhon los. Auf schleudernder Raa (denn der haltende Strick war gerissen) band die verwegene Kunst der Matrosen die wilden Segel fest; man spannte die starken Sturmsegel auf, in solchen Fällen unsere letzte Zuflucht. Was den vorigen Stürmen getrotzt hatte, war diesem Winde ein Spielwerk. Er zerriß die Stricke und warf die Lappen umher. Wer beschreibt das übermächtige Tosen des immer wilderen Sturmes, das einem immerwährenden Donner glich, alle Sinne betäubte. Um vier Uhr wütete der Wind, was kaum möglich schien, mit verdoppelter Kraft. Die Erwartung der Nacht war schrecklich, jeden Augenblick am nahen Land zerschmettert (denn seit zwei Tagen saßen wir nach den Karten schon drauf) oder im offenen Meere begraben, war die langsam tötende Absicht. Unterdessen trieben die entfesselten Elemente ihr steigendes Spiel. Was vermochte das Gebäude aus Holz gegen ihre Wut. Auf dem Verdecke konnte man weder das Vorderteil des Schiffes noch die Höhe über dem Mars erkennen. Dicker Wasserstaub strömte durch die Luft, es waren keine Wolken, keine Nebel, aber das finstere Chaos lag über dem aufgewühlten Meere. In stiller Gelassenheit (denn die Sprechenden konnte man doch nicht hören) erwartete jeder die zögernde Entscheidung; nicht der Tod, aber die ungeheure Zurüstung dazu war gräßlich. Endlich um acht Uhr wurde es plötzlich still, und eine schwere

Woge hoch aufgetürmt warf sich aufs Verdeck und schlug den linken Flügel der Hinterkajüte weg. In Strömen floß das Wasser durch die Kajüten, die Lichter waren ausgegossen; einige sagten sich ruhig das Lebewohl, anderen unten im Schiff glaubten mit Geschrei und Verwirrung das Schiff sinkend und in den Fluten begraben. Die gefährliche Stille brach plötzlich ein entgegengesetzter Sturm aus Südwest. Im Streite der alten Wellen mit den neuen erbebte das biegsame Schiff. Der wilde Tanz begann mit erneuerter Wut. Gegen Morgen nahm der Sturm fühlbar ab; wir trieben immer weiter vom Lande, die müden Augen erheiterten sich; der Tag entdeckte einen seltsamen Anblick von Zerstörungen auf dem Schiff."[4]

Löwenstern über den gleichen Tag:

"Im Wenden schlug eine Welle mit einer so unerhörten Gewalt über den Stern, daß das ganze Schiff den Worten nach ganz unter Wasser war, und wir von Glück sagen konnten, daß kein Mensch über Bord geschwemmt wurde. Die Galerie auf der linken Seite wurde von der Welle zerschlagen und abgerissen, die Türe mit der Wand in die Kajüte gepreßt, und voll Wasser waren Kajüte und Schiff in einem Augenblick. Unsere Böte, die auf den Seiten hingen, wurden zerschmettert, auf dem Verdeck konnte man schwimmen, der beste Beweis war, daß ein großer Kasten, in welchem Flinten, Pistolen und Säbel aufbewahrt wurden, sich von den Schanzen losriß und hin und her geschwemmt wurde. Alles, was nur beweglich war, wurde weggerissen und weggeschwemmt, herumgeschleudert und geworfen, bis es über Bord ging. Krusenstern, ganz blaß, delibrierte mit uns, die wir alle uns an Stricke angeklammert hatten, was zu tun sei, und mit Grausen erwarteten wir wieder eine Welle, die uns dem Sinken näher bringen mußte. Alle bereiteten sich zum Tode, krampfhaft umklammert hielt einer den anderen, bat um Verzeihung und verzieh, dieser empfahl seinen Geist und betete, jener saß versteinert da, als hätte er den Geist schon aufgegeben. ... Wir arbeiteten im Schweiße unseres Angesichts, die Lücke in des Kapitäns Kajüte wieder zu stopfen. Haushoch wie Berge türmten sich die Wellen an uns heran. Superb überhüpfte die Nadeshda eine Welle nach der anderen. Ein herzerhebender Anblick war es, diese Nußschale sich den Elementen widersetzen zu sehen, bald zwischen den Wellen, im Tale, Windstille, gleich darauf wieder auf die Höhe der Welle auf die Seite geschleudert. Das Nockhaus mit unseren Kompassen wurde auch abgerissen und über Bord geschwemmt, kurzum alles ging drunter und drüber. In der Nacht auf meiner Wache war es etwas stiller, und da Krusenstern seine Koje ganz naß geworden war, so legte er sich in meine Koje schlafen (meine Koje war dadurch trocken geblieben, daß ich sie täglich durch Blöcke in die Höhe hob. Gegen drei Uhr in der Nacht fing sich der Wind an zu legen, die Nadeshda wurde aber so unbarmherzig herumgeworfen, daß ich immer in Todesangst war, die Masten oder Stengen würden über Bord gehen, kaum konnte ich mich selbst halten, und doch wurde mit der größten Anstrengung gearbeitet. Das nahegelegene Land aber war es, das uns am gefährlichsten hätte werden können. Wie nahe wir dem Lande gewesen sein müssen, bewies folgendes: wir hatten kein Korn Sand auf dem Schiffe und nach dem Sturm waren alle Winkel mit Sand und Muscheln angefüllt, sogar der Mastkorb. In einigen Kabinen waren zwei bis drei handhoch Sand und Muscheln angeschwemmt. ...

Resanow glaubte gestern, seine letzte Stunde habe bestimmt geschlagen, weil er in der Angst seinen Ring verloren hatte (welches wie er versicherte, ein übles Zeichen sei). Heute wurde dieser Ring unter den Trümmern von Tischen, Stühlen, Kisten und Scherben wiedergefunden."[5]

Löwensterns Notizen verzeichnen in Zusammenhang mit Resanow noch einen anderen Verlust, und zwar hatte sich dieser aus Langeweile aus dem Laderaum eine Kiste mit Geschenken für den Kaiser von Japan heraufholen lassen, um sie auszupacken und zu besichtigen. Die Sachen waren nun durch und durch naß geworden und verdorben.

Die letzten Reisetage entschädigten dann ein wenig für die erlittene Unbill. Die Van-Diemen-Straße erwies sich als ein ruhiges Fahrwasser, in dem nur Strömungen die Navigation erschwerten. Es gab eine Menge zum Teil sehr reizvoller Küsten zu betrachten und zu identifizieren. Ungeachtet des lebhaften Schiffsverkehrs wollte es nicht gelingen, mit jemandem in Sprechkontakt zu kommen, obwohl keine Sprachschwierigkeiten bestanden, da man Japaner an Bord hatte. Zu streng schienen die Verbote, mit Fremden in Verbindung zu treten. Doch wurde, wie man später in Erfahrung brachte, das fremde Schiff bereits seit vier Tagen in allen seinen Bewegungen sorgfältig beobachtet.

Hätte man Adam Johanns Fahrplan entsprechend die Querelen in Kamtschatka auf einen späteren Zeitpunkt aufgeschoben und die Japanreise drei bis vier Wochen eher angetreten, so wäre manche Not und Gefahr zu vermeiden gewesen. Aber von Vernunft ließ sich Resanow anscheinend in seinem Leben nicht leiten, denn sonst hätten ihm neben vermeintlichen Erfolgen auch wirkliche beschieden sein können.

Wenigstens jetzt und bei freundlicherem Herbstwetter durfte sich Adam Johann für einige Erkundungen Zeit lassen, und an Bord wurden die schlimmsten Schäden gerichtet. Am 8. Oktober konnte die Nadeshda in Nagasaki an einem angewiesenen Platz vor Anker gehen, nachdem japanische Beamte an Bord gekommen waren und nach dem Woher und Wohin gefragt hatten.

Die Aufnahme durch die Japaner war zunächst nicht freundlich. Nur durch das Vorweisen des vor einem Jahrzehnt geschlossenen Vertrages konnte es vermieden werden, daß man sofort wieder hinauskomplimentiert wurde. Es mußte in der Residenz Jeddo wegen der Behandlung der ungebetenen Gäste zurückgefragt werden. Die Antwort auf diese Frage ließ ein halbes Jahr auf sich warten! Damit wurde ein Rätselraten ausgelöst, um das sich nun alles zu drehen begann. Da die örtlichen Behörden sich zu keiner Entscheidung befugt zeigten und nicht einmal über die Tendenz der zu erwartenden Entscheidung orientiert waren, blieb die Gesandtschaft über den weiteren Verlauf der Dinge völlig im Ungewissen, bis dann die Mitteilung eintraf, es werde eine hochgestellte Persönlichkeit anreisen, was bereits die Schlußfolgerung nahegelegt hätte, daß mit einer Einladung des Gesandten an den Kaiserhof keinesfalls mehr zu rechnen war. Nun begann sich aber auch die Ankunft der hochgestellten Persönlichkeit unendlich zu verzögern. Auf den tröstenden Hinweis der Japaner, der vorige russische Gesandte Laxmann hätte neun Monate auf eine Antwort warten müssen, erwiderte Resanow, so unbedeutende Leute wie dieser Laxmann habe jeder seiner Offiziere zwanzig unter sich und seien daher mit ihm nicht zu vergleichen. Die Japaner entgegneten schlagfertig, wenn ihr jetziger Gast eine so viel hochgestelltere Persönlichkeit sei, dann müßten sie sich für ihre Überlegungen auch sehr viel mehr Zeit nehmen.

Der dem Schiff zugewiesene Ankerplatz lag zunächst recht weit draußen auf der Reede, wo es wenig Schutz vor Wind und Wellen gab. Dies war insbesondere für die Insassen der zahlreichen Boote sehr nachteilig, die das Schiff zur genauesten Überwachung dicht umringten. Erst nachdem zwei holländische Schiffe abgesegelt waren, wurde es der Nadeshda gestattet, deren Ankerplatz einzunehmen, der sich ebenfalls in einiger Entfernung von Nagasaki bei einer Ortschaft namens Megasaki befand, jedoch in Küstennähe und besser geschützt.

Mit Lebensmitteln wurde das Schiff stets gut und reichlich versorgt. Auch mit allem, was für die Schiffsreparaturen erforderlich war. Für diese stand nun unendlich viel Zeit zur Verfügung, so daß man gründlich darangehen konnte. Die Japaner stellten auch Boote, die es gestatteten, das Schiff gänzlich zu entladen. Nun erst gelang es, das Leck zu entdecken, das der Besatzung so viel Sorgen sowie Mühen des ständigen Pumpens bereitet hatte. Es handelte sich um ein regelrechtes Loch in der Schiffswand, über das noch vor Kauf des Schiffes in England einfach eine Kupferplatte geschlagen worden war, so daß der Schaden unsichtbar blieb. Die Kupferplatte war zudem noch von sehr schlechter Qualität, und dies traf auch für alle anderen Kupferplatten zu, mit denen das Schiff beschlagen war. Es ergab sich die Notwendigkeit, sie alle auszuwechseln und, siehe da, die Japaner, bedeutende Kupferproduzenten, schafften das notwendige Material herbei. Diese Arbeiten und die gänzliche Entladung des Schiffes beraubten die Ratten ihres letzten Schlupfwinkels, so daß sie zu Hunderten getötet und ins Meer geworfen werden konnten. Zum Schluß waren es über eintausend Stück, die man gezählt hatte. Sie alle hatte man bisher unfreiwillig beherbergt und ernährt. Zu den von ihnen angerichteten Schäden gehörte auch, daß sie den Spund eines großen Fasses mit edlem Süßwein durchgenagt und dieses zum Auslaufen gebracht hatten.

Um die viele beschäftigungslose Zeit zu nutzen und auch die Bereitschaft der Japaner zur Materialbeschaffung, ließ Adam Johann die Schiffsbarkasse zu einem auch für weitere Fahrten tauglichen Fahrzeug ausbauen, wobei er speziell an die geplante Erkundung von Sachalin gedacht haben mag. Auch diese Arbeit gelang vorzüglich.

Da jeglicher Landgang sowohl der Schiffsbesatzung als auch der Gesandtschaft von den Japanern untersagt wurde und die Dauer des Aufenthaltes nicht absehbar war, suchte man um die Überlassung eines Geländes nach, auf dem man sich ergehen konnte. Die Japaner räumten auch bereitwillig ein eingezäuntes Grundstück ein. Dieses erwies sich jedoch nicht nur als für diesen Zweck zu klein, sondern auch als trostlos öde, so daß es praktisch nur als Lager- und Arbeitsplatz für die Reparaturarbeiten verwendet wurde. Später wurde ein anderes, geringfügig größeres und näher zum neuen Ankerplatz gelegenes Gelände zur Verfügung gestellt, auf dem sich auch ein Wohnhaus befand, das nun vom Gesandten und seinem Gefolge bezogen werden konnte. Hierbei kam es zu hartnäckigen Auseinandersetzungen zwischen dem Gesandten und den Japanern, da ersterer darauf bestand, seine Ehrenwache mit an Land zu nehmen. Die Japaner hielten es jedoch für eine geradezu ungeheuerliche Zumutung, auf ihrem Staatsgebiet Soldaten einer fremden Macht zu dulden. Da die Japaner aber ohnehin darauf bestanden hatten, daß ihnen sämtliche Waffen und Schießpulvervorräte für die Dauer des Aufenthaltes abgeliefert wurden, gaben sie zuletzt nach und gestatteten dem eigensinnigen Gesandten seine Marotte.

Mehr als Ehre hatten die Soldaten auch tatsächlich nicht zu bewachen, denn die Japaner betraten das Haus und jeden Raum des Hauses, jeden Winkel inspizierend, ohne jemanden um Erlaubnis zu fragen und ohne Rücksicht darauf, ob sich jemand und wer sich in einem Raum befand, somit die davorstehenden Posten gänzlich ignorierend. Die Bewohner des Hauses in ihrer Freizügigkeit zu behindern, konnte natürlich erst recht nicht Funktion der Wachsoldaten sein. Da die Postensteherei jedoch irgendeinen Sinn haben sollte, erhielt die Ehrenwache von Resanow die Weisung, ihn mit einem Trommelwirbel zu grüßen, sobald er sich blicken ließ. Übrigens benahmen sich die Japaner auch an Bord des Schiffes äußerst ungeniert. Dies zeigte sich bereits bei der ersten Zusammenkunft, als die japanischen Beamten, ohne eine Aufforderung abzuwarten, in den Aufenthaltsraum gingen und auf dem Sofa Platz nahmen, während zwei holländische Schiffskapitäne, die sie mitgebracht hatten, vor ihnen Aufstellung nehmen mußten, und zwar in einer äußerst unbequemen Haltung, bei der der Oberkörper in einem Winkel von etwa 90 Grad geneigt zu sein hatte und dies mit vorgestreckten Armen. Die Holländer hielten diese Strapaze einige Minuten durch und baten dann um Erlösung, die ihnen auch gewährt wurde. Die Tolks[6] genannten Dolmetscher mußten jedesmal, wenn sie in Aktion traten, sich auf die Knie und Hände niederlassen. Dabei waren die so demütig zu ehrenden Beamten - wie zu erfahren war - niederen Ranges, denn es war das Prinzip der Japaner, möglichst solche einzusetzen, da dies den Vorteil bot, deren Äußerungen gegebenenfalls ohne Gesichtsverlust anders interpretieren, ergänzen oder auch zurücknehmen zu können. Vermutlich bereitete es untergeordneten Personen große Genugtuung, einmal auch andere vor sich knien oder tief beugen zu sehen. Bei diesen Gästen hatten sie jedoch kein Glück damit. Adam Johann berichtet, ein Japaner habe versucht, ihn durch sanften Druck auf den Rücken in die von den Holländern eingenommene Stellung zu bringen. Ein Blick von ihm habe jedoch bereits genügt, den Japaner zurückweichen zu lassen, und es sei bei diesem einen Versuch geblieben.

Zum großen Leidwesen von Adam Johann untersagten die Japaner jeden Umgang zwischen Russen und Holländern. Man hatte die Holländer anfangs nur hinzugezogen, weil man den eigenen Dolmetschern eine ausreichende Verständigung nicht zugetraut hatte, doch dann schnell gemerkt, daß man auf die holländische Mitwirkung verzichten konnte, zumal ja auch gar keine umständlichen Verhandlungen zu führen waren. Nur zu gern hätte Adam Johann mit den holländischen Kollegen fachliche Gespräche geführt. Die Holländer verließen Nagasaki recht bald nach der Ankunft der Nadeshda und erklärten sich bereit, Post mitzunehmen. Doch wurde auch dieses von den Japanern nicht gestattet. Erlaubt wurde nur ein an den russischen Kaiser gerichtetes Schreiben, das nicht mehr enthalten durfte, als die Mitteilung, daß die Nadeshda in Nagasaki eingetroffen sei und alle an Bord wohlbehalten. Dieses Schreiben hat auch sein Ziel erreicht und ist in der Presse veröffentlicht worden. Warum nur eine und noch dazu so lakonische Nachricht eintraf, blieb der Öffentlichkeit damals allerdings rätselhaft. In umgekehrter Richtung war man nun schon anderthalb Jahre ohne Nachricht, denn in Kamtschatka, wo die erste Post von zu Hause zu erwarten gewesen wäre, wurde keine vorgefunden, was sich leicht aus der Tatsache erklärt, daß das Reiseprogramm geändert worden war und somit zu diesem Zeitpunkt niemand mit einem Eintreffen der Nadeshda in Kamtschatka hatte rechnen können. Auch von den Ereignissen in der Welt war man entsprechend ohne jede Kenntnis. Doch war ein solcher Zustand damals nicht so außergewöhnlich und unvorstellbar, wie er uns von moderner Nachrichtentechnik Verwöhnten erscheinen mag.

Ursprünglich hatten die Japaner auch jeden Verkehr zwischen den an Land gezogenen und den auf dem Schiff verbliebenen Expeditionsteilnehmern genehmigungspflichtig machen wollen, hatten aber schließlich darauf verzichtet, die Zahl der an Land Wohnenden jedoch fixiert, so daß, im Falle einer außerplanmäßigen Übernachtung an Bord oder an Land, ein anderes Mitglied im Austausch überführt werden mußte. Das Landdomizil wurde nicht nur streng bewacht, sondern auch zur Nacht verriegelt und verschlossen. Langsdorff beklagt die Lage mit den Worten: "Nach vielen Stürmen und Ungemächlichkeiten hatten wir ein fremdes, interessantes Land erreicht und wurden nicht, wie wir hofften, als Freunde, nicht als Fremdlinge von Ansehen und Wichtigkeit, sondern gleichsam als Verbrecher oder Staatsgefangene in einen Platz von höchstens hundert Schritten im Geviert auf unbestimmte Zeit eingesperrt und von allen Seiten bewacht. Dies war hart und unbillig. Der Frühling war herangenaht, die ganze Natur lebte auf, und man hatte uns sogar die Aussicht auf die reizenden Gefilde durch die hohen Einfassungen von Bambus versperrt. Von allem Umgang mit den Eingeborenen abgeschnitten und waffenlos in der Gewalt einer äußerst mißtrauischen Nation, waren uns auch alle Mittel, für Wissenschaften zu arbeiten, entzogen und der Geist durch den ungewohnten Verlust der Freiheit abgespannt."[7]

Da man nun so gänzlich ein- und ausgesperrt war, bemühte sich Adam Johann wenigstens bei den Japanern, mit denen ständiger Umgang bestand, um Informationen geographischer und ethnographischer Art. Der Erfolg war mehr als bescheiden, denn abgesehen davon, daß Resanow das Monopol des Umganges mit den Japanern für sich beanspruchte, war auch die Auskunftsfreudigkeit der Befragten sehr gering, sei es, daß es den Betreffenden an Wissen mangelte, sei es, daß sie befürchten mußten, mit solchen Mitteilungen ihre Kompetenzen zu überschreiten. Es gelang nicht einmal, japanische Preise zu ermitteln. Japan war zudem ein Polizeistaat mit strengen Kontrollen. Wie die größeren und kleineren Landesherren war auch das einfache Volk zu gegenseitiger Beobachtung verpflichtet und unterlag, zu Einheiten zu je fünf Familien zusammengefaßt, genauer Aufsicht.

Während des Aufenthaltes in Nagasaki überließ Adam Johann Resanow das Feld und hielt sich im Hintergrunde. Als wohltuend dürfte er es empfunden haben, daß der Gesandte und seine Leute an Land Quartier gemacht hatten. In Anspruch genommen von der Leitung der Reparaturarbeiten am Schiff, vermied er alles, was als Einmischung in die Kompetenzen des Gesandten hätte ausgelegt werden können, dessen Legitimation ja hier eindeutig feststand. Adam Johann wies auch Versuche der japanischen Gesprächspartner zurück, mit ihm statt mit Resanow zu verhandeln. Anteil an den Verhandlungen nahm er nur dort, wo seine eigenen Interessen als Expeditionsleiter berührt waren. So veranlaßte er den Gesandten, auszuhandeln, daß man keinen Ärger zu befürchten habe, wenn die Nadeshda in einem Notfalle an eine japanische Küste gerate. Die japanischen Vorschriften sahen in einem solchen Falle nämlich vor, fremde Schiffe auch über weite Entfernung hinweg mit Booten nach Nagasaki zu bugsieren. Daher sollten alle Küstenorte entsprechend verständigt werden. In vertraulichem Gespräch hat Adam Johann es überdies erreicht, daß man ihm unter der Hand gestattete, zumindest im Norden Japans die Küste zu erforschen, von der die Japaner selbst nur unvollkommene Kenntnisse besaßen.

Wer eine Weltreise der geschilderten Art antrat, dürfte sich von Kopf bis Fuß mit durabler Kleidung neu ausgestattet haben. Resanow schien jedoch außer seiner Galauniform nur abgetragene, schmuddelige Kleidung mitgenommen zu haben. Bemerkt hatte man dies schon längst, aber nur beiläufig registriert, weil es zu seiner Eitelkeit und den Ansprüchen, die er als Gesandter stellte, keineswegs paßte. Nun jedoch, wo offensichtlich war, wie genau sie beobachtet wurden und wie alles und jedes bis zum örtlichen Gouverneur, vermutlich auch bis nach Jeddo, weitergemeldet wurde, hielt man den Aufzug Resanows für kompromittierend anstößig und in keiner rechten Übereinstimmung mit der trommelnden Ehrenwache. Die Anstößigkeit bezog sich auch auf mangelnde Bedeckung vor neugierigem Volk, das durch die Bambusstäbe auf das abgesperrte Gelände lugte, so daß zusätzlich ein Bretterzaun gebaut werden mußte.

Resanow war während der Anreise bemüht gewesen, seine diplomatische Mission vorzubereiten, indem er seine Gefährten dazu vergatterte, ihre christliche Religion nur noch im Herzen zu tragen und alle ihre äußeren Kennzeichen und Bekundungen zu tilgen. Offensichtlich hatte er nicht begriffen, daß den Japanern eine antichristliche Politik ganz fernlag. Ihnen war es vermutlich völlig gleichgültig, welcher Religion Russen oder sonstige Europäer anhingen. Was sie erbost hatte im Zusammenhang mit der christlichen Mission, war der unerwünschte Versuch, Einfluß auf die Bevölkerung Japans zu nehmen. Hierauf hatten sie hart reagiert. Bei den Missionaren hatte es sich um Jesuiten gehandelt, deren Machtstellung und Praktiken selbst innerhalb der katholischen Kirche umstritten waren. In Adam Johanns Reisebeschreibung findet sich ein davon deutlich distanzierender Passus: "... Zu diesem Berge führte man die unglücklichen Verblendeten, denen die Jesuiten ihren Heiligkeitsschwindel mitgeteilt hatten, und stürzte sie, wenn sie sich weigerten, zu der Religion ihrer Vorfahren zurückzukehren, in den Krater des Vulkans."[8] Dieser Satz könnte zu der beträchtlichen Resonanz, die die Reisebeschreibung in Japan gefunden hat, beigetragen haben.

Neben der Vermahnung hinsichtlich religiöser Unterlassungen hatte Resanow an die Expeditionsteilnehmer appelliert, auch ganz allgemein Zurückhaltung bei allen Äußerungen zu üben, und dabei hätte er selbst einer solchen Richtlinie am dringendsten bedurft. War er doch von seinen Anlagen her so ungefähr der undiplomatischste Mensch, den man sich hätte denken können. Er kam sich in seiner Kammerherrenwürde so erhaben vor, daß ihm die Gesprächspartner so etwas wie Untermenschen erschienen. Sein schlimmster Fehler dabei war, daß es ihm auch diese Rolle nicht durchzuhalten gelang und er mit Wankelmut, Vorteilsgier und Lächerlichkeit jeden Anschein von Würde verspielte. Dazu gehörte auch, daß er - nach japanischem Verständnis für eine hochgestellte Person unvorstellbar - laut wurde und unbedachte Äußerungen tat, für die sich zu entschuldigen er dann genötigt war. Das nervenzehrende und unabsehbare Warten bei völliger Untätigkeit raubten dem Gesandten den Rest von Contenance, worunter in erster Linie die unmittelbaren Gefährten zu leiden hatten, die mit ihm das Domizil auf dem Lande teilten. Der Gesandte verbrachte oft Tage im Bett und klagte über Leiden, die man für eingebildet halten mußte, da sie von einer Minute zur anderen verflogen waren, sobald etwas eintrat, was man in dieser Eintönigkeit für ein Ereignis hätte halten können. Daneben beschäftigte ihn die wiederholt gestellte Frage, wie es wohl käme, daß man seine Gesellschaft meide und die des Kapitäns suche, also eines Mannes, der keine lockenden Versprechungen mache und niemanden mit Zoten oder Klatschgeschichten zu unterhalten verstehe. Daß eine solche Frage ihn bloßstellte und daß er auf sie keine ehrliche Antwort erwarten durfte, nahm er nicht zur Kenntnis.

Daß die endlose Warterei auf ein schlimmes Ende zusteuerte, hätte sich bereits an der zunehmenden Respektlosigkeit der japanischen Bediensteten gegenüber dem Gesandten ablesen lassen. Sie gipfelte in der Zusicherung, ihm zu Ehren alle Prostituierten Nagasakis zu einem Ball einzuladen. Doch dazu kam es nicht. Der so lange vergeblich erwartete hohe Herr traf ein. Es war ein Daimio, d. h. ein Gaufürst und so hochrangig, daß er sich des Vorzugs rühmen durfte, die Augen bis zu des Kaisers Füßen erheben zu dürfen, etwas was beispielsweise dem örtlichen Gouverneur keinesfalls zugekommen wäre.

Der hohe Abgesandte brachte den endgültigen Bescheid, der vernichtender schwerlich hätte ausfallen können. Die Annahme von Geschenken und des Briefes des Kaisers von Rußland wurden verweigert und diese Ablehnung auch auf eventuelle weitere Briefe ausgedehnt. Die vor zehn Jahren gemachten Zusagen wurden aufgehoben und russischen Schiffen für alle Zeiten verboten, japanische Gewässer und japanische Häfen aufzusuchen. Ausgeschlossen wurde auch jeglicher Handel, und sei es auch nur der Kauf von Reiseandenken. In Konsequenz dieser Bestimmung wurde den Russen sogar untersagt, etwas von dem zu bezahlen, was ihnen während ihres Aufenthaltes an Lebensmitteln oder Materialien geliefert worden war. Man forderte die Russen auf, baldmöglichst den Hafen zu verlassen und sich bei der Weiterfahrt fernab der japanischen Küsten zu halten. Eine reichliche und kostenlose Verproviantierung des Schiffes für zwei Monate wurde zugesagt und darüber hinaus als Abschiedsgeschenk für die Besatzung eine Ladung Reis und Salz und zwanzig Schachteln mit Watte für die Offiziere. Eine großzügige Gabe, die wohl für die lange Internierungszeit entschädigen sollte, aber auch des Spottes nicht entbehrte, denn den Japanern dürfte bekannt gewesen sein, daß Salz nur in den russischen Pazifik-Siedlungen eine zu Wucherpreisen gehandelte Rarität war. Watte mag wohl zu jenem Zeitpunkt in Europa bekannt gewesen sein, aber nicht als ein alltäglicher und preiswerter Gebrauchsgegenstand, zumal es sich um Seidenwatte gehandelt haben dürfte.

Resanow empfand das Verhalten der Japaner als demütigend und opponierte gegen die Annahme von Geschenken. Eine inkonsequente Position, da er ja auf die Verproviantierung des Schiffes nicht verzichtete und aus Habsucht die Rückgabe einer ihm zur Ansicht überlassenen Kollektion japanischer Lackarbeiten verweigerte. Den Ausschlag bei der Beilegung dieser Differenzen gab jedoch der Hinweis, daß auch eine teilweise Nichtannahme der Bedingungen erneute Rückfragen in Jeddo und damit neue Wartezeiten verursachen würden.

Um die Geschenke gab es schiffsintern noch ein beschämendes Nachspiel. Resanow, der noch eben gegen ihre Annahme gekämpft hatte, versuchte nun mit allen Mitteln der Verdrehung sie für sich allein zu sichern, vermutlich um in Kamtschatka und Alaska als großartiger und edler Spender auftreten zu können. Der Watte suchte er sich angeblich zu Gunsten der Kaiserin und der Hofdamen zu bemächtigen. Man war in der unangenehmen Lage, sich wegen der Bestimmung der Geschenke an die Japaner wenden zu müssen, die nachdrücklich bestätigten, keines der Geschenke sei für Rußland, seinen Kaiser oder Teile dieses Landes bestimmt, sie seien vielmehr nur der Besatzung und den Offizieren zugedacht. Ungeachtet dieser doch unzweideutigen Antwort begann Resanow wenige Tage später erneut Ansprüche zu erheben unter dem Vorwande, er habe diese Dinge gefordert und nur ihm sei es zu verdanken, daß die Japaner diese Schenkungen gemacht hätten. Aber nun rächte es sich, daß Resanow darauf bestanden hatte, mit Gefolge zu den Verhandlungen zu erscheinen. Zumindest Friederici vermochte es als ehrlicher Zeuge, seinen Herrn und Gebieter entschieden zu dementieren, was diesen jedoch nicht davon abhielt, nunmehr geltend zu machen, er könne es nicht zulassen, daß Matrosen mit Salz hausieren gingen. Worauf der Kapitän, der sich bisher strikt im Hintergrund gehalten hatte, erwiderte, er werde es nicht zulassen, daß über den Besitz der Matrosen hinter ihrem Rücken entschieden werde. Da bot sich dann nur noch das Gegenargument an, daß über einen solchen Streit nur der Kaiser entscheiden könne. Es wurde immer deutlicher, daß Resanow nur noch Fosse und Schemelin auf seiner Seite hatte und auch derer nicht mehr sicher sein konnte. Das Prestige des Gesandten hatte schwer gelitten.

Die beiden Audienzen beim hohen Herrn boten noch eine andere große Enttäuschung. Man hatte sich von diesen einzigen genehmigten Besuchen in der Stadt wenigstens einen kleinen Einblick ins japanische Leben erhofft und sah sich darum geprellt, denn die Straßen waren völlig menschenleer, Türen und Fenster geschlossen, kein Lebewesen zu sehen, ja sogar die Häuserfronten mit Tüchern verhängt. Eine Geisterkulisse, durch die der Gesandte auf ausdrücklichen Wunsch in einer Sänfte getragen wurde, während seine Begleiter zu Fuß gingen. Den Degen hatten sie abzulegen und auf Matten Platz zu nehmen, wobei der von Resanow genau ausgehandelte Abstand der Verhandlungspartner von den Japanern vergrößert worden war.

Es ist nachher durchgesickert, daß es zu diesem Zeitpunkt in Japan starke Kräfte gegeben habe, die auf Beziehungen zu Rußland drangen, zumal solche ja für Japan ungleich größere Bedeutung erlangen konnten als umgekehrt. Angesichts eines solchen Gesandten mochten die auf Beharrung setzenden Kräfte in Japan es nicht schwer gehabt haben, ihren gegenteiligen Standpunkt durchzusetzen und sich für eine totale Abfuhr zu entscheiden. Der Gesandtschaft hatten nebenbei bemerkt auch die für ein Gelingen der Mission notwendigen Kenntnisse gefehlt. Sie hätte wissen müssen, daß der Kaiser von Japan zwar als ein fast göttliches Wesen verehrt wurde, seine Befugnisse aber auf kultische und zeremonielle Verpflichtungen beschränkt blieben. Geld und Machtmittel und damit der politische Einfluß lagen in den Händen des Shoguns. Das Shogunat war zwar nicht erblich, tatsächlich hat es jedoch Shogun-Dynastien gegeben, wobei die Machtfülle wechselte, da es daneben auch noch andere Machtträger, teils regionaler Art, teils in Gestalt einer Ratsversammlung gab.

Die Frage stellt sich nun, wieso der Minister für Auswärtige Angelegenheit in Petersburg so kurzsichtig sein konnte, daß er zunächst die Erfolge der vorangegangenen Gesandtschaft vergaß, um dann eine dilettantisch gebildete neue auf den Weg zu schicken? Bei der Beantwortung wird man mehrerlei zu berücksichtigen haben. Zunächst, Japan war nicht wie heute eine Weltmacht, sondern ein fernes exotisches Land, politisch und wirtschaftlich wenig interessant, einmal weil es sich von der Welt abschloß und zum anderen, so lange es keine russischen Schiffe auf den Weltmeeren gab. Die Nichtausfüllung des früheren Vertrages wird man daher nicht der Vergeßlichkeit, sondern eher dem Fehlen geeigneter Schiffe zuzuschreiben haben. Man darf hierbei auch nicht aus den Augen verlieren, daß die vorige Gesandtschaft von Katharina auf den Weg gebracht worden war, die ja eine Weltumseglung mit fünf Schiffen vorbereitet hatte, deren Entsendung dann kriegsbedingt unterblieben war. Ihrem Nachfolger Paul hatte man mit derlei Dingen nicht kommen dürfen. Erst mit dem Regie-rungsantritt Alexanders waren die Akten wieder aus

der Schublade geholt worden. Man hatte die Entsendung einer Gesandtschaft zu Lande geplant. Eine Kombination mit der Weltumseglung wurde
erst seit dem Debakel des überteuerten Londoner Schiffskaufes aktuell,
also unmittelbar vor Reisebeginn. Die Planungen waren somit überstürzt.
Da lebenswichtige Interessen nicht auf dem Spiel standen, und es nur
darum ging, einen einmal geknüpften Faden weiterzuspinnen, hatte man
es wohl versäumt, sich mit der Person des Gesandten genauer zu befassen.
Für die Wahl dieses Unbekannten sprachen mehrere Gründe: einmal die
Empfehlung der Russisch-Amerikanischen Kompanie, die diesen unbequemen Funktionär, den man anders nicht loswerden konnte, auf diese
elegante Weise abschieben zu können hoffte. Es war aber auch eine billige
Lösung, denn um in den Genuß eines so hohen Ranges und bemerkens-
werter Würden zu gelangen, stellte Resanow seine Dienste kostenfrei zur
Verfügung. Schließlich war Resanow auch noch in ein delikates Ränkespiel
um den umstrittenen Machthaber Nowosilzew[9] verwickelt, was ein
zusätzliches Motiv abgegeben haben mochte, ihn als störend zu empfinden.
Eine perfektere Lösung dieser Probleme hätte sich schwerlich finden
lassen, als ihn auf eine lange Reise zu schicken mit einer reellen Chance
der Nim-merwiederkehr.

Obwohl beide Seiten an einer möglichst baldigen Abreise der Nadeshda
interessiert waren, verging noch einige Zeit, bis es tatsächlich so weit war.
Diese Verzögerung lag teilweise an der schleppenden Anlieferung der
versprochenen Lebensmittel, bei der die Japaner jedoch denkbar großzügig
verfuhren und an alles gedacht hatten, so z. B. an Tabak und speziell für
Kamtschatka geeignete Sämereien, für die sich die Gäste interessiert
gezeigt hatten. Aber auch die abgelieferten Kanonen, Gewehre und das
Schießpulver wurden wieder an Bord gebracht. Als letzter kam Resanow
aufs Schiff, der erst auf dringende Bitte des Gouverneurs das ihm zur
Verfügung gestellte Haus räumte. Als alles zur Stelle war, fehlten immer
noch die zugesagten Übersetzungen der Dokumente, deren Ausfertigung
sich verzögerte.

Am 17. April hatte sich eine größere Anzahl von Japanern an Bord zur
Verabschiedung eingefunden. Im vergangenen halben Jahr war man sich
zwar oftmals zum Ärgernis geworden oder zur Distanz verpflichtet
gewesen, aber durch den ständigen Umgang mit so fremdartigen Menschen einander auch näher gekommen. Dennoch blieb beim Abschied offen,
zu welchem Anteil hier Zeremonien vorgeführt wurden oder echte Gefühle
im Spiel waren. Manche Abschiedswünsche lauteten: "Gute Reise nach
Batavia!" Daß Fremde auch ein anderes Reiseziel haben könnten, kam den
Japanern nicht in den Sinn. Auch einige kleine, schließlich doch noch
amtlich genehmigte Geschenke wurden ausgetauscht. Die Gäste entschwanden, und es erschienen hundert Ruderboote und bugsierten die
Nadeshda hinaus. Bei den Ruderern handelte es sich um die dienstbaren

Geister eines Prinzen, die zu diesem Zweck in uniforme Festgewänder gekleidet waren. Als die Nadeshda am 18. April 1805 absegelte, waren sie endgültig der 192 Tage währenden, aber noch viel länger scheinenden, peinigenden und unwürdigen Gefangenschaft entronnen.

XIV
Rückkehr nach Kamtschatka / Sachalin

Das Ziel der Nadeshda war nun wieder Kamtschatka, wo der Proviant für die Rückreise und eine Ladung Felle an Bord genommen werden und die Gesandtschaft das Schiff verlassen sollten. Unterwegs wollte Adam Johann die japanische Westküste und Sachalin erkunden.

Von der japanischen Küste hielt man gemäß den Vorschriften der Japaner Abstand, doch nur so viel, daß sich ihr Verlauf noch einigermaßen beobachten und skizzieren ließ.

Wer die Fahrtstrecke auf der Karte verfolgt, wird sich vielleicht erstaunt fragen, ob es nicht naheliegender gewesen wäre, zunächst Kurs auf Wladiwostock zu nehmen, schließlich heute ein beherrschendes Zentrum im Fernen Osten. Doch gab es diese Stadt damals noch nicht, und es hätte sie auch noch nicht gegeben, wenn diese Reise ein halbes Jahrhundert später unternommen worden wäre. Wladiwostok wurde erst 1861 gegründet, in einer Gegend, die zu Anfang des 19. Jahrhunderts eine terra incognita war und überdies eine, in der sich noch keine großmächtigen Herren mit Besitzansprüchen gemeldet hatten, so daß die Bewohner - Tataren und Ainos - unangefochten der Meinung sein durften, das Land gehöre ihnen. Daß Chinesen und Japaner hier wirtschaftliche Interessen verfolgten, störte sie nicht, so lange ihnen noch genügend Lebensraum verblieb.

Im Norden Japans riskierte es Adam Johann, sich mehr als zuvor der Küste zu nähern, da er hier in unerforschte Zonen kam. Mit der genauen Aufnahme von Küsten, die seit 1643 von keinem europäischen Seefahrer aufgesucht worden waren, begannen die Wissenschaftler der Nadeshda bei der Shangar-Straße, heute Tsagaru-Straße, die das japanische Festland durchschneidet. Den nördlich davon gelegenen Teil Japans, heute Hokkaido, nannten die Ureinwohner - die Ainos - Jesso.

Die Japaner, die sich des Landes bemächtigt hatten, nannten es dagegen Madzumai, ebenso wie die einzige Stadt dort. Die Nachrichten über diese Weltgegend waren besonders verwirrend und widersprüchlich, was bei einem Blick auf die Karte auch erklärlich ist. Das Land ist zudem sowohl geologisch als auch klimatisch ungünstig und unwirtlich. Die Ainos betrieben keinerlei Ackerbau, sondern nur Fischfang und lebten unter äußerst dürftigen Umständen. Sie schienen dezimiert und vom Aussterben bedroht zu sein. An geringen Erträgen konnte es nicht liegen, denn Fische gab es so reichlich, daß sie nicht mit Netzen gefangen, sondern mit Eimern geschöpft wurden. Da sie keine Gewehre besaßen, bekleideten sie sich mit Hundefellen. Vom Charakter der Ainos war Adam Johann so angetan, daß er nicht zögerte, sie zum besten Volke der Schöpfung zu erklären, da man sich gutmütigere, selbstlosere und freundlichere Menschen nicht vorstellen könne.

Auch der Süden und die Mitte Sachalins waren von Ainos besiedelt, die hier jedoch in besseren Verhältnissen lebten. Die Japaner, die Sachalin Karafuto nannten, hielten es für herrenlos, d. h. zu ihrer Verfügung stehend. Da sie auf Sachalin allerdings noch nie weiter vorgedrungen waren, unterschätzten sie die Größe des Landes. Sie hatten im Süden Faktoreien gegründet, in denen Ainos Fische reinigten und salzten, die die Japaner dann auf ihren Schiffen abtransportierten. Ein darüber hinausgehendes Interesse an Sachalin hatten sie nicht, was wohl daran gelegen haben mag, daß ihre Obrigkeit derartige Neugierde nicht schätzte.

Obwohl der Mai sich bereits in seiner zweiten Hälfte befand, war in diesen Breiten noch nicht viel vom Frühling zu spüren, und die Nadeshda stieß auf große Eisfelder. Da sich auch noch häufige Windstille und Nebel hinzugesellten, erwies sich das Bemühen, die Küsten Sachalins zu erforschen, als untunlich, und Adam Johann beschloß, zu einer günstigeren Jahreszeit hierher zurückzukehren. So nahm man denn Kurs auf Kamtschatka, der geradewegs durch die Kurilen führte, eine langgestreckte Inselkette, die zum Teil wenig und zum Teil gar nicht bekannt war. Dies galt insbesondere für die Durchfahrten, zumal mehrere Inseln unbewohnt waren. Bei Sturm oder schlechten Sichtverhältnissen war eine solche Passage ein risikoreiches Unternehmen. Besonders berüchtigt und gefährlich waren bei den Kurilen die ungemein starken Strömungen, die, wenn sie dem Verlauf der Wellen entgegengesetzt waren, das Phänomen des sogenannten kochenden Wassers verursachten, das in der Welt einzigartig sein soll. Natürlich kocht das Wasser nur optisch und ist tatsächlich eiskalt.

Horner bezeichnet die Kurilen als "furchtbare Inselreihe und Gegenstand des Abscheus in einem heillosen Meer, wo die Nebel und Unwetter der halben Welt zusammengehäuft sind". Es seien dort "rauchende Vulkane, deren tief vergrabenes Feuer nicht vermag den Schnee zu schmelzen. Kein Wunder, daß diese Grenzlinie der alten Welt, dieser Sitz aller bösen Geister, so lange unerforscht geblieben ist."[1]

In Petropawlowsk, das man am 5. Juni 1805 erreichte, mußte zunächst Quarantäne gehalten werden, da ein Soldat von Resanows Ehrenwache an Pocken erkrankt war. Er hatte zwar die Krankheit bereits überstanden, doch bestand noch Ansteckungsfahr für die durchweg nicht geimpften Einwohner von Petropawlowsk. Diese Vorsichtsmaßnahme hinderte allerdings Resanow nicht daran, mit Sack und Pack das Schiff zu verlassen, nicht ohne zuvor in einem letzten Anlauf noch einmal den Streit um die Mannschaftsanteile an Salz und Reis zu entfachen. Auch um Geld gab es noch Streit, denn Adam Johann wollte der Besatzung Abschlagszahlungen leisten und erhielt hierzu auch die Zustimmung Resanows, der jedoch ein schriftliches Einverständnis verweigerte. Übrigens waren die überhöhten Salzpreise auf Kamtschatka nach dem Eintreffen der Nadeshda schlagartig auf einen normalen Stand zurückgefallen.

Sowohl Adam Johann als auch Resanow hatten in Petropawlowsk Post vorgefunden, jedoch keine amtliche. Im Hafen wurden zwei Schiffe angetroffen, die Brigg 'Maria' mit dem Bestimmungshafen Kodiak, von dem aus Alaska verwaltet wurde, und die Brigg 'Feodosia', die ebenfalls aus Ochotsk eingetroffen war und wieder dorthin zurückkehren sollte. Resanows Pläne standen nun endlich fest: nämlich mit der 'Maria' seine geplante Inspektionsreise nach Alaska anzutreten, um danach quer durch Sibirien nach Petersburg zu reisen. Kamentschikow, der sich aus gutem Grund an Bord der Nadeshda nicht wohl fühlte, hatte sich Resanow unbedingt anschließen wollen, war aber von diesem abgewiesen worden. Resanow zugesellt hatte sich dagegen Langsdorff[2]. Fosse wollte sich auf der 'Feodosia' einschiffen und ebenfalls durch Sibirien nach Petersburg zurückkehren, und Friederici, der vorgehabt hatte, die Rückreise in Begleitung Resanows zu machen, war von diesem Plan abgekommen, als sich herausstellte, daß Resanow diese Reise in höchster Eile als Gewalttour zu absolvieren beabsichtigte, während Friederici daran gelegen gewesen wäre, Sibirien mit mehr Muße kennenzulernen. Er entschloß sich daher, mit der Nadeshda heimzukehren.

Nicht lange nach der Ankunft der Nadeshda in Petropawlowsk traf ein Eilbote aus Petersburg ein, der die Strecke von 10.000 Kilometern in zwei Monaten und drei Tagen zurückgelegt hatte. Er überbrachte die Weisung, Resanow möge unverzüglich nach Petersburg zurückkehren, eine Nachricht, die den Adressaten nicht mehr erreichte, denn dieser war mit der 'Maria' bereits in Richtung Alaska unterwegs. Der Eilbote hatte auch für Adam Johann eine Botschaft: die Verleihung des Annenordens II. Klasse durch den Kaiser.

In Petropawlowsk hatte Adam Johann die Gelegenheit, sich ein Bild von den Bedingungen auf den Schiffen zu machen, die die Kompanie nach Alaska einsetzte. Er äußert sich darüber nicht minder kritisch als über die Zustände in Kamtschatka. Er schreibt u. a.: "Der Skorbut ist leider auf den Schiffen der Amerikanischen Kompanie so gewöhnlich und allgemein verbreitet, daß auf jeder Fahrt eine Menge Leute an dieser schrecklichen Krankheit sterben. Nicht weniger leiden sie am Lande daran. Man vergleiche die Zahl derjenigen, die von Ochotsk nach Kodiak jährlich abreisen, mit der Zahl der Zurückkehrenden, und man wird leicht überzeugt werden, daß die Zahl der Sterbenden auf den Inseln und in Amerika sehr groß sein muß. ... Meine vielleicht zu hart erscheinenden Äußerungen über das Betragen der Agenten der Amerikanischen Kompanie möchten wohl von manchem getadelt werden; allein jeder, der Zeuge von den Szenen gewesen ist, welche ich hier schildere, wird mir die Gerechtigkeit widerfahren lassen, daß die Farben, welche ich dazu genommen, nichts weniger als zu grell sind. ... Solche Nachrichten müssen zur Publizität kommen, erst dann erregen sie Teilnahme. ... Um zu zeigen, wie sehr in diesen entfernten Gegenden der Eigennutz alle Gefühle unterdrückt und mit welcher Gleichgültigkeit dort selbst Russen von ihren Landsleuten behandelt werden, will ich hier kurz das Schicksal von 70 Russen an Bord der 'Maria' schildern.

Ein Schiff von ungefähr 150 Tonnen, wie die 'Maria' für eine Mannschaft von 70 Personen zu klein, selbst wenn es keine Ladung hätte. Dies Schiff war aber ganz beladen. Die Kranken, deren Zahl sich auf 20 belief, hatten kaum hinlänglichen Raum. Es war folglich für 50 Personen durchaus kein Zoll Raum unter dem Verdeck vorhanden. ... Sie mußten also buchstäblich gesprochen einer auf dem anderen liegen. Hängematten gab es hier gar nicht. ... Zerlumptheit und höchster Schmutz charakterisierte alle, nur einige wenige trugen Hemden, die meisten waren in schmierige Pelze gehüllt. Fast alle trugen lange Bärte mit ungewaschenem Gesicht und Händen. - Wir besahen die Kranken. Diese Unglücklichen, in welch einem alles Gefühl empörenden Zustande fanden wir sie! Skorbutische und vernachlässigte venerische Wunden schienen bei den meisten unheilbar, obgleich sie seit zehn Monaten auf dem Lande gewohnt und der Hülfe des Chirurgus im Hafen von St. Peter und Paul genossen hatten. Jetzt sollten sie auch dieser beraubt und nach einer langwierigen Fahrt an Örter versetzt werden, wo entweder ärztlicher Beistand gänzlich fehlt oder wo er von ganz Unwissenden geleistet wird. Ich war neugierig zu erfahren, womit auf dem Schiffe die Kranken genährt wurden: man zeigte mir zwei Faß Salzfleisch, welches für die Kranken bestimmt war. Ich forderte ein Stück davon zur Besichtigung. Als das Faß geöffnet wurde, verbreitete sich ein so abscheulicher pestilenzialischer Geruch, daß ich sogleich den Schiffsraum verlassen mußte. Diese zwei Tonnen stinkendes Salzfleisch und einige Säcke verschimmelten schwarzen Zwiebacks waren die einzigen stärkenden Nahrungsmittel."[3]

Adam Johann fügt seinem Bericht, der hier nur auszugsweise wiedergegeben wird, praktische Verbesserungsvorschläge an, wie etwa den, direkt aus Ostseehäfen größere Schiffe nach Alaska oder Kamtschatka zu entsenden und die Teilnehmer unterwegs auf ihre Eignung für eine Verwendung in den russischen Gebieten des pazifischen Raumes zu prüfen, und auch denen, die heimzukehren wünschen, dies nicht zu verwehren. Aber harte Brocken sind es schon, die er da in sein Buch aufgenommen hat, ein Buch, das in alle Welt hinausging und eine große Leserschaft erreichte, darunter nicht wenige maßgebliche Leute. So etwas wäre selbst heute skandalträchtig, aber dies erschien in seiner Zeit, in der Kritik an einer Obrigkeit, wenn überhaupt, nur in äußerst verklausulierter Form geübt werden durfte.

Am 1. Juli 1805 gab Adam Johann das Zeichen zum Aufbruch, der sich dann aber durch widrigen Wind verzögerte, so daß das Eintreffen des Gouverneurs noch erlebt wurde. Koschelews Reisen hierher waren infolge der primitiven Verkehrsverhältnisse geradezu unglaubliche Strapazen und fast jedesmal mit Lebensgefahr verbunden. Dieses Mal hatten die durch die Schneeschmelze angeschwollenen Flüsse und Ströme zusätzliche Erschwernisse geboten. Es gab ein freudiges Wiedersehen, und beide Seiten hatten sich so viel zu erzählen, daß man beinahe die Nacht durch an Bord beisammensaß.

Nach gerührtem Abschied trennten sich Koschelew und Adam Johann als aufrichtige Freunde. Die Nadeshda brach am 5. Juli endlich in Richtung Sachalin auf, um dieses noch unerforschte Gebiet zu erkunden, was auf der Herfahrt durch die Eisverhältnisse vereitelt worden war.

Nachdem Resanow und andere Fremdkörper das Schiff verlassen hatten, war man nun so unter sich, wie es Adam Johann ursprünglich vorgesehen hatte. Seine Position als unumschränkter Expeditionsleiter war nicht mehr in Frage gestellt. Das offizielle Expeditionsprogramm war bis auf den Auftrag in China abgewickelt, das nun den Teilnehmern verlockend vor Augen stand. Vor allem aber waren der ständige Druck und die explosive Hochspannung, die auch nach der 'Versöhnung' vorgeherrscht hatten, gewichen. Es war sehr ruhig geworden in der Kajüte Compagne, da einige der sich langweilenden und enervierenden Nichtstuer fehlten. Während Espenberg Gesprächspartner solcher Art sogar vermißte, so daß er in seiner Langeweile jedem, der etwas las oder schrieb, über die Schulter blickte und seine Gefräßigkeit sich laut Löwenstern grotesk steigerte, haben die anderen den ruhigen Gang der Dinge als angenehm registriert.

So hätte man dann eine heitere und gelöste Stimmung voraussetzen dürfen. Doch dem war nicht so, eher im Gegenteil. Löwenstern erklärt das treffend: "Die Zwistigkeiten mit Resanow waren die Ursache, daß zwischen uns keine entstanden sind. Denn ein großer Streit verdrängt gewöhnlich kleinere Zwistigkeiten. Und obgleich ich davon überzeugt bin, daß hier jeder von uns es gut meint, so sind doch eine so große Anzahl von Köpfen selten unter einen Hut zu bringen. Es ist schwer, das Betragen und die Lebensart zu schildern, welche in unserer Kajüte Compagne herrscht. Wenn ein Fremder jeden von uns einzeln kennenlernen sollte, würde er kaum glauben, daß es möglich ist, unter so vielen wirklich guten Menschen so wenig Einigkeit zu finden. Einer sucht den anderen schadenfroh auf Absurditäten zu ertappen, besonders da mehrere in unserer Gesellschaft den Eigendünkel besitzen, alles besser wissen zu wollen, und oft, um ihren Satz zu behaupten, hitzig und beleidigend werden. Die Folge ist, daß sich die mehresten von uns zurückziehen." Löwensterns Tagebuch liefert hierzu noch eine Menge anschaulicher

Details, auf die hier verzichtet werden kann, da nur sehr am Rande zum Thema gehörig. Seinen Aufzeichnungen ist zu entnehmen, daß sich jeder mit jedem in der Wolle hatte. Ja, einige gaben es sich sogar gegenseitig schriftlich, daß sie sich von jeher nicht hätten leiden können. Selbst ein so zurückhaltender Mann wie Horner bekam mit Tilesius Streit, die Brüder Kotzebue bekundeten sich untereinander ihren Haß, und zwischen Löwenstern und Tilesius kulminierte ein aus nichtigem Anlaß entstandener Streit in einer Duellforderung. Dieses Duell sollte auf St. Helena ausgetragen werden, unterblieb jedoch unter Umständen, über die noch zu berichten sein wird. Selbst mit dem Kapitän geriet Löwenstern aneinander, das einzige Mal übrigens während der ganzen Reise. Auch dieser Konflikt entstand aus unerheblichem Anlaß, doch hat ihn sich Löwenstern sehr zu Herzen genommen, wobei nicht zum geringsten seine Hochachtung vor dem Kapitän ins Gewicht gefallen sein mag. Löwenstern hatte den Unmut des Kapitäns dadurch erregt, daß er ein von diesem gegebenes Stoppzeichen unbeachtet ließ, weil er es infolge des Lärms von Zimmerleuten überhört hatte. So wie grundsätzlich immer war Adam Johann auch in diesem Fall bereit, seinen Fehler einzugestehen und sich zu entschuldigen. "Ich mußte Krusenstern sein Geständnis bewundern und dankte ihm für sein Benehmen." Die Rolle der einzelnen im täglichen Miteinander - oft von Animositäten bestimmt - beschreibt Löwenstern wie folgt: "Die Hochachtung, welche Krusenstern sich bei allen erworben hat, hält das Ganze noch im Zaum, aber sein sanfter Charakter ist nicht im Stande, den Unordnungen in der Kajüte Compagne Schranken zu setzen. Sich überhaupt in die dortigen Geschäfte zu mischen, ist für den Kapitän eine kitzliche Sache, so müßte er entweder sich der Sache ganz annehmen oder, wie Krusenstern es tut, sich gar nicht drein mischen und drum kümmern. - Der älteste Offizier in der Kajüte ist bei uns Ratmanow. Ihm käme es zu, Vorschläge zu machen, um Ordnung und dadurch allgemeine Zufriedenheit herzustellen. Er ist aber durch sein grobes Betragen, Zotenreißen, Eigendünkel und Herrschsucht nicht dazu qualifiziert. ... Romberg will es mit keinem verderben, schließt sich in seine Kajüte ein und mischt sich in nichts. Golowatschew hat beinahe mit jedem oft Zwist gehabt, von denen viele noch nicht ganz erloschen und vergessen sind. Wir wissen, daß er den Mantel nach dem Wind hängt, jeder ist freundlich gegen ihn, Aufrichtigkeit und Herzlichkeit fehlen aber. Bellingshausen tut sich nicht wenig darauf zu gut, daß er die Karten zeichnet, hat viel Falschheit im Charakter und wenig Bildung aus dem Kadettenkorps mitgebracht. Er hat einen offnen Kopf, ist beißend witzig, und wenn er absprechend sagt 'dummes Zeug', da hat er seine Schuldigkeit getan. Ich habe genug zu tun, mich vor meiner Heftigkeit in Acht zu nehmen. Gegenseitige Teilnahme fehlt, Kälte und Gleichgültigkeit vertreten ihre Stelle. Uneinigkeit und Unordnung hemmen die Geselligkeit."

Die auf zehn Personen geschrumpfte Gesellschaft am Kapitänstisch war ergänzt worden durch den Steuermann Spolochow als Nachfolger Kamentschikows, den Konstabel Rajewski und den Subchirurgen Sydham.

Von Ratmanow und gelegentlich auch von Bellingshausen auf ungebührliche Weise geäußerte Kritik am Kapitän richtete sich wesentlich gegen dessen - nach dem Verständnis der Kritiker - übergroße Vorsicht. Besonders kam dies jetzt zum Ausdruck, als die Fahrt der Nadeshda allein der Erforschung der Küsten Sachalins galt. Um sich einigermaßen gefahrlos unbekannten und unerforschten Küsten nähern zu können, benötigte man gute Sicht und ruhige See. Sturm, Nebel und Regen sind nicht zu gebrauchen, denn sie zwingen ein Schiff, Abstand vom Lande zu halten. Da sich nur bei besonders günstiger Windrichtung ein solcher Abstand konstant halten läßt, entfernt sich das Schiff oft gar zu weit vom angestrebten Ziel, so daß bei Eintreten günstiger Witterungsverhältnisse Zeit auf die Wiedergewinnung der Küstennähe verlorengeht. Starke Strömungen machen alles noch schwieriger.

Die gesonderte Expedition nach Sachalin dauerte vom 5. Juli bis zum 29. August 1805. Ungeachtet dieser angenehmen Jahreszeit waren die Witterungsbedingungen - vielleicht für diese Gegend nicht untypisch - extrem ungünstig. Sehr viel dicker Nebel, häufiger Regen und gelegentlich auch Sturm bewirkten, daß man herumirrte und oft tagelang das Land gar nicht mehr zu sehen bekam, und das Land, das in Sicht kam, war sehr wenig anziehend und ohne charakteristische Besonderheiten. Kurzum, langweiliger und unerfreulicher hätte man sich seine Erforschung kaum vorstellen können. Kein Wunder, daß der Mißmut an Bord wuchs und sich auch gegen den Kapitän zu richten begann. Da war es dann schon eine herausragende Abwechslung, als der Kapitän eines Tages mit seinen Offizieren zu einem Landausflug im Norden Sachalins aufbrach. Es war ein großes Dorf, das sie besuchten. Auch hier war Fischfang einziger Unterhalt, kein Ackerbau und keine Haustiere - abgesehen von Hunden - und auch keine Hausgärten. Die Bewohner, durchweg Tataren, waren vom Festlande herübergekommen und hatten die Ainos fast vollständig verdrängt, was bei deren Friedfertigkeit nicht schwergefallen sein mag. Die Tataren unterschieden sich grundlegend von den Ainos, weniger in ihrer aus Fellen bestehenden Kleidung und deren Unsauberkeit, als im Aussehen und Charakter. Nichts gemahnte an die bei den Ainos so hochgepriesene Herzensgüte. Tücke und Verschlagenheit schienen eher aus ihren Gesichtern und ihrem Benehmen zu sprechen. Im Gegensatz zu den Ainos, die durch Geschenke in Verlegenheit gerieten, stürzten sich die Tataren begierig auf alles, was ausgeteilt wurde, und achteten darauf, daß niemand unberücksichtigt blieb. Bitten um eine Gegengabe in Gestalt typischer Hausgerätschaften wurden jedoch ausnahmslos schroff zurückgewiesen, ebenso wie das Betreten des Wohnhauses in keinem Falle gestattet wurde. Zufällig stellten die Besucher fest, daß die Einwohner ganz wild hinter Tabak her waren. Hätte man den dabei gehabt, wäre man vielleicht eher handelseinig geworden. Ihre Behausungen waren übrigens Pfahlbauten. Unter den Hütten zwischen den Pfählen hielten sich Hunde auf, die wohl als Schlittenhunde und Fellbeschaffer gehalten wurden. Der Boden ringsum war zum Teil mit ekelhaften Würmern bedeckt.

Ob es sich bei Sachalin um eine Insel oder eine Halbinsel handelte, darüber gab es widersprüchliche Ansichten, genau erforscht hatte es noch niemand, und auch Adam Johann war es nicht beschieden, einen eindeutigen Beweis beizubringen. Er mußte sich mit Indizien begnügen, die darauf hindeuteten, daß es eine Landverbindung geben müsse. Tatsächlich ist Sachalin zwar eine Insel, die aber durch starke Schwemmsandanspülung aus der Amurmündung nahezu eine Halbinsel geworden war.

Die Erfoschung der Amurmündung war ein weiteres Ziel der Expedition. Ein Blick auf die Karte macht die Wichtigkeit der kartographischen Aufnahme dieses äußerst komplizierten Deltas deutlich. Adam Johann und seine Begleiter hatten nun die Idee entwickelt, die bis dahin ungeheuer mühsamen und aufwendigen Überlandtransporte von Irkutsk nach der Hafenstadt Ochotsk auf den Amur zu verlagern und an dessen Mündung einen Stapelplatz anzulegen. Um die Voraussetzungen hierzu näher zu untersuchen, war vereinbart worden, daß Ratmanow, von Bellingshausen unterstützt, mit der Schiffsbarkasse eine Expedition in die Amurmündung unternehmen sollte. Hauptsächlich zu diesem Zweck hatte man in Japan die Barkasse verstärkt und überdeckt, so daß sie für längere Fahrten geeignet wäre. Etwa 14 Tage hatte man hierfür veranschlagt. Als nun der Kapitän noch vor Erreichen der Amurmündung den Abbruch der Sachalin-Expedition verkündete, da löste dieser Entschluß zwar einerseits Freude aus, weil man der Eintönigkeit dieser Nebelfahrten reichlich überdrüssig war, andererseits aber auch Bedauern, diese Unternehmung nicht zu einem Abschluß bringen zu können[4].

Es waren vielfältige und nicht leicht zu erklärende Gründe, die Adam Johann zu seinem Entschluß bewogen hatten. Bei der Abfahrt aus Kamtschatka war ihm eine schriftliche Warnung zugegangen, sich keinesfalls der tatarischen Küste zu nähern[5]. Vermutlich betrachteten die Chinesen das Sachalin gegenüberliegende Festland als ihr Interessengebiet und wünschten dort keine Einmischung, schon gar nicht von russischer Seite. Adam Johann, dessen China-Auftrag noch bevorstand, konnte kein Interesse daran haben, die Chinesen zu verärgern, und es lag auch nicht im Interesse Rußlands, weil nämlich eine heimliche Hintertür dieses so gründlich verschlossenen Reiches den Russen erlaubte - nicht offiziell, sondern in aller Stille - in Kjachta, südöstlich Irkutsk, miteinander Handel zu treiben. Die Verlockung, eine solche Warnung in den

Wind zu schlagen, wäre groß gewesen, wenn die Erreichung des Zieles in einem vertretbaren Verhältnis zum Aufwand getanden hätte. Dies war jedoch nicht der Fall. Neben der ungünstigen Witterung und dem beträchtlichen Zeitverbrauch war auch die Abnahme der Wassertiefe am Nordende Sachalins beunruhigend, und es ließ sich nirgends ein sicherer Ankerplatz finden, an dem die Nadeshda die Rückkehr der zur Amur-Erkundung Ausgesandten hätte abwarten können. Ein weiteres wichtiges Argument dürfte der herannahende Termin des Treffens mit der Newa gewesen sein. Man hatte mit der ständigen Entfernung und Wiederannäherung im Küstenbereich zu viel Zeit verloren.

Die Nadeshda nahm also nun zum dritten Mal Kurs auf Petropawlowsk, um dort die für Kanton bestimmte Pelzladung an Bord zu nehmen, die aus Alaska erwartet wurde. Infolge sehr widriger Winde hatte die Nadeshda größte Schwierigkeiten, ihren Ankerplatz zu gewinnen und mußte längere Zeit vor Petropawlowsk lavieren. Dies führte zu einem grotesken Mißverständnis. Die Bewohner des Ortes hielten die Nadeshda für ein fremdes Schiff mit feindlichen Absichten und versteckten ihr Hab und Gut in den umliegenden Bergen, was nicht gerade von einem sonderlichen Zutrauen zur örtlichen Garnison zeugt. Leider wird nicht vermerkt, an welche feindliche Macht die in so panische Flucht versetzten Menschen gedacht haben könnten, wären doch allenfalls Piraten in Frage gekommen, aber was hätte diese an einer so armseligen Siedlung reizen können?

Glücklich und beschämt schleppte nach Aufklärung des Irrtums jeder seine Habseligkeiten zu Tal. Doch es sollte nicht die einzige Unruhe bleiben, denn ein kurzes, aber heftiges Erdbeben versetzte alle erneut in Angst und Schrecken. Sogar auf der Nadeshda verspürte man einen heftigen Stoß. Nicht lange danach hatte die Besatzung Gelegenheit, sich bei der Löschung eines Brandes zu bewähren. Wirksamer noch als diese Aktivität war eine anschließend initiierte Geldsammlung für die betroffenen Bewohner, die daraufhin wohlhabender waren denn je zuvor.

Am 30. August 1805 war die Nadeshda zu ihrem dritten und letzten Aufenthalt in der Awatscha Bucht vor Anker gegangen. Das Tauwerk hatte duch den vielen Regen und Nebel sichtlich gelitten, so daß es größerer Reparatur- und Erneuerungsarbeiten bedurfte. Der Inhalt der vorgefundenen Post war für Adam Johann überaus erfreulich. Die Post war vom 30. April datiert und enthielt bereits Reaktionen auf die beim ersten Kamtschatka-Aufenthalt gemachten Eingaben. Der Kaiser äußerte allerhöchstes Wohlwollen und große Zufriedenheit. Nur von einer Rangerhöhung war wieder mit keinem Wort die Rede. Der Chef einer so spektakulären und bisher überaus gelungenen Weltumseglung konnte sich noch nicht einmal Kapitän 2. Ranges nennen.

Da ja ein sehr weiter und gefahrenträchtiger Seeweg bevorstand, beschloß Adam Johann, besonders wichtige Karten und Untersuchungsergebnisse auf dem Landwege vorauszuschicken, nicht bedenkend, daß das Material auf diesem Wege noch gefährdeter sein könnte als auf der Nadeshda. Das Postschiff, das auch den Proviant gebracht hatte, strandete nämlich auf dem Rückwege nach Ochotsk und ging verloren. Zum Glück gelang es, die Schriftstücke zu retten, doch kamen sie statt im Dezember ein halbes Jahr später an.

Die Offiziere der Nadeshda hatten die in Petropawlowsk verbrachten Wochen auch dazu genutzt, dem 1779 hier verstorbenen und begrabenen Kapitän Clerke ein Grabmal zu errichten. Dieser hatte nach Cooks Ermordung das Kommando über die Schiffe 'Resolution' und 'Discovery' übernommen, war aber bald darauf an der Auszehrung gestorben. Die Inschrift lautet in russischer Sprache: 'Auf der ersten Reise der Russen um die Welt, unter dem Befehl des Kapitänleutnants der Marine Krusenstern, haben die Offiziere der Fregatte Nadeshda dieses Denkmal dem englischen Kapitän Clerke errichtet, den 15. September 1805.' Eine zweite Inschrift besagt: 'Hier ruht die Asche des zur Expedition des Commodore Bering im Jahre 1741 gehörenden Astronomen Delisle de la Croyère.'

Ein kleiner Einmaster namens 'Konstantin' brachte für die Nadeshda eine Ladung Seeotterfelle von sehr schlechter Qualität, die jedoch die hier vorgefundenen Bestände ergänzen konnten. Ferner galt es, die notwendigen Lebensmittelvorräte, darunter wieder lebende Ochsen, sowie Brennholz an Bord zu nehmen. Der über Ochotsk aus Irkutsk bestellte Proviant erwies sich als so schlecht, daß der Kapitän am liebsten nichts davon übernommen hätte, doch entschloß er sich angesichts der Unsicherheit einer genügenden Bevorratung an Ort und Stelle sowie danach in Kanton für die Einlagerung einer kleineren Menge, die später überwiegend über Bord geworfen werden mußte. Nicht nur die Tonnen, in denen sich das Fleisch befand, waren völlig unzureichend, sondern aus Salzmangel hatte man auch das Fleisch mit Meerwasser gesalzen, was zum schnellen Verderben führte. Den Zwieback hatte man in lederne Schläuche eingestampft, so daß dieser zu Staub zermalmt worden war. Um das Fassungsvermögen der Schläuche zu vergrößern und sie besser zunähen zu können, waren die Schläuche angefeuchtet worden, wodurch der Inhalt zu schimmeln begann und gänzlich ungenießbar wurde, sogar für die Ratten. Das gleiche Schicksal hatte die Grütze. Jede andere Verpackung wäre zudem billiger gewesen. Die Butter war pudweise[6] ungesalzen in Körben transportiert worden. "Sie war so schlecht, daß wir sie, obgleich ich sie ganz von neuem waschen, stark salzen und in kleine Tonnen einpacken ließ, dennoch nicht genießen konnten. Eine Summe von ungefähr 15.000 Rubeln war ohne den geringsten Nutzen verwandt worden",[7] notiert Adam Johann. Um so mehr wußte man den Eifer des Leutnants Koschelew - der Bruder des Gouverneurs - zu schätzen, der

136

nicht nur die Ochsen beschafft hatte, sondern auch über eine Strecke von 300 Werst Kartoffeln und Gemüse. Eine Menge Fleisch wurde gesalzen, Zwieback gebacken und wilder Knoblauch eingemacht. Zum Schluß waren noch die Wasserfässer zu füllen und rein Schiff zu machen. Dann schlug endgültig die Abschiedsstunde. Alle Offiziere der Garnison waren zu einem Essen an Bord eingeladen, und auch Koschelew veranstaltete ein Abschiedsfest. Im letzten Augenblick war auch noch Post eingetroffen. Sie enthielt u. a. die an Koschelew gerichtete Aufforderung, über die entstandenen Konflikte zu berichten. Gleichzeitig wurde seinem Wunsche entsprochen, die Offiziere auf Kamtschatka alle fünf Jahre auszutauschen. Übrigens hatte Koschelew, als er nach der letzten Begegnung heimreiste, einen gefährlichen Unfall gehabt. Sein Boot war auf einem reißenden Strom umgeschlagen. Koschelew vermochte sich zwar zu retten, aber ein ihn begleitender Kosak ertrank, und das ganze Gepäck, darunter auch Postsendungen, ging verloren.

Man nahm gerührten Abschied voneinander. Über all dem, was man gemeinsam erlebt und gemeistert hatte, war man sich nahe gekommen und wußte nicht, ob und wann man sich wiedersehen würde. "Leute von der feinsten Bildung und der strengsten Rechtschaffenheit mußten wir in einem Lande zurücklassen, wo man weder das eine noch das andere zu schätzen wußte; weit entfernt von ihren Freunden und Verwandten und nahe umgeben von Leuten, die ihrer nicht wert waren, und welche nur darauf sannen, ihnen das Leben zu verbittern, ihren guten Ruf zu beflecken und sie in den Augen der Welt verdächtig zu machen",[8] schreibt Adam Johann. Koschelew schenkte ihm zur Erinnerung einen kunstvoll gearbeiteten kamtschadalischen Schlitten. Koschelews sehr viel jüngerer Bruder - der Begleiter in Japan - ist bald danach ums Leben gekommen.

Ganz reibungslos sollte die Abfahrt der Nadeshda jedoch nicht verlaufen. Schneetreiben und Nebel verursachten Probleme. Der Kapitän, der selbst auf der Kommandobrücke stand, schien in seiner übervorsichtigen Art wieder einmal alles falsch zu machen, so daß Ratmanow sich als dienstältester Offizier und mit dem Kapitän gleichrangig verpflichtet glaubte, diesem etwas auf die Sprünge helfen zu müssen. Der Belehrungen müde, überließ der Kapitän seinem Stellvertreter die Kommandobrücke und begab sich in seiner Kabine zur Ruhe. Diese sollte jedoch nicht von langer Dauer sein. Es gab einen heftigen Ruck, schurrende Geräusche, und die Nadeshda saß fest auf einer Untiefe, die als Sandbank oder Riff zu bezeichnen wohl mehr Ansichtssache war. Alle Bemühungen, erst mit Segelkraft, dann mit Zugkraft von Ruderbooten freizukommen, blieben vergeblich. Das Schiff rührte sich nicht von der Stelle. Man mußte drangehen, es wesentlich leichter zu machen. Die gesamte Takelage wurde heruntergenommen, ca. 50 Tonnen von den Wasservorräten ausgegossen und einiger Ballast abgeladen. Doch die Nadeshda rührte sich noch immer nicht. Man mußte 22 Stunden warten, bis die nächste Flut zu ihrem Höhepunkt auflief und es dann erneut versuchen. Inzwischen war man an Land darauf aufmerksam geworden, daß mit der Nadeshda etwas nicht stimmte. Leutnant Koschelew kam und bot 50 Mann Hilfskräfte an, die auch benötigt und dankbar angenommen wurden. Nur der Schuldige selbst stand nicht zur Verfügung. Ratmanow hatte sich krank gemeldet, und damit man es ihm auch glauben sollte, trug er den Kopf mit Tüchern umwickelt. Ein schlechter Verlierer, aber wohl war ihm gewiß nicht, denn seinen Kameraden ging sein Ungemach wie Sahne über die Seele.

In einer Zeit, die Schlepper und Bergungsschiffe nicht kannte, war eine solche Situation äußerst prekär. Es brauchte nur ein Sturm aufzukommen und das Schiff war geliefert. Ein Schiff, dem solches geschehen war, dämmerte schon seit langer Zeit in der Awatscha Bay als Wrack vor sich hin und konnte allen Schiffen als Warnzeichen dienen. Es war somit nicht unberechtigt, daß Adam Johann um der Erreichung höherer Ziele willen in unbekannten Gewässern stets größte Vorsicht walten ließ. Doch ausgerechnet die Awatscha Bucht war kein unbekanntes Gewässer, denn man hatte sie selbst genauestens kartiert und war mehrmals dort aus- und eingelaufen.

Glücklicherweise kam die Nadeshda bei der nächsten Flutwelle frei, und wie es schien, ohne größere Beschädigungen. Erst nachträglich sollte es sich herausstellen, daß sich einige der neuen Kupferplatten gelöst bzw. verbogen hatten, was die Segeleigenschaften des Schiffes beeinträchtigte. Dies zeigte sich deutlich, als die Nadeshda und Newa beisammen segelten und sich die Newa hierbei überlegen zeigte, während es früher umgekehrt gewesen war. Bis man die Takelage aufgezogen und die Wasservorräte ergänzt hatte, gingen noch einige Tage verloren, und um den Treffpunkt mit der Newa rechtzeitig zu erreichen, begann die Zeit zu drängen und auch Ratmanows Leiden zu heilen. Am 9. Oktober 1805 verließ die Nadeshda endgültig die Awatscha Bay. Es verdient angemerkt zu werden, daß sich die Darstellung dieses Vorfalls auf Löwensterns Aufzeichnungen stützt, denn Adam Johann schildert die Dinge anders. Er spielt die einigermaßen dramatische Situation zu einem belanglosen Zwischenfall herunter und nimmt alle Schuld auf sich. Er habe übersehen, daß man ein Riff noch nicht passiert hatte. Von Ratmanow ist bei ihm mit keinem Wort die Rede[9].

Adam Johann wußte diesem Vorfall sogar eine positive Seite abzugewinnen, denn er schreibt seiner Frau aus Macao: "In der Awatscha Bay geriet ich auf eine Sandbank, das hielt uns vier Tage auf. Dieser Aufenthalt war außerordentlich glücklich für uns, denn nur fünf Tage vor unserer Ankunft hier hat ein schrecklicher Typhon gewütet." In seinem Brief - im übrigen einer der ganz wenigen erhaltenen Briefe Adam Johanns aus jenen Jahren - versichert er Julie, daß seine Gesundheit unverändert gut

138

sei, seine Augen ausgenommen, die auf der letzten Fahrt sehr geschmerzt hätten. Er müsse seine Augen daher schonen und könne bei Licht nicht viel schreiben noch lesen. Zum Trost verweist er auf Erholung in der nun nicht mehr allzu fernen gemeinsamen Zukunft. "Dieses wird meinem Körper sowohl als meiner Seele das ersetzen, was beide an Energie durch diese mühsame Reise verloren haben. Gottlob, ich sehe sie beinahe als vollendet an."[10]

XV
China

"Wenn ich die Menge der Reisebeschreibungen lese, so muß ich die Willkür in Verteilung der Zeit und Änderung der Reiserouten beneiden, welche jedem Chef der Expedition freigestellt war. Die geographische Bestimmung von Kamtschatka, den Kurilischen und Aleutischen Inseln ist noch so fehlerhaft, daß es notwendig wäre, eine Aufnahme der Hauptpunkte zu machen. Doch die Jahreszeit ist zu sehr vorgerückt und wir müssen nach Macao eilen, um den Monsun nicht zu verfehlen."

Diese Notiz aus Löwensterns Tagebuch weist auf eine Erschwernis hin, die diese Weltumseglung mit vorangegangenen Unternehmungen dieser Art unvergleichbar macht und somit auch ihre Ergebnisse relativiert. Auf den damaligen Seekarten wimmelte es geradezu von Inseln, die entweder gar nicht oder zumindest nicht dort anzutreffen waren, wo man sie eingezeichnet hatte. Adam Johann war vom Verlangen beflügelt, der geographischen Wissenschaft Korrekturen bzw. exakte Ortsbestimmungen beizusteuern, was auch in hohem Maße geleistet worden ist. Die Lösung derartiger, genau vorbedachter Aufgaben, die in raffinierten Kursprojektionen ihren Niederschlag gefunden hatten, wurden allerdings häufig von widrigen Winden, Sturm, Nebel und Regen zunichtegemacht, gerade weil ein gebieterisches Reiseprogramm sein Recht forderte.

Auch die jetzige Reiseroute nach Macao war gespickt mit reizvollen Aufgaben, doch das Wetter spielte wieder einmal nicht mit, und auch die Zeit drängte, wenn man den mit der Newa verabredeten Termin nicht versäumen wollte. Wer konnte voraussehen, daß die Newa sich um 14 Tage verspäten würde?

Es waren dies in erster Linie Kümmernisse des Kapitäns. Die Grundstimmung der Besatzung war freudig, denn von nun ab befand man sich ja unverkennbar auf Heimatkurs. Zwar waren noch unendlich viele Meilen zurückzulegen, aber eine jede brachte sie der Heimat näher. In etwa einem Jahr würde man zu Hause sein. Und dazwischen lag noch das Abenteuer China!

Es war schon reichlich kalt. Bereits seit einigen Tagen herrschten Frostgrade, und nur um die Mittagszeit stieg das Thermometer über Null. Am Lande war es sogar noch kälter gewesen. Doch nun ging es unaufhaltsam nach Süden, und da ließen sich Kälte und Sturm leichter ertragen. Horner berichtet über diese Fahrtstrecke u. a.:

"Wir verließen Kamtschatka den 9. Oktober 1805 am Gedächtnistage der Abreise der Gefährten Cooks. Ob wir gleich die Jahreszeit, die uns voriges Jahr so verderblich gewesen war, völlig hatten verstreichen lassen, so betrug sich die Japanische See doch um nichts freundlicher gegen uns. Heftige Südostwinde, die öfters in Sturm ausarteten, von Regen und einer unbändigen See begleitet, mit gefährlichen Windstillen abwechselnd, machten uns einen sehr unangenehmen Monat. Nachdem wir unter solchen Umständen über einige Inselgruppen hinweggesegelt waren, erblickten wir den 7. November Kings Schwefelinsel. Die Durchfahrt zwischen Formosa und den Bashee-Inseln passierten wir in finsterer Nacht mit fliegendem Sturm, ohne vorher Land gesehen zu haben. Es war dies keiner von den Meisterstreichen derjenigen, die ihrem Glücke mehr als ihrem Verstande zu trauen haben, sondern es geschah mit vorsichtiger Überzeugung von der Richtigkeit der Grenzbestimmungen dieser Straße und der Zuverlässigkeit unserer durch Mond-Distanzen experimentierten Chronometer. Die Richtigkeit von Formosa, das wir am folgenden Morgen erblickten, rechtfertigte unser Zutrauen völlig."[1]

Ein Auszug aus Adam Johanns Schilderung vermittelt ebenfalls einen Eindruck von den Naturgewalten, denen sie auf dieser Fahrtstrecke ausgesetzt waren. "Oft hält der dickste undurchdringlichste Nebel mehrere Tage an. Mehrere Monate sind erforderlich, wenn man in diesem neblichten Meer eine Strecke von 12 bis 15 Grad untersuchen will. ... In der Nacht auf den 19. Oktober bekamen wir wieder einen sehr heftigen Sturm mit dunklem trüben Wetter. Um zwei Uhr war der Sturm am stärksten. Unser Focksegel und eins von den Sturmsegeln rissen. ... Da ich unsere neuen Segel für das chinesische Meer versparte, in welchem zu jeder Jahreszeit man heftigen Stürmen ausgesetzt ist, gebrauchte ich nur die zweite und dritte Reihe unserer Segel. Diese zerrissen aber bei jedem Sturm und ich war zuletzt gezwungen, zu den besten meine Zuflucht zu nehmen. ... Die Bewegung des Schiffes war außerordentlich stark. ... Den 21. Oktober hatten wir eine mittelmäßige Beobachtung für die Breite, konnten aber keine für die Zeitbestimmungen bekommen. Es regnete unaufhörlich. Die Luft war jetzt schon sehr heiß geworden und das Thermometer zeigte 18 Grad an (Die Temperaturangaben wurden alle in Reamur gemacht, doch ist unverkennbar, daß dies einer schrieb, der aus der Kälte kam). Bald nach Mittag bekamen wir eine gänzliche Windstille mit einem anhaltenden starken Regen. Die Wellen gingen außerordentlich hoch aus Nord. Nie habe ich ein Schiff so gewaltig hin und her werfen gesehen, als während dieser Windstille, während der wir oft befürchteten, unsere Masten zu verlieren. In der Tat wurden einige Bolzen des Schiffes durch die Gewalt des Werfens aus ihrer Stelle getrieben. ... Das beständige 14 Tage anhaltende starke Schleudern des Schiffes zwang mich bei meinem Kurs, auf die Sicherheit der Masten Rücksicht zu nehmen."[2] In einem Brief an seine Frau[3] äußert Adam Johann die Überzeugung, daß noch nie ein Schiff die Strecke Formosa-Macao in so kurzer Zeit (48 Stunden) zurückgelegt habe, und erwähnt, daß er 19 Stunden unablässig auf der Wacht gestanden habe.

Am 19. November kam glücklich die chinesische Küste in Sicht, von der sich eine große Menge - gegen 200 - kleiner und mittlerer Fahrzeuge lösten und auf die Nadeshda zusteuerten, des herrschenden Sturmes wegen jedoch ihr Ziel aufgeben mußten, was man an Bord bedauerte, da man annahm, es seien Fischer, Bauern oder Händler, die dies oder jenes anzubieten hätten. Erst nachträglich erfuhr man, daß es sich um eine Piratenflotte gehandelt hatte. Ahnungslos und unvorbereitet hätte man gegen sie keine Chance gehabt, denn die Piraten waren sogar mit Kanonen ausgerüstet, und selbst ihre kleineren Boote waren mit je 50 bewaffneten und im Entern geübten Leuten besetzt. Über malayische Piraten war man im Bilde, aber nicht über chinesische und schon gar nicht hier unmittelbar vor der Haustür des größten chinesischen Handelszentrums. Es stellte sich heraus, daß die chinesischen Behörden gegen die Piraten machtlos waren bzw. sie stillschweigend tolerierten.

Am 20. November ging die Nadeshda auf der Reede von Macao vor Anker, wo man wider Erwarten die Newa nicht vorfand. Die Russisch-Amerikanische Kompanie hatte Adam Johann ausdrücklich untersagt, sich in irgendeiner Weise in die Abwicklung der Geschäfte in China ein-zumischen. Diese Entscheidung war vermutlich getroffen worden, um ihm, der ja ohnehin der Kompanie als Expeditionsleiter vor die Nase gesetzt worden war, wenigstens die Kompetenzen zu entziehen, die mit der Expeditionsleitung in keinem unmittelbaren Zusammenhang standen und es ihm erlaubt hätten, sich zu bereichern oder in die Machenschaften der Kompanie Einblick zu gewinnen. So naheliegend diese Entscheidung am grünen Tisch in Petersburg auch erscheinen mochte, so grotesk mußte sie jeden anmuten, der etwas Ahnung von den unglaublich schwierigen Ver-hältnissen an Ort und Stelle hatte. Erschwerend kam noch hinzu, daß mit Schemelin, dem Repräsentanten der Kompanie, nur eine Buchhalterfigur zur Verfügung stand, die in jedem Falle von einem solchen Auftrag überfordert gewesen wäre. Dem gegenüber war der Kapitän ein Mann, der sich nicht nur in Macao und Kanton auskannte, sondern sich auch ganz gezielt alle die Kenntnisse erworben hatte, die jetzt benötigt wurden. Daher hat Adam Johann sich auch nicht gescheut, den Erfordernissen der Lage Rechnung zu tragen und sich über das Verbot der Kompanie hinweg-zusetzen. Schemelin blieb nichts anderes übrig, als ihn gewähren zu lassen und dürfte darüber letztlich auch ganz froh gewesen sein.

Zum notwendigen Wissen gehörte es, daß in Macao bestenfalls Geschäfte zweiter Hand möglich waren. Die internationale Deklassierung Portugals machte sich in dieser ihrer Niederlassung durch allgemeinen Niedergang und die Hinnahme peinlichster Demütigungen seitens der Chinesen nur zu deutlich bemerkbar. Es kam für die Nadeshda somit darauf an, bis nach Kanton vorzudringen. Doch hier türmten sich gleich die ersten Hindernisse auf. Ein Aufenthalt in Macao, um von dort die Erlaubnis für

Kanton zu erlangen, war nur möglich, wenn die Nadeshda als Kriegsschiff firmierte, da an Kauffahrteischiffen nur solche portugiesischer Nationalität in Macao zugelassen waren. Für ein Kriegsschiff wiederum schien es aussichtslos, die Genehmigung für Kanton zu erlangen. Nur geschickte Verhandlungen vermochten derartige Hindernisse wegzuräumen. Im Gegensatz zu Schemelin war Adam Johann ein Mann, den man anzuhören und zu empfangen bereit war, der fließend Englisch und Französisch sprach und auch wußte, mit wem und wie man zu reden hatte.

Da seine Kajüte einer gründlichen Reparatur bedurfte, verließ Adam Johann in Macao erstmalig auf der Reise die Nadeshda, um Wohnung an Land zu nehmen.

Es sollte zwar mehr als einen Monat dauern, aber die Bemühungen Adam Johanns führten zum Ziel. Auch in den vorangegangenen Wochen war er nicht untätig geblieben, denn zum Kaufen und Verkaufen brauchte man einen verläßlichen örtlichen Geschäftsmann als Partner, und da es sich um Geschäfte mit hier noch gänzlich Unbekannten handelte, ließ sich anfangs niemand hierfür gewinnen. Zum Glück besaß Adam Johann noch von seinem vorigen Aufenthalt her gute Verbindungen zu hiesigen Engländern, und die Engländer waren zur Zeit Trumpf As, d. h. die einzigen Europäer, vor denen die Chinesen Respekt hatten. So konnten alle Geschäfte erfolgreich eingefädelt werden. Es ging neben dem Verkauf der Felle um den Kauf chinesischer Waren, mit denen die Schiffe beladen werden sollten.

Am 3. Dezember war die Newa endlich eingetroffen. Adam Johann fiel ein Stein vom Herzen, denn er hatte die Newa schon fast aufgegeben und u. a. geargwöhnt, Resanow könnte sie zurückgehalten haben. Die Besatzung der Newa hatte sich erfolgreich an der Niederwerfung eines Indianeraufstandes beteiligt und hierbei drei Tote und mehrere Verletzte zu verzeichnen gehabt.

Adam Johann berichtet nur Positives über die Newa, so äußert er sich über den guten Gesundheitszustand der Besatzung[4]. Für Löwenstern hingegen waren negative Eindrücke vorherrschend. Während auf der Nadeshda die Prügelstrafe nahezu abgeschafft sei, werde auf der Newa für jede Nichtigkeit unbarmherzig geprügelt. Ein Beweis für die ungute Distanz, die der Kapitän Lisjanski zwischen sich und seine Offiziere gelegt habe, sei die Aufhebung der gemeinsamen Tafel. Besonders bemerkenswert, wenn man bedenke, daß es sich um ein so kleines Schiff auf einer langen Reise gehandelt habe und daß man das Leben nicht nur im Kampf mit den Elementen, sondern gemeinsam auch mit der Waffe in der Hand eingesetzt habe und daß der ohnehin unterbesetzten Mannschaft größte Leistungen abverlangt worden seien[5].

Endlich war die Genehmigung für Kanton da, und am Weihnachtstage konnte die Nadeshda in Wampoa, dem Hafen von Kanton, neben der Newa vor Anker gehen. Kanton liegt nicht am Meer, sondern landeinwärts im vielfältig verzweigten Delta des Westflusses, das sich wiederum mit dem Delta des Perlflusses vereinigt. Wampoa, ein Vorort von Kanton, ist somit ein Flußhafen. Für die Besatzung ergab sich hier endlich Gelegenheit zu ausgiebigem Landurlaub in einer großen Hafenstadt. Die Erfahrungen hierbei waren zwar ziemlich schlecht, doch ließen es sich die Matrosen, ausgehungert nach Exotik, nicht verdrießen, die Abenteuer dort auszukosten. Wurden die Zugänge von Seeräubern beherrscht, so die Straßen der Stadt von Taschendieben. Während man einen abwehrte, wurde man von zwei anderen ausgeplündert. Waren Geld und Wertsachen wohlverwahrt, dann gaben sich die Diebe auch mit dem Taschentuch zufrieden. Einen Einkauf zu tätigen, ohne betrogen zu werden, schien ausgeschlossen. Man mußte z. B. damit rechnen, daß eine Teekiste nur obenauf eine Schicht Tee enthielt, im übrigen aber mit Heu gefüllt war. Es galt das Sprichwort: 'Der soll geboren werden, welcher in China gewesen, und nicht betrogen worden ist.'

An Hafenkneipen bestand kein Mangel, wohl aber an Damen des ältesten Gewerbes, weil es nämlich für Chinesinnen ein strenges Verbot gab, sich mit Fremden einzulassen. Es gab somit keine für Europäer betretbare Etablissements dieser Art, und auf dem Fluß patrouillierten Boote, um die fremden Schiffe in dieser Hinsicht zu überwachen. Die betreffenden Damen zeigten sich diesen Wachbooten jedoch überlegen, indem sie sich auf dem Boden des Bootes liegend zusätzlich zur Dunkelheit unsichtbar machten und von mehreren unglaublich schnellen Ruderern an die gewünschten Ziele gebracht wurden, die sie mit großer Geschicklichkeit enterten. Die weibliche Invasion nahm sogar so überhand, daß man sie mit Wassereimern abzuwehren suchte, die vom Schiff aus über den Booten ausgeschüttet wurden. Übrigens hatten diese nächtlichen Besucherinnen erstaunliche moralische Grundsätze, die es ihnen keinesfalls gestatteten, zweien oder gar mehr Herren zu dienen. Ein solches Ansinnen wurde mit größter Entrüstung abgelehnt. Sie waren nur einem zugetan und keinem sonst.

Das heimliche Treiben an Bord, die beschwingten Landgänge, die lockende Heimat, die Wiederbegegnung mit den Kameraden der Newa, der wenige Dienst und wohl auch die erstmalige lange Abwesenheit des Kapitäns hatten es zuwegegebracht, daß die Besatzung außer Rand und Band geriet. Nicht wiederzuerkennen waren diese im Grunde gutwilligen und ihrem Kapitän blindlings ergebenen Leute. Da war zum Beispiel ein Besatzungsmitglied, das zu so argen alkoholischen Exzessen neigte, daß ihm kein Landgang genehmigt worden war. Der Mann bat und flehte. Da er hoch und heilig versprochen hatte, er werde keinen Tropfen Alkohol trinken, bekam er vom Kapitän die Erlaubnis. Er hielt sein Versprechen und kehrte nach einem ausgiebigen Landgang am nächsten Tage tatsächlich vollkommen nüchtern an Bord zurück. Als kurz darauf eine Rückfrage notwendig wurde, war er nicht mehr ansprechbar. Er hatte das Versäumte bereits so gründlich nachgeholt, daß Dr. Espenberg kommen mußte. Am folgenden Tage war der Besagte in gewohnter Frische bei der Arbeit.

Doch wer hätte gedacht, daß es ausgerechnet der so zurückhaltende und kreuzbrave Horner sein würde, der sich in Kanton das ungeheuerlichste Stück leisten sollte! Horner schlich sich nachts auf den Richtplatz, erkletterte einen Galgen und schnitt erst den Gehenkten und dann diesem den Kopf ab, packte ihn fein säuberlich in sein Schnupftuch und trug ihn heimwärts, wo er ihn in ungelöschten Kalk legte. Er hatte einem Studienfreund versprechen müssen, ihm einen Chinesenschädel mitzubringen. Korrekt wie er war, hat er dieses Versprechen eingelöst.

Übrigens war der Wunsch nach einem Schädel gar nicht so ausgefallen. Schädelsammlungen waren damals sehr in Mode. Des Dichters Kotzebues zweite Frau, Adam Johanns leibliche Cousine Christel, schrieb diesem noch vor der Abreise: "Daß Sie mir etwas mitbringen müssen, versteht sich; aber raten Sie was? Totenköpfe der verschiedenen wilden Völkerschaften, die Ihnen aufstoßen werden. Ein Freund von uns, dem wir große Verbindlichkeiten haben, hat eine Sammlung von menschlichen Schädeln und Knochen, also wenn Sie es ohne Gefahr für Sie tun können, so bringen Sie mir recht schöne Totenköpfe mit, mein guter Adam." Und Kotzebue fügte hinzu: "Es wäre ganz allerliebst, wenn Sie mir dann und wann bei Gelegenheit ein Briefgen mit pikanten Neuigkeiten zukommen ließen, damit ich dem Publikum einen kleinen Vorgeschmack von dem geben könnte, was es zu erwarten haben wird."[6] - Beides Fehlbitten, aber doch wohl symptomatisch dafür, wie wild man damals auf die Wilden war.

Adam Johann hatte die anfängliche Wartezeit in Macao dazu genutzt, sich von einer vermutlich russischen Künstlerin namens Metkow porträtieren zu lassen. Auch hatte er seinen Offizieren ihre Gagen ausgezahlt, so daß diese erstmalig einkaufen konnten, seien es Mitbringsel oder sei es mit Gewinn zu verkaufende Ware. Die Newa wurde ganz ausgeladen und gekielholt. Sie war auf der Herfahrt zweimal auf ein Riff gelaufen, von dem sie sich nur mit Mühe hatte befreien können. Die Besatzung mußte für einige Tage auf der Nadeshda Unterkunft finden, während Offiziere und Passagiere auf dem Festland Wohnung genommen hatten. Die Nadeshda wurde von chinesischen Handwerkern ganz und gar neu gestrichen. Es gelang jedoch nicht, einen solchen Auftrag mit einer Pauschale zu vergeben. Die Chinesen verlangten eine Zeitentlohnung, und entsprechend lange dauerte es dann auch.

Dann begann der Handel mit dem chinesischen Kaufmann, der zunächst eine lächerliche Summe bot. Jedesmal wenn Adam Johann nicht in die Kaufsumme einwilligte, drohte der Chinese mit Rücktritt, fuhr an Land, erschien jedoch nach einigen Stunden wieder und bot einige Tausender mehr. Adam Johann begann frühmorgens mit dem Handel und mußte sich dann spätabends mit Kopfschmerzen plagen. So ging dies Tag für Tag, bis man sich endlich einig war. Die Felle wurden für 190.000 Piaster verkauft. In einem europäischen Hafen hätte man nur ein Drittel dieser Summe erzielen können. 100.000 Piaster bezahlte der chinesische Geschäftsmann in bar und 90.000 mit Tee. Dies war ebenfalls günstig.

Es war bereits Januar, als die Teekisten anlangten, und zwar ein für Südchina ungewöhnlich kalter Januar mit zwei bis drei Grad Kälte und eisigem Nordwind. Die vom warmen Klima verwöhnten Einwohner litten unsäglich. In ihren Häusern gab es keine Beheizung, und die einfachen Arbeiter gingen fast nackt, mit nur wenigen Lumpen bedeckt. Sie hatten auch nichts, womit sie hätten ein Feuer entfachen können. Lisjanski, der doch geradewegs aus Alaska kam, berichtete den anderen, daß er nirgends solch eine Armut angetroffen habe wie in China.

Mit Ausnahme der Seeotterfelle, deren Preis in Kanton so niedrig war, daß sich ihr Verkauf dort nicht lohnte - man nahm sie daher nach Rußland mit -, wurden alle Geschäfte zufriedenstellend abgewickelt. Jetzt war man abfahrbereit und erwartete lediglich noch einige Proviantlieferungen, bei denen übrigens auch das Wasser zu bezahlen war, nur die Luft gab es umsonst. Da kam ganz unerwartet und auch unbegründet ein Verbot, sich den russischen Schiffen zu nähern, womit diesen auch die Abreise verwehrt war. Wachboote bezogen ihre Posten. Die besondere Schwierigkeit bestand darin, daß man weder die Motive dieser Maßnahme kannte noch wußte, von wem sie ausging. Ohne die Fürsprache der Engländer wäre man vermutlich hoffnungslos einer nicht absehbaren Gefangenschaft überantwortet gewesen, wie sie in Japan bestanden hatte, nur mit dem Unterschied, daß man dort großzügig versorgt worden war und zumindest ein Ziel vor Augen gehabt hatte, während hier alles gänzlich ungewiß war. Als besonderer Glücksfall kam ihnen zu Hilfe, daß die führende Persönlichkeit der Engländer in Kanton, ein gewisser Drummond, ein größeres Ansehen genoß, als irgendjemand vor oder nach ihm. Er aber war es auch, der Adam Johann als Gast bei sich aufgenommen hatte und ihn laufend beriet und unterstützte, und dies obwohl er im Begriff stand, Kanton für immer zu verlassen.

In Briefen an Julie schildert Adam Johann sein Leben in Macao und Kanton: "Drummond, der Präsident der englischen Faktorei, den ich in Kanton vor sechs Jahren kennenlernte, hatte verlangt, daß ich sein Haus beziehen soll. Es ist fürstlich mit seinen superben Gärten, in welchem die fameuse Grotte steht, wo Camoens[7] sein berühmtes Gedicht die Lusiade gedichtet haben soll. Nicht nur das ganze Haus, sondern auch die ganze Bedienung, sogar der Weinkeller ist mir zur Disposition gegeben, und ich komme mir vor wie ein Nabob mit meinen vielen chinesischen und

146

bengalischen Bedienten. ... Mr. Drummond, ein liebenswürdiger und sehr wohl unterrichteter Mann, in dessen Umgang ich meine Zeit am liebsten zubringe, begegnet mir mit Freundschaft und Achtung. ...Die Spanier, die Holländer, die Amerikaner haben uns große Diners gegeben. Aber bei den Engländern bin ich am liebsten und öftesten. - Ich habe hier alle die neuesten Produkte von englischer Literatur gefunden, auch einige deutsche, und mit nicht geringem Vergnügen lese ich jetzt Kotzebues Erinnerungen aus Paris."[8]

Die genannten Briefe nahmen für heutige Verhältnisse abenteuerliche Wege, bis sie die Empfängerin erreichten. So gab Adam Johann sie Schiffskapitänen nach Boston und Philadelphia mit, von wo aus sie an Gewährsleute in London oder Kopenhagen weitergeleitet wurden, die sie wiederum mit Schiffsgelegenheiten nach Rußland expedierten. Daß die Briefe dennoch ihr Ziel erreicht haben und große Freude auslösten, läßt sich Julies Briefen (s. Anhang) entnehmen.

In diesem rätselhaften China Ursachen ergründen zu wollen, war ein aussichtsloses Unterfangen. In diesem Falle waren die Dinge jedoch ganz besonders kompliziert. Es handelte sich zumindest vordergründig um die Rivalität eines Statthalterwechsels, der wiederum durch einen Favoritensturz am Kaiserhof in Peking ausgelöst worden war. Der Statthalter, der gehen mußte, war noch im Amt, während der neue bereits Einfluß ausübte. So kam es denn, daß wer den einen hofierte, den anderen verärgerte. Im Hintergrunde agierten die Machthaber in Peking mit undurchsichtigen Absichten. Eine russische Delegation wurde dort zu Gesprächen erwartet, doch irgendweswegen verzögerte sich ihr Kommen. Kurzum, in endlosen Beratungen wurden Briefe formuliert und auf behördlichen Wunsch immer wieder und wieder geändert. Am 9. Februar traf endlich die Genehmigung zur Abreise ein, nachdem vorher bereits die Anlieferung des noch ausstehenden Proviants gestattet worden war. Einen Tag später soll aus Peking die strikte Weisung eingegangen sein, den russischen Schiffen keinesfalls die Ausreise zu gestatten. Sie kam zu spät.

Die Möglichkeit, zur Flußmündung zu segeln, bestand nicht, doch konnte man sich von großen Ruderbooten bugsieren lassen. Seltsamerweise wurden diese Boote nicht von Männern, sondern ausschließlich von Frauen gerudert, und zwar nicht von fremden Frauen, sondern solchen, die der Mannschaft einigermaßen bekannt vorkamen, auch wenn sie sie vielleicht noch nicht bei Tageslicht zu Gesicht bekommen hatten. Es ging in den Booten übrigens ganz familiär und idyllisch zu. Man plauderte, bereitete Essen, und manche hatten in ihrem freien Arm einen Säugling an der Brust. Für die Besatzung gab es keine Idylle. Es mußte fleißig exerziert werden, denn es ging ja wieder den Piraten entgegen.

147

XVI
Die Rückreise

Die Piraten wurden aber nicht angetroffen. Sie waren andernorts beschäftigt. Der Ausdruck Piraten oder Seeräuber ist vielleicht auch nicht
ganz korrekt. Vermutlich käme die Bezeichnung Rebellen dem Tatbestand
näher. Dem Vernehmen nach gab es auch zu Lande Rebellenarmeen, und
es machte den Eindruck, als stünde das ganze Regime in China auf recht
wackligen Füßen.

Die Rebellenflotte war unlängst von der amtlichen chinesischen Flotte
in einer Bucht eingeschlossen und zur Kapitulation gezwungen worden,
doch unterblieb ihre Entwaffnung, da sich die Rebellen zur Mitwirkung im
Verbande der Flotte bereiterklärten, ein Versprechen, dem geglaubt, das
aber nicht gehalten wurde. Man munkelte, der Flottenchef habe heimlich
im Solde der Rebellen gestanden. Chinesische Schiffe könnten sich durch
alljährlichen Kauf eines Schutzbriefes von jeder Belästigung durch die
Seeräuber freikaufen, was auch gut funktioniere. Überhaupt scheint die
Korruption eine dominierende Rolle in China gespielt zu haben. Es war
zumeist nicht eine schrankenlose, sondern eher kanalisierte Korruption,
die schon beinahe legale Züge angenommen hatte. So waren z. B. die
sogenannten 'security merchants', von denen es in Kanton damals elf gab,
von den betrügerischen Usancen im Handel unbedingt ausgenommen,
denn man konnte ja wohl einzelne Teekisten kontrollieren, nicht aber eine
ganze Schiffsladung. Es war zwar schon immer etwas teurer, bei einem
ehrlichen Kaufmann zu kaufen, aber letztlich doch rentabler. Diese
Kaufleute mußten für ihre Approbation dem Chef der Überwachungs-
behörde eine beträchtliche Summe erlegen. Da diese Chefs jedoch
alljährlich wechselten, war dafür gesorgt, daß sich bei diesen kein zu
großer Reichtum anhäufte.

Adam Johann widmet den in China gewonnenen Informationen, die dank
seiner guten Verbindungen so sehr viel reichlicher geflossen waren als in
Japan, ein ganzes Kapitel[1]. Daß es in China - ausgenommen zwischen dem
Handelszentrum Kanton und der Hauptstadt Peking - keinerlei Post- und
auch keine regulären Verkehrsverbindungen gab, wird seine Zeitgenossen
nicht sonderlich beeindruckt haben, denn die Post steckte damals noch in
vielen Teilen der Welt in den Kinderschuhen. Verwunderlicher wird es die
Leser da schon angemutet haben, daß es in China Eltern gestattet war,
ihre als Privateigentum betrachteten Kinder nach Belieben zu töten. Von
Bord der Nadeshda wurden mehrmals vorübertreibende Kinderleichen
beobachtet. Als man das aus Ochotsk stammende und weithin infernalisch
stinkende Salzfleisch über Bord warf, machte man eine andere bezeichnen-
de Beobachtung, nämlich daß sich sofort Interessenten fanden, die das
Fleisch aus dem Fluß bargen.

Sehr angelegentlich propagiert Adam Johann in seinem Reisebericht die Einfuhr und Verwendung von Tee aus China, speziell der preiswerten Sorten. Seine Erfahrung an Bord habe gezeigt, daß dieses Getränk von der Mannschaft sehr schnell angenommen worden sei und gute Voraussetzungen besitze, ein populäres Getränk zu werden, womit er Recht behalten sollte, denn Tee wurde in Rußland tatsächlich ein Volksgetränk.

Die bevorstehende Fahrtstrecke durchquerte südwärts das chinesische Meer und führte dann statt durch die Malakka- durch die Sunda-Straße, die Sumatra von Java trennt, nachdem vorher die Gaspa-Straße und die Insel Bangka passiert worden waren. Man kam in der Sunda-Straße dicht an der Krakatau-Insel vorbei, deren Vulkan mit seinen späteren gewaltigen Ausbrüchen 1883 und 1928 in der ganzen Welt von sich reden gemacht hat, von dem man damals aber kaum etwas wußte. Damit sind auch schon die Namen erschöpft, die man aus Adam Johanns Reisebeschreibung in heutigen Atlanten wiederfindet. Die anderen Namen sucht man vergeblich oder findet sie wie die öfter erwähnten Ladronischen Inseln so weit östlich, daß sie bei diesem von Adam Johann selbst eingezeichneten Kurs nicht in Betracht gekommen sein können und ihren Namen geändert haben müssen.

Es war im Vergleich zu den bisherigen eine ungemein abwechslungsreiche Etappe der Weltumseglung, auf der es viel zu sehen gab, was den Kommandanten der Newa zu kleinen Abstechern auf eigene Faust verleitete, so daß die Nadeshda, obwohl etwas langsamer, gelegentlich zu warten genötigt war. Sie befanden sich obendrein seit fast zwei Jahren erstmalig wieder in der tropischen Zone und überquerten den Äquator. Auch auf diesem Abschnitt fehlte es nicht an einer besonders kritischen Situation, als das Schiff bei Windstille von der Strömung auf gefährliche Klippen zutrieb. Ein aufkommender leichter Wind bewahrte sie buchstäblich im letzten Augenblick davor, aufzulaufen. Nach der Passage der Sunda-Straße lag dann eine schier unabsehbare Wasserwüste vor ihnen. Nur einmal kam Land in Gestalt der kleinen Weihnachtsinsel in Sicht, im Kalender dagegen stand bereits Ostern im Blickfeld. Von nun ab gab es lange Zeit nichts mehr, wonach sich Ausschau zu halten gelohnt hätte.

Wenn so viele Menschen drei Jahre lang auf einem kleinen Schiff beisammen sind, ist natürlich auch die Abtrittfrage von Bedeutung. Löwenstern hat auch ihr seine Aufmerksamkeit geschenkt. Der Kapitän hatte für diese Zwecke eine eigene Gelegenheit - von Löwenstern Galerie genannt -, die auch Espenberg benutzte. Für die Offiziere stand an Deck ein wenig gemochter enger Verschlag mit einem Nachtstuhl darin. Bei einem Sturm ging dieser Verschlag - ohne Insassen - über Bord und ward nicht mehr gesehen und auch nicht mehr ersetzt. Die Offiziere weinten diesem Örtchen keine Träne nach und benutzten den Abtritt der Mannschaft. Dieser besaß unbedingt Vorzüge, hatte jedoch einen Nachteil: Er konnte bei sehr hohem Wellengang gelegentlich auch mal unter Wasser geraten. Fachkundige verstanden es, solche Situationen vorherzusehen und sich danach zu richten, nicht aber Tilesius, der eine schreckliche Erfahrung machen mußte, nicht ganz ohne heimliche Mitwirkung des Mannes am Steuer, der die Möglichkeit hatte, in dieser Hinsicht etwas nachzuhelfen. Geschockt, nach Atem ringend, triefend naß und unvollständig bekleidet entstieg er seinem eisigen Vollbad, zuletzt noch mit Gelächter überschüttet. Es dauerte eine ganze Weile, bis er es verwunden hatte.

Die Newa trennte sich am 15. April von der Nadeshda, ohne daß es hierfür einen triftigen Grund gegeben hätte. Zwar kamen die Schiffe noch einmal auf große Entfernung in Sichtweite, und die Offiziere der Newa suchten ihren Kommandanten zu erneuter Fühlungsnahme zu überreden, aber vergeblich. Auch die verbindlich getroffene Vereinbarung, daß für die Schiffe, falls sie getrennt werden sollten, der nächste Treffpunkt St. Helena sein sollte, wurde nicht eingehalten. Die Newa lief St. Helena überhaupt nicht an. Lisjanski hat offensichtlich sein schamloses Streben, den Sensationsempfang in der Heimat allein einzuheimsen, nicht einmal zu bemänteln versucht. Für sein Verhalten hat es später die Erklärung gegeben, daß es ihm um die Aufstellung eines Rekordes gegangen sei, denn vor ihm habe noch kein Schiff die Strecke Kanton-Portsmouth ohne Aufenthalt zurückgelegt. Dies könnte zutreffen, dürfte aber darauf zurückzuführen sein, daß noch niemand die Notwendigkeit eines solchen Rekordes erkannt hatte.

Am 15. April wurde der Meridian von St. Petersburg erreicht und damit die Umschiffung der Erdkugel vollendet. Wenige Tage später kam die afrikanische Küste in Sicht, doch nur für kurze Zeit, denn Adam Johann hatte beschlossen, vom Anlaufen Kapstadts Abstand zu nehmen. Ein entgegenkommendes Schiff hatte die Nachricht überbracht, daß der Hafen von Kapstadt blockiert sei, da die Engländer in Begriff stünden, die Stadt zu erobern. Ganz abgesehen davon, daß hier gerade die winterliche Jahreszeit anbrach und man in die damit verbundenen Stürme hineinzugeraten drohte, war die Nadeshda ohnehin spät dran. Vermutlich hatte es sich der Kapitän zum Ziel gesetzt, die Reise in rund drei Jahren zu absolvieren. Daher wollte er sich auf Abenteuer von ungewisser Dauer jetzt nicht mehr einlassen und segelte an Kapstadt vorbei. Seine Reisegefährten taten dies schweren Herzens, denn sie hatten sich darauf gefreut, diesen doch schon recht berühmten Platz kennenzulernen und überhaupt einmal afrikanischen Boden zu betreten. Auch waren seit dem letzten Landgang inzwischen wieder Monate verstrichen. Dennoch erhob sich kein großes Murren, weil alle Gemüter dem lockenden Ziel Heimat entgegenstrebten.

"Bei unserer Abreise", schreibt Löwenstern in sein Tagebuch, "wagte es keiner von uns, an unsere Rückkehr zu denken. Nach der Ankunft in Kamtschatka hieß es, wenn wir aus Japan zurückkehren, dann haben wir unsere halbe Reise vollendet. Nach der Reise von Sachalin zählten wir noch Jahre, aus China Monate und jetzt schon Wochen, und ehe wir uns versehen, langen wir in Kopenhagen an, von wo nur noch Tage zu zählen übrig bleiben. - Ich wäre im Stande, und viele meiner Kameraden sind der gleichen Meinung: Böte sich gleich nach unserer Rückkunft eine Gelegenheit, zum zweiten Mal eine Reise um die Welt zu machen, gleich zuzuschlagen und drei Tage nach Vollendung der ersten die zweite Reise anzutreten."

Horner sieht es so: "Wenn die meisten meiner Gefährten diese Reise nur wie ein überstandenes Übel ansehen; so denke ich mit Vergnügen zurück an die mutige Freiheit des Seelebens, an den schönen südlichen Abendhimmel und die in Europa ungesehenen Sterne, und alle die erhabenen Malereien der Natur auf dem Meere und in ungebauten Ländern. Dazu sind meine Erwartungen nicht, wie jener ihre betrogen worden, denn ich hatte keine Partie de plaisier im Kopf, ... und ich habe ein paar vortreffliche Freunde gewonnen."[2]

Ostern verging und Pfingsten kam heran. Die Takelage begann ihren Dienst aufzusagen, auch ohne heftigen Sturm. Infolge von Erkrankungen avancierten Otto und Moritz von Kotzebue zu Steuerleuten.

Am 4. Mai 1806 hatten sie in St. Helena Station gemacht und vergeblich nach der Newa Ausschau gehalten. 56 Tage waren vergangen, seitdem man Land in der Nähe gesehen und über 80 Tage, daß man es betreten hatte. Man erfuhr dort nach langer Zeit wieder Nachrichten aus Europa, auch wenn diese an Ort und Stelle schon längst keinen Neuigkeitswert mehr besaßen. Zu den Nachrichten gehörte auch, daß Rußland und Frankreich sich im Kriege miteinander befanden. Es galt also jetzt aufzupassen, und es wäre unter diesen Umständen besonders darauf angekommen, daß die beiden Schiffe zusammengeblieben wären.

Nachdem Kapstadt ausgefallen war, boten sich in St. Helena Möglichkeiten der Verproviantierung, wofür auch gute Voraussetzungen bestanden. Daß hier alles auffallend teuer war, fiel deswegen nicht ins Gewicht, weil großzügigerweise Kriegsschiffe kostenlos beliefert wurden, sogar mit Kanonen. Für diese interessierte sich Adam Johann insofern, als er zur Dämpfung der panischen Furcht der Bewohner von Petropawlowsk vor plötzlich auftauchenden Feinden einige seiner Kanonen in Kamtschatka gelassen hatte. Doch fanden sich in den Speichern von St. Helena keine passenden Geschütze. Auch an Schiffszwieback herrschte Knappheit, da gerade eine größere Anzahl englischer Kriegsschiffe zu versorgen gewesen war.

Man war zahlreich und vergnügt an Land, als von Bord der Nadeshda eine alarmierende Nachricht eintraf. Der dort zurückgebliebene Leutnant Golowatschew hatte sich erschossen, und zwar mit einer defekten Pistole, die nur mit Hilfe eines Fidibusses abzufeuern war. Noch am Vortage war er mit an Land gewesen, hatte dort mit einem Kinde gespielt und sich nichts anmerken lassen. Dennoch war der Selbstmord keine Affekthandlung, sondern wohl vorbereitet, denn es wurden bei ihm Abschiedsbriefe in großer Zahl gefunden, die sowohl an Personen an Bord als auch in der Heimat, u. a. den Kaiser, gerichtet waren. Die Briefe an die Gefährten - die anderen wurden nicht geöffnet - waren verworren und maßen jedem einzelnen die Schuld an seiner Situation zu. Den Kapitän nannte er einen Tyrannen voll Rache, Heimtücke und Bosheit, der ihn schikaniert und ihm nach dem Leben getrachtet habe. Espenberg habe ihn zu vergiften versucht, Romberg wurde ein Tyrann der Menschheit genannt und eine Mißgeburt. Selbst Tilesius zieh er der Schuld, da dieser ihn auf Betreiben anderer angeschwärzt habe. Alle diese Briefe sollten vor versammelter Mannschaft und auch dem Kaiser vorgelesen werden.

Golowatschew hatte mit jedem an Bord mehr oder weniger schwerwiegende Streitigkeiten gehabt, bis man merkte, wie sehr er sich alles zu Herzen nahm, so daß alle sich Mühe gaben, derlei Konflikten aus dem Wege zu gehen. Das führte natürlich dazu, daß man ihn immer weniger beachtete und er in Isolation geriet. Seine Gefährten nahmen daher wohl auch nicht recht wahr, daß sich seine Gereiztheit in Depression und diese wiederum in Geisteskrankheit - Verfolgungswahn - zu wandeln begann. Aus dem Inhalt der Briefe geht hervor, daß bei dieser Entwicklung die Resanow-Affäre eine große Rolle gespielt hat. Hatte doch Resanow vorübergehend die Illusion, in Golowatschew einen Anhänger und dieser in ihm einen Wohltäter gefunden zu haben, wodurch er bei seinen Kameraden in den Verdacht eines Ohrenbläsers und Verräters geriet.

Wie es seinem Wesen entsprach, hatte sich Adam Johann diesem schwierigen und mitunter auch nicht einwandfreien Leutnant gegenüber nicht nur nicht schikanös, sondern betont korrekt und auch nachsichtig verhalten, so daß ihn Löwenstern deswegen sogar der Parteilichkeit bezichtigt. Daher mag sich die rechte Offenheit im Umgang nicht eingestellt haben. Aber nahe beieinander gewesen war man drei Jahre lang doch und hatte Freud und Leid geteilt, und so hat Adam Johann dieser tragische Vorfall zum Abschluß der Reise als Menschen, wie als für alles verantwortlichen Kapitän doppelt getroffen. Löwenstern hat ihn zum zweiten Mal weinen gesehen.

Golowatschew wurde auf St. Helena zu Grabe getragen. Der Kaiser hat später auf Golowatschews Brief unwirsch reagiert. Ein Mann, der nicht daran geglaubt habe, in seinem Heimatland Gerechtigkeit zu finden, verdiene seine Teilnahme nicht. Damit hatte die Angelegenheit für den

Kaiser ihr Bewenden. Niemand wurde in dieser Sache beschuldigt oder gar angeklagt.

Obwohl ganz ohne Zweifel das immer näher heranrückende Ende der Reise bei allen Teilnehmern einen Wandel ihrer Gemütsverfassung auslöste, wird man doch den Tod auf St. Helena als Zäsur einsetzen dürfen. Zu sehr hat dies Geschehnis die Betroffenen bewegt und ihnen diesen und damit jeden Nebenmann mit erweitertem Blick betrachten lassen. Da war z. B. Ratmanow, dem zwar Löwenstern bescheinigt, daß er nach seinem bösen Reinfall in der Awatscha Bucht bereits merklich zurückhaltender und erträglicher geworden sei, bei seinen Gefährten aber weiterhin als arroganter Nichtstuer galt. Nach dem Ausfall Golowatschews und einer Erkrankung von Bellingshausen erklärte er sich freiwillig bereit, wieder Wachdienst zu machen. Damit schwand die Distanz zu seinen Exkameraden, und sie begannen in ihm wieder einen geraden und akzeptablen Kerl zu sehen. Ja, und der vielgeschmähte Dr. Espenberg hatte auf Dauer die Ökonomie übernommen und machte sich in dieser Rolle vorzüglich; seine ärztlichen Fähigkeiten hatte ohnehin niemand bestritten.

Diese hier angedeutete Wandlung der Gemütsverfassung war jedoch von eher unterschwelliger Art. Es war ja noch das gleiche Schiff, die gleiche Besatzung, und man hatte noch all das an Bord, was sich so in drei Jahren angesammelt hatte. Von eitel Sonnenschein konnte also keine Rede sein, man fuhr ja auch gen Norden und wurde von unfreundlichem Wetter empfangen. Sicherlich gibt Löwenstern der Grundstimmung treffenden Ausdruck, wenn er schreibt: "Ich mag die Sache drehen und wenden wie ich will, ich muß mich glücklich schätzen, diese Reise mitgemacht zu haben. - Gott sei Dank, daß sie ein Ende nimmt, denn ich und beinahe alle sind störrisch geworden, und tiefsinnig und melancholisch läßt jeder den Kopf hängen. Ich besitze Aufrichtigkeit genug, mir mein störrisches Wesen selbst einzugestehen und machte heute deswegen bei Krusenstern meine Entschuldigung und bat ihn um Verzeihung, im Falle ich ihn durch mein störrisches Wesen gekränkt haben sollte. ... Eine lange Seereise ist ermüdend. Es sind nicht die Beschwerden der Reise, welche zur Last fallen, sondern das immerwährende Einerlei und die zur schweren Last gewordenen Kleinigkeiten. Mit allem, was wir tun, hat es die gleiche Bewandtnis. Mit Essen und Trinken könnten wir zufrieden sein, wenn wir nicht durchgängig alle gespannt und mißmutig wären und dadurch jeden Genuß verbitterten. An Unterhaltung fehlt es ganz, weil wir einander nicht unterhalten wollen und können, weil jeder aus Mißmut die Worte zu sehr auf die Waage legt."

Um Mitternacht vom 8. auf den 9. Mai verließ die Nadeshda St. Helena. Die Kriegslage, das Fehlen der Newa und die unzulängliche Bestückung mit Kanonen ließen es dem Kapitän geraten erscheinen, nun nach so glücklich absolvierter Weltumseglung kein vermeidbares Risiko mehr einzugehen und auf die Durchfahrt durch den Kanal zu verzichten. Am 1. Juli erreichte die Nadeshda die Breite der Kanarischen Inseln, doch sehr viel weiter westlich, um Begegnungen mit feindlichen Kriegsschiffen aus dem Wege zu gehen. Die Orkney-Inseln waren das erste europäische Land, das sie am 17. Juli zu Gesicht bekamen. Bettelarme, in Lumpen gekleidete Bewohner kamen in Booten, ihre Landesprodukte anzubieten, für die sie am dringendsten alte Schuhe verlangten. Auch begegnete man jetzt öfter Schiffen, deren Bewaffnung und Nationalität nicht zu erkennen waren, zumal wenn zur Täuschung zunächst eine falsche Flagge aufgehoben wurde. Daher ständige Alarmbereitschaft. Mehrmals wurde die Nadeshda von englischen Fregatten kontrolliert. Es erregte fassungsloses Staunen, einem Schiff zu begegnen, daß aus Kamtschatka kam und drei Jahre unterwegs gewesen war. Zwei Schiffe waren vorher der Newa begegnet, die in einem englischen Geleitzug segelte. Beinahe hätte sich die Chance ergeben, noch vor der Newa in Kopenhagen einzulaufen, doch wurde sie durch Windstille und danach konträren Wind im Skagerrak und Kattegat zunichte gemacht.

Den dritten Jahrestag des Reisebeginns mußten sie zwar noch unterwegs begehen, aber die Gedanken, sie waren schon zu Hause angekommen. So stellt Löwenstern fest, daß so verschieden die Teilnehmer auch gewesen seien, in ihrer Vorfreude auf ihre Angehörigen und Freunde doch übereinstimmten und auch darin, daß eine karge Heimat selbst mit den Schätzen Indiens und der Üppigkeit Brasiliens unvergleichlich sei. "Auch Krusenstern kann seine Ungeduld und sein Mißvergnügen über das Aufhalten durch konträre Winde und Windstillen nicht verbergen", schreibt Löwenstern.

Am 2. August endlich ging die Nadeshda auf der Kopenhagener Reede vor Anker. Über den Aufenthalt dort und die letzten Tage der Reise heißt es bei Löwenstern: "Zu Mittag hatten wir frische Kartoffeln[3]und Grütze[4]! Wie die Hamster schleppen wir frische Provision vom Lande. Es wird so viel an Bord geschleppt, als wenn wir wieder eine Reise um die Welt machen wollten. - Wir strichen die Nadeshda mit schwarzer und auch mit gelber Ölfarbe an. - Um 10 Uhr morgens kam der dänische Kronprinz mit seinem Gefolge an Bord. ... Die Wandten und Fordunen[5] merken auch, daß es nach Hause geht, bald reißt es hier, bald dort. ... Am Morgen des 16. August war von weitem der Olaiturm (von Reval) zu sehen. Es wurde windstill und wir trieben uns hinter Nargen und Wulf[6] herum. ... Am Abend des 17. August segelten wir nach Kronstadt hin. Da der Wind sehr still war, so fuhren Krusenstern, Horner und Schemelin im Boote voraus nach Kronstadt um 12 Uhr. Und um 9 Uhr den Abend legten wir uns in Kronstadt vor Anker. Am 20. August 1806 zogen wir uns durch Werpen[7] in den Hafen und um 12 Uhr in den Kanal hinein - und hiermit hat unsere Reise um die Welt ein Ende."

Obwohl die Newa schon einige Tage vorher eingetroffen war, tat dies dem Aufsehen, das die Ankunft der Nadeshda erregte, keinen Abbruch. Tag für Tag drängten sich an Bord die Besucher und fragten die Weitgereisten "fast zu Tode", wie Löwenstern bemerkt. Zu den Gästen gehörten auch Admiral Tschitschagow und Graf Rumjanzew und schließlich der Kaiser selbst. Als besondere 'Gnade' gewährte der Kaiser den Expeditionsteilnehmern Zollfreiheit für ihr Gepäck! Das Kommando verließ die Nadeshda am 26. August (bzw. 7. September neuen Kalenders). Natürlich hatte sich auch Julie, Adam Johanns Frau, in Kronstadt eingefunden, wo die Auslade- und Abwicklungsarbeiten den Kapitän und seine Mannschaft noch etwa einen Monat in Anspruch nahmen, bevor sie wirklich 'heimkehren' konnten. Mit der Benachrichtigung Julies über die Rückkehr der Nadeshda hatte Adam Johann Horner beauftragt, der "auf diese Gesandtschaft stolzer war, als man auf keine in der Welt sein kann", zumal er es "zu den schönsten Ergebnissen der Reise zählte, daß er auf derselben Krusenstern sich zum Freunde erworben hatte."[8]

Freiherr von Zach, der die Expedition von Anfang an mit lebhaftem Interesse verfolgt und anhand von Briefen Horners in der "Monatlichen Correspondenz zur Beförderung der Erd- und Himmelskunde" ständig darüber berichtet hatte, resumiert diese Weltumsegelung wie folgt: "... Die ganze Reise hatte drei Jahre und zwölf Tage gedauert. Daß die Nadeshda auf einer so langen und zum Teil in unbekannten und stürmischen Meeren gemachten Schiffahrt auch nicht einen Mann ihrer Equipage verlor, gereicht Krusensterns Sorgfalt zum ganz besonderen Verdienst, um so mehr, da dies die erste Reise war, die von Russen um die Welt gemacht wurde, und wir glauben kaum, daß eine andere der berühmtesten seefahrenden Nationen ein ähnliches Beispiel bei einer völligen Weltumsegelung aufzuweisen hat. Nicht minder verdient es als ein Beweis der Geschicklichkeit und Aufmerksamkeit aller Offiziere besonders bemerkt zu werden, daß die Nadeshda auf der ganzen langen Reise weder einen Mast, Raen oder Stengen noch einen Anker oder Ankertau verloren hat."[9]

XVII
Bilanz

Man könnte bisher den Eindruck gewonnen haben, daß wohl das Gelingen dieser Weltumseglung als außergewöhnliche Leistung zu Buche schlägt, sie jedoch infolge vielfältiger ungünstiger Umstände nicht viel Ertrag aufzuweisen hatte. Dem war aber nicht so. Hier war kein Abenteurer, sondern ein Wissenschaftler unterwegs gewesen, der zwar keine sensationellen Länder entdeckt hatte, wohl aber mit einer Fülle wissenschaftlicher Ergebnisse heimkehrte.

Es wäre ohne Zweifel eine Überforderung nicht nur des Autors, sondern auch des Lesers einer solchen Biographie, wollte man in ihrem Rahmen den Versuch unternehmen, diese wissenschaftliche Ausbeute der Weltumseglung im Detail vorzutragen. Daher wird sie hier in einer Zusammenfassung nach Newsky[1] gebracht:

> Die erste russische Weltumseglung war über ihre vordergründigen Ziele hinaus von größter Bedeutung für die weitere Entwicklung der geographischen Wissenschaft. Über die Weltmeere, die immerhin zwei Drittel der Erdoberfläche bedecken, war damals noch sehr wenig bekannt. Die Seefahrer bzw. Wissenschaftler dieser Weltumseglung beschäftigten sich sehr gründlich mit der Erforschung der Meeresströmungen, mit der Beobachtung der Wassertemperaturen und der Dichte des Wassers in verschiedenen Tiefen sowie mit dem Studium der Gezeiten. Diese erstmalig in der Geschichte der Seefahrt durchgeführten systematischen Beobachtungen bildeten die Grundlage der Ozeanographie, einer damals noch unbekannten Wissenschaft.
>
> Sie stellten das Vorhandensein der Sachalin-Strömung, des Tschuschima-Zweiges der warmen Kurosiwa-Strömung, der äquatorialen Gegenströmung im Atlantik und Pazifik und mehrerer anderer Strömungen fest. Weitere Arbeiten der Expeditionsteilnehmer galten der Erforschung des spezifischen Gewichts (Dichte) des Meerwassers. Diese Beobachtungen machten es möglich, eine Gesetzmäßigkeit der Verteilung des Salzgehalts an der Meeresoberfläche der Ozeane festzustellen und die Ursachen dieser Erscheinung zu bestimmen. So stellte z. B. Krusenstern eine Erhöhung des Salzgehalts in den Passatbreiten im Vergleich zu den äquatorialen und gemäßigten Breiten fest und verband diese Erscheinung mit der Verdampfung und der Niederschlagshöhe. Erstmalig wurde die bemerkenswerte Tatsache eines höheren Salzgehalts des Atlantischen Ozeans im Vergleich zum Stillen Ozean festgestellt. Mit besonderem Eifer widmete man sich der Erforschung der Meerestemperaturen in verschiedenen Tiefen (bis zu 400 Meter) der

Weltmeere. Es waren die ersten Arbeiten dieser Art in der Geschichte der Meereskunde.

16 bis dahin unbekannte Inseln wurden von Krusenstern entdeckt, beschrieben und auf den Seekarten eingezeichnet: in der Kurilen-Kette, im Japanischen Archipel (in der Van-Diemen Straße) und vor der Nordwestküste der Insel Hokkaido. Lisjanski entdeckte nordwestlich der Hawaii-Inseln eine neue Insel, die nach ihm benannt wurde, sowie Klippen unter der Oberfläche des Ozeans, denen er den Namen Krusensterns gab.

Eine Auswahl guter Instrumente ermöglichte systematische Arbeiten zur Erforschung der meteorologischen Verhältnisse. Selbst hervorragende Wissenschaftler vertraten damals die Ansicht, daß Wetterveränderungen mit der Anziehungskraft der Himmelskörper in Verbindung stünden. Horners Beobachtungen widerlegten dies. Die meteorologischen Beobachtungen galten der Erforschung der Temperaturverhältnisse, der Luftfeuchtigkeit, dem Luftdruck sowie der Windrichtung und der Intensität und Dauer des Windes. Beobachtet wurden die Transparenz des Himmels, die Bewölkungsdichte und das Aufkommen von Nebel. Diese Arbeiten, die erstmalig auf wissenschaftlicher Grundlage in den Weiten der Weltmeere vorgenommen wurden, waren nicht nur für die Schiffahrt von Bedeutung, sondern dienten auch geographischen Zwecken. Daneben wurden auch magnetische und astronomische Beobachtungen durchgeführt.

Kurze Reiseunterbrechungen wurden dazu genutzt, genaue Aufzeichnungen über den Verlauf des Meeresufers und die Lage von Ankerplätzen zu machen. Solche Angaben waren damals von großem praktischen Wert für die Schiffahrt und bildeten später die Grundlage von Lotsenbüchern.

In den Tagebüchern findet man reiches wissenschaftliches Material über Kultur, Sitten, Lebensgewohnheiten und Gesellschaftsformen der Polynesier, Ainos, Giljaken, Eskimos und Indianer. Krusenstern wie auch Lisjanski gehören zum Kreis der Seefahrer mit einer humanen Einstellung gegenüber den Eingeborenen. In dieser Hinsicht waren sie ihrem Jahrhundert voraus. Aus tiefster innerer Überzeugung lehnten sie die von europäischen Kolonisatoren gehandhabten Methoden ab, mit denen die Eingeborenen unterdrückt wurden.

Je mehr Rußland den Anschluß an westeuropäischen Standard zu suchen und auch zu finden begann, einen um so fruchtbareren Boden gab es ab für neue Ideen und großartige Projekte. Boten sich doch hier Voraussetzungen, ähnlich denen im Land der unbegrenzten Möglichkeiten. Es fehlte auch nicht an Ideenbrütern mit Phantasie. Doch im Gegensatz zu

Amerika haperte es erheblich, sobald es an die Umsetzung der Projekte in die Praxis ging. Es fehlten Pioniergeist, organisatorische Gaben, vor allem aber Freiheit von der Bevormundung durch eine kleinkarierte und oft inkompetente Bürokratie, ganz abgesehen von Herrscherpersönlichkeiten, die von ihrem Riesenreich und der Fülle seiner Probleme überfordert waren und wohl auch überfordert sein mußten, zumal sie sich genötigt sahen, sich auch um Bagatellen zu kümmern, wie beispielsweise um den Urlaub eines Offiziers. Ob es auch am Mut zum Risiko überhaupt mangelte oder ob dieser erst durch mancherlei Fehlschläge und absolutistische Selbstherrlichkeit eingeschränkt wurde, bleibe dahingestellt. Ausschlaggebend war die Schwerfälligkeit des Apparats.

Adam Johanns Denkschriften enthielten komprimiert ein Riesenprogramm, geeignet, diverse Ministerien in Atem zu halten. Die in Aussicht gestellten Vorteile waren so evident, daß es sich nur noch um die Wege handeln konnte, die zu ihnen führten. Jetzt nach gelungener Weltumseglung konnte anhand ihrer Ergebnisse mit dem Planungsstadium begonnen werden, nämlich mit dem Bau oder Ankauf geeigneter Schiffe, der Ausbildung von Besatzungen und Kapitänen, der Etablierung einer ständigen Handelsvertretung in Kanton, einem Entwicklungsprogramm für die fernöstlichen und amerikanischen Gebiete sowie der Einrichtung einer Leitstelle für geographische Forschungsvorhaben, um hier nur einige Schwerpunkte herauszugreifen.

Alles dieses war natürlich nicht kurzfristig aus dem Boden zu stampfen, aber man verfügte immerhin bereits über entwicklungsfähige Ansatzpunkte, eine sachkundige Kernmannschaft und über den Urheber der Projekte als treibende Kraft. Und dieser kam nicht etwa von irgendeinem Schreibtisch daher, sondern war ein kampferprobter Offizier mit mehrjähriger Praxis in der britischen Marine, weitgereist und welterfahren, ein gebildeter und wissenschaftlich befähigter Mann, der soeben eine spektakuläre dreijährige Weltumseglung mit der Exaktheit einer Manöverübung absolviert hatte. Solch ein Mann war für ein Land, in dem so viele gigantische Aufgaben zu lösen waren, ein Glücksfall und mit materiellen Gütern oder Ehrungen nicht aufzuwiegen, sondern zuvörderst durch sinnvollen Einsatz. Eine koordinierende Stabsstellung bei der Admiralität lag nahe, effektiv allerdings bei der damaligen Titelherrlichkeit nur durch entsprechende Ausstattung und Kontakte zum Kaiser.

Wie aber sah nun die Wirklichkeit aus? Es geschah in dieser Hinsicht überhaupt nichts. Die Frage, wie der auf einer solch exorbitanten Unternehmung gesammelte Schatz an Erfahrungen für Rußland nutzbar zu machen sei, wurde erst gar nicht gestellt. Selbst wenn man bedenkt, daß damals Sorgen, die sich unter dem Stichwort Napoleon zusammenfassen lassen, im Vordergrund standen, so hätte man doch zumindest die

158

Planung dieser Projekte zur längerfristigen Ausführung in Angriff nehmen können.

Schon die Belohnung der Expeditionsteilnehmer fiel bescheiden aus. Erst auf Einwirkung von Graf Rumjanzew erhielt jeder Offizier eine lebenslängliche Pension von tausend Rubeln im Jahr, der Kapitän von dreitausend Rubeln, die Mannschaft gerade von 50 - 75 Rubeln und die Unteroffiziere Beträge, die entsprechend ihren regulären Bezügen abgestuft waren. Die Höhe der Offizierspension galt auch für die Ärzte und Wissenschaftler. Für alle wurde eine Rangerhöhung um einen Grad vorgesehen, der es Adam Johann zu verdanken hatte, daß er am 2. August 1806 Kapitän zweiten Ranges wurde, zugleich mit Ratmanow, erst kürzlich zum Kapitänleutnant avanciert, während Adam Johanns Beförderung ohnehin längst überfällig gewesen war. Individuell wurde ihm der Wladimir-Orden III. Klasse verliehen. Später hat sich zu den kaiserlichen Wohltaten noch für alle Teilnehmer eine Gedenkmedaille[2] mit dem Bildnis des Kaisers hinzugesellt. Mit bei ihm ungewohnter Schärfe hat sich Adam Johann zwei Jahre danach in einem Brief an Horner über die mehr als dürftige Belohnung geäußert: "Wenn man alle die näheren Umstände unserer Reise genau kennt und weiß, daß sie dennoch nicht nur nicht mißglückte, sondern auch Sachen ausgeführt wurden, wovon in Petersburg die wenigsten die geringsten Kenntnisse hatten, daß es uns glückte, in Japan und in China. ... uns glücklich und ohne Schande herauszuwinden, daß ferner die Nadeshda das noch bis jetzt ganz einzige Beispiel in den Annalen der Seegeschichte geliefert hat, in den drei Jahren keinen Mann von ihrer Equipage weder durch Krankheit noch Zufall verloren zu haben, - so scheint es wohl, daß alles dieses keinen hinlänglichen Eindruck auf die Regierung gemacht hat; denn wirklich belohnt ist von uns keiner, - wir bekamen ja nur das, was schon der Newa früher gegeben war, und was folglich uns nicht entzogen werden durfte, ohne eine himmelschreiende Ungerechtigkeit zu begehen. Doch ich bin auf etwas gekommen, woran ich nie mehr haben denken wollen."[3]

Die Weltumseglung war geglückt. Man glaubte in Rußland, nun getrost einen Strich darunter ziehen, alles zu den Akten legen und wieder zur Tagesordnung übergehen zu können. Die Nadeshda wurde der Russisch-Amerikanischen Kompanie geschenkt. Adam Johann erhielt die Weisung, sie zu übergeben. Der Mannschaft der Schiffe wurde angeboten, ihren Abschied zu nehmen. Davon hat sie sicherlich Gebrauch gemacht, denn es bedeutete die Entlassung aus der Leibeigenschaft.

Adam Johann wurde zur Abfassung seines Berichts über die Weltumseglung und zur Ausarbeitung ihrer wissenschaftlichen Ergebnisse für etwa drei Jahre vom Dienst freigestellt und nur nominell beim Petersburger Hafen geführt. Für die vor ihm liegende Aufgabe brachte Adam Johann die besten Voraussetzungen mit. So weist z. B. Horner darauf hin, daß "Krusenstern nicht das Geringfügigste in der geographischen Literatur entgehe"[4], und Herr von Zach stellt fest: "Aus den von Herrn von Krusenstern uns überschickten Aufsätzen leuchtet eine bewunderungswürdige, mit der gesundesten und scharfsinnigsten Kritik verbundene Belesenheit hervor."[5] - Noch im Jahre 1806 nahm die Kaiserliche Akademie der Wissenschaften in St. Petersburg Adam Johann als Ehrenmitglied auf, 1810 ernannte ihn das Institut de France (Académie des sciences) in Paris zu ihrem korrespondierenden Mitglied. - Als zusätzliche Aufgabe hatte Adam Johann seit seiner Rückkehr einer ständig wachsenden Korrespondenz mit dem Ausland nachzukommen, denn wenn sich auch sein Ruhm in Rußland in bescheidenen Grenzen hielt, sein Ruhm in der Welt war nicht mehr aufzuhalten. Heute, fast zweihundert Jahre später, ist es genau umgekehrt.

Keinem der anderen Offiziere wurde aufgrund ihrer Teilnahme an der ersten russischen Weltumseglung eine wirkliche Karriere eröffnet. Lisjanski, der zunächst ebenfalls einen Reisebericht[6] geschrieben hat, erhielt 1807 kurzfristig ein selbständiges Kommando. Danach wurden ihm die Yachten des Kaisers unterstellt, eine Tätigkeit, die ihn so wenig befriedigte[7], daß er bereits 1809 im Alter von 36 Jahren seinen Abschied nahm. Lisjanski starb 1839. Kontakte zwischen ihm und Adam Johann haben nicht mehr bestanden. - Ratmanow hat nach der Rückkehr immerhin fünf Jahre lang Schiffskommandos gehabt und ist dann in englische Dienste getreten. Zurückgekehrt, ist er 1822 zum Direktor des Kronstädter Kriegshafens ernannt worden und 1824 zum Direktor des Auditeur-Departments. 1827 wurde er General du Jour ebenfalls im Marineministerium[8], seit 1829 als Vizeadmiral. 1833 ist er gestorben. Ratmanow ist sogar eine Expeditionsleitung angetragen worden, allerdings erst zwölf Jahre nach der Weltumseglung. Er lehnte aus Gesundheitsrücksichten ab. Von den vor der Beringstraße beiderseits der Datumslinie gelegenen Diomedes-Inseln waren die westliche, noch heute zu Rußland gehörige nach Ratmanow und die östliche, jetzt den Vereinigten Staaten gehörende nach Krusenstern benannt, was heute in Vergessenheit geraten ist. Während die russische Insel militärisches Sperrgebiet ist, wird die amerikanische Insel von Zivilbevölkerung bewohnt und regelmäßig angeflogen. - Hermann von Löwenstern, zum Kapitänleutnant avanciert, hat vermutlich nicht lange nach der Rückkehr seinen Abschied eingereicht und von seinem Bruder Woldemar die Güter Rasik und Campen östlich von Reval übernommen. Seine Gesundheit hatte stark gelitten. 1815 heiratete er Wilhelmine von Essen und bekam sieben Kinder. Mit zwei früh verstorbenen Enkeln starb seine Nachkommenschaft schon bald aus.

Mehr noch als seine Nicht-Verwendung, man kann sie auch Kaltstellung nennen, traf Adam Johann, daß die Projekte, die er so erfolgreich auf den Weg gebracht hatte, nun vom Tisch waren und das angesammelte Kapital an Erfahrung und Schulung verschleudert wurde. Zudem hatte er sich an die Vorstellung geklammert, daß man ihm eine Rehabilitierung für das angetane Unrecht in der Resanow-Affäre schulde, das ihn so tief verletzt hatte. Fest hatte er darauf vertraut, daß ein Gerichtsverfahren die Wahrheit an den Tag bringen werde. Die Großmut des Kaisers jedoch kehrte die ganze Angelegenheit unter den Teppich, wo sie ein nicht mehr zu fassendes Eigenleben führte. Aber Großmut gegenüber ist man machtlos, besonders wenn sie von einem absoluten Herrscher ausgeht. Adam Johann hatte nämlich im November 1806 vom stellvertretenden Justizminister Nowosilzew folgendes Schreiben erhalten: "Ich hatte das Glück, Se. Majestät dem Kaiser Ihr ergebenstes Gesuch vorzutragen, in welchem Sie um Einsetzung einer Kommission bitten, zwecks Untersuchung einer Klage des Kammerherren und Ritters Resanow aus Brasilien und Kamtschatka gegen Sie zur sachlichen Durchsicht und Untersuchung der Berechtigung sowie Befragen der Offiziere und Untergebenen, die in der Expedition dienten und die nun hier gegenwärtig sind. Se. Majestät hat nach Anhörung dieser Bittschrift allerhöchst zu äußern geruht, daß er die gegenseitigen Mißverständnisse und Klagen als völlig abgeschlossen erachte und bestimmt, daß eine friedliche Versöhnung beider Seiten erfolge und derartige Klagen nicht mehr erwähnt werden sollen, daher auch diese Angelegenheit der vollkommenen Vergessenheit anheimfallen und nicht durch weitere Untersuchungen erneuert werden soll."[9]

Daß die Affäre Resanow unaufgeklärt blieb, hing nicht zuletzt mit dem weiteren Schicksal des Kammerherrn zusammen. Resanow sollte St. Petersburg nie wiedersehen. Getrieben von Rachegedanken gegen Japan wegen des totalen Mißerfolgs seiner dortigen Mission kehrte er im Sommer 1806 von seiner zweifellos unerfreulichen Inspektionsreise aus Alaska zurück und ließ zwei japanische Niederlassungen[10] überfallen, ohne daß die betroffenen, in hartem Existenzkampf stehenden Menschen hätten begreifen können, von wem und weshalb sie bestraft wurden. Geplagt von seinem Gewissen, nicht zuletzt wegen dieser jüngsten 'Heldentaten', begab sich Resanow auf die Heimreise zu Pferd quer durch Sibirien. Sehr schnell mußte es gehen, wenn er sein Ziel noch vor Adam Johann erreichen wollte, um die Dinge in seinem Sinne beeinflussen zu können. Bei diesem Gewaltritt aber stürzte Resanow in der Nähe von Krasnojarsk so unglücklich vom Pferde, daß er sich nun auch physisch das Genick brach. Er starb im März 1807 dreiundvierzigjährig.

Die Rechnung derjenigen, die Resanow zum Gesandten, Ordensträger und Kammerherrn emporgelobt hatten, war glänzend aufgegangen. Der unbequeme Mann war auf eine denkbar delikate Weise aus dem Wege geräumt worden. Adam Johann hatte dabei das Nachsehen. Gerade der eben genannte Aspekt hatte seinen Wunsch noch verstärkt, die unerquicklichen Geschehnisse amtlich geklärt zu sehen. Doch jetzt wollte man davon nichts mehr wissen, und die kaiserliche Zensur hatte auch jegliche Erwähnung der Resanow-Affäre in Reiseberichten über die Weltumseglung verboten. Dem Umstand, daß Hermann von Löwensterns Tagebuch ungedruckt blieb, verdanken wir wesentliche Kenntnisse über diesen Fall und auch über den anderen, den Selbstmord Golowatschews. In beiden Fällen verwandelten sich infolge des kaiserlichen Geheißes die Unterlagen zu Geheimakten, die bekanntlich eine eigene Dynamik zu entwickeln vermögen. Wenn man auch von ihrer Existenz wußte, so doch kaum, worum es dabei ging. Als mysteriös gaben die beiden Affären einen fruchtbaren Boden für Gerüchte ab und auch eine ausgezeichnete, stets griffbereite Waffe für jeden späteren Gegner Adam Johanns.

XVIII
Die Reisebeschreibung

1985 ist fast gleichzeitig im Brockhaus-Verlag[1] und im Urania-Verlag[2], beide in Leipzig, je eine gekürzte Fassung von Adam Johanns Reisebeschreibung erschienen. Letztere - reich illustriert - wurde 1986 vom Böhlau-Verlag in Köln/Wien übernommen. Ein spezielles Datum, das das Zusammentreffen dieser verlegerischen Unternehmungen nahegelegt hätte, gab es nicht, es sei denn, man wollte als solches ansehen, daß sich 1986 das Todesdatum Adam Johanns zum 140. Mal jährte und der Abschluß der Weltumseglung zum 180. Mal. Vorangegangen war 1968, wohl im Hinblick auf den bevorstehenden 200. Geburtstag, eine ungekürzte englische Ausgabe[3] in Amsterdam und New York. Somit Beweise dafür, daß diese 1806 - 1810 entstandene Reisebeschreibung ungeachtet des sich überschlagenden Wandels der Zeit auch noch heutigen Lesern etwas zu bieten hat. Vielleicht weniger überraschend für diejenigen, die von dem Aufsehen wissen, das dieses Buch bei seinem Erscheinen und auch noch Jahrzehnte danach erregt hat, erstaunlich jedoch angesichts der Tatsache, daß es zwischenzeitlich sehr still um diesen Mann geworden war, weil Rußland, das Land, dem er diente, ihn und seine Ideen in den vorrevolutionären Jahrzehnten als unwillkommen verdrängt hatte und er erst später von der Sowjetunion wiederentdeckt wurde. 1950 wurde in Moskau auch die russische Ausgabe seiner Reisebeschreibung neu aufgelegt.

Seinem Buch vorangestellt hat Adam Johann das Motto: "Les marins ecrivent mal, mais avec assez de candeur. De Brosses."[4] Aber schlecht geschrieben hat dieser Seemann wirklich nicht. Opfer an Zeit und Mühe wird die Abfassung zweifellos gekostet haben, doch dies zum geringsten Teil deshalb, weil hier ein Seefahrer und kein Schriftsteller am Werke war, und auch nicht allein deshalb, weil es ein langer Bericht wurde, der Kunde aus entlegenen Weltteilen und einem Zeitraum von drei Jahren zusammenfaßt, schon eher deshalb, weil Adam Johann ein genauer Mensch war, der im Bewußtsein schrieb, daß sein Buch von Gelehrten, Schriftstellern, Politikern und gekrönten Häuptern gelesen werden würde. Da wollte jeder Satz, jede Formulierung wohlüberlegt sein, ehe man sie niederschrieb, zumal in einem Lande, in dem eine strenge und schwer berechenbare Zensur regierte, besonders in diesem Fall. Heutigen Lesern ist bei der Lektüre seines Werkes vielleicht nicht mehr bewußt, wieviel Überlegung und auch Mut manche kritische Passage erfordert haben. Doch sein Mut hat sich gelohnt. Die Verwaltung Kamtschatkas z. B. wurde schon bald danach merklich verbessert. Bis die von Adam Johann empfohlenen Sachalin-Pläne aufgegriffen und realisiert wurden, hat es allerdings ein halbes Jahrhundert gedauert. Er hatte in seinem Reisebericht auf die Notwendigkeit hingewiesen, ganz Sachalin, zumindest aber die Aniwa-Bucht für Rußland zu sichern. Nicht zuletzt hätte auch die Geißel des Skorbuts ein halbes Jahrhundert früher gebannt werden können, wäre man seinen Anregungen unverzüglich gefolgt.

Somit dürfte Adam Johann besonders viele Gedanken darauf verwandt haben, was er in sein Manuskript aufnehmen solle, und dies nicht nur in politischer Hinsicht, sondern auch in moralischer. Der damalige Leser erwartete nämlich von einem Autor, der sich über befremdliche Sitten und Gebräuche verbreitete, daß dieser sich auch gebührend von ihnen distanzierte. Die stoffliche Auswahl begann bereits mit der Frage, welche Leser angesprochen werden sollten. Adam Johann war es primär um die Anerkennung bei Seefahrern und Geographen zu tun und erst in zweiter Linie um das große, auf Abenteuer erpichte Leserpublikum, das sicherlich auf die nautischen Notizen, auf Anmerkungen über den Gang der Uhren und mancherlei Erörterungen, welche Forscher vor ihm wann, wie, wo, was vermutet hatten, gerne verzichtet und lieber von den Wilden oder den Taifunen noch mehr erfahren hätte. Adam Johanns Reisegefährte Langsdorff hat sich bei seinem später erschienenen Reisebericht anders entschieden: "Ich habe mich bemüht, die allgemein interessant scheinenden Gegenstände und in einem populären Vortrag nur solche Begebenheiten mitzuteilen, von denen ich voraussetzen konnte, daß sie der Lesewelt aller Stände neu, unterrichtend und willkommen sein möchten."[5]

Es kann aber sein, daß im Gegensatz zu damals sich unter den heutigen Lesern auch solche befinden, die das Leben fremder Volksstämme weniger interessiert als das des eigenen, d. h. von Europäern unter so außergewöhnlichen Umständen. Kurzum, was geschieht, wenn 85 Menschen auf allerengstem Raum und mit einem Minimum an Außenkontakten drei Jahre lang zusammengesperrt sind? Eine Fragestellung, für die erst unser Jahrhundert sensibel geworden ist. Solche Erwartungen konnte Adam Johanns Reisebeschreibung nicht erfüllen, einmal weil es sich um ein anderes Jahrhundert handelt, zum anderen, weil es einem Vorgesetzten und ganz besonders einem Kapitän und Expeditionsleiter nicht gut ansteht, seine Untergebenen, Mitarbeiter und Gäste zu glossieren. Aber selbst wenn diese Klippe zu umschiffen gewesen wäre, hätte die sich in alle Lebensbereiche auswirkende Affäre Resanow und das auf ihr lastende Tabu eine freimütige und wahrhaftige Schilderung des Bordlebens unmöglich gemacht.

Möglicherweise hat Adam Johann manche Passagen vorher mit seinem Gönner Rumjanzew abgestimmt, aber der war in jenen Jahren ein vielbeschäftigter Mann. Auch hat Adam Johann sein Manuskript dem Schriftsteller August von Kotzebue zur kritischen Durchsicht übersandt. Kotzebue, ein Bewunderer Adam Johanns und ihm außerdem wegen der Mitnahme zweier seiner Söhne zu großem Dank verpflichtet, ist dieser Aufgabe zwiespältig begegnet, was er zurückhaltend auszudrücken verstand: "Vielleicht würde ich manche Perioden ein wenig anders gedreht und bisweilen dadurch ein wenig fließender oder lebhafter gemacht haben, und ich stand schon einmal im Begriff, solche kleinen Veränderungen vorzunehmen; allein ich fühlte bald, daß ich dadurch mehr schaden als nützen würde; nämlich der Geist, der im ganzen atmet, verrät durchgehends eine Anspruchslosigkeit und Biederkeit, welche den Verfasser sehr treffend charakterisieren; diesen Geist würde ich durch schön gedrechselte Perioden zerstört - ich würde eine malerisch gewachsene Birke zu einer Kugel geschnitten haben. Ich fühlte, daß wenn Ihre Reise eine schöngeistige Ausarbeitung wäre, sie gewiß nicht so anziehend sein würde, als sie jetzt ist, und folglich belegte ich sie mit einem Tabu."[6] - Selbstverständlich bedurfte ein so mit Daten und Fakten gespicktes Werk einer sehr genauen und mühsamen Korrektur, die nach Lage der Dinge nur vom Autor besorgt worden sein kann.

Das Werk 'Die Reise um die Welt' erschien in drei Bänden mit einem Atlas, der aber nicht wie Adam Johanns berühmterer 'Atlas der Südsee' ein geographischer ist, sondern eine großformatige und umfangreiche Mappe mit diversen Anlagen zur Reisebeschreibung. Sie betreffen hautpsächlich die zeichnerische Ausbeute von Wilhelm Gottlieb Tilesius, der alles das festhielt, was heute Photoapparate besorgt hätten, also Menschen, Tiere, Ortschaften, aber auch fortgesetzte Küstenprofile. Die ersten beiden Bände enthalten die eigentliche Reisebeschreibung, der dritte Ergänzungen, darunter einen ausführlichen Gesundheitsbericht aus der Feder von Dr. Espenberg sowie Forschungsergebnisse. Die Gezeitentabellen konnten, da die Gezeitenforschung damals noch in den Anfängen steckte, in der Fachwelt besonders großes Interesse beanspruchen.

Adam Johanns Werk war von der gebildeten Welt mit Ungeduld erwartet worden, was aber nicht bedeutete, daß die Suche nach einem geeigneten Verleger problemlos geworden wäre. Ein Hinweis hierauf findet sich in einem Brief Kotzebues an Adam Johann vom Mai 1809: "Derjenige, der an so vielem Unheil in Europa Schuld ist - nämlich der Teufel -, ist auch einzig und allein Schuld, daß die armen Teufel, die Buchhändler, jetzt so schnool sind, wie man in Estland sagt. Im Grunde ist es ihnen nicht zu verdenken. Geplünderte Menschen (und wer bleibt denn jetzt ungeplündert?) sind froh, wenn sie Brot haben und lassen die Bücher ungekauft, denn der Magen will eher befriedigt sein als der Geist. Indessen hätte ich doch noch gern einen Versuch bei Cotta in Tübingen gemacht. Er ist jetzt der reichste und unternehmenste Buchhändler."[7]

Einen besseren Kenner der Branche als Ratgeber hätte sich Adam Johann nicht wünschen können. Kotzebue schlägt vor, den in Aussicht genommenen Preis von acht auf zehn Rubel heraufzusetzen, statt Subskription Pränumeration (Vorauszahlung) vorzusehen, und bot sich an, als Vermittler zu agieren, da er in jeder etwas größeren deutschen Stadt über Bekannte verfüge. Es käme ihm auch nicht darauf an, in dieser Angelegenheit 80 oder 100 Briefe zu schreiben. Kotzebue gab noch mancherlei fachliche Ratschläge und warnte insbesondere vor dem Versuch, das Buch im Selbstverlag herauszubringen. "Sie sind viel zu grade, redlich, frei von Mißtrauen; man wird Ihnen verdammte Rechnungen vormachen. Ich sage Ihnen da nichts Angenehmes, aber ich mußte es sagen und kann mich ja auch irren, welches mich sehr freuen wird."[8]

Offensichtlich hat Adam Johann alle guten Ratschläge Kotzebues in den Wind geschlagen. 1809 erschien der erste Band der russischen Ausgabe, die Adam Johann am wenigsten Sorge bereitete, da der Kaiser die Kosten übernommen hatte. Ein Jahr danach lag der erste Band der deutschen Ausgabe vor, im Selbstverlag herausgebracht. Ihm folgten 1812 der zweite und der dritte Band und 1814 der Atlas. Der erste Band enthält eine Subskribentenliste für etwa 430 Exemplare, denen sich im zweiten Bande noch über 60 Nachzügler hinzugesellten. Die Subskribenten bekamen die Bücher zum halben Preise. Gedruckt wurde das Werk von der Schnoorschen Buchdruckerei in St. Petersburg. Es ist daran zu erinnern, daß es damals noch keinen Maschinensatz und auch noch keine elektrischen Druckpressen gab. Das Drucken war somit eine kostspielige und zeitraubende Arbeit. Der erste Band hat 350, der zweite 435 Seiten. Jedem Kapitel ist eine detaillierte Inhaltsangabe vorangestellt. Die Subskribenten konnten wählen zwischen Quart- und Großquart-Format und auch zwischen Druckpapier, Schreibpapier und weichem Pergament (Velin).

Auffallend ist der große Druck mit drei Millimeter hohen Buchstaben, der sich vermutlich großer Wertschätzung erfreute in einer Zeit, die Brillen zwar kannte, jedoch nicht als den so alltäglichen Gegenstand unserer Tage. Es gab ja auch keine Augenärzte, sondern allenfalls den einen oder den anderen Arzt, der etwas genauer über Augen Bescheid wußte, aber nicht über die heutigen Untersuchungsinstrumente verfügte. Und zu diesem ging man erst, wenn es gar nicht mehr anders ging, d. h. wenn auch der Brillenhändler nicht mehr helfen konnte. Dies alles ist vor dem Hintergrund äußerst spärlicher Lichtquellen zu betrachten, die dazu beitrugen, eifrig studierende Augen zu verderben. Darüber, wie man sich half, unterrichtet ein Brief Kotzebues vom Lande an Adam Johann in Petersburg: "Fast hätte ich vergessen, Ihnen noch mit einer für mich sehr wichtigen Bitte beschwerlich zu fallen, nämlich mir eine gute Brille mitzubringen, die weder vergrößert noch verkleinert. Das beiliegende Bändchen zeigt das Maß meines Auges; nämlich auf diese Weite seh' ich deutlich. Ich bin gar zu besorgt bei der schnellen Abnahme meiner Augen. Sie braucht übrigens nicht in Silber gefaßt zu sein, wenn sie nur bequem ist."[9]

Diese Abschweifung ist insofern gerechtfertigt, als Adam Johann, ohnehin stark kurzsichtig, von seiner Reise mit einem Augenleiden heimkehrte. Worum es sich handelte, ist nicht bekannt. Er nannte dieses Augenleiden, über das er in seinen Briefen immer wieder klagt, hinfort als Grund, wenn es zu erklären galt, weshalb er sich nie mehr an die Spitze von Forschungsreisen gestellt hat. Wie weit dies ein echter oder ein nur vorgeschobener Grund war, muß mangels lockender Angebote hier offen bleiben. Übrigens war Adam Johann nicht der einzige, der einen Augenschaden bei der Reise davongetragen hat.

Bereits im Oktober des gleichen Jahres 1810 wurde bei Haude & Spener in Berlin eine preiswerte, aber mit Kupfern illustrierte und mit einem Portrait Adam Johanns versehene Taschenbuchausgabe in drei Bänden[10] vorbereitet, die in den beiden folgenden Jahren erschien und als solche von breitem Interesse zeugt. 1811 wurde der erste Band der Reisebeschreibung in holländischer Sprache veröffentlicht und 1813 in englischer. Nach und nach folgten Übersetzungen in fast allen europäischen Sprachen, so z. B. in Dänisch, Schwedisch und Italienisch, der politischen Umstände halber relativ spät, 1821, in Französisch. Hinzu kamen noch zwei Ausgaben für die Jugend, eine zweibändige in Magdeburg 1815/16, herausgegeben von F. W. Schütz, und eine weitere 1823 in Leipzig mit W. Harnisch als Herausgeber.

Adam Johanns Werk fand bei der Fachwelt ein ungeteiltes Echo. Freiherr von Zach schreibt in der 'Monatlichen Correspondenz': "Das vorliegende Werk ist klassisch und auf eine Art redigiert, die eine ausgebreitete Bekanntschaft mit dem ganzen Fach der Nautik und Geographie verrät. Es gehört diese Reisebeschreibung unter die Zahl der vorzüglichsten, die wir in neueren Zeiten erhielten und die denen von Cook, Marchand, La Perouse, d'Entrecasteaux u. a. m. in keiner Weise nachsteht."[11] Alexander von Humboldt betont, daß er "den Bericht der Reise von Herrn von Krusenstern mit der größten Sorgfalt studiert und diesem Wissenschaftler seine hohe Bewunderung öffentlich zum Ausdruck gebracht habe".[12] Neben vielen anderen Zeitschriften würdigten auch die 'Göttingischen gelehrten Anzeigen' das Werk als "epochemachend".[13]

Einer der prominenten Leser der Reisebeschreibung war König Friedrich Wilhelm III. von Preußen, der im April 1810 Adam Johann den folgenden Brief übersandte: "Herr Admiral von Krusenstern. Ich habe mit Ihrem Schreiben vom 18. Januar dieses Jahres den ersten Band der Beschreibung Ihrer so sehr wichtigen und interessanten Reise um die Welt mit Vergnügen empfangen und werde Ihnen für die mir gefällig zugesicherte Fortsetzung derselben sehr verbunden sein. Sie haben durch dieses sehr angenehme Geschenk Mir sowie auch der Königin (Luise), Meiner Gemahlin, ein wahres und großes Vergnügen verschafft, und ich ersuche Sie, zum Beweise meines Dankes und der Anerkennung Ihres rühmlichen Verdienstes die beifolgenden Insignien Meines roten Adler-Ordens Erster Klasse zugleich als ein Merkmal der vorzüglichen Achtung anzunehmen, womit ich bin Ihr wohlaffektionierter Friedrich Wilhelm."[14] Den Statuten gemäß war ein Kapitänsrang für den Roten Adler-Orden zu niedrig, doch setzte man sich in diesem Falle darüber hinweg, zumal der König, wie die Anrede zeigt, es für selbstverständlich hielt, daß Adam Johann zum Admiral erhoben worden sein müsse. Als das preußische Königspaar zu einem Besuch in St. Petersburg weilte, soll es Adam Johann in der zur Begrüßung erschienenen Menschenmenge erkannt und sich sogleich lange und freundschaftlich mit ihm unterhalten haben.[15]

Am preußischen Hof hat Adam Johann noch mehr als zwei Jahrzehnte danach in hohem Ansehen gestanden, wie sein Sohn Julius im Jahre 1833 bei einem Aufenthalt in Berlin erfahren konnte: "Mittwoch hatte ich die Ehre, beim König zu speisen, der außerordentlich gnädig gegen mich war und sich sehr lange mit mir unterhielt", schreibt Julius seinen Eltern. "Ich brauche Euch wohl nicht zu sagen, daß die Conversation größtenteils meinen lieben Vater betraf."[16] Der König hatte ein großes Ölbild malen lassen, auf dem der Hafen von Petropawlowsk mit der Nadeshda und erkennbar Adam Johann dargestellt ist. Dieses Gemälde[17] zeigte die Schwägerin des Königs Maria Anna[18] voller Stolz Julius selbst in ihrem Kabinett.

Zu den gekrönten Häuptern, die Adam Johann ihre Anerkennung aussprachen, gehörte auch Friedrich, der König von Württemberg - er fügte seinem Dankesbrief eine goldene Tabatiere bei - sowie die Witwe Kaiser Pauls, Maria, die Kaiserin-Mutter, eine geborene württembergische Prinzessin, die Adam Johann mit einem ausführlichen Schreiben beehrte. Kotzebue kommentiert dieses mit den Worten: "Und doch könnte dieser schöne Brief noch schöner sein, wenn die deutsche Fürstin sich herabgelassen hätte, an den berühmten deutschen Mann deutsch zu schreiben."[19]

Das Buch fand aber auch in breiten Schichten lebhaften Widerhall. Heute wäre es gewiß ein Bestseller geworden, damals drückte sich der Erfolg weniger in hohen Auflagenzahlen aus, als vielmehr darin, daß die Exemplare von Hand zu Hand gereicht wurden und der Inhalt reichlich Gesprächsstoff abgab. Horner schreibt Adam Johann im Januar 1822: "Das vorzüglich Interesse, welches Sie in Ihrem Werk gegen mich äußern, bringt mir bei meinen Mitbürgern, besonders bei den würdigeren und unterrichteteren derselben, großes Lob und macht den Meinigen große Freude. ... Es freut mich übrigens, selbst unter den einfacheren, weniger gebildeten meiner Mitbürger viele zu finden, welche fähig waren, aus der schmucklosen Darstellung Ihrer Reisebeschreibung die edle, sanfte Gemütsart, die Wahrheits- und Menschenliebe des Verfassers zu erkennen."[20]

Schlechte Noten, und zwar für seinen Stil, bekam Adam Johann ausgerechnet vom Übersetzer der englischen Ausgabe, Richard Hoppner.

Auch hier war Kotzebue sogleich mit einem leidenschaftlichen Kommentar zu Stelle: "Schwerlich, mein teuerster Freund, haben Sie über den sauberen Herrn Hoppner sich mehr geärgert als ich, denn ich hätte ihm gern ins Gesicht gespuckt! Ich, ein deutscher Schriftsteller, welcher hofft, wenn vom Stil die Rede ist, ein Wörtgen mitsprechen zu dürfen, kann bei allem, was mir heilig ist, schwören, daß ich Ihr Motto für ein Übermaß an Bescheidenheit gehalten habe, da Ihr Stil zwar anspruchslos, doch lebhaft darstellend, klar, kräftig und nicht weniger als holprig ist. Ein solches Buch mußte so geschrieben werden. ... Mich dünkt, es sei unter Ihrer Würde, jenen elenden Menschen selbst zu züchtigen; allein wie wäre es, wenn Sie mir auftrügen, die Griffel über ihn zu schwingen? Mein Name ist nicht unbekannt in England; man wird mich über deutschen Stil als kompetenten Richter anerkennen."[21] Und Kotzebue weist Hoppner in einer ausführlichen Rezension[22] fehlende Sprach- und Sachkenntnis nach.

Die eingangs erwähnten Neuausgaben machen Adam Johann von Krusensterns Werk wieder einem breiteren Interessentenkreis zugänglich.

XIX
Koddil

Als Adam Johann heimkehrte, bestand sein größtes Verlangen darin, seiner Frau nun endlich eine angemessene Heimstatt und auch sich selbst nach all den Mühen und Entbehrungen ein Refugium zu schaffen. Den Besitz wenigstens eines bescheidenen Gutes wird er sich bereits während der Reise erträumt haben und ist nach seiner Rückkehr gleich daran gegangen, sich diesen Wunsch zu erfüllen. Über etwas Geld dürfte er verfügt haben, da er ja unterwegs wenig Gelegenheit hatte, seine laufenden Bezüge aufzubrauchen. Auch Julie, die in der Zwischenzeit in Reval sowie beim Haggudschen Pastor Eberhardt in Rappel bescheiden zur Untermiete gewohnt hatte, besaß Erspartes von dem Gelde, was der Kaiser zu ihrer Versorgung bewilligt hatte.

Adam Johann konnte sich somit getrost auf die Suche nach einem geeigneten Objekt machen. Hierbei hatte er überraschend schnell Erfolg. Ihm wurde ein Gut angeboten, das seinen Idealvorstellungen sehr nahekam. In unmittelbarer Nachbarschaft von Haggud - ca. zehn Kilometer Luftlinie - stand das auch als Landstelle bezeichnete Gut Koddil zum Verkauf zu offensichtlich sehr günstigen Bedingungen, die ihm für einen Teil der Kaufsumme eine Zahlungsfrist von fünf Jahren einräumten. Koddil war wunschgemäß ein bescheidenes Gut, wenn auch etwas größer als Haggud. Insbesondere dürfte Adam Johann die Nachbarschaft zu seinem Bruder Carl Friedrich gereizt haben, der ihm nicht nur nahestand, sondern ihm auch mit landwirtschaftlichem Rat zur Seite stehen und Julie gutnachbarlichen Anschluß bieten konnte, wenn Adam Johann in Petersburg festgehalten wurde. Koddil war zudem in Adam Johanns Kindheitserinnerung als vertrauter Begriff verankert. Vertraut war als Nachbar auch der ehemalige Besitzer von Koddil, Generalleutnant a. D. Reinhold von Pohlmann, gewesen, der im Jahre 1795 dort gestorben war. Von dessen Erben hatte 1805 ein Graf Tiesenhausen Koddil erworben und verkaufte es nun zwei Jahre darauf mit Verlust an Adam Johann.

Der erste Stammgast in Koddil war Johann Caspar Horner, der hier und in Petersburg mit Adam Johann die wissenschaftlichen Ergebnisse der Reise auswertete, die speziell im dritten Bande der Reisebeschreibung niedergelegt sind. Horner, zum kaiserlich russischen Hofrat und Adjunkt der Akademie der Wissenschaften ernannt, hielt sich nach Abschluß der Weltumseglung noch zwei Jahre lang in Petersburg und Koddil auf, wo er sich auch mit verschiedenen astronomischen Arbeiten und Projekten befaßte. Die im Aufbau befindliche Petersburger Universität bot ihm eine Professur für Astronomie sowie den Bau einer Sternwarte nach seinen Wünschen an und die Admiralität die Stelle eines Astronomen der russischen Marine. Vor allem aber lockte man Horner mit der Aussicht auf

eine Expedition nach Brasilien zu astronomischen Zwecken. Da sich diese
jedoch als nicht realisierbar erwies und angesichts der Kriegslage eine
zunehmende Einschränkung der Wissenschaften auch in Rußland zu
erwarten war, hat sich Horner dafür entschieden, die Petersburger
Angebote abzulehnen, wobei auch gewisse negative Erfahrungen, wie z. B.
die Behandlung seines Freundes Krusenstern, eine Rolle gespielt haben
mögen. Hinzu kamen der dringende Wunsch seiner Mutter, der Verwandten und Freunde in Zürich sowie die Zusicherung eines einkunfts-
trächtigen Postens, die ihn schließlich bewogen haben, nach dreizehnjäh-
riger Abwesenheit in seine Heimat zurückzukehren. Da dieser Posten
dann doch nicht zur Verfügung stand, bemühte man sich in Petersburg
erneut um Horner, auch Adam Johann hat sich tatkräftig für die
Gewährleistung einer angemessenen Bezahlung seines Freundes eingesetzt, der aber in Zürich blieb und dort nach längerer Wartezeit eine
Professur für Mathematik, Logik und Rhetorik am Collegium Humanitatis
erhielt. Adam Johann hat bis zu Horners Tod im Jahre 1834 mit ihm in
regelmäßigem Briefwechsel gestanden, doch sollten diese Freunde, die aus
so unterschiedlichen Umwelten zueinander gefunden hatten, sich nie
wiedersehen. - Länger noch als Horner ist Tilesius in St. Petersburg
geblieben. Bis 1814 war er dort ebenfalls als Adjunkt der Akademie der
Wissenschaften tätig. Auch er hat über diese Zeit hinaus brieflichen
Kontakt mit Adam Johann gepflegt.

1807 wurde in Koddil Adam Johanns zweiter Sohn, Julius, geboren, für
den Horner die Taufpatenschaft übernahm. Die Geburt des dritten Sohnes,
Paul, fand 1809 in Reval statt und die des vierten Sohnes, Emil, 1811 in
Petersburg. Dazwischen war 1810 ein Mädchen tot geboren worden. - Die
an die Nachbarschaft mit Haggud geknüpften Erwartungen erfüllten sich,
umso mehr als Adam Johanns Bruder Carl Friedrich, der seine erste Frau
Katharina Magdalena, Tochter des Landrats Peter von Brevern auf Koil,
unmittelbar vor der Rückkehr Adam Johanns verloren hatte, sich im
Januar 1808 mit Anna, Tochter des Ritterschaftshauptmanns Jacob von
Berg, wiederverheiratete.

Auch das Gut Schwarzen, das damals August von Kotzebue mit seiner
großen Familie bewohnte, war Koddil benachbart. Die Beziehungen
Kotzebues zu Adam Johann basierten zunächst auf dessen Verwandtschaft
zu Kotzebues drei Frauen, dann auf der Mitnahme der Söhne Kotzebues,
Otto und Moritz, auf die Weltumsegelung, auf Kotzebues Rat bei der
Abfassung der Reisebeschreibung und schließlich auf dieser, wenn auch
nur vorübergehenden Nachbarschaft. Beide waren sie keine erfahrenen
Landwirte, als sie ihre Güter übernahmen, aber sehr an deren Bewirt-
schaftung interessiert. Kotzebue hat sich energisch für die Einführung des
Kartoffelanbaus in Estland eingesetzt[1], mit solch einem Erfolg, daß man
Estland später sogar eine Kartoffelrepublik genannt hat. Neben der

menschlichen Ernährung hat die Kartoffel dort auch als Rohstoff für die Spiritusbrennerei und als Schweinefutter eine bedeutende Rolle gespielt.

Zwischen Kotzebue und Adam Johann bestand anderthalb Jahrzehnte eine rege Korrespondenz. Oft waren es zwei bis drei Briefe im Monat, eine Zeitlang sogar zwei Briefe wöchentlich. Adam Johann hat als historisch versiert Kotzebue mancherlei Bücher besorgt, die dieser benötigte, als er seine Geschichte des Deutschen Reiches schrieb, ein großes Werk, das infolge der Wirren jener Jahre nahezu unbeachtet blieb. Bei aller geistiger Regheit war Kotzebue aber auch ein Tintenfisch, der sehr viel Tinte verspritzte und mit unheimlich vielen saugnapfbewehrten Armen jeden freundschaftlich umarmte und nicht wieder losließ, der ihm oder dem Fortkommen seiner vielen Söhne irgendwie nützlich sein konnte. Sobald es anderen zu helfen galt, hatte Adam Johann keine Scheu, seine wenn auch wenig ergiebigen Beziehungen spielen zu lassen. Und Kotzebue brauchte seine Dienste oft. Zudem war es auch gar nicht leicht, ihm zu helfen, denn seine Ansprüche waren stets sehr hoch. Ein Posten als Intendant der kaiserlichen Hoftheater in Wien war ihm entschieden zu wenig. Er wollte lieber in Berlin Nachfolger von Iffland werden. Ein diplomatischer Posten ja, aber in England sei das Leben so teuer. Einen Orden, aber nur in Verbindung mit einem Dankesschreiben des Kaisers. Wie sehr Kotzebue Adam Johann schätzte, verrät die folgende Äußerung: "Ich muß mich mit der Überzeugung trösten, daß Sie zu den wenigen Menschen gehören, welchen hoch verpflichtet zu sein, nicht drückend ist."[2]

Im November 1810 schreibt Kotzebue Adam Johann, daß sein ältester Sohn Wilhelm aus österreichischen in russische Dienste überwechseln wolle: "Er wird sich ganz zuerst bei Ihnen melden und ich weiß gewiß, daß Sie auch diesen meinen wackern Sohn mit Ihrem väterlichen Rat unterstützen werden. Kennen Sie den Kriegsminister? Sehen Sie ihn bisweilen? Wenn das ist, so würde ich den Wunsch wagen, daß Sie meinen Sohn bei seiner ersten Visite begleiten. Eine Vorstellung durch Sie würde von großem Gewicht sein. ... Sie verstehen das alles besser und werden ihm schon sagen, was er bitten darf oder nicht."[3] Über die ihm zuteil werdende Fürsorge berichtet Wilhelm von Kotzebue seinem Vater: "Im zweiten Stock wohnt K. (Krusenstern), der es so wie seine Frau ordentlich darauf abgesehen zu haben scheint, mich dermaßen mit Güte zu überhäufen, daß ich zunächst ganz darin werde begraben sein. Mein Quartier hat keine Möbel, K. leiht mir fürs erste das Notwendigste. Meinen diebischen Burschen schaffe ich ab, K. gibt mir seine Leute zur Bedienung. Im Wirtshause ist es teuer, K. bietet mir täglich seine Tafel an, und seine Frau ist so sorgsam, daß sie gar nicht aufhört mich zu fragen, ob ich nicht noch etwas benötige. Kurz, es ist gar nicht möglich, sich liebevoller und freundschaftlicher zu betragen. Ich werde wie ein recht geliebter Sohn behandelt."[4] Kotzebue merkt an, daß ihm beim Lesen dieses Briefes die

Tränen über die Backen gerollt seien. Übrigens ist dieser Lieblingssohn Kotzebues im November 1812 als hochdekorierter Stabsoffizier der Armee des Grafen Wittgenstein gefallen. Eine Granate zerschmetterte ihm den Kiefer.

In der Koddilschen Zeit kam es zu einem Unfall, der Adam Johann beinahe das Leben gekostet hätte. Landrat Eugenius Baron Rosen erzählt davon in seinen Lebenserinnerungen: "Dieser Weltumsegler wäre bei einer Fahrt aus Reval nach seinem Gute beinahe in einem kleinen Bach ertrunken. Es war im Frühjahr. Seine Kibitke[5], in der er schwer verpackt saß, brach durch das lockere Eis und sank. Er hatte nur seinen Kutscher bei sich, der wenig zur Rettung seines Herrn zu tun vermochte. Zum Glück befanden sich mehrere Bauern in der Nähe, welche ihn und seine Kibitke aus den Eisschollen und dem Wasser herauszogen."[6]

Koddil ist in Adam Johanns Leben nur eine Episode geblieben, doch keine so belanglose, daß - wie geschehen - Autoren, die sich mit seiner Biographie beschäftigt haben, sie hätten gänzlich unerwähnt lassen dürfen, um so weniger, als eine dramatische Wende sie beendete, die Adam Johann unvermutet mit einem 'jetzt ist alles aus!' vor einem landesgeschichtlich bedeutsamen Hintergrund konfrontierte. Denn wie es sich bald herausstellte, war der Kauf von Koddil alles andere als vorteilhaft. Im Hinblick auf die bevorstehende Aufhebung der Leibeigenschaft in Estland verfielen dort die Güterpreise so rapide, daß die auf den Gütern lastenden Hypotheken nicht mehr gedeckt waren. Die böse Folge für Adam Johann war nun, daß er sich unerwarteten Geldforderungen gegenübersah, denen er nicht nachkommen konnte, war doch ein Großteil seiner Mittel in den Kauf des Gutes und notwendige Investitionen geflossen. Bereits Anfang 1809 hat Adam Johann die prekäre Situation erkannt, in die er durch den Gutskauf hineingeraten war, und das in einer Zeit der stetigen Inflation, damals Teuerung genannt. "Das immer steigende Agio hat schon einen sehr zerstörenden Einfluß auf meine Vermögensumstände gehabt", schreibt er Horner. "Ich habe seit dem unglücklichen Kauf von Koddil 19.000 Rubel verloren. Ich kann es höchstens nur noch zwei Jahre aushalten; alsdann werde ich, wenn sich nicht irgendein glücklicher Zufall ereignet, wohl mein sonst so liebes Koddil preisgeben müssen, und mancher im stillen gemachte Plan wird wohl zu Wasser werden."[7] Und in einem etwas späteren Brief bemerkt er: "Ich werde nach Verlust meines bisgen Vermögens noch den Kummer haben, mein Koddil abgeben zu müssen. Ich bin wenigstens eben so übel dran, als wir es den 1. Oktober 1804 waren; wendet sich jetzt nicht der Wind plötzlich wie damals, so geht meine letzte Hoffnung ebenso verloren wie damals unsere Nadeshda ohne einen WSW verloren gewesen wäre."[8]

Adam Johanns Misere konnte in der Nachbarschaft nicht unbemerkt bleiben und wurde auch eifrig kommentiert. Horner tröstet seinen Freund mit den Worten: "Der Spott einiger Nachbarn darf einen Mann wie Sie nicht anfechten, auch ist er schwerlich so böse gemeint. ... Sammeln Sie Ihre Gemütskräfte zur ruhigen und standhaften Ertragung unverschuldeter Unglücksfälle."[9] Dies hatte Adam Johann auch nötig, denn im August 1811 meldet er nach Zürich: "Da ich meine Zahlungen den 1. November nicht werde leisten können, so wird mir Koddil alsdann abgenommen, und man wird vielleicht beim Sequestieren weniger undelikat verfahren, wenn meine Frau da sein wird, und meine Bücher wenigstens nicht antasten. Da mir jetzt gar nichts mehr übrig bleibt, als einen Bankrott zu erklären, so habe ich beschlossen, nochmals an den Kaiser zu schreiben."[10]

Ein Bankrott war dazumal kein Betriebsunfall oder Kavaliersdelikt, sondern eine Schmach, von der man sich kaum jemals wieder erholte. Und nun geriet ausgerechnet ein so vorsichtiger und solider Mann in solch eine Lage. Aber der Wind sollte sich doch noch in letzter Minute drehen und das Trauerspiel glimpflich für Adam Johann enden, wie er Horner im Februar 1812 berichtet: "Sie bekommen einen sehr kurzen Brief von mir, der Sie hauptsächlich unterrichten soll, daß ich endlich von allen meinen Troubles in Betreff Koddils erlöst bin. Der Kaiser hat die Gnade gehabt, mir mein Gesuch sogleich zuzugestehen und Koddil für die nämliche Summe abgekauft, die ich selbst bezahlt hatte. Er hat dies in Ausdrücken getan, die mir unendlich viel wert sind. Er ließ mir nämlich durch den Finanzminister sagen, es mache ihm große Freude, alles tun zu können, was mir angenehm sei[11]; er lasse mir alle Gerechtigkeit widerfahren, und er wäre hinlänglich überzeugt, daß nur die äußerste Notwendigkeit mich gezwungen habe, um den Kauf eines Gutes zu bitten. Den 1. Februar hat er die Ukase unterschrieben, und ich reise jetzt dahin ab, um das Gut zu übergeben und meine dortigen Geschäfte zu beendigen. Ich bin seit der Zeit wie neugeboren; ob ich gleich einen großen Teil meines Vermögens dabei eingebüßt habe, so ist dies doch sehr unbedeutend im Vergleich zu dem, daß ich keinem mehr was schuldig sein werde und daß keiner bei mir verliert, was nur allein schwer auf mir drückte."[12]

XX
Zwischen Furcht und Hoffnung

Nach Ablauf seines Urlaubs wurde Adam Johann am 1. März 1809 zum Kapitän ersten Ranges befördert, verbunden mit einem Kommando des Schiffes 'Blagodat' (Gnade) mit 120 Kanonen auf der Reede von Kronstadt. Seit dieser Zeit hatte er seinen ständigen Wohnsitz in St. Petersburg[1]. Die Nachricht, daß er dort Direktor des Seekadettenkorps geworden sei, drang bis nach Zürich zu Horner vor[2], erwies sich jedoch als Gerücht. Wahr an der Sache war lediglich Adam Johanns Ernennung zum Klasseninspektor dieses Korps' im April 1811. War bei der Weltumseglung der von ihm eingenommene Rang deutlich hinter der Verwendung zurückgeblieben, so galt nun eher das Gegenteil.

Obwohl zwei weltbewegende Jahrzehnte verflossen waren und die Kadettenanstalt nicht mehr provisorisch in Kronstadt untergebracht war, sondern ein stattliches Gebäude mit heilen Fensterscheiben in St. Petersburg bezogen hatte - auch war die Zahl der Kadetten von vorher 360 auf 600 erhöht worden -, fand Adam Johann die Institution selbst so unverändert vor, als sei seine Entlassung erst gestern erfolgt. Nur konnte er jetzt die Dinge vom Standpunkt eines Erziehers betrachten. Betrachten durfte er sie, aber kaum ändern, denn dazu fehlten ihm die Kompetenzen. Als Klasseninspektor oder Studiendirektor hatte er zwar auch darüber zu wachen, daß nichts Irreguläres geschah und konnte somit hier und da einen Übergriff mildern oder gar verhindern, aber in gewohnte Abläufe und Ordnungen einzugreifen, war keinesfalls seines Amtes. Hierzu hätte es des Einverständnisses mit dem Korpsdirektor bedurft, auf das er nicht rechnen konnte. Da ihm angesichts seiner auf der Weltumseglung für die Mannschaft getroffenen Maßnahmen der Ruf revolutionärer Tendenzen vorausgegangen oder auch getragen worden ist, wurde er von besonders argwöhnischen Augen überwacht, die wohl gern etwas an ihm auszusetzen gefunden hätten. Adam Johann schreibt Horner im Juni 1811: "Es ist ein Posten, der mir konveniert, obgleich ich in den Hauptdingen sehr geniert bin. Manches bedarf einer Verbesserung; ich werde mich jedoch fürs erste ganz passiv verhalten."[3] Schon zuvor hatte ihn Horner gewarnt, daß er in Petersburg nicht nur von Freunden umgeben sei.

Vorgänger Adam Johanns in diesem Amt war der Kapitän Commodore Platon Gamaley, der für das Korps Lehrbücher in Mathematik, Navigation und Astronomie verfaßt hatte. Sie fanden Adam Johanns große Anerkennung, doch stellte er mit Bedauern fest, daß für Physik nicht nur kein Lehrbuch vorhanden war, sondern sie auch gar nicht gelehrt wurde. Da Adam Johann Physik als Lehrfach für unumgänglich hielt, bat er Horner, ein entsprechendes Lehrbuch für das Seekorps zu verfassen. Im übrigen hatte Gamaley, der über zwanzig Jahre als Studiendirektor am

Seekadettenkorps tätig war, sein Amt aus gesundheitlichen Gründen aufgeben und sich auf sein Landgut zurückziehen müssen. Adam Johann hat nach dessen Tod erklärt, er sei stolz darauf, "ihm einer seiner liebsten Freunde"[4] gewesen zu sein.

Zu den Kadetten, die Adam Johann damals begegnet sind und er beeindruckt hat, gehörte der 1796 geborene Baron Ferdinand von Wrangell, der 1810 ins Seekadettenkorps eingetreten war und es später zum Admiral und Mitglied des Reichsrates brachte. Nach ihm ist die Wrangell-Insel nördlich von Sibirien benannt. - Wie wenig Adam Johann seine Tätigkeit als Inspektor auf die Dauer behagte, ist einem Brief an Horner vier Jahre nach seiner Ernennung-zu entnehmen: "Die Stelle im Corps mag ich nicht behalten, weil ich in der subordinierten Lage von gar keinem Nutzen sein kann; meine Ansichten sind zu weit von denen des Direktors verschieden."[5]

Nach Beendigung der Reisebeschreibung widmete sich Adam Johann verschiedenen geographischen bzw. hydrographischen Arbeiten. Ein Thema rückte dabei mehr und mehr in den Vordergrund: die Entdeckung der Nordwestpassage. In dem Grafen Rumjanzew, auf den diese Frage große Faszination ausübte, fand er einen Partner. Dieser machte Adam Johann zu seinem wissenschaftlichen Berater, war jedoch selbst zunächst noch zu sehr von seinen Amtspflichten okkupiert, als daß er sich um Dinge weitab von der Tagespolitik hätte kümmern können. Rumjanzew, aus einer alten und unermeßlich reichen russischen Adelsfamilie stammend, gehörte mehrere Jahre zum engsten Beraterkreis des Kaisers. 1807 hatte er das von ihm unbedingt angestrebte Außenministerium übernommen, und 1809 erhielt er das neueingeführte, wenn auch nicht sehr bedeutungsvolle Amt eines Reichskanzlers. Außenminister hatte Alexander in der Zeit seiner Regierung schon einige verschlissen, da er alles selbst zu machen und zu entscheiden wünschte. Man sagte von ihm, daß er zu schwach sei, um zu regieren und zu stark, um regiert zu werden, was in der Praxis auf Unklarheit und Verzögerungen hinauslief. Obwohl im Jahre 1810 zusätzlich zum Präsidenten des Reichstages ernannt, geriet Rumjanzew mit seiner Politik zunehmend ins Abseits. Als Exponent der Richtung, die auf Frankreich setzte, vertrat er wohl nicht zu Unrecht die Meinung, daß es für Rußland möglich sein müsse, mit Napoleon einen modus vivendi zu finden. Bei zielstrebiger Politik hielt er dies auch ohne große Opfer für erreichbar. Die Auswirkungen der Kontinentalsperre beurteilte Rumjanzew ebenfalls bei weitem nicht so nachteilig, wie es Handel und Gewerbe behaupteten. Doch Zielstrebigkeit war die Sache Alexanders nicht. Dafür ließ er sich zu sehr von Emotionen leiten und war zu unentschlossen. Seine Vorstellungen kehrten sich immer deutlicher von den Denkmustern ab, die sein Außenminister ihm vorzuzeichnen bemüht war, und er öffnete sich anderen Ideen, wie sie beispielsweise Nesselrode vertrat, der die russische Außenpolitik über Jahrzehnte prägen sollte. Dieser Wandel äußerte sich aber nicht etwa in einer sofortigen Entlassung Rumjanzews aus seinen Ämtern, selbst dann nicht, als dieser im Frühjahr 1812 58jährig einen Schlaganfall erlitt, nein, nur wurde er immer weniger mit Informationen versorgt und kennzeichnete seine Funktion zuletzt als 'Unterschreiber von Pässen'.

Schuld daran waren nicht Rivalen, sondern Napoleon. Verärgert durch das Ausscheiden Rußlands aus der Kontinentalsperre und durch recht planlose russische Truppenzusammenziehungen - auch eine Abfuhr, die Napoleon als Freier einer Schwester Alexanders zuteil geworden war, spielte eine Rolle -, beschloß der Kaiser der Franzosen, mit dem zwiespältigen Zauderer Alexander kurzen Prozeß zu machen. Es begann im Sommer 1812 jener verhängnisvolle Marsch nach Moskau, der übrigens - für damaligen Brauch ungewöhnlich - ohne Kriegserklärung erfolgte. Die Grenze, die dabei als erste überschritten wurde, war nicht etwa der Rhein, die Elbe oder die Weichsel, sondern der Njemen, und Alexander, der sich einige Zeit in Wilna aufgehalten hatte, war genötigt, schleunigst den Rückzug anzutreten.

Leben zwischen Furcht und Hoffnung schien vom Sommer 1812 an in Rußland alles zu verändern. Hatte man bisher die erregende politische Szenerie sozusagen aus der Loge mit gehöriger Distanz verfolgt - wenn auch mit großer Anteilnahme, die selbst Familien in Bewunderer und erbitterte Gegner des großen Korsen spaltete -, so begann es nun hautnah zu werden. Und niemand verstand vorherzusagen, wie es ausgehen würde. Nachträglich ist der Welt der russische Rückzug und die Aufgabe Moskaus als taktische Meisterleistung genialer Feldherrnkunst erschienen, doch vorbedacht und insbesondere vorbereitet dürfte der Rückzug keinesfalls gewesen sein. Man hatte nicht vorhergesehen, in welche Nachschub-schwierigkeiten Napoleons Armee geraten mußte, in so große sogar, daß selbst die bisherigen Fehler und Versäumnisse der Russen sich für diese positiv auswirkten. Zunächst aber sah es für die Russen eher nach einer Katastrophe aus. Sucht man den Verantwortlichen dafür auszumachen, so bleibt der Blick auf Alexander haften, der nur zu gern als strahlender Befreier Europas an der Spitze seiner Truppen die erlittene Schlappe von Austerlitz getilgt hätte. Durch seine Entschlußlosigkeit aber, vor allem in der Frage des Oberbefehls, hat er gerade dies verhindert. Mit dem Einmarsch des französischen Heeres erlebte die betroffene Bevölkerung Unvorstellbares, weil noch nie Dagewesenes.

Theodor von Bernhardi hat die vorherrschende Stimmung anschaulich in seinen Erinnerungen festgehalten: "Die Spannung war allgemein und groß. Wo man zusammenkam, wurden die Zeitungen gemeinschaftlich gelesen; man besprach, was man tun müsse und wolle, wenn der Feind käme. Es erwachten in Beziehung auf den Krieg und seine Natur die schrecklichsten Erinnerungen aus der Vergangenheit. Man erwartete das Äußerste roher Gewaltsamkeit. ... Die Nachrichten von erfochtenen Siegen, die nach jedem Gefecht verbreitet wurden, glaubten alle ohne die Spur eines Zweifels. Um so unbegreiflicher schien der fortgesetzte Rückzug des russischen Heeres. ... Man war empört über Barclay (de Tolly) und sprach von Verrat. ... Mit allgemeiner Befriedigung wurde die Kunde aufgenommen, daß der Kaiser Barclay vom Kommando entfernt und den Oberbefehl in Kutusows Hände gelegt hatte. Wer aber vermochte die Enttäuschung zu schildern, als Moskau in die Hände des Feindes fiel! Der Eindruck dieser Nachricht war ein ganz ungeheuerlicher! Es war wie ein Sturz aus allen Himmeln herab; das konnte niemand begreifen; man verstummte. ... Man wurde unzufrieden mit Kutusow und mißbilligte sehr laut, daß er den Feind so lange in Moskau dulde. ..."[6]

Groß war die Bereitschaft in der Bevölkerung, durch Geldspenden den Kampf gegen die französische Invasion zu unterstützen. Von Adam Johann z. B. ist bekannt, daß er 1.000 Rubel für die Landwehr gestiftet hat.

Sogar ins Baltikum drangen napoleonische Truppen ein, was Kotzebue veranlaßte, nach Petersburg zu flüchten, wo Adam Johann ihm und seiner Familie freundliche Aufnahme gewährte. Petersburg steckte zu diesem Zeitpunkt voller Flüchtlinge, die hierher vor Napoleon zurückgewichen waren. Es bildete sich unter der Leitung des Freiherrn vom Stein ein deutsches Komitee, dem u. a. Clausewitz als militärischer Sachverständiger und Ernst Moritz Arndt angehörten. Ungeachtet des bedrohlichen Kriegsgeschehens brachten die mancherlei Flüchtlinge aus Deutschland auch viel Anregung in die Petersburger Geselligkeit. Arndt erinnert sich: "So lebte ich denn unter Steins[7] Schirm des Abends unter meinen Genossen von der gelehrten Gilde, von welchen ich nur Adelung, Fuß, Krug, Trinius, Stoffregen und Storch[8] nennen will und auch den liebenswürdigsten von allen, den Weltumsegler Krusenstern."[9] Den gleichen Eindruck von dem letzteren gewann damals General Ludwig Freiherr von Wolzogen. "Ich war bei dem Staatsrat Engelhardt eingeführt", schreibt Wolzogen in seinen Memoiren, "in dessen Zirkel ich den liebenswürdigen Weltumsegler von Krusenstern und den Astronomen Schubert kennenlernte."[10]

Nach seiner Rückkehr nach Schwarzen teilt Kotzebue Adam Johann von dort mit: "Die finnländischen Truppen - kaum 15.000 Mann - haben schon in Eilmärschen Schwarzen passiert. ... Ich habe weder Ruh noch Rast, und nicht einmal die Jagd zerstreut mich. Mein einziger Trost sind Ihre fleißigen Bulletins[11], die Ihnen Gott vergelten wolle."[12] Mehrere Briefe Kotzebues vom Herbst 1812 beziehen sich auf eine bevorstehende Versetzung Adam Johanns nach Sveaborg, wobei sich Kotzebue besonders um den Verbleib von dessen Familie sorgt und ihr Unterkunft bei sich anbietet. Die Seefestung Sveaborg in Finnland war erst seit einigen Jahren in russischem Besitz. Während des russisch-schwedischen Krieges 1808/09 hatte die schwedische Besatzung dieser fast uneinnehmbaren Festung ohne Notwendigkeit vor den Russen kapituliert. Diese Kapitulation bildete den Auftakt des schwedischen Verlustes von ganz Finnland. -

Zu Adam Johanns Versetzung nach Sveaborg kam es dann aber gar nicht, vermutlich auf Einschreiten Graf Rumjanzews, der von seinem Schlaganfall wieder erholt, den Versuch seiner Gegner unter Marineminister Traversay, ihn von seinem Mitarbeiter zu trennen, nicht hinzunehmen gewillt war. Festzustellen bleibt in diesem Zusammenhang nur, daß Adam Johann keine kriegsbedingte Verwendung gefunden hat.

Der außergewöhnlich harte Winter 1812/13 hatte nicht nur das Zusammenschmelzen der Armee Napoleons beschleunigt, sondern auch den Russen schwer zu schaffen gemacht, aber mit jedem Monat, jeder Woche des weichenden Winters und des weichenden Feindes begann sich die allgemeine Depression in Mut und dieser sich in Hochstimmung zu verwandeln. Der Sieg hatte jedoch bei genauerem Hinsehen auch unschöne Seiten. Solche unerfreulichen Begleiterscheinungen im Baltikum wie die Rekrutenaushebungen schildert Kotzebue Adam Johann ausführlich im Januar 1813 und beendet seinen Bericht[13] mit den Worten: "Unser politischer Himmel hängt voller Geigen und Flöten; ich muß Ihnen aber bekennen, daß unser Siegesrausch mir nicht ganz gefällt."[14]

XXI

Nordwestpassage / Englandaufenthalt

Ausgerechnet in den Jahren um 1812, einer Zeit, die jedermanns Denken und Handeln absorbierte, steckten zwei Männer, so als befänden sie sich abseits des Geschehens, ihre Köpfe zusammen und erörterten mit größtem Eifer eine Expedition zur Entdeckung der Nordwestpassage. Stunden um Stunden verbrachten Adam Johann und Graf Rumjanzew mit diesem Plan. Letzterer trat verbittert 1814 auf eigenen Wunsch als Außenminister zurück.

Den Problemkreis Nordwestpassage gab es schon, seitdem man begonnen hatte - nicht lange nach der Entdeckung Amerikas -, auch den unwirtlichen Norden dieses Kontinents zu erkunden. Da jene Entdeckungsreisen von Europa, hauptsächlich von England, über den Atlantik geführt hatten, war es von dort aus gesehen eine Nordwestpassage, nach der gesucht wurde, während eine solche, von Rußland über den Pazifik angesteuerte Route als Nordostpassage hätte gelten können - und wurde z. B. von Otto von Kotzebue auch so genannt -, doch verwendete man diese Bezeichnung im allgemeinen für Entdeckungsversuche eines Seeweges nördlich von Sibirien.

Die Geschichte der Suche nach der Nordwestpassage hat Adam Johann in einer Übersicht dargestellt. Sie sollte als Einführung zu einer von ihm geplanten Ausgabe der Reisejournale von Wassili Tschitschagow dienen, der in den Jahren 1765/66 eine Expedition bis ans Eismeer unternommen hatte. Die Drucklegung wurde jedoch vom Admiralitätsdepartement unter Berufung auf ein Gutachten Professor Grosdows abgelehnt. Grosdow hatte nicht nur die Arbeit Adam Johanns verspottet, sondern auch solchen Journalen jeglichen Wert abgesprochen. Adam Johann vertrat hingegen die Meinung, daß derartige Quellen nicht in Archiven unter Verschluß gehalten werden sollten, da selbst das geringste Expeditionsergebnis von Nutzen sein könne.[1] Wenigstens die historische Einführung über die Suche nach der Nordwestpassage konnte Adam Johann später an anderer Stelle[2] veröffentlichen.

Die Engländer hatten bei ihrer Suche nach der Nordwestpassage viel Pech gehabt. Die Entdeckung der Hudson-Bay war relativ bald und problemlos gelungen. Doch dann begannen die Schwierigkeiten, nicht verwunderlich in diesem bereits auf der Karte erkennbaren Labyrinth. Baffin entdeckte zwar die nach ihm benannte Bucht, aber man wollte ihm nicht glauben, da unglücklicherweise seine Karten verloren gingen. Nicht glauben wollte man auch zweien seiner Nachfolger - Samuel Hearne und Alexander Mackenzie -, die unabhängig voneinander im letzten Drittel des 18. Jahrhunderts auf dem Coppermine-Fluß bzw. auf dem später Mackenzie genannten Fluß die Beaufort-See erreicht zu haben meinten.

Vom Pazifik her hatte Bering die Straße entdeckt, die heute seinen Namen trägt, doch fand man nicht heraus, wohin sie führte, da es nicht glückte, weiter an der Küste entlang nach Norden vorzudringen. Führte die Straße in eine Bucht, die in die Vereinigung des asiatischen und amerikanischen Kontinents eingelagert war, wie die einen glaubten, oder waren die Kontinente nicht miteinander verbunden, wie andere behaupteten? Sofern letzteres zutraf, mußte es eine Passage zum Atlantik geben, es sei denn, der amerikanische Kontinent reichte so weit nach Norden, daß an einen Schiffahrtsweg nicht zu denken war, wie eine dritte Theorie lautete. "Die vielen vergeblichen Versuche, eine nördliche Durchfahrt zu finden, schienen endlich die Gewißheit erzeugt zu haben, sie könne nicht existieren, und man hielt das Problem für gelöst", resümiert Adam Johann die Bemühungen von Cabot bis Cook und fährt fort, "indeß fing man seit einigen Jahren an, Zweifel gegen die aufgestellten Beweise zu erheben und das Gelingen eines neuen Versuchs für nicht unmöglich zu halten."[3] Dieses sollte jetzt gewagt werden, denn gleich ihm war Graf Rumjanzew davon überzeugt, daß eine Nordwestpassage existiere und zu entdecken sei. Rumjanzew war von dieser Aufgabe so besessen, daß er dafür ein Vermögen zu opfern bereit war.

Dies war auch notwendig, da zu jener Zeit nicht die geringste Aussicht bestand, mit solch einem Projekt Gehör zu finden, geschweige denn staatliche Gelder locker zu machen. Desungeachtet plante Adam Johann alles bis ins Detail. Seine Voranschläge ergaben 50.000 Rubel für den Bau eines Schiffes, 16.000 für Gehälter, 10.000 für Proviant und 6.000 für Instrumente, insgesamt 100.000 Rubel, ein stolzer Rest für Geschenke, Tauschware und außergewöhnliche Ausgaben eingerechnet. Diese Summe stellte Rumjanzew aus eigener Tasche zur Verfügung, die solches offenbar ohne weiteres zu tragen vermochte.

Lehrreich und verdienstvoll würde es sein, wenn sich jemand die Mühe machte, das Entstehen und Vergehen großer Vermögen in Rußland zu untersuchen. Manche gingen am Spieltisch verloren, andere durch den maßlosen Bau von Schlössern und Palästen, wieder andere zerrannen im Rahmen von luxuriösen Auslandsaufenthalten oder durch die Hände schöner Frauen, wohl auch durch die Hände ungetreuer Verwalter, sehr viel weniger durch abenteuerliche Spekulationen und ganz selten durch großzügiges Mäzenatentum. Fast immer aber fehlte es am notwendigen Überblick. Plötzlich war die Herrlichkeit zu Ende. Doch waren nicht wenige Vermögen so groß, daß schon mehrere Faktoren zusammentreffen mußten, um sie zu vernichten.

Adam Johann schreibt im Sommer 1813 Horner: "Ich beschäftige mich eben mit einer Instruktion zu einer von mir projektierten Entdeckungsreise, welche der Kanzler im künftigen Jahre auf eigene Kosten will unternehmen lassen. Ein Partikulier darf freilich nicht so viel daran wenden, wie eine Regierung. Das Schiff kann nur klein sein. Ich habe eine Brigg von 200 Tonnen vorgeschlagen und Otto Kotzebue zum Kapitän bestimmt. Ein Naturforscher, der zugleich Arzt sein muß, geht wahrscheinlich mit. Vorläufig bitte ich Sie, auch einige Punkte, die nautische Physik betreffend, als Leitfaden für meinen Kapitän aufzusetzen. - Sie erwarten wohl keine Notizen von mir über die Politik. Die Comedie des Waffenstillstandes ist ausgespielt.[4] N. wird bald einsehen, daß wie im vorigen, so auch in diesem Jahre er ist überlistet worden. Täglich erwarten wir die Nachricht von den ersten Kriegs-Operationen; der Zutritt Österreichs zur allgemeinen Sache muß ein harter Schlag für N. sein."[5]

Graf Rumjanzew und Adam Johann waren der Meinung, daß sich die Expedition zur Entdeckung der Nordwestpassage und eventuelle weitere Forschungsvorhaben unter den gegebenen Umständen von England aus leichter in die Wege leiten lassen würden als von Rußland. Ein Englandaufenthalt kam Adam Johanns Interessen ohnehin entgegen, was er im oben erwähnten Brief an Horner zum Ausdruck bringt: "Ich reise im künftigen Mai nach England, und zwar mit meiner ganzen Familie und hoffentlich auf mehrere Jahre. Ich hatte den Kaiser darum gebeten; nicht nur weil ich Hoffnung habe, meine Augen, mit denen es sehr bergab geht, dort kräftiger zu stärken als hier bei dem langen Winter, sondern auch, weil es mir darum zu tun ist, das viele Neue in England, insofern es Bezug auf die Marine hat, zu sehen und mich über manches genauer zu instruieren, als ich es von hier aus tun kann. Der Kaiser hat nicht nur mir meinen Besuch zugestanden, sondern auch den Befehl gegeben, mich bei der Ambassade des Grafen Lieven, so lange wie mein Aufenthalt währen sollte, anzustellen. Dieses gewährt mir den großen Vorteil, daß ich in England einen öffentlichen Charakter bekleiden werde und ich mein Gehalt - 2.000 Rubel - nach dem Kurse bekomme."[6] - Entgegen seinen Plänen mußte Adam Johann auf die Mitnahme seiner Familie verzichten, da eine genauere Berechnung der Kosten und Wechselkurse ergeben hatte, daß seine Bezüge hierfür nicht ausreichen würden. So brach er dann Mitte Mai 1814 allein auf, während Julie mit den vier kleinen Söhnen unweit von Reval Quartier machte.

Bei Kotzebue fand die Absicht seines Vetters, nach England zu gehen, großen Anklang, um so mehr, als er Chancen dafür sah, sich samt seiner Familie ihm anzuschließen. Weil Kotzebue gerade damals das Amt eines russischen Konsuls in Königsberg anzutreten hatte, wurde aber daraus nichts - wohl nicht unbedingt zum Leidwesen Adam Johanns, der von Kotzebue zu sehr für dessen Zwecke eingespannt worden wäre.

Adam Johann ist über Finnland und Schweden nach England gereist. In Finnland, genauer in Åbo (Turku) erteilte er einer Privatwerft (Erik Malm) den Auftrag zum Bau des Expeditionsschiffes von 180 Tonnen. Gemessen an seiner Bestimmung war dies zwar ein recht kleines Schiff, aber die Schiffe berühmter Entdecker wie z. B. Diaz, Drake, Columbus oder Magalhaes sind noch viel kleiner, d. h. nicht über 130 Tonnen gewesen, und es hat sogar Fahrzeuge namhafter Forschungsreisender unter 100 Tonnen gegeben bis hinunter zu 10 Tonnen. Im Gegensatz zu diesen wurde das nun in Auftrag gegebene Schiff nicht aus Eichenholz gebaut - dazu hätte es auch einer besonderen Zuweisung seitens der Marine bedurft -, sondern aus Fichtenholz, wodurch sich die veranschlagten Kosten um 20.000 Rubel senken ließen. Als Vorzug kleiner Forschungsschiffe hebt Adam Johann hervor, daß man sich mit ihnen besser unbekanntem Lande nähern könne.[7]

England, das Land seiner Ideale, zeigte sich Adam Johann von seiner besten Seite. Hier war er wer, einer, den man im Theater mit einer 'standing ovation' ehrte. Sein Ruhm verschaffte ihm überall Zugang. Statt der ständigen Bedrückungen und Herabsetzungen konnte er sich hier einer Atmosphäre der Achtung und Zuvorkommenheit erfreuen. Seine eigentliche Lage in Petersburg dürfte ihm dadurch besonders bewußt geworden sein. Die Frage drängt sich unwillkürlich auf, warum er nicht die Konsequenz gezogen hat und seinen Neigungen folgend in englische Dienste getreten ist, wie es z. B. sein einstiger Reisegefährte Ratmanow getan hat. Bernhardi als immerhin glaubwürdiger Zeuge antwortet hierauf, daß Adam Johann alle Angebote, unter sehr vorteilhaften Bedingungen in den Dienst Englands überzutreten, aus Pflichtgefühl abgelehnt habe, denn es sei für ihn völlig undenkbar gewesen, einem anderen Lande zu dienen, als dem, dem er angehöre. Auch habe er seine Heimat nicht anderswohin verlegen können.[8] Mit seinem früheren, der Ausbildung dienenden Einsatz in England, war dies nicht vergleichbar.

In England hat Adam Johann auch durch sein Eintreten für Thomas Cochrane Aufmerksamkeit auf sich gelenkt. Mit Cochrane hatte er 1794 zusammen auf der 'Thetis' gedient, die von dessen Onkel Alexander Cochrane befehligt wurde. Thomas Cochrane, der sich inzwischen als Marineoffizier bewährt und auch in der Politik eine Rolle gespielt hatte, war 1814 Mittelpunkt eines ungeheuerlichen Skandals. Er wurde für überführt gehalten, auf amtlichen Wegen die Nachricht verbreitet zu haben, die Alliierten hätten Napoleon getötet. Bei den dadurch ausgelösten Kurssteigerungen habe er dann große Gewinne erzielt. Alle Indizien sprachen gegen ihn. Cochrane wurde zu einer Stunde Pranger, einem Jahr Gefängnis und zur Zahlung einer Riesensumme verurteilt. Sein Name wurde aus den Listen der Flotte gestrichen, und seine Schmach schien unauslöschlich. So war es denn eine Sensation, als Adam Johann, der hochgeachtete Gast, es wagte, öffentlich für diesen verfemten Mann, den er für unschuldig hielt, Partei zu ergreifen und ihn zudem mehrmals im Gefängnis zu besuchen. In einem Lande wie England wußte man solchen Mut zu schätzen. 1817 hat sich Adam Johann noch in einem in Berlin und

St. Petersburg erschienenen Artikel für Cochrane eingesetzt. Aber alles Eintreten blieb vergeblich. Die Affäre paßte einfach zu gut in die Landschaft. Die Zeit verruchter Börsenspekulationen mit Riesengewinnen hatte begonnen, und da mußte die Geschichte schon wahr sein. Dabei war Thomas Cochrane nicht nur unschuldig, sondern auch ganz ahnungslos. Ein Marinekamerad von ihm, der französische Emigrant und Pyrotechniker de Berenger hatte die Sache raffiniert mit Verkleidungskünsten hinter seinem Rücken inszeniert im Verein mit Cochranes Onkel namens Andrew Cochrane-Johnstone, der dabei tatsächlich große Gewinne einstrich.

Cochrane wurde schließlich freigesprochen und vollständig rehabilitiert, allerdings erst im Jahre 1832. Ein Jahr zuvor war er durch den Tod seines Vaters 10. Earl of Dundonald geworden. Wieder in die Flotte aufgenommen, brachte er es noch zum Admiral. Er starb 1860 und liegt in London im Hauptschiff der Westminster Abbey begraben.

Auch in einer anderen spektakulären Affäre hat Adam Johann entschieden Stellung bezogen. Im Juli 1814 starb in London erst vierzigjährig Matthew Flinders, der als erster Australien umrundet und seine Küsten erforscht hat. Adam Johann bezeichnet ihn als größten Seemann nach Cook. Flinders war sieben Jahre lang auf der Insel Ile de France (heute Mauritius) von den Franzosen, d. h. vom französischen Gouverneur General Decaen, in Gefangenschaft gehalten worden, die seine Gesundheit so ruinierte, daß es zu seinem frühen Ende führte. "Es gibt wohl schrecklichere Tatsachen in den Annalen der Seegeschichte", schreibt Adam Johann, "aber ich kenne nichts Empörenderes als die Behandlung des unglücklichen Flinders."[9] Übrigens traf es sich so, daß Flinders Reisebeschreibung gerade an seinem Todestag erschien. Adam Johann gehörte zu den ersten Lesern dieses umfangreichen Werkes[10], das bedeutende Beiträge zur Hydrographie, Navigation, Meteorologie und zum Magnetismus enthält. Überhaupt nutzte Adam Johann seinen Aufenthalt dazu, sich über die Neuerscheinungen sowie über die geplanten Arbeiten auf seinen Fachgebieten zu informieren. Er selbst konnte der Admiralität und der Royal Society seinen soeben erschienenen Atlas zur Reisebeschreibung überreichen.

Es versteht sich von selbst, daß Adam Johann in England die Beziehungen zu seinen dortigen Bekannten gepflegt und neue Kontakte geknüpft hat. Hier seien zunächst der Forschungsreisende und Sekretär der Admiralität Sir John Barrow, der schottische Physiker und Meteorologe Sir John Leslie, dessen Landsmann der Physiker Sir David Brewster und der Astronom und Leiter des Königlichen Observatoriums John Pond genannt, alles Kapazitäten in ihrem Fach. In dem Hydrographen der Admiralität, Kapitän Thomas Hurd, traf Adam Johann einen Bekannten aus vergangenen Zeiten wieder. Ihn hatte er bereits vor zwanzig Jahren auf der Insel Bermuda kennengelernt, wo Hurd mit der Aufnahme und

Verfertigung der Karte dieser Insel beschäftigt war. Er ist auch später durch die Herausgabe von Seekarten hervorgetreten. Ein guter Freund Adam Johanns war Kapitän James Horsburgh, Hydrograph der Ostindischen Kompanie, der ihm stets seine neuen Karten zukommen ließ und den Adam Johann als einen "sehr fleißigen und durch seine Anspruchslosigkeit und Bescheidenheit höchst liebenswürdigen Mann"[11] schildert.

Wegen der Unruhen in Spanien[12] hielt sich damals gerade der spanische Admiral Don José Espinosa, der 1791-1794 unter Alessandro Malaspina die Welt umsegelt und die gesamte nordamerikanische Pazifikküste erkundet hatte, in London auf, wo Adam Johann seine Bekanntschaft machte und von ihm dessen kürzlich veröffentlichte Karten erhielt. Auch einem von den wenigen noch lebenden Gefährten Cooks - auf dessen zweiter und dritter Reise - ist Adam Johann in London begegnet, Kapitän James Burney, der sich außerdem durch seine Publikationen, darunter ein detailliertes Werk über die Entdeckungen im Pazifik, einen Namen gemacht hatte. Adam Johann hält es für hervorhebenswert, daß Burney nur Kapitän war. Zwar sehe man in England wenig auf den Rang, "allein auffallend möchte es wenigstens einem Ausländer scheinen, ... daß ein Gefährte Cooks, folglich berühmt durch seine Reisen, so wie später durch seine gelehrten Arbeiten, nicht den Rang eines Admirals hat erringen können".[13] Vor seinem Tode 1821 wurde Burney dann doch noch zum Konteradmiral erhoben.

Mit James Rennell - damals bereits 75 Jahre alt - lernte Adam Johann den seinerzeit wohl berühmtesten Geographen Englands kennen. Von dessen besonderen Kenntnissen auf dem Gebiet der Strömungen hatte er schon auf seiner Weltumseglung profitiert. Ohne daß Rennell ihn kannte, hatte er ihm eine spezielle Karte mit Erläuterungen übersandt, und Adam Johann gelang es mit Hilfe dieser Hinweise beim Umschiffen des Kaps der Guten Hoffnung, "in einem Strich zu kommen, in welchem ihn die Strömung über 100 Meilen in 24 Stunden fortriß".[14] Das Haus Rennells war ein beliebter Treffpunkt von Reisenden aus aller Welt. Adam Johann war von Rennell überaus angetan: "Nicht nur als Gelehrter ist Rennell ein merkwürdiger Mann, auch im Umgange und im häuslichen Kreise ist er liebenswürdig und höchst anziehend. Von den vielen Bekanntschaften, die ich während meines Aufenthaltes in London gemacht, ist mir die des trefflichen Rennells die genußreichste gewesen."[15]

Adam Johann hat seinen Interessen entsprechend die Häfen Portsmouth, Plymouth, Woolwich und Chatham aufgesucht und sich dort über alle Neuerungen der englischen Marine kundig gemacht. Ferner bereiste er mehrere andere Orte wie Oxford, Gloucester, Bristol, Exeter und Sidmouth. Auf diesen Fahrten informierte er sich auch über englische Militärschulen und deren Lehrmittel. In Plymouth besichtigte Adam Johann den Ausbau des bedeutenden Kriegshafens. Wie er in einem

Artikel[16] - im übrigen die erste Veröffentlichung zu diesem Bau überhaupt
- berichtet, krankten die englischen Häfen daran, daß sie den auf ihrer
Reede liegenden Schiffen nicht genügend Schutz bieten konnten. Diesen
durch die Errichtung von Molen zu schaffen, hätte unermeßliche Kosten
verursacht. Daher hatte der Direktor des Baus, Joseph Whidbey, der
Adam Johann alles bis ins Detail vorführte und erläuterte, die Idee
gehabt, eine vorhandene Untiefe durch Aufschütten von Felsblöcken in
eine Insel zu verwandeln. Sie war geeignet, einer größeren Anzahl von
Schiffen den nötigen Schutz zu bieten. Der erwähnte Whidbey war
übrigens ein Begleiter des frühverstorbenen Weltumseglers Vancouver
gewesen.

Adam Johann äußert sich lobend über die "Bereitwilligkeit der Engländer, den Fremden alles zu zeigen und mitzuteilen. ... Die Engländer
machen nie Schwierigkeiten, die Wißbegierde derselben zu befriedigen. Ich
habe diese Erfahrung selbst gemacht, und zwar überall, besonders aber
bei den Einrichtungen, die sich auf die Marine beziehen, was ich vorzüglich dem berühmten Reisenden Barrow zu verdanken habe, welcher die
Stelle eines Sekretärs der Admiralität bekleidet und mit ausgebreiteten
wissenschaftlichen Kenntnissen eine Einsicht in nautische Wissenschaften
verbindet, die selbst bei einem gebildeten Seemanne nicht leicht anzutreffen sind".[17]

In seinen Gesprächen mit Barrow ging es nicht zuletzt um die Polarforschung. Auf Wunsch des Hydrographen des 'Naval Chronicle' veröffentlichte Adam Johann 1814 einen Artikel in diesem Publikationsorgan, in dem
er auf Fehler englischer Karten der Polargebiete hinweist und eine
gründliche Erforschung der Nordküsten Asiens propagiert. Seltsamerweise
schrieb der Hydrograph des 'Naval Chronicle' anonym, und es gelang
Adam Johann auch nicht, in London seine Bekanntschaft zu machen; er
stand dort nur in brieflichem Kontakt mit ihm. Selbst in jahrelanger
Korrespondenz mit Adam Johann hat dieser Mann das Geheimnis um
seine Person nie gelüftet.

In London beschäftigte Adam Johann vordringlich die Bestellung und
Überwachung der für die bevorstehende Entdeckungsreise benötigten
astronomischen und physikalischen Instrumente sowie Chronometer u. a.
bei den damals führenden Herstellern Troughton, Hardy und Barrauds.
Außerdem kümmerte er sich um die Besorgung weiterer zur Ausrüstung
erforderlicher Artikel wie chirurgische Instrumente, Medikamente,
Gewürze, Kleidungsstücke usw., die man nach Adam Johanns Meinung
"nirgends besser und wohlfeiler bekommen kann, als in London".[18] Auch
die soeben vom Franzosen Appert[19] erfundenen und vom Engländer
Donkin[20] vervollkommneten Konservendosen, die bei Adam Johanns
Weltumseglung noch nicht hatten verwendet werden können, waren
inzwischen erprobt und lieferbar. Adam Johann war von dieser Erfindung

begeistert und beschreibt sie und ihre Bedeutung wie folgt: "Diese Erfindung besteht darin, frisches Fleisch, Gemüse, Suppen, Milch, kurz alles Eßbare mehrere Jahre in einem vollkommen frischen Zustande zu erhalten und, was man für eine Übertreibung halten möchte, es aber nicht ist, das Fleisch ist besser als frisch, indem die blechernen Büchsen, in welchen es aufbewahrt wird, mit starker Brühe gefüllt werden, die sich in das Fleisch hineinzieht. Ich ließ das Schiff mit einer ansehnlichen Quantität davon versehen. ... Diese Erfindung ist gewiß für die Navigation eine der wohltätigsten. Abgerechnet wie wichtig es ist, sich auf den längsten Reisen mit frischen Lebensmitteln zu versehen, ohne daß man einen großen Raum dazu nötig hat, etwas, das man sonst, und zwar verhältnismäßig auf kurze Zeit, nur dadurch erreichen konnte, daß man eine Menge lebendiger Tiere mitnahm, die auf einem Kriegsschiffe immer im Wege sind, für die man auch noch einen großen Vorrat von Futter, Heu und Wasser mitnehmen muß, und die man trotz aller Vorsicht doch plötzlich, z. B. in einem starken Sturme verlieren kann; abgerechnet alle diese großen Vorteile, ist diese Erfindung für Kranke von der höchsten Wichtigkeit, vorausgesetzt, daß die Erhaltung der Gesundheit der Schiffs-Equipage für wichtig gerechnet wird."[21] - Adam Johann hat einige der Donkinschen Konservendosen nach Hause mitgebracht und eigenhändig datiert. Zwei von ihnen wurden erst 106 Jahre später in seinem Nachlaß entdeckt. Das konservierte Fleisch war bei der Öffnung noch unverdorben, verfiel dann an der Luft allerdings in kürzester Zeit.

Ungeachtet der Erfindung der Konservendosen blieb das Thema Skorbut noch lange aktuell. 1818 reichte Adam Johann beim Medizinischen Rat der russischen Marine einen Aufsatz ein, in dem er der damals landläufigen These widerspricht, daß diese Krankheit durch zu schwere Arbeit verursacht werde und stattdessen auf die Bedeutung des Gemüseverzehrs hinweist. Seine Arbeit wurde jedoch nicht beachtet und erst nach 140 Jahren bekannt gemacht.[22]

Bei rechtzeitiger Auswertung hätte sie u. a. 1848 die Skorbut-Katastrophe eines russischen Flottengeschwaders vor Kopenhagen verhindern helfen können.

Die Vorbereitung der Entdeckungsreise war inzwischen in ein entscheidendes Stadium getreten. Der Bau des Schiffes 'Rjurik', den Adam Johann in Åbo (Turko) in Auftrag gegeben hatte, näherte sich der Fertigstellung. Zum Leiter der Expedition hatte er wie erwähnt Otto von Kotzebue ausersehen, der an seiner Weltumseglung als Kadett teilgenommen hatte. Auf Bedenken Horners erwidert Adam Johann: "Sie scheinen mit dieser Wahl nicht ganz zufrieden zu sein, und ich hätte auch lieber das Kommando einer solchen Expedition Löwenstern oder Bellingshausen gegeben; allein ich bezweifle sehr, da die Expedition nicht von seiten der Regierung unternommen wird, ob einer oder der andere das Kommando übernommen hätte. Kotzebue ist enthusiastisch für die Reise und wird folglich manche Schwierigkeit aus dem Wege zu räumen wissen. Kotzebue ist überdem ein sehr guter Seeoffizier geworden."[23]

Adam Johann hatte die Absicht gehabt, von London aus einen Abstecher nach Paris zu unternehmen, wo er auch seinen Freund Horner zu treffen hoffte. Eine Weiterreise zu diesem nach Zürich wäre ihm zu kostspielig gewesen. Aber die Parisfahrt sollte nicht auskommen: "Zwei Tage vor meiner Abreise aus London kam hier die Nachricht von der neuen Revolution in Frankreich an (gemeint ist die Rückkehr Napoleons). Ich gab natürlich sofort meine Reise dahin auf", schreibt er Horner und schließt mit den Worten: "Die einzige Möglichkeit, welche sich, mein teuerster Freund, darbot, Sie zu sehen, ist nun verschwunden, wahrscheinlich auf immer."[24]

Unmittelbar danach sah sich Adam Johann genötigt, seinen Aufenthalt in England abzubrechen, da ihn beunruhigende Nachrichten über Julies Gesundheit erreicht hatten. Diese ungenannte Krankheit ist nicht ohne den Gemütszustand Julies zu denken, der infolge der langen Trennung während der Weltumseglung für weitere derartige Belastungen überempfindlich geworden sein mußte. Schließlich dauerte die neuerliche Abwesenheit Adam Johanns inzwischen bereits ein Jahr, und ihr Ende war unbestimmt. So kehrte Adam Johann denn im Mai 1815 nach Hause zurück.

Anstatt wie geplant die Expedition Otto von Kotzebues in England abzufertigen, erwartete Adam Johann das Eintreffen Kotzebues mit der 'Rjurik' aus Åbo in Kronstadt, wo die Expedition nun starten sollte. Wie geschäftig diese Zeit für ihn war, geht aus einem Brief an Horner hervor: "Ich erhielt Ihren Brief vom 20. Mai einige Tage vor meiner Abreise aus Reval nach Petersburg. Seit meiner Ankunft hier habe ich noch keine Minute für mich gehabt. Ich bin in Pawlowsk und in Kronstadt gewesen, und Kotzebues Abfertigung, welche nach vier Wochen statthaben soll, läßt mir auch jetzt wenig Zeit übrig. - Kotzebues Schiff ist sehr gut gebaut. Seine Mannschaft besteht aus 25 Mann und zwei Offizieren."[25] Als Schiffsarzt war Dr. Johann Friedrich Eschscholtz ausgewählt worden, und in Kopenhagen sollten noch der Dichter Adelbert von Chamisso in seiner Eigenschaft als Naturforscher und der dänische Botaniker Morten Wormskiold zusteigen. Chamisso hatte sich wegen seiner Teilnahme an Adam Johann gewandt, der ihn als Ersatz für den erkrankten Dorpater Botanik-Professor Carl Friedrich Ledebour engagierte, obwohl er ihn für einen Schwärmer hielt.

Die Instruktion für Otto von Kotzebue hatte Horner auf die Bitte von Adam Johann verfaßt. Sie traf noch im letzten Augenblick ein und fand Adam Johanns ungeteilten Beifall: "Sie haben keinen Gegenstand der nautischen Astronomie und Physik unberührt gelassen und mit einer

Klarheit abgehandelt, welche nichts zu wünschen übrig läßt, und Kotzebue statt einer ganzen Bibliothek dienen kann."[26] - In Plymouth sollte die Ausrüstung des Schiffes durch ein Luftkastenboot (lifeboat) vervollständigt werden, dessen Erfindung Adam Johann bei seinem Besuch in Plymouth aufgefallen war und das die englische Admiralität auf seine Bitte herstellen ließ, ja es sogar der Expedition zum Geschenk machte.

Graf Rumjanzew, Geldgeber und mit Adam Johann Initiator des Projekts, verabschiedete die 'Rjurik' mit großer Begeisterung, obwohl sich die Kosten in der Zwischenzeit verdoppelt hatten. Am 30. Juli 1815 endlich stach Kotzebue von Kronstadt aus in See mit dem ungeheuren Auftrag, die Nordwestpassage zu entdecken.

XXII
Ass

Die Atmosphäre, die Adam Johann in England umgab, sowie der Abstand, den er dort gewann, führten ihm deutlich vor Augen, daß sich etwas ändern mußte. Er war nun nicht länger gewillt, sein bisheriges Leben im Wartestand fortzusetzen. Schließlich waren seit seiner Rückkehr von der Weltumseglung bald zehn Jahre vergangen, ohne daß ihm eine angemessene Aufgabe übertragen worden war, geschweige denn die Möglichkeit, sein ursprüngliches Projekt, zu dessen Auslösung die Weltumseglung gedacht gewesen war, zu verwirklichen. Es waren seine besten Lebensjahre, die hier verrannen. "Was ich bei meiner Rückkehr in Rußland beginnen werde, weiß ich noch nicht", schreibt er Horner im April 1815 noch aus London. "Aller Wahrscheinlichkeit nach quittiere ich den Dienst; ich hätte gern auf ein Avancement gewartet, nicht der Excellenz wegen, wie Sie leicht denken können; allein es kommt mir so vor, daß nun da ich nicht mehr weit von 50 bin, mir endlich bald der Admiralitäts-Titel zuteil werden könnte, doch ich werde dieses lang gewünschte Avancement nicht länger abwarten und sogleich nach dem neuen Jahr um meine Demission anhalten. ... Ich kann in Petersburg mit meiner Familie ein wenig anständig nicht unter 1.200 Rubel leben, und mein Gehalt als Kapitän ist nur 900; die Stelle im Corps, welche circa 2.000 Rubel wert ist, mag ich nicht behalten. ... Auch bin ich es meiner Familie schuldig, endlich dem Zigeuner-Leben, welches ich bis jetzt geführt habe, ein Ende zu machen und mich irgendwo häuslich niederzulassen."[1]

Als Kotzebue von diesen Plänen erfuhr, äußerte er sich empört: "Daß Sie besorgt um Ihre Zukunft sind und wirklich sein müssen, das ist arg! Wenn man nicht allein dem Vaterlande solche Dienste geleistet, sondern auch dessen Ruhm so vermehrt hat, so sollte doch wohl die Dankbarkeit - aber freilich, ich darf ja nur an Columbus und an so viele große Männer denken, die von ihren Zeitgenossen vernachlässigt, von der Nachwelt bewundert wurden."[2] Die Absicht Adam Johanns, seinen Abschied zu nehmen und sich aufs Land zurückzuziehen, lehnte Kotzebue entschieden ab: "Sie wollen sich auf dem Lande vergraben? ... Wenn Sie nur Ihre zu weit getriebene Bescheidenheit überwinden wollten. Ein Mann wie Sie braucht nicht zu bitten, er darf mit Würde fordern - und wer in Rußland nicht fordert, der bekommt auch nichts."[3] Adam Johann blieb jedoch bei seinem Entschluß und suchte um seinen Abschied aus gesundheitlichen Gründen nach. Der Kaiser gewährte ihm allerdings lediglich einen mehrjährigen Urlaub auf unbestimmte Zeit.

Adam Johann bewohnte nach seiner Rückkehr aus England mit seiner Familie das Haus, das Julie zunächst für die Zeit seiner Abwesenheit gemietet hatte. Es war dies das Gutshaus von Loal, das unweit von Reval und Haggud benachbart lag. Das Gut Loal hatte bis vor kurzem Adam Johanns Onkel Otto Wilhelm[4] gehört, dem jüngsten Bruder seines Vaters. Nach dem Besitzerwechsel stand das Gutshaus vorübergehend zur Verfügung.

Nachdem Adam Johann zuerst mit dem Gedanken gespielt hatte, sich in einer estländischen Kleinstadt niederzulassen, beschloß er, ungeachtet des Debakels mit Koddil, sich wieder nach einem Gute umzusehen, das ihm eine Existenzgrundlage würde bieten können und vor allem ihm und seiner Familie ein Zuhause. Bei der stetigen Inflation war eine Vermögensanlage zudem geraten. "Ich sehe mich gezwungen", erklärt er Horner, "ein kleines Gut zu kaufen als das einzige Mittel, um nicht zu kurz zu kommen. Die Preise hier steigen immerfort; in diesem Jahr ist es 50 % teurer zu leben als im vorigen Jahr, so daß man seine Ausgaben gar nicht bestimmen kann. Ich werde natürlich nur ein sehr kleines Gut kaufen, das ich ganz bezahlen kann."[5] Schon sehr bald, um die Jahreswende 1815/16 glückte es ihm, dieses Vorhaben zu verwirklichen. Das Schicksal wollte es aber, daß das ihm angebotene kleine Gut Sternhof nur zusammen mit dem großen Gut Ass und seinem mittelalterlichen Schloß zu erwerben war, das er aber dennoch bezahlen konnte, wenn auch nicht sofort. Unter normalen Umständen hätte er solch ein Objekt nie in Betracht ziehen können, aber zu jenem Zeitpunkt waren die Umstände nicht normal, denn genau im Jahre 1816 wurde in Estland die Leibeigenschaft beseitigt.

Die Aufhebung der Leibeigenschaft stand am Ende eines langen Ringens. Die hitzige Diskussion um das Für und Wider war in den baltischen Provinzen bzw. in den dortigen Ritterschaften bereits unter Katharina entbrannt, verstummte dann jedoch nahezu mit dem Regierungsantritt Kaiser Pauls, der hiervon nichts wissen wollte. Unter Alexander rückte diese Frage wieder in den Vordergrund. Als es schließlich gelang, den Kaiser dazu zu bewegen, unabhängig von einer künftigen Regelung im russischen Gesamtreich eine vorgezogene Ausnahme zuzulassen, war die Voraussetzung für die Bauernbefreiung in den baltischen Provinzen gegeben. Die Leibeigenschaft in Rußland[6] wurde erst ein halbes Jahrhundert später aufgehoben und griff auch dann nicht gleich durch.

Das Jahr 1816 stand für die Aufhebung der Leibeigenschaft unter keinem günstigen Stern. Man nannte es 'das Jahr ohne Sommer'. In fast ganz Europa gab es totale Mißernten, und Hungersnöte waren die Folge. So wurden die estnischen Bauern sogleich mit der Kehrseite ihrer neuen Lage konfrontiert. Waren bisher die Gutsbesitzer dafür zuständig gewesen, ihren Lebensunterhalt zu garantieren, unabhängig davon, ob die Ernte gut oder schlecht ausfiel, wurden die Bauern nun in nicht gewohnter Weise für ihren Lebensunterhalt selbst verantwortlich, und das unter den ungünstigeren klimatischen Bedingungen des 19. Jahrhunderts und bei primitiven Bewirtschaftungsformen. Ihre Abhängigkeit von den Gutsbesitzern auch als deren befreite Arbeiter und Pächter blieb bestehen. Daß es in Teilen des Russischen Reiches überhaupt zu Hungersnöten kommen mußte, wo doch Rußland damals das größte Getreideexportland der Welt war, lag an der großen Unzulänglichkeit der Transportmittel und -wege. In den Ostseeprovinzen unterhielten die meisten Gutsbesitzer sogenannte 'Magazinkleeten', in denen Getreidevorräte aus guten Ernten für Notzeiten gelagert wurden.

Selbstverständlich konnte eine solche, in ihren Folgen schwer vorhersehbare Maßnahme wie die Aufhebung der Leibeigenschaft nicht ohne Auswirkungen auf die Güterpreise bleiben. In den ihr vorangegangenen Jahrzehnten waren angesichts der Befürchtung, die Gutswirtschaft werde ihre Rentabilität einbüßen, die Güterpreise immer mehr gesunken. Adam Johann hatte dabei im Falle Koddils den kürzeren gezogen und war nun durch Schaden klüger. Als 1816 in Estland ein Tiefpunkt der Güterpreise erreicht war, konnte es geschehen, daß Güter besonders vorteilhaft, ja sogar für ein Butterbrot zu erwerben waren. Allerdings standen Güter damals nur in Notlagen zum Verkauf. Solche Notlagen traten dann ein, wenn ein Gut hoch verschuldet war und die Gläubiger befürchten mußten, daß der Wert des Gutes als Sicherheit nicht mehr ausreichte. Es versteht sich von selbst, daß sich nur diejenigen zu einem Gutskauf entschlossen, die die künftige Entwicklung einigermaßen zuversichtlich beurteilten. Zu diesen gehörte zweifellos Adam Johann, der sich auf das Risiko einließ und im März 1816 die Güter Ass und Sternhof übernahm. Für Ass mit Sternhof ist eine Größe von 2.860 Hektar ausgewiesen. Es wurde im übrigen zunächst nur ein Pfandkontrakt geschlossen, der dann vier Jahre später in einen Kaufvertrag mündete. Zum beweglichen Bestande zählten bei der Übernahme von Ass 65 Stück Altvieh, 65 Stück Jungvieh, 40 Schafe, 12 Schweine, 10 Gänse und 10 Enten. Zum Gut gehörten neben einer Wassermühle auch ein flachsverarbeitender Betrieb sowie eine Spiritusbrennerei.

Kotzebue war mit dem Gutskauf ganz und gar nicht einverstanden: "Ich kann mir nicht helfen, ich muß Ihnen wiederholen, daß ich fürchte, der Ankauf eines Gutes werde Sie gereuen, und noch vollends eines großen Gutes mit vielen Schulden! Wenn Sie ein Mann für solche Geldgeschäfte wären, so wären Sie weiß Gott nicht der Weltumsegler Krusenstern. Wer hat Ihnen denn gesagt, daß man aus einem großen Gute 7 bis 8 Prozent ohne viel Mühe machen könnte? Ich behaupte, daß das auch mit viel Mühe schwerlich geschehen wird. Sie sind nun einmal kein Mann für die Landwirtschaft."[7] Kotzebue sollte sich hierin gründlich irren. Adam Johann hat Ass und Sternhof über dreißig Jahre mit Erfolg bewirtschaftet.

Schloß Ass konnte auf eine ehrwürdige Geschichte zurückblicken. Als Vasallenburg gegen Ende des 13. Jahrhunderts - über dem Eingang war die Jahreszahl 1293 eingemeißelt - auf halbem Weg zwischen Reval und Dorpat errichtet, war Ass lange im Besitz des Geschlechtes Gilsen, dessen Name noch in der estnischen Bezeichnung für dieses Gut, Kiltsi, fortlebt. Auch der deutsche Name Ass ist auf frühere Besitzer, nämlich auf die von Assens aus dem 14. Jahrhundert, zurückzuführen. Es heißt, daß die Wasserburg Ass nie erobert worden sei. Zuletzt wurde sie 1588 von Russen und Tataren berannt, doch von den Gilsens mit großer Tapferkeit verteidigt und gehalten. Spätere Besitzer von Ass waren die Familie von Uexküll, die Barone von Rosen und die Grafen Manteuffel. Im Jahre 1784 wurden Schloß und Gut vom Kreismarschall Hermann Johann von Benckendorff übernommen, der das halbverfallene Schloß restaurieren und grundlegend umbauen ließ. Letzteres kam sicherlich der Wohnlichkeit zugute, ging aber zu Lasten des mittelalterlichen Erscheinungsbildes. Immerhin blieb der Charakter einer Burg durch die vier Ecktürme, davon zwei runde, gewahrt. Die Gutsanlage war eine der größten des Landes und das Schloß mit seinen drei Stockwerken sehr geräumig. Eine Besonderheit von Ass war eine zu beiden Seiten der Burg verlaufende Arkade, die unter Einbeziehung der Wirtschaftsgebäude den Hof umschloß und der vorderen Ansicht eine besondere Note verlieh. Reizvolle Ausblicke boten sich auch vom Schloß auf eine Flußstauung und einen Park. In einer der zwei Meter dicken Burgmauern wurde ein angeschmiedetes Skelett gefunden. Was lag näher, als daß es in dem alten Gebäude auch gehörig spukte. So wurde von unheimlichen, unerklärbaren Geräuschen erzählt sowie von einer kleinen, grauen Nonnengestalt, die sich einem nachts aufs Bett setzte - Ass hatte zeitweilig auch als Kloster gedient. - Das kleine Gut Sternhof (sein estnischer Name Vorsti könnte auf eine Rolle als Forstei oder auf einen verballhornten Besitzernamen hindeuten) ist, soweit bekannt, mit Ass stets einherig gewesen. Die aufwendige Restaurierung bzw. Umbau von Schloß Ass wie auch dessen Unterhalt sind wohl als die Hauptursache der hohen Verschuldung anzusehen, die den Sohn des Kreismarschalls, Paul Friedrich von Benckendorff, der spätere Gouverneur von Estland, zwangen, beide Güter zu einem so ungünstigen Zeitpunkt zu veräußern.

Da das Schloß erst bewohnbar gemacht werden mußte, konnte Adam Johann es nicht vor Ende 1817 beziehen und wohnte solange mit seiner Familie in Sternhof. Die Familie hatte sich inzwischen vergrößert. Im März 1816 war noch in Loal die erste Tochter, Charlotte, geboren worden. Julie, das jüngste Kind, kam im September 1819 in Ass zur Welt.

Adam Johann war ein überaus interessierter und engagierter Vater. Ein frühes Zeugnis dafür ist eine Charakteristik seiner Söhne, die zugleich Rückschlüsse auf den Schreiber gestattet: "Julius ist ein sehr sanfter Junge, was mir nicht viel von ihm versprechen läßt, ich weiß es aus Erfahrung, daß man das nicht sein muß. Mein Paul hingegen wird ein Eisenbrecher werden; schon jetzt beherrscht er den sanften, wiewohl älteren Julius, dabei eigensinnig und von seinen Ideen nicht abzubringen, das macht mir viel Freude. (Es sollte später umgekehrt kommen: Julius gar nicht mehr sanft, sehr erfolgreich und steinreich, beherrschte seinen zwar arrivierten, aber weichen und in ständige Finanznöte verstrickten Bruder Paul.) Otto fehlt es nicht an Kopf, aber ist entsetzlich zerstreut und flüchtig."[8] Eine Zeitlang zumindest hat Adam Johann seine Kinder sogar selbst unterrichtet, hat dabei aber, jedenfalls nach Meinung Kotzebues, des Guten zuviel getan. Dieser schreibt: "Mit Hochachtung und wahrer Rührung habe ich gelesen, wie schön Sie sich mit Ihren Kindern beschäftigen, aber Sie tun zu viel! Ich behaupte, ein Knabe lernt in fünf Stunden mehr als in acht, denn die Aufmerksamkeit muß erschlaffen."[9] Auch um die Lehrmittel kümmerte sich Adam Johann. Er verfaßte für seine Kinder ein Geographiebuch und bat Kotzebue um ein Geschichtsbuch.

Schon vorher hatte Adam Johann seinen Freund Horner gebeten, ihm einen Hauslehrer zu vermitteln, und äußerte dazu folgende Wünsche: "1. Daß er aus der französischen Schweiz sei, damit der Unterricht nur in Französisch geschieht. Auch wir werden dabei profitieren. 2. Daß er in seinem Charakter ein Schweizer und kein Franzose sei, d. h. reell, solide, kein Windbeutel. 3. Daß er nicht ohne systematische Kenntnisse sei. 4. Daß er die lateinische Sprache verstehe. 5. Daß er nicht kostbarer als 100 Dukaten jährlich sei, und daß er sich verbindlich mache, drei Jahre bei uns zu bleiben."[10] Horner hat Adam Johann tatsächlich einen Hauslehrer verschafft aus Genf namens Ponzait. Ob er alle die gewünschten Qualitäten mitbrachte, ist nicht bekannt, wohl aber, daß er Philologe und Mathematiker zugleich war und Französisch beherrschte. Theodor von Bernhardi, der ihn in Ass erlebt hat, behielt Ponzait als einen "liebenswürdigen, jungen Mann" in Erinnerung und erwähnt ferner: "Er erteilte Unterricht nach dem Maßstabe, der auf französischen Lyceen herkömmlich ist, war aber so jung, daß er sich im übrigen ganz zu einem Gefährten für heranwachsende Knaben eignete."[11]

Bernhardi lebte damals mit seinem Stiefvater Karl Georg Baron von Knorring und seiner Mutter Sophie geborene Tieck - geschiedene Frau des Sprachforschers August Ferdinand Bernhardi - für mehrere Jahre auf dem benachbarten Gut Arroküll und hielt sich als Altersgenosse von Otto häufig in Ass auf. Seinem Onkel, dem Bildhauer Friedrich Tieck, schreibt er 1818 nach Berlin: "Weit und breit im Lande sind Krusensterns die einzigen Leute, bei denen ich gern bin - aber auch sehr gern."[12] Es erstaunt daher nicht, daß Bernhardi sich in seinen Jugenderinnerungen Ass und seinen Bewohnern ausführlich widmet. Von der Person Adam Johanns zeigt er sich besonders beeindruckt: "Krusenstern entsprach durchaus nicht dem banalen Bilde, das man sich von seemännischer Derbheit zu machen pflegt. Er war im Gegenteil ein Mann von bestem Ton im edelsten Sinn des Worts, der feine Anstand, die ruhige und bescheidene Würde seines Benehmens waren nicht bloß äußerliche Politur, wie man sie so häufig an sogenannten Leuten von Welt wahrnimmt; sein Betragen ging vielmehr aus einer wirklichen Bildung des Geistes und Gemüts, aus sittlicher Reinheit und Würde hervor. So waren seine Formen, sein Umgang im hohen Grade ansprechend und wohltuend."[13] Julie bestach laut Bernhardi durch ihre Schönheit, ihre "in heiterer Stimmung hinreißende Liebenswürdigkeit", ihren "anmutigen, graziösen Witz" und ihre "echte Bildung".[14] Die gewisse Einschränkung Bernhardis bei der Stimmung Julies ist u. a. durch die Migräneanfälle zu erklären, von denen sie immer wieder heimgesucht wurde.

Adam Johann nannte seine Frau Julchen und sie ihn Krusenstern. Beide haben sich zeitlebens gesiezt und hielten dies auch so mit ihren Freunden, womit sie sich noch in der Tradition des 18. Jahrhunderts befanden. Dem Wandel in den Konventionen infolge der Französischen Revolution schlossen sie sich insofern an, als sie sich von ihren Kindern duzen ließen, was zu jener Zeit keinesfalls selbstverständlich war.[15] Wie alle ihre baltendeutschen Landsleute sprachen sie als Umgangssprache Deutsch.

Die drei älteren Söhne lebten nicht lange in Ass. Otto, der sehr zum Mißfallen des Vaters zum Lernen wenig Neigung zeigte, wurde gegen seinen Willen nach Petersburg in das namhafte Bethencourt'sche Lehrinstitut für Zivilingenieure geschickt. Aber Otto konnte sich für wissenschaftliches Arbeiten nicht erwärmen, und obwohl sich Adam Johann sehr für seinen Verbleib im Institut eingesetzt hat, da er seinem Sohn eine bestmögliche Ausbildung zukommen lassen wollte, gelang es Otto schließlich, seinen Vater davon zu überzeugen, daß seine Augen dort überfordert würden, und er trat als Junker ins Leibgarde-Ulanenregiment ein. Julius und Paul kamen in das renommierte russische Lyzeum in Zarskoje Selo, das übrigens zur gleichen Zeit von Puschkin besucht wurde. Das Kadettenkorps befand sich damals nämlich laut Adam Johann "in einem so beklagenswerten Zustand, daß ich auch einem Feinde abgeraten hätte, seine Kinder dorthin abzugeben".[16] Zuhause blieben jetzt nur noch Emil und die kleinen Mädchen Charlotte und Julie. Von seiner ersten Begegnung mit Charlotte, die ein Vierteljahrhundert später seine Frau werden sollte, berichtet Bernhardi: "Sie war damals ein Mädchen mit großen blauen Augen und schweren braunen Locken, das noch nicht ordentlich sprechen konnte. Für sie war ein allerliebster Hund, den Krusenstern aus England mitgebracht hatte, seines Standes ein sehr schöner Spaniel, der Charles genannt wurde, ein Hauptinteresse."[17]

Allgemeiner Achtung und Zuneigung erfreute sich in Ass der Diener und ehemalige Matrose Tarass Gledianow. Über ihn schreibt Bernhardi: "Er hatte mit Krusenstern die Reise um die Welt gemacht und sich seitdem seinem Kapitän mit der eisernen Treue eines Gemüts von seltener

Biederkeit fest oder vielmehr unlösbar angeschlossen. Schon über fünfzig Jahre hinaus, hager, mit Zügen, die auf Festigkeit deuteten, hellblauen Augen und grauem Haar war er das Bild der Zuverlässigkeit. Seinem Kapitän gegenüber behielt er immer die strenge dienstliche Haltung bei, aber seine Augen hatten einen besonderen Glanz, und es belebte überhaupt ein eigentümlicher Ausdruck seine Züge, wenn er mit seinem Herrn sprach. Natürlich war er ein Vertrauensmann im Hause. Für die Kinder war Tarass ein Mann, dem Liebe und Verehrung gebührte, und Krusenstern selbst sorgte wie der treueste Freund für ihn. Er pflegte zu sagen, daß er immer nur einen Streit mit Tarass habe: er glaube nicht genug für ihn zu tun, und Tarass behaupte, er tue zu viel. Im übrigen sah Tarass mit einem gewissen Stolz als ein erfahrener Mann auf seine bedeutenden Erlebnisse zurück und hatte eine gewisse Freude an Merkwürdigkeiten, die auch er für seine Person von der Reise um die Welt mitgebracht hatte. Später heiratete er ein estnisches Bauernmädchen, und da lebte er dann mit seiner Frau auf einem kleinen Vorwerk, das ihm Krusenstern pachtfrei überließ. Da war dann alles im Hause und umher streng in Ordnung gehalten wie an Bord eines Schiffes."[18]

Einen besonderen Anziehungspunkt für den jungen Bernhardi auf Ass bildete die Bibliothek Adam Johanns mit ihren 3.000 Bänden, darunter eine beeindruckende Sammlung von Reisebeschreibungen und Kartenwerken. Ebenso gern begleitete er den Hausherrn, der sich stets über alles gründlich unterrichtete, auf seinen Inspektionsgängen durch das Gut, denn "in allem, was Krusenstern anordnete und tat, auch auf seinen Gütern, traten stets eine einfache Zweckmäßigkeit, ein seltener Sinn für Ordnung, ein richtiges Verhältnis zwischen Zweck und Mitteln sehr sichtbar hervor".[19]

Näheres über das Innere des Schlosses hat Georg Knüpffer, einst Pastor in Klein-Marien, dem Kirchspiel, zu dem Ass gehörte, in seinen Erinnerungen festgehalten: "Eine breite, zweiarmige Treppe führt hinauf in die Wohnräume, die alle im zweiten Stockwerk liegen. Ein langer Treppenflur zieht sich vor ihnen hin, an dessen beiden Enden auf schmaler Steintreppe es in der Türme oberste Räume hinaufgeht. Im Turm zur linken gibt es Waffen und Geräte der Südsee-Insulaner. ... Sämtliche Räumlichkeiten des Hauses verlaufen in zwei parallelen Zimmerreihen. Aus dem Salon gelangt man rechts in das kleine, geheimnisvolle 'Chinesische Zimmer': Möbel aus Bambusrohr, zwei Glasschränke mit chinesischen Raritäten aller Art sowie Münzen, Medaillen, physikalische Instrumente enthaltend; an den Wänden äußerst kunst- und wertvolle chinesische Originalgemälde. ... Weiter folgt das lange, schmale Speisezimmer, daneben ein sonniger Raum mit dem Ausblick auf den laubumsäumten Wasserspiegel der breiten Flußstauung. Links liegt der große, mächtige Saal sowie das tiefe Bibliothekszimmer. ... Andere Räume,

196

als die erwähnten, habe ich in Ass nicht betreten, so auch leider den Keller nicht, der zufällig entdeckt und geöffnet, sich als das alte Schloßverließ herausstellte."[20]

Ein Augenzeuge aus späterer Zeit berichtet: "Als kleiner Junge konnte ich das Chinesische Zimmer in Ass mit seinen herrlichen lebendigen Seidenstickereien fliehender Kraniche bewundern, die mir noch heute vor Augen stehen. Und dann die anderen 'Reliquien': das runde Bibliothekszimmer mit ebensolchen Schränken voller Bücher, der riesige Mahagoni-Schreibtisch mit geschnitzten Figuren, ausreichend für die großen, überdimensionalen Weltkarten, das Rokoko-Gestühl mit weißer Seide bezogen auf goldenen Füßen, schließlich die uralten Eichenholztruhen mit Metallbeschlägen und die großen Mahagoni-Wäscheschränke. Das herrliche Vestibül beeindruckte durch seine architektonische Harmonie wie überhaupt der ganze Schloßbau. Ein Wunder war die nie versiegende Quelle im Innern des Gebäudes, die die Wasserversorgung sicherstellte. Aus der Kapelle, die sich im Keller befand, führte eine schwere Eichentür zum Beinraum, doch war sie zum Leidwesen neugieriger Gutsleute auf Anordnung Krusensterns ungeöffnet vermauert worden."[21]

In der Umgebung von Ass lagen viele ansehnliche Güter, so daß dort auch ein reges geselliges Leben herrschte. Von diesem hielten sich Adam Johann und Julie jedoch weitgehend fern. Weder veranstalteten noch besuchten sie Jagden, Tanzfeste, Kartenpartien und andere Gastereien. Für solche Zurückhaltung gab es mannigfache Gründe. An oberflächlicher Geselligkeit hatte Adam Johann noch niemals Gefallen gefunden, auch war er kein Jäger und kein Kartenspieler, kein Trinker und kein Raucher, was ihn von vornherein von anderen Gutsbesitzern trennte. Hinzu kam, daß er seine Standesgenossen an Welterfahrung und Bildung weit überragte und seine humanistische Gesinnung gerade im Zusammenhang mit der Aufhebung der Leibeigenschaft nicht die von ihm erwartete Resonanz fand. Bernhardi bemerkt hierzu: "Die Beschränktheit der provinziellen und Standesinteressen, der Mangel an Gemeinsinn verletzten ihn und ließen kaum irgendwelche Berührungspunkte übrig. Selbst die äußeren Formen des Lebens waren ihm, den an englische Sitten Gewöhnten, durchaus unangenehm. Nichts konnte ihn z. B. mehr anwidern, als wenn er in einem befreundeten Hause etwa den Hausherrn in landesüblicher Weise mit zahlreichen Nachbarn und Gästen in Schlafröcken und mit langen Tabakspfeifen am Kaffeetisch sehen mußte, ohne daß die Gegenwart der Damen dabei gestört hätte."[22]

Julie hatte unter dieser Einstellung ihres Mannes nicht zu leiden, eher hat sie ihn darin bestärkt, denn, wie Bernhardi bezeugt, "fehlte ihr für das gesellige Leben des Landadels jede Fähigkeit der Teilnahme".[23] Sie war ausgefüllt durch die Sorge um ihre Familie und die Anteilnahme an wenigen wirklichen Freunden sowie an den Gutsleuten. So war sie jederzeit für die Leute aus dem Dorf zu sprechen und hörte ihnen stundenlang unermüdlich zu, wenn sie von ihren Kümmernissen berichteten. Hier soll auch erwähnt werden, daß Julie die Flachsverarbeitung unterstand, die größtenteils in Heimarbeit vergeben wurde.

Die gesellschaftliche Zurückhaltung beruhte im Grund auf Gegenseitigkeit, insofern die Nachbarn sich durch Adam Johanns Prominenz ebenso wie durch seine Andersartigkeit gehemmt fühlten und deshalb selbst auf Distanz hielten. Das verhinderte aber nicht, daß Ass und seine Bewohner einen beliebten Gegenstand der Neugierde und des Klatsches abgaben, im Gegenteil, je weniger man mit ihnen zusammentraf, desto höher stieg der Kurswert der Nachrichten über sie. Dies veranschaulicht ein Brief an Julie von einer entfernt verwandten jungen Dame namens Luise von Lesedow, die sich auf diesem Wege unverblümt um die Befriedigung der überaus großen Nachfrage nach Neuigkeiten bemühte: "Ich war lange ohne Nachrichten von Ihnen, mein heißgeliebte Tante, jedermann hier im kleinen Estland interessiert sich so lebhaft für Sie alle, und Sie wissen, welche Freude mir eine Nachricht, die man von Ihnen und allen Ihren Verhältnissen geben kann, macht, so daß ich immer von Zeit zu Zeit so glücklich war, einiges zu erfahren. ... Ich wende mich an Sie, um ein Wörtchen nur zur Antwort bitte!" Als Gegenleistung sozusagen hat Luise Neues über andere Prominenz der Gegend parat: " Unsere lieben Kügelgens[24] wohnen nun seit dem Monat Juni in Reval. ... Wie sehr wir diese liebe, höchst interessante Familie vermissen, kann ich Ihnen gar nicht sagen. Morgen wird die Hochzeit der ältesten Tochter gefeiert, sie erwarten noch immer zu derselben die Kügelgens aus Dresden.[25] Sie sind dort schon ganz bereit zur Abreise gewesen, sogar der Wagen war schon gepackt, da befiel des Wilhelm Kügelgen seine Frau - sie ist eine geborene Krummacher, des Schriftstellers[26] Tochter - eine Krankheit, und sie mußten ihre Reise aufschieben. ... Neulich geschah uns etwas sehr Angenehmes. Der junge Neff[27], der als ein großer Maler aus Rom zurückgekehrt ist und ganz vorzüglich gut trifft, machte uns bekannt, daß er anonym den Auftrag erhalten habe, meine Eltern zu malen."[28]

Alles bisher Gesagte bedeutet natürlich nicht, daß Adam Johann und Julie in Ass als Einsiedler gelebt haben. Neben Verwandtenbesuchen pflegte man einzelne, ausgewählte Kontakte in der näheren und ferneren Nachbarschaft. Zu nennen sind hier von Kügelgens auf dem Gut Kurküll, von Lesedows auf Münkenhof, von Rennenkampfs auf Wack, von Benckendorffs auf Löwenwolde und Graf Manteuffel auf Raiküll. Mit dem Ehepaar von Knorring auf Arroküll kam der Verkehr sogar auf den ausdrücklichen Wunsch Adam Johanns zustande. Dabei hätte man sich einen größeren Gegensatz wie zwischen dem pragmatisch denkenden und in allem gründlichen Adam Johann und der schöngeistigen, aber fundierte und systematische Kenntnisse entbehrenden Sophie von Knorring kaum vorstellen können. Ihre einstige Bindung zu ihrem älteren Bruder, dem Dichter Ludwig Tieck, blieb für ihr Leben bestimmend. Sie trat selbst als Dichterin hervor, vor allem mit Traumdichtungen. Ihr zweiter Mann, Karl Georg von Knorring, hatte es sich als Besitzer großer Güter in Estland über Jahre geleistet, mit seiner Frau in Rom, danach in Wien und in München zu leben, doch zwangen ihn dann der französisch-russische Krieg wie auch der Verfall der Güterpreise, in seine Heimat zurückzukehren, wo er nach und nach seine Besitzungen verkaufen mußte und bald sein ganzes Vermögen eingebüßt hat. Notgedrungen ins Baltikum verschlagen, wurde die Dichterin Sophie hier nie heimisch. Sie starb 1833 in Reval und hinterließ den Roman 'Evremont'. Während sie in Arroküll lebte, erfreute sie sich der Freundschaft Julies und Adam Johanns, deren Geistigkeit sie schätzte. Auch Adam Johanns 'Reise um die Welt' hat sie gelesen, vermißte in ihr allerdings die Poetik.

Adam Johann war es auch, der den Dorpater Professor für Altphilologie und Ästhetik Karl Morgenstern - dieser machte sich ebenfalls durch den Aufbau der Universitätsbibliothek und die Anlegung eines Kunstmuseums in Dorpat einen Namen - als seinen Gast nach Arroküll mitnahm.

Bernhardi äußert sich über diesen Besuch in seinen Erinnerungen: "Der Tag, den Morgenstern und Krusenstern in Arroküll zubrachten, ließ mir den Eindruck zurück, als sei ich in ein anderes Land, in eine andere Atmosphäre versetzt gewesen."[29] Morgenstern notiert Ende Juli 1819 in sein Tagebuch: "Während meines diesmaligen Aufenthalts in Ass war mir ein artiges Fremdenzimmer in einem der Türme als Schlafzimmer angewiesen. ... Krusensterns Bibliothek zum Teil im Vorsaal, zum Teil in einem der runden Türme des Schlosses. Romantische Aussicht über die angefangene englische Anlage über das Wasser nach der Mühle zu, der man das Aussehen einer gotischen Kirche nach dieser Seite zu gegeben. - Manch interessante Mitteilung Krusensterns. Ich den Damen (gemeint sind Julie und befreundete Gäste) vieles vorgelesen, aus der 'Reise nach 'England' von Johanna Schopenhauer, auch Goethes Gedichte, ein paar Mal auch Französisch Frau von Krusenstern."[30]

Außer Morgenstern fanden noch andere Gelehrte den Weg nach Ass, wie der Professor der Physik und Rektor der 1802 wiederbegründeten Dorpater Universität, Friedrich Parrot, und der junge Naturforscher Karl Ernst von Baer. Letzterer bedankte sich nach seinem ersten Besuch mit den Worten: "So mitten in unserem lieben Estland einen Mann zu finden, der ganz für die Wissenschaft lebt, ist etwas so Erfreuliches und Unge-wohntes, daß es fast romanhaft erscheint."[31] Mit Parrot hat Adam Johann eine über dreißig Jahre währende Freundschaft verbunden, und sie haben auch so lange miteinander in Korrespondenz gestanden. Adam Johann hat die junge Universität Dorpat auf vielfache Weise unterstützt, mit Abhandlungen für deren neue Periodika ebenso wie durch Vermittlung von Beziehungen zu englischen Wissenschaftlern und von Möglichkeiten, sich an Forschungsreisen zu beteiligen. 1814 hat ihn die Dorpater Universität zu ihrem korrespondierenden Mitglied ernannt und ihm zugleich die Ehrendoktorwürde der Philosophie verliehen. 1817 bzw. 1820 folgten die auswärtigen Mitgliedschaften der Kurländischen Gesellschaft für Literatur und Kunst und der Royal Society of Edinburgh.

Es war naheliegend, daß sich die Estländische Ritterschaft bemühte, Adam Johann für ihre Interessen einzuspannen. Obwohl die eigentliche Bedrückung, die Russifizierung und der widerrechtliche Abbau der ritterschaftlichen Privilegien, in der Landesverwaltung erst im letzten Drittel des 19. Jahrhunderts voll einsetzten, waren Ansätze hierzu bereits spürbar, denen es zu wehren galt. Da man in Estland allgemein beim Weltumsegler Krusenstern beste Beziehungen zu allerhöchsten Stellen für selbstverständlich hielt, denn man wußte wenig oder nichts von seiner tatsächlichen Situation - wie hätte er sie auch begreiflich machen sollen? -, wählte die Ritterschaft ihn zu ihrem Delegierten. Vielleicht hat man es dann für mangelnden Einsatz gehalten, wenn er die Wunder nicht vollbringen konnte, die man sich von ihm erhofft hatte.

Im Jahre 1821 bewegte eine aufsehenerregende Affäre die Gemüter im Baltikum. Unerhörtes war geschehen. Der Landrat und ehemalige Ritterschaftshauptmann Jacob Georg von Berg, der maßgeblich an der Bauernbefreiung beteiligt gewesen war, vermochte, von einer Dienstreise aus Petersburg zurückgekehrt, vor dem Landtag über den Verbleib einer großen Geldsumme - achtzigtausend Rubel - keine Rechenschaft abzulegen. Sein Angebot, vor Vertrauensmännern darüber Auskunft zu geben, lehnte die Estländische Ritterschaft ab und ließ ihm die unvorstellbare Schmach des Ausschlusses aus ihren Reihen zuteil werden. Obwohl er sich sonst von internen ritterschaftlichen Angelegenheiten eher fernhielt, zögerte Adam Johann so wie seinerzeit im Falle Cochrane auch hier nicht, sich der Verurteilung des Angeklagten entgegenzustellen. Dem Urteil schloß er sich durch ein Sondervotum nicht an und trat danach für eine Rehabilitierung Bergs ein. Berg schreibt in seinen Lebenserinnerungen: "Ewig unvergeßlich wird mir Krusensterns Verwenden sein, und ich spreche hier laut den tiefgefühlten Dank aus, den ich ihm schuldig bin: seinen Namen, den die Geschichte als ihr Eigentum der Nachwelt überliefern wird, kennt jeder Biedermann, ich trage ihn, da er mir noch in den letzten entscheidenden Minuten gegenwärtig sein wird, als den Namen eines Schutzengels auf Erden vor den Thron des Richters alles irdischen Tun und Wirkens."[32] Berg wurde zwar nach fünfzehn Jahren rehabilitiert, die näheren Umstände der Affäre aber sind nie bekannt geworden. Möglicherweise hat er im landespolitischen Interesse mit der betreffenden Geldsumme diskret[33] sehr hochgestellte Persönlichkeiten in St. Petersburg bestochen.

Einmal wurde Adam Johann auch aus seinem Urlaub nach Petersburg zitiert, denn, wie er Horner von dort mitteilt, "der Kaiser hat mich zum Mitglied eines Komitees ernannt, das sich über die besten Mittel beratschlagen soll, Schiffsbauholz von Kasan nach Petersburg zu bringen; ich hoffe dieses Geschäft in acht Tagen zu beendigen und kehre alsdann nach Ass zurück, wo ich am allerglücklichsten lebe".[34]

Atlas der Südsee / Rückkehr nach Petersburg

In den Jahren der Zurückgezogenheit auf Schloß Ass verfaßte Adam Johann sein größtes und bedeutendstes Werk, den 'Atlas der Südsee'. Sein ursprünglicher Plan, alle Meere in einem Weltatlas zu behandeln, scheiterte an der ablehnenden Haltung der russischen Admiralität, so daß es in dieser Hinsicht bei einer Vorarbeit blieb, seinen 'Beiträgen zur Hydrographie der größeren Ozeane als Erläuterung zu einer Karte des ganzen Erdkreises nach Mercators Projektion'[1]. Nicht abhalten ließ sich Adam Johann aber von seinem immer noch gigantischen Vorhaben, dem Pazifik, der für die Schiffahrt die größten Gefahren bereithielt, einen Atlas zu widmen. Die letzten Anstöße hierzu hatte er in London bekommen, wo er auch reichhaltiges Material zusammentrug.

Um die Notwendigkeit eines solchen Atlasses ermessen zu können, muß man sich vergegenwärtigen, daß der Pazifik zu jener Zeit noch wenig, in Teilen noch gar nicht erforscht war. Die bisher vorliegenden Karten waren wegen der Vielzahl ungenauer Standortbestimmungen alles andere als zuverlässig. Dies war zum einen auf die Schwierigkeiten zurückzuführen, die ungünstige Witterung und unzulängliche Chronometer bereiteten, zum andern darauf, daß alle die Kriegs- und Kauffahrteischiffe, die den Pazifik befuhren, als Voraussetzung nur den Ehrgeiz, neue Inseln zu entdecken, nicht aber Fachkenntnisse mitbrachten. Nicht nur Ungenauigkeiten waren die Folge, sondern auch Mehrfach-Einzeichnungen von Inseln, die es in Wirklichkeit nur einmal gab, mit unterschiedlichen Namen und Standorten. Auf vielbefahrenen Meeren waren solche Irrtümer vergleichsweise einfach zu berichtigen, nicht jedoch in den Weiten der inselreichen Südsee, die damals zu den entlegensten Weltgegenden zählte. Unter Südsee verstand man den gesamten Stillen Ozean, also auch dessen nördliche Regionen. Zu erinnern ist in diesem Zusammenhang auch daran, daß Australien zu der Zeit zwar längst entdeckt, aber noch nicht als fünfter Kontinent in das Weltbild eingeordnet war. Erst damals, als Adam Johanns Werk entstand, - dies ist vielleicht nicht ganz zufällig - begann man mit der systematischen Aufnahme der australischen Küsten.

Aufbauend auf dem vorhandenen Kartenmaterial - darunter auch in Vergessenheit geratenes aus dem Archiv der Admiralität - und der einschlägigen Literatur, konnte sich Adam Johann die Standortbestimmungen zunutze machen, die auf seiner eigenen Weltumseglung vorgenommen worden waren und sich als bemerkenswert zuverlässig erwiesen hatten. Neben den Ergebnissen von inzwischen durchgeführten russischen Expeditionen verwertete er zahlreiche Karten und Berichte mit ergänzenden und revidierenden Messungen und Entdeckungen, die ihm dank seiner Bekanntheit und seiner vielfältigen Beziehungen laufend von

überall, insbesondere aus England, von Seefahrern bzw. Forschungs-
reisenden zugingen. Als Kenner sowohl der Autoren als auch der Materie
war er in der Lage, bei Abweichungen oder Widersprüchen abzuschätzen,
wofür die größte Wahrscheinlichkeit sprach, und dies zu begründen.

Aus all diesen Tausenden von Daten Karten zu schaffen, war eine
wahrhafte Riesenarbeit in quantitativer wie auch qualitativer Hinsicht,
ganz zu schweigen von der damit verbundenen umfangreichen Korrespondenz. Im Grunde genommen war es auch eine Arbeit ohne Ende, da ja
immer neue Einsendungen zu verwerten waren und sich immer neue
Fragen auftaten. Aber gerade diese Erkenntnis rechtfertigte es, daß Adam
Johann beschloß, der Schiffahrt jetzt und nicht in irgendeiner Zukunft mit
dem Atlas einen Dienst zu erweisen. Er zog daher einen vorläufigen
Schlußstrich und legte Ende des Jahres 1821 die bereits fertigen Karten
der Admiralität vor. Dort zählten damals der Marineminister, Marquis
Jean-Francois de Traversay, und der Hydrograph, Gawril Sarytschew, zu
Adam Johanns entschiedensten Gegnern, die den Druck seiner Arbeiten
jedes Mal zu unterbinden suchten, so auch in diesem Fall. Obwohl der
Seefahrer Wassili Golownin dem Marineminister als Auftraggeber sowie
den anderen zuständigen Instanzen der Admiralität ein überaus positives
Gutachten vorlegte und den Atlas für ein wertvolles, von der Seefahrt
dringend benötigtes Werk erklärte, wurde nach längerem Hin und Her der
Atlas schließlich als eine höchst überflüssige und zwecklose Arbeit, deren
Veröffentlichung keine Förderung verdiene, von der Admiralität abgelehnt.
In dieser Situation sah Adam Johann keinen anderen Ausweg, als sich mit
einem Brief an den Kaiser zu wenden. Den Entwurf[2] dazu hatte er bereits
fertig, als unerwartet eine Wende zu seinen Gunsten eintrat. Aufgrund
einer schweren Erkrankung Traversays übernahm Admiral Otto von
Moller zu Beginn des Jahres 1822 die Leitung des Marineministeriums.
An diesen wandte sich Adam Johann nun, und nachdem Moller die
Bedeutung des Atlasses erkannt hatte, stellte er ihn unverzüglich, gestützt
auf das Gutachten Golownins unter Ignorierung der Entscheidung der
Admiralität, dem Kaiser vor. Im Februar 1822 konnte Adam Johann
seinem Freund Horner berichten: "Ich muß Ihnen von mir eine Nachricht
geben, die Sie interessieren wird. Der Contre-Admiral Moller, mit dem ich
immer in freundschaftlichen Verhältnissen gestanden habe, hat gestern
dem Kaiser eine Vorstellung über meine Arbeit gemacht, und mein Atlas
der Südsee wird trotz der Sarytschew etc. gestochen werden. Ich werde
daher ganz nach Petersburg ziehen, um meine Karten unter meiner
eigenen Aufsicht stechen zu lassen. Meine Familie wird mich vielleicht
begleiten, d. h. wenn ich eine kleine Zulage bekomme. Vorerst hat man
mir bloß 1.200 Rubel Tafelgeld bestimmt."[3]

Das Stechen der insgesamt 34 Karten erstreckte sich über mehrere
Jahre. Der 'Atlas der Südsee' erschien jeweils in zwei Teilen 1823 und

1826 in einer russischen und 1824 und 1827 in einer französischen Ausgabe.[4] Nach der vorherigen Brüskierung seitens der Marineführung mußte es Adam Johann als Genugtuung empfinden, daß der Kaiser ihn bei der offiziellen Überreichung des ersten Teiles mit dem Wladimir-Orden 2. Klasse und bei der des zweiten Teiles mit einem Brilliantring auszeichnete. In der Fachwelt erregte der Atlas großes Aufsehen, wobei die Japan-Karte, die bisher nahezu unbekanntes Gebiet betraf, besondere Aufmerksamkeit auf sich lenkte. Ein namhafter Interessent, Großherzog Karl August von Sachsen-Weimar, verlieh Adam Johann auf das Geschenk dieser Karte hin den Weißen Falken-Orden. Die Petersburger Akademie der Wissenschaften erkannte ihm für sein Werk den Demidow-Preis[5] zu. Adam Johann nahm nur die Ehrung an, nicht aber die damit verbundenen 5.000 Rubel mit dem Hinweis darauf, daß dieser Betrag jungen, aufstrebenden Talenten zugedacht sei.

Zum Atlas gab Adam Johann 1826/27 in französischer und russischer Sprache je zwei umfangreiche Textbände[6] heraus, die er 1835 noch durch drei Supplementbände[7] ergänzte. Das Thema war damit jedoch für ihn nicht abgeschlossen, zeitlebens hat er sich mit ihm weiter auseinandergesetzt und galt als Autorität auf diesem Gebiet. Seine jahrelange, mühevolle Arbeit wurde schließlich dadurch bestätigt, daß der 'Atlas der Südsee' ein Jahrhundert lang der Seefahrt als Standard-Rüstzeug gedient hat.

Doch damit haben wir zeitlich weit vorgegriffen. Für den 'Atlas der Südsee' hatte auch die Expedition Otto von Kotzebues wertvolle Daten geliefert. Es versteht sich von selbst, daß Adam Johann den Verlauf dieser Forschungsreise mit besonderer Aufmerksamkeit verfolgt hat. Die Entdeckungen, von denen Kotzebue ihm von unterwegs Mitteilung machte, stellte er in verschiedenen Artikeln vor und kommentierte sie. Zu nennen ist hier vor allem Adam Johanns Bericht[8] an die Königliche Sozietät (später Akademie) der Wissenschaften in Göttingen, dort vorgetragen vom Naturforscher und Göttinger Professor Johann Friedrich Blumenbach. Seit 1815 war Adam Johann auswärtiges Mitglied der Königlichen Sozietät.

Otto von Kotzebue kehrte nach drei Jahren, am 10. Juli 1818, von seiner Weltumseglung nach Kronstadt zurück. Daß er dies überhaupt konnte, war alles andere als selbstverständlich. Die kleine 'Rjurik' war in schweren Stürmen hart mitgenommen worden, und Kotzebue wurde dabei einmal vom Deck gerissen sowie ein anderes Mal, was folgenreicher war, so heftig gegen das Steuerrad geschleudert, daß er eine ernste Brust- bzw. Lungenverletzung davontrug. Wie wohl noch erinnerlich, war seine Hauptaufgabe die Entdeckung der Nordwestpassage gewesen, und in der Tat ist er weiter an den Küsten Alaskas vorgedrungen als irgendjemand vor ihm. Bei seinem ersten Versuch glaubte er anfänglich, in einem tief ins Land einschneidenden Sund - heute 'Kotzebue-Sund' - die Nordwestpassage gefunden zu haben. Diese lag auch nicht allzuweit entfernt. Nur noch ein 'Krusenstern' genanntes Kap trennte das Schiff von ihr. Natürlich in Unkenntnis dieser Sachlage und zudem seiner Instruktion folgend beließ Kotzebue es bei der bisherigen Erkundung. Beim zweiten Versuch im nächsten Jahr aber fand er die Durchfahrt beim Kap endlos durch Eis versperrt, was für ihn besonders bitter war, denn ein drittes Jahr abzuwarten, hielt er aufgrund seiner schwer angeschlagenen Gesundheit nicht für verantwortbar. So war es Otto von Kotzebue nicht vergönnt, die Nachricht von der Entdeckung der Nordwestpassage nach Hause melden zu können, wie anderen Forschern über Jahrzehnte nach ihm auch nicht. Von diesen blieb der Engländer Sir John Franklin - ihn hatte Adam Johann 1828 in Petersburg kennengelernt - seit 1846 mit seiner ganzen Mannschaft verschollen.[9] Weder Kotzebue noch Adam Johann und schon gar nicht Graf Rumjanzew sollten die Lösung des geographischen 'Rätsels des Jahrhunderts' noch erleben. Erst im Jahre 1850 gelang es dem Engländer Robert McClure, die Passage zu entdecken und zu durchfahren, allerdings nicht mit dem Schiff, sondern mit einem Schlitten, womit sich zugleich ihre Unpassierbarkeit für Segelschiffe erwies. Wenn Otto von Kotzebue die Nordwestpassage auch nicht gefunden hat, so konnte er zumindest ihre Existenz anhand von Strömungsmessungen nachweisen.

Von den Ergebnissen, die er außerdem nach Hause mitbrachte, sind die genauere Erforschung und Aufnahme einer Vielzahl von Koralleninseln hervorzuheben, die Adam Johann in seiner 'Analyse der auf dem Rurik im großen Ozean entdeckten Inseln' ausführlich würdigt. Sie wurde in Kotzebues Reisebeschreibung[10] veröffentlicht. Außer Kotzebue hat auch Chamisso diese Weltumseglung beschrieben[11]. Der Beitrag Adam Johanns diente zugleich der Verteidigung Kotzebues gegen Angriffe von russischer wie von englischer Seite, die den Neuigkeitswert seiner Entdeckungen im Korallenmeer anzweifelten. Für Adam Johanns Eintreten konnte ihm Kotzebues Vater nicht genug danken: "Ich bin hoch empört worden durch den elenden Neid, mit welchem Sarytschew und Konsorten meinen armen Otto verfolgen. Gott sei Dank, daß Sie als sein rettender Schutzengel zur rechten Zeit erschienen. Sein leiblicher Vater hätte ja nicht mit größerem Eifer für ihn handeln können. Aber dieser besitzt nicht die Kenntnisse, die einem Urteil in solchen Dingen Gewicht geben. Diese besitzen nur Sie, darum konnte auch niemand so kräftig seine Ehre retten."[12]

August von Kotzebue sollte seinen Sohn Otto nicht mehr wiedersehen. Am 23. März 1819 wurde August in Mannheim von dem Studenten Carl Ludwig Sand ermordet. Adam Johann schreibt Horner: "Der arme Kotzebue, er freute sich so sehr, seinen Vater zu sehen und fand ihn ermordet; welch fürchterliche Tat. Ein Dolch gegen eine Feder - wie ungleich die Waffen. Ich habe von jeher einen Degoût gegen das wilde Wesen deutscher Universitäten gehabt. In welchem Lande existiert mehr

Freiheit, in welchem Lande gibt es wohl kräftigere Menschen, gründliche-
re Gelehrte, praktischere Staatsbürger als in England, und die Studenten
in Oxford oder Cambridge sind einer Disziplin unterworfen, die man in
Jena oder Halle für entehrend halten würde. Ich habe Kotzebue mehr als
30 Jahre gekannt und seit der Periode meiner Reise ihn als Freund
geliebt. Sein unglückliches Ende hat mich viele Tränen gekostet, und nie
werde ich an ihn denken können, ohne tief bewegt zu werden."[13] Einem
früher geäußerten Wunsch Kotzebues entsprechend, der in seinen letzten
Jahren öfters von Todesahnungen heimgesucht wurde, übernahm Adam
Johann die Vormundschaft über dessen acht noch nicht volljährige Kinder,
das Jüngste erst knapp ein Jahr alt. In diesem Zusammenhang soll
erwähnt werden, daß Adam Johann sich ebenfalls um die insgesamt 22
Kinder seiner geschiedenen Schwester Auguste und seiner verwitweten
Schwester Ottilie zeitweilig hat kümmern müssen.

Außer der Weltumseglung Kotzebues hat Adam Johann auch andere
Entdeckungsreisen vorbereitet, beraten und angeregt, abgesehen davon,
daß seine eigene Weltumseglung in Rußland bahnbrechend wirkte und
ihm bis 1848 34 russische Weltumseglungen gefolgt sind. Unter diesen
war die Entsendung von je zwei Schiffen zum Nordpol und zum Südpol im
Jahre 1819 besonders spektakulär. Adam Johann hatte zu ihrer Vorbereitung ein ausführliches Memorandum verfaßt. "Ob aber alles so
ausgeführt werden wird", äußert er sich skeptisch in einem Brief an
Horner, "wie ich es in meinem Mémoire vorgeschlagen, daran zweifle ich,
da Sarytschew, dieser unwissende, dumme Pinsel, gern alle Ehre sich
zuschreiben möchte, und nur so viel von meinem Mémoire nehmen wird,
als es ihm helfen kann, seine eigene Unwissenheit zu bemänteln."[14] Zum
Leiter der Nordpol-Expedition hatte Adam Johann Kotzebue vorgeschlagen, doch wurden ihm die Leutnants Wassiljew und Schischmarew
vorgezogen. Über deren Forschungsergebnisse zeigte sich Adam Johann
später wenig zufrieden. Es war ihnen weder gelungen, weiter nach Norden
vorzustoßen noch die Küsten zu Lande zu erkunden. Bei der Südpol-
Expedition war man mit der Ernennung Fabian von Bellingshausens zum
Expeditionsleiter der Empfehlung Adam Johanns gefolgt, dessen erste
Wahl, Kapitän Wassili Golownin, zu jener Zeit auf Weltumseglung
unterwegs, nicht zur Verfügung stand. Bellingshausen und Lasarew
drangen zwar bis in die Nähe des Südpols vor, doch wurden sie nicht als
dessen Entdecker anerkannt, da sie keinen Beweis dafür erbringen
konnten, daß sich unter dem Eise Festland befand.

Beraten hat Adam Johann ebenfalls den Arktisforscher Baron Ferdinand
von Wrangell.[15] Diesem gelang es 1820, sich nach 46tägigem Marsch über
das Eis davon zu überzeugen, daß es in der Nordpolgegend kein Festland
gibt. Zwei Jahre später erkundete Wrangell die Kolyma-Bucht und das
Land der Tschuktschen im äußersten Norden Sibiriens. Auf Empfehlung

Adam Johanns hatte er zuvor seine dafür nötigen Kenntnisse an der Universität Dorpat vervollständigt. - Über die englischen Forschungsvorhaben und Ergebnisse ließ sich Adam Johann laufend von Barrow[16] und Burney[17] unterrichten, wie überhaupt aus dieser umfangreichen Korrespondenz hervorgeht, daß die Polarforschung ein elementares Interesse von Adam Johann war. Wie viel auf diesem Gebiet noch zu leisten war, zeigte er 1819 am Beispiel der Tatsache auf, "daß wir an der ganzen Küste Sibiriens, also einer Strecke von 130 Längengraden noch keinen einzigen Punkt haben, dessen Länge und Breite astronomisch bestimmt ist, und daß wir durchaus nicht wissen, wie weit sich die nördliche Spitze von Asien erstreckt, folglich auch den Flächeninhalt Sibiriens nicht mit Genauigkeit angeben können".[18] In Briefwechsel stand Adam Johann ebenfalls mit den Polarforschern Franklin, Parry, Beechey, Dumont-d'Urville u. a. m.

Mancherlei Widerständen zum Trotz wurde Otto von Kotzebue 1823 mit einer weiteren Weltumseglung beauftragt, über deren Zweck Adam Johann in einem Brief an Horner vom März 1823 ausführt: "Ich kann Ihnen die frohe Nachricht geben, daß Kotzebue das Kommando einer kleinen Fregatte von 24 Kanonen bekommen hat, das bestimmt ist, eine Reise in die Südsee zu machen, um alle Lücken auszufüllen, deren es noch mehrere im Süd-Meere gibt, dazu rechne ich die Salomon-Inseln, den Archipel der Ralik-Inseln, die Carolinen, die Nordküste von Neu-Irland, die Navigator-Inseln, zuletzt die Aleutischen Inseln und die Ostküste von Kamtschatka. ... Der Admiral Moller hat beschlossen, was der Kaiser auch sogleich approbiert hat, einige Gelehrte mitgehen zu lassen, aber keine Schmetterlings-Fänger und Mollusken-Fischer; wiewohl keine Branche der Wissenschaft verachtet werden darf, so muß man doch gestehen, daß man auf solchen Reisen fast nur für Botanik und Zoologie gearbeitet hat, für Mineralogie und Geologie ist auf keiner Reise etwas geschehen."[19] Die Forscher für diese Expedition stellte mit dem Mineralogen und Geologen Ernst Hofmann und dem Physiker Emil Lenz die Universität Dorpat, die auch das Forschungsprogramm ausarbeitete und deren Werkstätten die erforderlichen Instrumente fertigten. Ohne auf Details eingehen zu wollen, sei hier erwähnt, daß die reiche wissenschaftliche Ausbeute, mit der Kotzebue im Jahre 1826 heimkehrte, nicht zuletzt auch dem 'Atlas der Südsee' zugute kam.

In dem soeben zitierten Brief an Horner teilte Adam Johann auch Ergebnisse mit, die ihn selbst betrafen: "Ich muß Ihnen melden, daß ich seit der Rückkehr des Kaisers auf Vorstellung des Ministers (Moller) wirkliches Mitglied der Admiralität geworden bin und zugleich die Oberaufsicht über die Bibliothek (der Admiralität) habe, die seit zwölf Jahren in einem verwaisten Zustande gewesen ist. Dieser letzte Auftrag wird mir vors erste viel zu schaffen machen, indeß ich werde es gern tun,

um dem Zutrauen zu entsprechen, das der Minister zu mir hat."[20] Die
Admiralität setzte sich zu jener Zeit aus zwei obersten Gremien zusammen - sie bildeten gemeinsam den Rat des Ministers - dem täglich
tagenden Admiralitätskollegium, für die Belange der Flotte zuständig, und
dem Admiralitätsdepartement, ein gelehrter Rat, in dessen Kompetenz die
Wissenschaften und das Ausbildungswesen fielen. Adam Johanns
Ernennung betraf seine Mitgliedschaft im Admiralitätsdepartement. Eine
solche wäre, solange Traversay die Fäden in der Hand hielt, nicht denkbar
gewesen. Wie schon aus dem Falle des 'Atlas der Südsee' ersichtlich, hatte
sich die Konstellation für Adam Johann unter Traversays Nachfolger
Moller merklich geändert. Dies verdeutlicht auch ein Brief Adam Johanns
an Horner vom März 1822: "Der Admiral Moller scheint sehr freundlich
gegen mich gesinnt zu sein. Ich weiß aus guter Quelle, daß er die Absicht
hat, mich zum Direktor des Cadetten-Corps und zum Hydrographen der
Marine zu machen; allein damit wird es noch eine Zeitlang dauern, da der
Kaiser keine Veränderungen liebt. ... Ich habe die Eigenliebe zu glauben,
daß ich ein besserer Direktor des Corps sein würde als der jetzige (Piotr
Karzew) und wohl auch ein besserer Hydrograph als der elende S(aryt-
schew), indeß bescheide ich mich gerne zu warten."[21] Adam Johann besaß
bei all seiner Bescheidenheit und Gutmütigkeit durchaus ein gesundes
Selbstbewußtsein.

Großen Anteil nahm Adam Johann an dem jahrelangen Siechtum von
Horners Frau Dorothea. Obwohl er sie nie kennenlernte, hat ihn der Tod
der kaum Siebenundzwanzigjährigen im Februar 1822 berührt: "Die
Nachricht hat mich und meine Frau tief betrübt. Keine größere Prüfung
kann uns wohl das Schicksal auferlegen, als wenn das Band zerreißt, das
uns mit einer Gattin verbunden hat, die unsere innigste Liebe und
Achtung verdient. Das rührende Bild, das Sie in Ihrem Briefe von den
vielen schönen Eigenschaften der Verstorbenen machen, läßt mich die
Größe Ihres Verlustes ganz übersehen. Wir haben sie wie eine Schwester
beweint. Möge die Vorsehung Ihnen Ihre Kinder erhalten, in deren Besitz
Sie den Trost finden werden, den Sie nur zu sehr bedürfen. Ach, was gäbe
ich darum, wenn ich in diesem Augenblick bei Ihnen sein könnte."[22] Wohl
in der Absicht, den Freund ein wenig abzulenken, berichtet Adam Johann
ihm im gleichen Brief in seltener Ausführlichkeit über einen höchst
merkwürdigen Vorfall in der Admiralität beim Ballotement über ihn.

Schon wiederholt war von Adam Johanns Feinden in der Marineführung
die Rede. Wie sich diese Feindschaft in der Praxis für ihn ausgewirkt hat,
beklagt Adam Johann in seinem Briefentwurf vom Jahre 1821 an den
Kaiser: "Ich habe nie aufgehört, mich im Rahmen des Möglichen mit
Arbeiten zu befassen, die zum wissenschaftlichen Bereich meines Dienstes
rechnen und der Verbreitung der Wissenschaft dienen. Von Zeit zu Zeit
lege ich diese Arbeiten der Führung vor, doch noch in keinem Falle hat es

diese für angezeigt gehalten, meinen Arbeiten Aufmerksamkeit zu schenken. Im Gegenteil wurde ich wiederholt das Ziel von Herabsetzungen, gelegentlich sogar sehr kränkender."[23] Doch dabei beließen es seine Gegner nicht, sie haben ebenfalls dafür gesorgt, daß sein Rangaufstieg über Gebühr verlangsamt wurde. Bekanntlich wurde Adam Johann nach seiner Rückkehr von der für Rußland so bedeutsamen Weltumseglung 1806 nicht etwa, was angemessen gewesen wäre, zum Admiral befördert, sondern lediglich im Rahmen eines pauschalen Avancements zum Kapitän 2. Ranges. Und zwanzig Jahre später war er immer noch Kapitän, wenn auch seit 1809 Kapitän 1. Ranges und seit 1819 Kapitän Commodore. Da der letztere Rang bald darauf abgeschafft wurde, kann man selbst in dieser Rangerhöhung eine verzögernde Absicht erkennen. Ein anderer Expeditionsleiter in russischen Diensten, der Engländer Joseph Billings, beispielsweise avancierte im Laufe seiner achtjährigen Forschungsreise nach Kamtschatka und ins Tschukschtenland ungeachtet deren Ertraglosigkeit vom Leutnant bis zum Commodore. Während dieser Reise hat Billings, obwohl entsprechend ausgerüstet, nicht eine einzige astronomische Ortsbestimmung vornehmen lassen.[24] Als weiterer Vergleich bietet sich Wassili Tschitschagow an, der trotz zweier mißglückter Polarexpeditionen innerhalb von acht Jahren vom Kapitän 2. Ranges zum Konteradmiral befördert wurde.

Wie ist es zu erklären, daß ein so friedfertiger und konzilianter Mensch wie Adam Johann überhaupt Feinde hatte und noch dazu so entschiedene? Eine wichtige Ursache ist leicht auszumachen: Neid. War er doch im Jahre 1802 bei Übergehung all jener, die einer solchen Chance geradezu entgegenfieberten, als unbekannter junger Kapitänleutnant, überdies aus den Ostseeprovinzen, dem einstigen Feindesland, vom Kaiser über die Köpfe der Marineführung hinweg in unglaublicher Weise bevorzugt und mit der ersten russischen Weltumseglung beauftragt worden! Und dieses kühne Unternehmen hatte er auch noch erfolgreich absolviert, die Aufmerksamkeit in Europa damit auf sich gelenkt und obendrein durch seine Reisebeschreibung Ruhm erworben. Das mußte einen Mann wie Gawril Sarytschew maßlos ärgern, der bereits Teilnehmer an einer Forschungsreise nach Kamtschatka gewesen war - es handelte sich um die erfolglose von Billings - und dem der damalige Marineminister Mordwinow eine weitere Expedition mit vier Schiffen dorthin in Aussicht gestellt hatte, die nun wegfiel. Gerade dieser Sarytschew wurde einer der Wortführer in der Admiralität und ließ keine Gelegenheit aus, Adam Johann zu schaden, wobei er sich auch mit anderen zusammentat.

Marineminister Marquis de Traversay[25] wird hingegen nicht Neid zur Feindschaft bewogen haben. Ihn, der vor der Französischen Revolution nach Rußland geflohen war, mußte Adam Johanns humanistische Neigung, die sich im Einsatz für die Abschaffung der Prügelstrafe und für das Wohlergehen der ihm Untergebenen äußerte, an die Parole 'Liberté, Egalité, Fraternité' erinnern. In der politisch gespannten Atmosphäre des Rußland vor dem Dekabristenaufstand wird Traversay einen solchen Mann für revolutionär und somit für gefährlich gehalten haben. Ein weiteres, nicht zu unterschätzendes Motiv Traversays und anderer Gegner Adam Johanns war, daß sie jeden Günstling ihres Rivalen Rumjanzew anfeindeten. Dies konnte sich natürlich nach dem Abstieg Rumjanzews umso mehr auswirken. Zum Verhältnis Rumjanzews zu Adam Johann schreibt Passetzki: " Es muß unbedingt daran erinnert werden, daß der Stern Krusensterns gleichzeitig mit dem Rumjanzews aufging, welcher innerhalb von sieben Jahren vom Handelsminister zur höchsten Stufe des Staatsapparats von Rußland aufstieg. Rumjanzew zog den ersten Weltumsegler zu sich heran, und vielen Neidern und Karrieristen schien es, daß er sich unverdient in den Strahlen des höchsten Würdenträgers des russischen Reiches sonnte. Sie begriffen nicht, daß Rumjanzew Krusenstern als Menschen, dem es vor allem um die Entwicklung der Wissenschaft und Bildung, um das internationale Prestige seines Vaterlandes ging, für sich gewonnen hatte. Krusenstern hat den Einfluß Rumjanzews niemals zur Sicherung seiner Stellung in der Marinebehörde oder zur Verbesserung seiner Vermögenslage ausgenutzt. Wie der Briefwechsel der beiden ausweist, war es besonders die Polarforschung, die sie verband. Als der Stern Rumjanzews unterging, ließen die Neider keine Gelegenheit ungenutzt, Krusenstern daran zu erinnern, daß die Zeit seines Ruhmes nun vorbei sei. 'Seit meiner Rückkehr aus England bin ich bei unserem Minister (Traversay) völlig vergessen und selbstverständlich in Ungnade bei den Herren Sarytschew und Konsorten', heißt es in einem Brief Krusensterns an Rumjanzew." [26]

Traversay ging in seinem Haß - Adam Johann selbst gebraucht dieses Wort - bzw. seinem Mißtrauen so weit, daß er den Revaler Kommandanten, Admiral Swiridow, anwies, jeden Schritt Adam Johanns, der damals in Ass lebte, zu überwachen und darüber wöchentlich Rapport zu erstatten. In einem Brief vom Jahre 1818 beklagt sich Adam Johann beim Grafen Rumjanzew darüber, daß ihm eine Reise nach Warschau nicht genehmigt worden sei und er sich wie ein Verbannter vorkomme.[27]

Horner versucht, seinen derart heimgesuchten Freund aufzurichten: "Ich teile die unangenehmen Gefühle, die Sie bei einem solchen Kampfe, der Ihrer Bescheidenheit sowie Ihrem Hang zur philosophischen Ruhe ganz entgegen ist, empfinden müssen. Nur getrost! Personen von so unfreundlicher Denkungsart wie Ihre Gegner können auch nicht sonderliche Freude haben, und das Zusammenhalten solcher Herren währt nicht länger als der Vorteil, den der eine oder andere dabei findet. Ich habe schon manche Hundsfötterei zerfallen sehen. ... Bei all den Beeinträchtigungen, die Sie erleiden müssen, können Sie, glaube ich, denn doch auf das persönliche

210

Wohlwollen des Kaisers zählen. Denn das ist eine seiner vortrefflichen Eigenschaften, in dem einmal geschenkten Vertrauen sich nicht abwendig machen zu lassen."[28] Ein besonderes Schlaglicht auf die Ränke in der Admiralität gegen Adam Johann wirft das oben erwähnte Ballotement[29], von ihm selbst anschaulich geschildert: "Wer zum Contre-Admiral avanciert, über den muß ballotiert werden. Mehrere, unter ihnen ein paar Engländer, hatten schwarze Bälle bekommen, weil sie es in der Tat nicht verdienten, zu avancieren; die nächste Folge war, daß auch die Reihe an mich kam, ballotiert zu werden, und siehe da, auch mir hatte man zwei schwarze Bälle gegeben; und durfte folglich weder avancieren, noch konnte ich nach einer solchen Beschimpfung im Dienste bleiben. Obgleich der Kaiser mir wohl will, so hätte er, nichts Arges vermutend und an die Formen streng festhaltend, geglaubt, dieses bestätigen zu müssen, und mit mir wäre es dann aus gewesen; der Triumph von S. und Consorten schien gewiß zu sein. Da traten Admiral Moller und der Admiral Crown auf, ein alter braver Engländer - der kein Wort gesagt hat wie das Schicksal seiner Landsleute entschieden ward -; ersterer behauptete, es könne nur durch einen Mißgriff der Bälle geschehen sein, daß man mir schwarze Bälle gegeben hätte, und er wäre nicht sicher, ob er sich nicht selbst in den Bällen geirrt habe, und verlangte ein zweites Ballotement über mich. Letzterer sprach von der Schande, mich aus dem Dienst zu jagen; ich würde dadurch nicht beschimpft, sondern die Flotte sei beschimpft, geschähe das; kurz er unterstützte den Vorschlag des Admiral Moller, das Ballotement zum zweiten Male vorzunehmen. S. protestierte allein dagegen, aber der Admiral Moller setzte seinen Willen durch; man ballotierte zum zweiten Male und wagte es nicht mehr, mir die schwarzen Bälle zu geben. Es ist daher sehr wahrscheinlich, daß ich zum Contre-Admiral avanciere, wenn nicht die Machination von S. und seinen Helfershelfern mein Avancement hintertreiben. Sie können leicht denken wie der Umstand, daß meine Karten (Atlas der Südsee) nun doch herausgegeben werden sollen, nachdem die weisen Männer sie für unnütz erklärt hatten, sie geärgert haben muß."[30] Den Widersachern Adam Johanns gelang es zumindest, die Beförderung noch vier Jahre hinauszuzögern, denn er wurde erst am 7. Januar 1826 Konteradmiral.

Zusätzlich zu seinen Aufgaben in der Admiralität kam im Jahre 1824 die Mitgliedschaft in der obersten Schuldirektion, wohin ihn der Minister für Volksaufklärung, Alexander Schischkow, berufen hatte. Adam Johanns vielfältige Verpflichtungen - auch der Atlas der Südsee nahm ihn weiterhin in Anspruch - erforderten es, daß er seinen Wohnsitz mehr und mehr nach St. Petersburg verlagerte, bis er sein ständiger wurde, was ihm allerdings gesundheitlich wenig bekam. "Ich muß daran denken, meine Gesundheit wiederherzustellen, die seit meinem Aufenthalt in Petersburg sehr gelitten hat", schreibt er Horner im Oktober 1824 aus Ass. "Das Übel, an welchem ich leide, ist eine Zerrüttung der Gefäße des Unterleibs[31]; ich verliere viel Blut, und kein Mittel dagegen schlägt an. Seitdem ich auf dem Lande bin, geht es mir besser, aber in Petersburg wird das Übel mit aller Macht wiederkehren."[32]

XXIV
Der Korpsdirektor

Das Ende des Jahres 1825 brachte für Rußland aufwühlende Ereignisse. Am 19. Novemer starb unerwartet erst 48jährig Kaiser Alexander. Seit längerer Zeit unter Depressionen leidend, hatte er im Geheimen seine Abdankung betrieben und sich dann, ohne aber diese in die Tat umgesetzt zu haben, nach Taganrog am Asowschen Meer zurückgezogen. Die Entfernung zur Hauptstadt, die nur spärliche und verspätete Kommunikation zuließ, verstärkte die Verständigungsschwierigkeiten mit dem Kaiser und trug schließlich auch zur Legendenbildung um seinen Tod bei.

Die Todesnachricht traf erst am 27. November in St. Petersburg ein. Der Zustand, daß Rußland ohne Herrscher war, setzte sich aufgrund einer verworrenen Lage fort. Alexander hatte nämlich, ohne dies jedoch öffentlich bekannt gemacht zu haben, seinen um zwanzig Jahre jüngeren Bruder Nikolai unter Übergehung des in Warschau residierenden älteren Bruders Konstantin zu seinem Nachfolger bestimmt. Nikolai scheute unter diesen Umständen, bevor Konstantin die von Alexander getroffene Thronfolgeregelung nicht offiziell bestätigt hatte, vor einer Verletzung der Legitimität zurück und ließ die Truppen zunächst auf Konstantin vereidigen. Der Aufstand der Dekabristen zwang ihn am 14. Dezember dann aber, die Macht zu übernehmen. Die Dekabristen, die nach Beseitigung der Autokratie strebten, hatten sich, obwohl unvorbereitet, die Gunst der Stunde zunutze machen wollen, doch gelang es Nikolai bereits in wenigen Stunden, den Aufstand niederzuschlagen.

In einem Brief vom Dezember 1825 an Horner nimmt Adam Johann zu den bewegenden Ereignissen Stellung: "Seit einigen Wochen hat sich hier so viel Merkwürdiges zugetragen, daß jeder andere Stoff zu unserer Correspondenz an Interesse verliert. Wir haben unseren herrlichen Kaiser verloren und stehen in Gefahr, auch seine Gemahlin[1] zu verlieren. ... Wie schmerzlich war der Auftritt, der hier am 14. Dezember sich ereignete. Es ist wohl keinem Zweifel unterworfen, daß es nicht die Soldaten waren, die sich empörten, sondern daß sie von den Verrätern auf jede Weise irregeleitet wurden, als ob sie sich eines Meineides schuldig machten, wenn sie dem Kaiser Nikolaus die Treue schwuren. Der russische Soldat ist der gehorsamste, der ergebenste sowie der tapferste Soldat; wie sollte man also wohl glauben, daß ein solcher sich gegen seinen Kaiser empören sollte, wenn sie nicht durch teufliche Insinuationen ihrer eigenen Offiziere wären irregeleitet worden." Dieses Zitat ist ein Beleg dafür, daß Adam Johann keine Verbindung zu den Dekabristen hatte.[2] Gerade die Tatsache, daß ihm eine solche nicht nachgewiesen werden konnte, dürfte denjenigen unter seinen Widersachern den Boden entzogen haben, die ihn zuvor revolutionärer Machenschaften verdächtigt hatten.

"Gottlob alles ist wieder ruhig", fährt Adam Johann in seinem Brief fort, "und so wie kein Übel nicht auch sein Gutes mit sich bringt, so hat man den Vorteil daraus gezogen, daß ein jeder, welcher den Kaiser an dem Tage gesehen hat, ihn zu bewundern gelernt hat. Er benahm sich mit einer Besonnenheit, mit einer Ruhe, mit einer Gleichgültigkeit gegen die Gefahr, die bei uns die schönsten Hoffnungen erregt. Er ist ein kenntnisvoller Fürst, und man kann mit vollem Recht von ihm erwarten, daß er die zweckmäßigsten Maßregeln ergreifen wird, das Glück und die Civilisation seines Reiches zu begründen."[3]

Den verstorbenen Kaiser hat Adam Johann aufrichtig betrauert: "Ich kann seinen Namen nicht aussprechen, ohne daß sich meine Augen mit Tränen füllen", schreibt er Horner. "Ihm verdanken wir es, daß er Rußland nach Europa versetzt hat sowie ganz Europa ihm Dank wissen muß, den Frieden der Welt erhalten zu haben."[4] Solche Äußerungen spiegeln mit dem Pathos der Zeit deutlich eine allgemein verbreitete Auffassung wider, weniger Adam Johanns eigene Erfahrung.

Noch mit einem anderen Todesfall wurde Adam Johann in jenen Tagen konfrontiert. Am 3. Januar 1826 verstarb nach einmonatiger Krankheit Graf Nikolai Rumjanzew im Alter von 71 Jahren. "Er war mir immer ein treuer, wohlwollender Freund", erklärt Adam Johann aus diesem Anlaß. "Von allen Personen, die ihm nahestanden, waren Krug[5] und ich diejenigen, zu denen er das größte Zutrauen hatte."[6] Der Tod Rumjanzews bedeutete auch das Ende der von ihm geförderten wissenschaftlichen Projekte, denn sein Bruder und einziger Erbe war nicht bereit, diese fortzusetzen. Und so blieb auch eine von Adam Johann bis ins Detail vorbereitete Land-Expedition von der Kotzebue-Bucht zur Mündung des Mackenzie-Flusses unausgeführt, da der von Rumjanzew dafür vorgesehene Betrag von 20.000 Rubeln zwar bereitgestellt, aber noch nicht ausgezahlt worden war. Mit dem Tod des Sekretärs der Akademie der Wissenschaften, Nicolaus Fuß, und des Astronomen Friedrich Theodor Schubert verlor Adam Johann in diesen Wochen überdies zwei gute alte Bekannte.

Nachdem Adam Johann im Januar 1826 endlich Konteradmiral geworden war, konnte er außerdem damit rechnen, daß ihm, wie bereits früher angedeutet, die bald darauf vakant werdende Stelle des Seekadettenkorps-Direktors übertragen werden würde. Doch gelang es seinen Gegnern in der Marineführung, quasi im Handstreich diesen Posten mit dem Vizeadmiral Piotr Roshnow zu besetzen. Diese Tatsache ließ in Adam Johann erneut den Entschluß reifen, nunmehr seine dienstliche Laufbahn zu beenden, zumal auch sein Gesundheitszustand dies gebot. Zu den bisherigen Leiden hatte sich noch 'Kopfgicht' eingestellt. Im März 1826 berichtet er Horner: "Im vorigen Jahre war ich sehr übel dran. Der kurze Aufenthalt auf dem Lande war mir sehr wohltätig, und wo möglich werde ich auch in diesem

214

Jahre eine solche Reise (nach Ass) machen, denn seit einigen Wochen kehren meine Übel wieder. Das hiesige Klima bekommt mir überhaupt nicht. Sobald ich mit meinem Atlas fertig bin, so kehre ich wohl ganz aufs Land zurück; im künftigen Jahre sind auch meine 40 Dienstjahre um, so daß ich wohl hoffen darf, beurlaubt zu werden."[7]

Dazu aber sollte es nicht kommen, denn wider alles Erwarten wurde Adam Johann kurz darauf doch in jenes Amt berufen, das zu bekleiden er prädestiniert war. Auf Intervention des Kaisers, der den Erziehungsaufgaben der Kadettenkorps große Bedeutung beimaß, nicht zuletzt vor dem Hintergrund des Dekabristenaufstandes, wurde er mit der Leitung des Seekadettenkorps betraut, die er mehr als anderthalb Jahrzehnte innehaben sollte. Nachdem Adam Johann vorbereitend im April 1826 zum stellvertretenden Direktor ernannt worden war, trat er Ende dieses Jahres die Geschäfte eines Direktors 'ad interim' an, während der nur noch nominelle Direktor Roshnow damals im kaiserlichen Auftrag die Kronwälder in acht Gouvernements bereiste. Dessen Rückkehr an die Spitze des Korps war zwar von vornherein nicht vorgesehen, aber durch die merkwürdig anmutende schrittweise Erhebung Adam Johanns zu seinem Nachfolger sollten Roshnow ein möglichst unauffälliger Abgang verschafft und zugleich Adam Johanns Gegner in der Admiralität überspielt werden. Dieses Vorgehen ist im Zusammenhang damit zu sehen, daß die im August 1827 für Roshnow freigemachte Position, nämlich die des Oberkommandanten des Hafens Kronstadt, soeben erst von Sarytschew eingenommen worden war, der dieser nur nach wenigen Monaten enthoben und dann mit der Stellung eines General-Hydrographen entschädigt wurde.[8] Die offizielle Ernennung Adam Johanns zum Direktor des Seekadettenkorps am 14. Dezember 1827 war also nur noch die formale Bestätigung einer längst vollzogenen Tatsache.

Bei der Übernahme seines Amtes fand Adam Johann im Kadettenkorps arge Zustände vor. "Die Zöglinge wurden geprügelt und an Haaren und Ohren gezogen. Die Unterrichtsmethoden waren ausgesprochen schlecht. Anschauungsmittel fehlten völlig, und der Lehrstoff wurde den Schülern eingepaukt. Geographische Namen mußten von der ganzen Klasse in singendem Tonfall aufgesagt werden", nennt Newsky als einige Beispiele.[9]

Noch als Interimschef stürzte sich Adam Johann, seiner gesundheitlichen Beschwerden nicht achtend, in die neue Aufgabe. "Ich führe ungeniert manches aus, was mir zum Heil der Anstalt notwendig zu sein scheint", teilt er Horner im April 1827 mit. "Der Kaiser besucht uns oft, und dies erleichtert mir mein Geschäft sehr. ... Mein Hauptstreben ist, auf die Moralität der mir anvertrauten jungen Leute zu wirken, die sehr vernachlässigt war. Ich bin mit dem Erfolg meiner Bemühungen zufrieden, und zwar ohne zu körperlichen Strafen meine Zuflucht zu nehmen. Meine nächste Sorge ist die gelehrte Erziehung; der Kaiser hat mich in den

Stand gesetzt, bessere Lehrer zu engagieren."[10] Ein damaliger Zögling des Korps berichtet: "In jeder Beziehung verdient der neue Direktor (Krusenstern) die Ehre, das Seekorps auf die Höhe gebracht zu haben, auf der es sich schon nach kurzer Zeit befand. Dieses bezieht sich ebenso auf die Wissenschaften als auch auf die humane Behandlung der Kadetten. Unsere galligen und groben Vorgesetzten verschwanden auf einmal, mehr als zehn Mann wurden in die Flotte übergeführt."[11]

Neben der Berufung geeigneter Lehrkräfte, darunter Professoren der Petersburger Universität und der Akademie der Wissenschaften, sorgte Adam Johann für die Anschaffung von Unterrichtsmitteln wie Karten, Modellen, wissenschaftlichen Instrumenten usw. Die von ihm bereits früher vermißte Physik wurde jetzt selbstverständlich dem Lehrplan eingefügt. Zur Ausbildung gehörten nun auch planmäßige Fahrten auf See, wofür der Kaiser eigene Schiffe zur Verfügung stellte. Im Gegensatz zu seinen Vorgängern kümmerte sich Adam Johann um alle Angelegenheiten des Korps bis ins Detail. Er besuchte fast täglich die Schul- und Aufenthaltsräume der Kadetten und die Krankenstation, unterrichtete sich ständig über jeden einzelnen Zögling und prüfte Verwaltung bzw. Rechnungswesen peinlich genau. Für die Bediensteten - es handelte sich um etwa 300 Matrosen und ihre Familien, die bisher in Kellerräumen untergebracht waren - ließ er auf dem Gelände des Korps Wohnhäuser, eine Schule sowie ein Krankenhaus bauen. Auch die ästhetische Ausgestaltung des Kadettenkorps war Adam Johann ein Anliegen, wie seinen Ausführungen an Horner zu entnehmen ist: "Ich habe eine Menge Veränderungen gemacht, bei denen ich gesucht habe, das Zweckmäßige mit dem Geschmackvollen zu verbinden und alles Häßliche zu entfernen. In Anstalten muß die größte Propreté und wo möglich auch Eleganz sein, nicht nur weil das, was Luxus scheint, am Ende wohlfeiler ist, da man gut gearbeitete Sachen mehr schont, sondern weil man wo möglich einen Schönheitssinn bei den Jungen erwecken muß. Häßliche und geschmacklos gemachte Meubles müssen ihnen ebenso anstößig sein wie schmutzige Wäsche. Auch muß man dahin arbeiten, den Sinn des Verderbens zu zerstören, was sich die jungen Leute oft aus Mutwillen erlauben; man muß aber sehr boshaft sein, um kostbare Sachen zu verderben, und das ist wirklich auch nicht der Fall."[12]

Die wichtigste Neuerung im Korps aber war die Einführung einer Offiziersklasse, über die Adam Johann im April 1827 Horner folgendes mitteilt: "Im vorigen Sommer schlug ich die Errichtung einer Offiziers-Klasse bei dem Seekadetten-Corps vor, um die Ausgezeichnetsten in den höheren Wissenschaften zu unterrichten. Der Kaiser gab sofort seine Einwilligung. Der Kursus dauert zwei Jahre, und fällt das Examen gut aus, so erhalten sie den Rang eines Leutnants, den sie sonst vier Jahre später erhalten würden."[13] Der Fächerkanon der Offiziersanwärter setzte sich u. a. zusammen aus physikalischer Geographie, Kartographie, Astronomie, Physik, Chemie, höherer Mathematik, Seetaktik, Artilleriewesen, Schiffsbaukunde sowie russischer Literatur und Fremdsprachen. Aus der Offiziersklasse entwickelte sich später die Marineakademie.

Der Kaiser zeigte an den Reformen Adam Johanns großes Interesse, was er auch durch seine häufigen und meistens unangekündigten Besuche im Korps zum Ausdruck brachte. Adam Johanns zweiter Sohn Julius schreibt im Februar 1827 seinem Bruder Paul, der von 1826-1829 als Midshipman an einer Weltumseglung unter Friedrich Benjamin Lütke teilnahm: "Von unserem Leben kann ich Dir sagen, daß der Kaiser alle Woche herkommt. Als er das letzte Mal hier war, war er besonders zufrieden, und da Vater Gelegenheit hatte, lange mit ihm allein zu sprechen, hat der Kaiser ihm die größten Complimente gemacht."[14] Adam Johann teilt Paul im April d. Jahres mit: "Der Kaiser ist mit mir zufrieden, was er mir noch vor wenigen Tagen sagte und mich dabei embrassierte. Diese Belohnung ist mir natürlich wichtiger als jede andere, wiewohl sich meine Revenuen um nichts vergrößert haben."[15] Worauf der Kaiser in der Kadettenausbildung besonderen Wert legte, war der militärische Drill, für den Adam Johann sich nur wenig erwärmen konnte, wenn er ihm in einem Brief an Horner auch positive Seiten abzugewinnen versucht: "Der Kaiser hat nun auch hier das Exercieren mit der Flinte und Marschieren eingeführt; dazu ist täglich eine Stunde bestimmt; die jungen Leute bekommen dadurch eine bessere Haltung, auch animiert es sie."[16] Der Exerzierunterricht wurde zum Leidwesen Adam Johanns bald auf vier Stunden ausgedehnt.

Mitten in der größten Anspannung seines neuen Aufgabengebiets wurde Adam Johann von der Akademie der Wissenschaften eine ordentliche Professur als Akademiker für Geographie und Seefahrtswesen angetragen, die er nun mit Rücksicht auf das Seekadettenkorps ablehnen mußte. Im gleichen Jahr ernannte die Königlich Preußische Akademie der Wissenschaften Adam Johann zu ihrem korrespondierenden Mitglied; in späteren Jahren nahmen ihn die russische Akademie für Sprache und Literatur zu ihrem Mitglied und die Royal Geographical Society in London zu ihrem Ehrenmitglied auf.

In der zweiten Hälfte des Jahres 1827 bzw. Anfang 1828 wurde die russische Marine neu organisiert, womit der Kaiser den bisherigen Gesandten in Persien, Fürst Alexander Menschikow, beauftragt hatte. Von den vorgenommenen Veränderungen seien hier genannt die Auflösung des Admiralitätsdepartements und des Admiralitätskollegiums und ihre Ersetzung durch das Gelehrte Marinekomitee bzw. den Admiralsrat sowie die Schaffung des Marinestabes, dessen Chef (Menschikow) dem Minister (Moller) übergeordnet wurde. Adam Johann war von diesen Maßnahmen insofern betroffen, als er nicht nur als Mitglied des Admiralitätsdepartements nun dem Gelehrten Marinekomitee angehörte, sondern auch im August 1827 zum Mitglied des Admiralitätsrates ernannt wurde.

In einem Brief an Paul berichtet Julie ausführlich über die vielen Verpflichtungen ihres Mannes: "... Der gute Vater hat der Geschäfte so viele, daß er wohl im eigentlichsten Sinne von früh morgens bis in die Nacht in einer rastlosen Tätigkeit sich befindet und sich bei seinem strengen Pflichtgefühl keine Minute Ruhe gönnt, daher ich in großer Unruhe wegen der Erhaltung seiner teuren Gesundheit lebe. Neben den Geschäften des Direktors ..., die er mit der größten Tätigkeit verwaltet, da er täglich überall selbst ist und alles leitet ..., ist er noch tätig als Mitglied vom Conseil (Admiralitätsrat), wo er viermal die Woche sein muß und als Mitglied des Gelehrten Comitees dreimal die Woche, von dem jetzt Longin I. Kutusow Präsident geworden, dazu noch als Mitglied der Ober-Schuldirektion und eines anderen Comitees zur neuen Organisierung aller militärischen Anstalten im Reiche, und noch eines anderen, der Civil-Schulanstalten, an Stelle von Graf Sievers, der diesen Sommer zum allgemeinen Leidwesen unerwartet starb, und andere Comitees machen jede Woche drei bis vier Versammlungen notwendig, die gewöhnlich von sechs bis zwölf Uhr in der Nacht dauern, deren eine, über die Civil-Schulanstalten, von der Vater Präses ist, sich zweimal die Woche hier versammelt. Diese verschiedenen Versammlungen und die Vorbereitungen und Ausarbeitungen, die zu jeder derselben nötig sind, geben ihm, wie Du sehen kannst, vollauf zu tun und keine Minute Ruhe und Muße. Wie es aber der Natur des guten Vaters eigen ist, tätig sein zu müssen, und er seine ganze Zufriedenheit nur darin findet, so viel es in seinen Kräften ist, sich seinem Vaterlande nützlich zu machen, so betreibt er dennoch alles gerne und mit Lust, und es ist nur mein einziges Gebet, daß die Gesundheit des Vaters durch den Beistand des gütigen Gottes gestärkt werden möge und sein teures Leben uns erhalten sei. Am meisten ist er der Erkältung ausgesetzt, und es fällt ihm auch am schwersten, den Raswods (Ausmärschen) jeden Sonntag und Feiertag beizuwohnen, bei denen er mit einer Companie Cadetten aufmarschieren muß. Obgleich das Marschieren nicht ganz Vater seine Sache ist, ist der Kaiser doch gnädig, es wenigstens mit seinem Marschieren nicht so genau zu nehmen, wenn es nur mit den Cadetten gut geht, die von Kotschubow, der zum Exercieren hier im Corps angestellt ist, dazu täglich eingeübt werden. Bei Gelegenheit des Ablassens von drei Schiffen, den 8., 13. und 19. Oktober, welches mit großer Ceremonie geschah, hatten die Cadetten die Ehre, unter Anführung von Vater die Wache beim Kaiser zu haben. Da das Wetter aber sehr kalt war, besonders den 13. Oktober in Ochta[17], so kann ich Gott nicht genug danken, daß es für den Vater ohne bedeutende Erkältung dieses Mal ablief, denn mehrere Stunden in der bloßen Uniform zu stehen, ist in seinem Alter eine starke Probe. Leider war die Ursache von Graf Sievers Tod die Folge einer solchen Erkältung."

Auch auf die nach wie vor drückenden finanziellen Sorgen kommt Julie in diesem Brief zu sprechen: "Vor einer Woche war der Kaiser zuletzt im Corps. Er kam ganz unerwartet beim schlechtesten Wetter durch den Hintereingang und fand dennoch alles in größter Ordnung und Pünktlichkeit ..., so daß der Monarch äußerst zufrieden war. ... Möchte der Kaiser nur die Gnade haben, Vater von den ökonomischen Sorgen zu befreien, denn diese verkürzen das Leben des Vaters. Bei dem teuren Aufenthalt in der Residenz und der geringen Gage muß man jährlich bedeutende Schulden machen und wohin kann das führen. Die Arrende von General Klodt (damals Pächter von Ass) ist im nächsten Frühjahr zuende. Vater wird Ass wahrscheinlich unserem guten Nachbarn Rennenkampff geben, dieser will aber 3.000 Rubel weniger als Klodt zahlen, und da die Revenuen des Gutes alljährlich sich verringern, wird man sich auch damit begnügen müssen. Künftigen Sommer hat Vater die Absicht, während der Hundstage auf 28 Tage Urlaub zu nehmen, teils um das Geschäft in Ass zu arrangieren, teils aber auch, um seine Gesundheit durch etwas Ruhe und Landluft zu stärken, die nach der bedeutenden Krankheit, die den guten Vater diesen Sommer betraf und besonders in Erschöpfung und Abspannung aller Kräfte bestand, sehr einer Erholung und Stärkung bedarf. Dies ist vorläufig unser Plan. Doch der Mensch denkt, Gott lenkt."[18]

Über die schwere Erkrankung Adam Johanns, die Julie hier erwähnt, hatte sie Paul bereits in einem früheren Brief informiert. Ausgehend von den finanziellen Bedrängnissen schreibt sie im August 1827: "Doch was ist alles dies gegen das Gefühl, die Gesundheit und Erhaltung des Liebsten, was wir auf der Welt haben, bedroht zu sehen. Dieses mein Paul haben wir diesen Sommer erfahren. Dein Vater war im Juli Monat während drei Wochen bedeutend krank. Du kannst also wohl denken, in welcher Sorge und Unruhe wir gelebt haben."[19] Nur allmählich genas Adam Johann unter Beistand seines Arztes und Freundes Doktor Harder von den Fieberanfällen und der allgemeinen Entkräftung, zumal er sich auch als Rekonvaleszent nicht einen einzigen Tag von seinen Obliegenheiten löste. Sein Bruder Carl Friedrich machte ihm deshalb berechtigte Vorwürfe: "Glaubst Du, daß Du dadurch weniger versäumst, wenn Du Dich ihnen auf eine Zeitlang ganz entziehst, um mit erneuter Kraft wieder anzufangen. Du mußt durchaus auf 14 Tage bis drei Wochen Urlaub nehmen, durchaus muß dieses geschehen. ... Ich hoffe, Du wirst der Vernunft, wenn auch nicht meinen Bitten nachgeben und Dich auf alle Weise zu erhalten suchen."[20]

Was die finanziellen Probleme betraf, so hatte sich Adam Johanns Lage durch seine Ernennung zum Korpsdirektor nicht oder nur unwesentlich verbessert. Diese Stelle war mit 4.000 Rubeln Tafelgelder dotiert. Es nützte ihm nichts, daß einem Mitglied des Admiralitätsrates eine ebensolche Summe zustand, denn der Bezug doppelter Tafelgelder war nach dem Gesetz nicht erlaubt. Im Vergleich zu den 3.200 Rubeln, die Adam Johann zuvor an Tafelgeldern erhalten hatte, beliefen sich seine Mehreinnahmen also nur auf 800 Rubel, wobei zu berücksichtigen ist, daß mit seiner neuen Position ein zusätzlicher finanzieller Aufwand verbunden war. Aus den allergrößten Schwierigkeiten half im Februar 1828 die Verleihung einer Arrende[21] durch den Kaiser in einer veranschlagten Höhe von 2.000 Rubeln.

Im Januar 1828 bezog Adam Johann mit seiner Familie die Direktors- wohnung im Hochparterre des stattlichen Seekorpsgebäudes, die Adam Johann als "geräumiger und eleganter, aber nicht bequemer als die frühere"[22] bezeichnet. Vor allem im Sommer hat Adam Johann es vorgezogen, ein kleines Häuschen mit Gartenlaube auf dem Areal des Korps zu bewohnen. Er hat dort auch Gäste empfangen, wie z. B. den Hamburger Domherrn Meyer, der seine Besuche bei Adam Johann 1828 und 1835 in seinen Reisebüchern beredt geschildert hat.[23]

Das Seekadettenkorps lag auf der großen Insel Wassili Ostrow direkt an der Newa am damaligen 'Englischen Kai'[24]. Dieser führte seinen Namen darauf zurück, daß entsprechend Englands Bedeutung in der Seefahrt im 18. Jahrhundert die meisten der St. Petersburg anlaufenden Kauffahr- teischiffe englischer Herkunft waren, russische waren nur in verschwin- dend geringer Anzahl vertreten. Auch noch im ersten Drittel des 19. Jahrhunderts spielte der Englische Kai eine ungleich bedeutendere und repräsentativere Rolle als in späterer Zeit. Auf Wassili Ostrow wohnten überwiegend Petersburger Deutsche, und zwar die Wohlhabenden und Gebildeten unter ihnen.

Wenn man sich auf der sogenannten Wiborger Seite der Stadt nur ein wenig ins Hinterland begab, dann begannen dort bereits Vorstädte dörflichen Charakters mit Hütten, Datschen, Kohl- und Kartoffeläckern sowie ungepflasterten, im Frühjahr und Herbst nur schwer zu passieren- den Straßen. Dabei war Petersburg schon lange Großstadt. Um 1830 zählte es etwa 500.000 Einwohner und war gerade in den zwanziger Jahren um ungefähr zehn Prozent gewachsen.

St. Petersburg, die neue Hauptstadt des Zarenreiches, mit ihren vielen öffentlichen Prachtbauten, die beinahe ein Drittel des Grundareals einnahmen, den großartigen langgestreckten Straßen, Perspektiven genannt, ihren zahllosen Säulen und den schon damals über hundert Brücken trug zu Adam Johanns Zeit bereits ihr charakteristisches Gesicht, und doch fehlte noch manches, was dieses Gesicht nachher eindrucksvoll geprägt hat, wie z. B. die Isaaks-Kathedrale, deren Bau zwar 1818 begonnen, aber erst 1858 abgeschlossen werden konnte, oder die 1852 beendete Neue Eremitage. Im Jahre 1824 waren Petersburg und Kronstadt von einer furchtbaren Flutkatastrophe betroffen worden, bei der Kronstadt nahezu völlig vernichtet und Petersburg schwer in Mitleidenschaft gezogen wurde, so daß man danach Erdgeschoßwohnungen möglichst mied.

Ein Problem Rußlands - in Petersburg ohnehin wegen seines sumpfigen Untergrundes - bildete die Befestigung der Straßen. Abgesehen von wenigen Ausnahmen war Rußland ein Land ohne Steine, so daß vorzugsweise aus Holz gebaut wurde und es nur wenig befestigte Straßen gab. In großen Städten suchte man sich, durch Holzbohlen und, beginnend mit den dreißiger Jahren des 19. Jahrhunderts bei Prachtstraßen, wie z. B. dem berühmten Newski Prospekt in Petersburg, durch ein Pflaster aus Holzparkett zu helfen. Die erste russische Eisenbahn wurde 1837 von Petersburg nach Zarskoje Selo und Pawlowsk in Betrieb genommen; sie verkehrte allerdings zunächst nur an Sonn- und Feiertagen. Werktags wurden die Waggons von Pferden gezogen.

Zuhause bei den Eltern lebten Ende der zwanziger Jahre nur Julius, der damals eine Anstellung im Außenministerium hatte, und die beiden Mädchen Charlotte und Julie. Emil besuchte noch das Lyzeum in Zarskoje Selo, Paul befand sich wie erwähnt auf Weltumseglung, und der älteste Sohn Otto, seit 1826 Leutnant, nahm in den Jahren 1828/29 als Adjutant des Feldmarschalls Graf Hans Diebitsch im Range eines Stabsrittmeisters am Kriege gegen die Türken auf dem Balkan teil. Trotz seiner starken beruflichen Beanspruchung hat sich Adam Johann auch in dieser Phase seines Lebens um die Entwicklung und das Fortkommen seiner Kinder gekümmert, wofür sich in seinen Briefen vielerlei Belege finden lassen. Paul gab er die für ihn als Menschen wie als Pädagogen bezeichnenden Lehren mit auf den Weg: "Studiere alles gründlich, nichts ist in der Welt gewöhnlicher und nichts verderblicher wie die Oberflächlichkeit. ... Die Wissenschaften schreiten immer fort, man kann nicht folgen, wenn der elementare Unterricht nicht gründlich gewesen ist. Nur das imprimiert sich dem Gedächtnisse, was man durch eigene Anschauung gelernt und durchdacht hat. Nichts tötet den Geist so sehr als das Mechanische im Studieren. Wenn man ein ganzes Buch auswendig gelernt hat, so glaube man nicht, daß man dann die Sache weiß. Leider ist das die Methode in allen Cadetten-Corps und keiner hat dabei so sehr gelitten, als ich selbst."[25] Über die Töchter und ihre Erziehung berichtet er im Sommer 1827: "Wir hatten zur Gouvernante eine Französin engagiert, aber da sie sehr wenig verstand, so haben wir sie wieder abgelassen. Jetzt wollen wir Lotti sowohl wie Juli (tagsüber) in eine Pension geben, die in der Nähe des Corps ist und von einer Engländerin unterhalten wird. Lotti hat sehr viel Kopf, begreift sehr leicht und lernt mit großer Freude. Auch mit Juli ist dieses der Fall, die sehr viel Geist hat und oft sehr drollig ist."[26] Die schwache Gesundheit von Charlotte und Julie gab den Eltern oft Anlaß zur Sorge, was auch in der Korrespondenz der Familie zum Ausdruck kommt. Im Sommer 1827 mietete Julie für sich und ihre besonders erholungsbedürftigen Töchter als Landaufenthalt ein Sommerhaus in Pawlowsk unweit von Petersburg - eine Reise nach Ass war wegen der weiten Entfernung nicht in Frage gekommen. Pawlowsk war durch seine sich über mehrere Hektar erstreckenden Parkanlagen berühmt, und Julie hebt in einem Brief an Paul auch "die wunderschönen Spaziergänge" hervor, die sie dort täglich machte. Zudem genoß sie den "angenehmen Umgang" mit Harders, Storchs und anderen guten Freunden, die gleichfalls in Pawlowsk weilten. Emil konnte aus dem nahen Zarskoje Selo häufig herüberkommen, Adam Johann dagegen war dies nur selten möglich. Julie schreibt: "Den 1. September, bei einem Wetter wie die heißen Tage im Juli nicht schöner sein können, kehrte ich zur Stadt zurück, da ich den teuren Vater nicht länger allein lassen mochte."[27]

Zum Petersburger Freundeskreis von Adam Johann und Julie gehörten außer den Familien von Würst und Harder, Admiral Alexis Greigh und seine Frau, der zudem verwandte General Karl Wilhelm von Toll und seine Familie, der Astronom Wilhelm Struve, der Schweizer Pastor Johannes von Muralt sowie der Dichter und General Friedrich Maximilian Klinger, um nur einige zu nennen. Klinger, den Begründer des 'Sturm und Drang' und einstigen Genossen Goethes, hatte es nach Rußland verschlagen, wo er es zum General, Direktor des allgemeinen Kadettencorps und Pagenkorps sowie zum Kurator der Universität Dorpat und der Schulverwaltung der baltischen Provinzen und Finnlands brachte, seit 1820 aber zurückgezogen lebte. Obwohl von sehr unterschiedlichem Wesen - Klinger wird von seinen Zeitgenossen als schroff und gewollt grob geschildert - hegte Klinger eine auffällige Zuneigung zu Adam Johann. Dieser fand in dem stark von Rousseau geprägten Klinger nicht zuletzt wegen dessen pädagogischen Erfahrungen einen anregenden Gesprächspartner.

Dem Freiherrn Karl von Beaulieu-Marconnay, dem Sohn des oldenburgischen Gesandten in St. Petersburg, verdanken wir die Beschreibung einer Teestunde im Hause Klingers aus dem Jahre 1829 und damit zugleich eine Beschreibung von Adam Johanns Äußeren: "... Neben dem Diwan saßen zwei bedeutende Männer, General Dörnberg, jetzt hannoverscher Gesandter in Petersburg und Admiral Krusenstern, der Weltumsegler. Ein rechter Mann in der ganzen Bedeutung des Worts. Dazu ein Seemann, wie man sich das Ideal eines solchen denken mag. Lange, schlanke Gestalt, mit breiten Schultern, kräftiges wetterhartes Gesicht, dessen Linien nicht schön zu nennen sind; aber man bringt die Augen nicht wieder weg von diesen Zügen voll Charakter. Wenig Worte, aber was er sagt, voll Bedeutung und Sinn. Freundlichkeit, einfach schlichtes Wesen ohne alle

Prätension. Die Arme übereinander geschlagen, den Kopf mit kurzem Haar zwischen den dicken Epauletten hineingedrückt, sitzt er gelassen da. Neben ihm der ritterlich schlanke General Dörnberg mit einem feinen diplomatischen Ausdruck in seinem im übrigen echt soldatischen Gesicht; gegenüber im Lehnstuhl der alte Klinger von den weiten Falten seines weißen Talars malerisch umflossen, am langen Tabakrohr den großen türkischen Pfeifenkopf weit von sich weg auf den Teppich hinstreckend. Im Hintergrund auf dem Diwan die halbblinde Matrone (die Frau Klingers). Eine durch ihre Personen wie auch durch ihre Beleuchtung eigen merkwürdige Gruppe, welche noch eine phantastische Zutat bekam, als aus dem Nebenzimmer ein junges tatarisches Mädchen in bunter halb asiatischer Kleidung hereintrat, um den dort bereiteten Tee zu präsentieren."[28]

Fast aus der gleichen Zeit, dem Jahre 1828, stammt die Schilderung eines anderen Besuchers, des Hamburger Domherrn Meyer, der als Gast Adam Johanns dem Stapellauf einer in Petersburg gebauten Fregatte beiwohnte: "... Auf dem freien innern Raum des Palastes der Admiralität waren in großem Kostüm versammelt der kaiserliche Stab, Vice- und Contre-Admiräle, Mitglieder des Ministeriums, Hofleute, Diplomaten und ihre Damen. Man wartete auf das imponierende Schauspiel der ersten Abfahrt in den Strom einer Fregatte von 48 Kanonen. In einfacher Seeuniform trat Krusenstern, mit biederer Herzlichkeit begrüßend, uns entgegen. ... Krusenstern zeigte uns alle Vorrichtungen zum Beginn der entscheidenen Operation. Kaum gesagt, so erschallte das Signal! und von hundert Axenhieben gefällt, stürzten auf einmal vor und neben uns die mächtigen Stützen und Strebebalken. Keile krachten, Taue sprangen und unter Posaunenschall, Paukenwirbel und dem 'Hurra' der versammelten Tausenden am Newaufer glitt majestätisch langsam der Koloß von seinem Lager hinab in die aufschäumende Newa, vom Kanonendonner der nahen Peter-Paul-Festung begrüßt."[29] Die hier erwähnte Fregatte war dazu bestimmt, dem Seekadettenkorps als erstes eigenes Schulschiff zu dienen und wurde auf Anregung des Kaisers 'Nadeshda' getauft.

Für das Jahr 1828 gilt wie auch für die folgenden Jahre im Hinblick auf Adam Johanns Situation, daß berufliche Erfolge und gesundheitliche Sorgen nahe beineinander lagen. Als Korpsdirektor erfreute er sich weiterhin des Interesses und der Zufriedenheit des Kaisers, die dieser u. a. in Reval öffentlich bekundete und auch sonst wiederholt feststellte, daß das Korps nicht mehr wiederzuerkennen sei. Als Adam Johann 1829 eine Lehreskadre des Seekorps' zwischen Petersburg und Kronstadt befehligte, sprach ihm der Kaiser für die ausgezeichnete Ordnung und Akkuratesse der Eskadreeinheiten sein 'Allerhöchstes Wohlwollen' aus. Wie bedeutsam Adam Johann die Anerkennung durch den Kaiser gewesen ist, bezeugt ein Passus aus einem Brief an Horner: "Was mich persönlich betrifft, so geht es mir so gut, daß ich täglich befürchte, es müsse bald schlimmer mit mir gehen. Ich verdanke dies dem Umstande, daß ich Direktor des See-kadetten-Corps bin, mit dem der Kaiser ausnehmend zufrieden ist."[30] Von den neuen Einrichtungen Adam Johanns für das Korps sind noch zu nennen eine Bibliothek, ein Museum mit Anschauungsobjekten sowie eine Sternwarte, für die er Instrumente aus München kommen ließ. Die Gardemarins ließ Adam Johann ein naturgetreues zerlegbares Großmodell einer Fregatte bauen, das in einem Saal zu besichtigen war. Der amerika-nische Botschafter in Rußland, George Mifflin Dallas, hat in seinem Tagebuch eine Führung im Kadettenkorps durch Adam Johann festgehal-ten. Dallas schreibt u.a., daß ihn Krusenstern in Haltung und Figur an den früheren Präsidenten Monroe erinnere, und er zeigt sich, wie schon andere vor ihm, von seinem natürlichen und gütigen Wesen beeindruckt.

Am 13. April 1829 wurde Adam Johann mit dem St. Annenorden I. Klasse ausgezeichnet und am 6. Dezember des gleichen Jahres zum Vizeadmiral befördert. "Es hat sich wohl auf Gottes weiter Erde niemand so über Dein Avancement gefreut, als Dein alter Bruder", gratulierte ihm Carl Friedrich zu dieser Rangerhöhung. "Wie oft bin ich früher wegen Dir getäuscht worden, diesmal war mein Vorgefühl richtig."[31]

Die Beeinträchtigungen seiner Gesundheit machten Adam Johann nach wie vor viel zu schaffen. Im März 1829 klagte er Horner gegenüber über Körperschwäche und Müdigkeit. Seine Schwäche nahm im Laufe des Jahres so sehr zu, daß er nur noch mit Mühe gehen und gar nicht mehr stehen konnte. So mußte er denn, obwohl es ihm erklärtermaßen schwerfiel, sich vom Korps zu trennen, den Kaiser um einen Erholungs-urlaub bitten. Dieser gewährte ihm nicht nur den Urlaub - und zwar so lange bis er wiederhergestellt sei -, sondern auch die in einem solchen Falle nicht automatische Weiterzahlung seines Gehalts, ohne daß Adam Johann darum hätte nachsuchen müssen. Im Juli 1830 meldete er sich bei Horner von seinem Erholungsort Sackhof an der estländischen Nordküste: "Glauben Sie nicht, daß ich in Disgrace bin, wenn dieser Brief von einem Ort datiert ist, von dem Sie nie früher gehört haben. Ich hatte schon im vorigen Jahre die Absicht, der Schwäche meiner Knie wegen warme See-bäder, die mir mein Arzt angeraten, zu brauchen. ... Ich bin den 15. Juni aus Petersburg abgereist; 70 Werst von Narva auf der Straße nach Reval habe ich am Ufer des Meeres ein kleines Haus gemietet, das eine reizende Lage hat, wo ich warme Seebäder brauche, bis jetzt mich aber noch nicht viel besser fühle. Ich bleibe hier bis zum 1. August, fahre dann auf mein Gut, und zum 20. August bin ich wieder in Petersburg."[32] Die Kur scheint insofern angeschlagen zu haben, als Adam Johann weiterhin seinen Dienst erfüllen konnte, wenngleich ihm das Stehen auch im Hinblick auf sein zunehmendes Alter immer schwerer wurde. Ende 1830 beging er seinen 60. Geburtstag und hatte damit das Alter erreicht, das man zu jener Zeit als Beginn des Greisenalters anzusehen pflegte. Er sollte jedoch noch lange dem Streß des intensiven Arbeitslebens ausgesetzt sein, der auch einen viel Jüngeren strapaziert hätte.

Im Jahre 1831 verlor Adam Johann zwei seiner engsten Freunde: im Februar starb Klinger und im Juli Friedrich von Würst.[33] Letzterer wurde ein Opfer der Choleraepidemie, die damals in Europa wütete und St. Petersburg in besonderem Maße heimsuchte. Aufgrund der schlechten hygienischen Verhältnisse waren in erster Linie die Unterschichten betroffen. Viele dieser Menschen hielten in ihrer Verzweiflung angesichts des massenhaften Sterbens die Verbreitung der Cholera für böswillige Machenschaften der Herrschenden und trieben Aufruhr. Die Angehörigen Adam Johanns schwebten wegen der Cholera in größter Sorge: "Jeder Posttag wird von uns mit Zittern und Zagen entgegengesehen", schreibt Carl Friedrich aus Haggud an seinen Bruder nach St. Petersburg. "So wie ich Deine liebe Handschrift erblicke, so danke ich inbrünstig dem Himmel, daß Du und die Deinigen gesund waren. Aber die Unruhe fängt sogleich wieder an, und so lebt man immer im Fieber."[34] Julius, der sich im Feldlager in Polen[35] befand, schreibt: "Die schrecklichen Verheerungen, die die Cholera in Petersburg macht, haben uns alle hier in Angst und Schrecken versetzt. Die Furcht, es könnte auch Euch, geliebte Eltern, ein Unglück zustoßen, verfolgt mich überall, und ich werde keinen Augenblick Ruhe haben, als bis ich weiß, daß diese furchtbare Krankheit ganz aufgehört hat."[36]

Trotz seiner starken beruflichen Inanspruchnahme hat Adam Johann sein Interesse an Forschungsexpeditionen nicht vernachlässigt. Ende der zwanziger Jahre arbeitete er ein umfangreiches Memorandum zur weiteren Entdeckung der Pol-Gebiete aus, in dem er u. a. anregte, Alaska, die Aleuten, die Ostküste Kamtschatkas und das Ochotskische Meer gründlicher zu erforschen sowie die antarktischen Gewässer zu erkunden. Er gab detaillierte Empfehlungen für die Ausführung solcher Unternehmungen.[37] Dieses Memorandum teilte das Schicksal vieler früherer; es verschwand in der Kanzlei des Fürsten Menschikow, dem Chef des Marinestabes. Obwohl es Adam Johann mit seinen Plänen zur weiteren Erforschung des nördlichen Rußland nicht anders erging, blieb er mit diesem Themenkreis intensiv befaßt. Er wirkte als Berater bei Karl Ernst von Baers Forschungsreise nach Nowaja Semlja und Alexander von Middendorffs Expedition zur Halbinsel Taimyr. Für die Weltumseglungen von Stanjukowitsch und Lütke verfaßte er die Instruktionen. Man kann sagen, daß, wenn auch ohne offiziellen Auftrag, Adam Johann an jeder größeren russischen Expedition beteiligt war. Neben Artikeln zu den neuesten Forschungsergebnissen legt auch sein ausgedehnter Briefwechsel Zeugnis von seinem fortwährenden Engagement ab.

Im März 1829 wandte sich der Polarforscher Sir John Ross an Adam Johann und stellte ihm sein neues Vorhaben vor: "Sie werden sich sicher nicht daran erinnern, daß ich Ihnen vorgestellt worden bin. Das liegt 15 Jahre zurück, als ich Kommandant eines britischen Kriegsschiffes in Plymouth war. Aber sicher werden Sie sich an meinen Namen im Zusammenhang mit Expeditionen in arktische Gebiete im Jahre 1818[38] erinnern. ... Die Hochachtung vor Ihrer überragenden Stellung in der Welt der Wissenschaft legt mir die Annahme nahe, daß Sie das interessieren wird, was ich mir Ihnen mitzuteilen erlaube. Aufgrund meiner Erfahrungen in Eismeeren bin ich schon seit langem zu dem Schluß gekommen, daß sich Erfolge in jenen gefährlichen Regionen ganz unvermeidlich nur mit Hilfe mechanischer Antriebskräfte erzielen lassen und daß bei jedem künftigen Versuch ... Dampfmaschinen, die sich in den letzten Jahren erstaunlich schnell entwickelt haben, gute Aussichten versprechen. ... So habe ich meine ganze Zeit darauf verwendet, mich mit Dampfschiffen vertraut zu machen. ... Nach der Genehmigung durch meine Regierung habe ich mit den Vorbereitungen für eine Entdeckungsreise zur Erforschung der Polarzone nördlich von Amerika begonnen."[39] Ross berichtet ferner über die Schiffe seiner Expedition, dem Dampfschiff 'Victoria' sowie den Seglern 'John' und 'Krusenstern'. "Bei Verlust des Expeditionsschiffs", schreibt Ross, "wäre die 'Krusenstern' unsere letzte Rettung. Daher ist ihr Name ein Tribut von besonderer Symbolik an Ihre schätzenswerte Arbeit über den Stillen Ozean."[40] Nach der Mitteilung weiterer Details bittet Ross Adam Johann um Unterstützung in den russischen Hoheitszonen. Dieser Bitte hat Adam Johann unverzüglich entsprochen und erwirkt, daß Ross in jedem russischen Hafen empfangen und mit dem Notwendigsten ausgerüstet wurde.

Während dieser Forschungsreise in den Jahren 1829 - 1833 gelang John Ross die Entdeckung des magnetischen Nordpols, und er wurde dafür nach seiner Rückkehr mit Ehrenbezeugungen aller Art und mehr als viertausend Gratulationsschreiben überschüttet; für das von Adam Johann hat er sich desungeachtet überschwenglich bedankt. Ross hatte übrigens eine von ihm entdeckte Seenkette auf der Halbinsel Boothia im Norden Kanadas Krusenstern benannt. Zu seinem Bedauern traf Ross im Juni 1834 Adam Johann nicht in St. Petersburg an, da dieser damals gerade in Ass weilte, doch riß die briefliche Verbindung nicht ab. Auf Bitten Adam Johanns übersandte Sir John Ross ihm sein Porträt. Adam Johann ließ es in Öl kopieren und fügte es seiner bereits ansehnlichen Gemäldesammlung namhafter Seefahrer bzw. Seehelden ein. Die Sammlung umfaßte Porträts von Kolumbus, Magalhaes, Sir Francis Drake, Cook, Nelson, Collingwood, Cochrane, Tromp, de Ryter u. v. m. Aus einem Brief Pauls vom November 1833[41] erfahren wir, daß die Familie dem Vater anläßlich seines 63. Geburtstags ein Gemälde Sir William Edward Parrys zum Geschenk machte, gemalt von Gustav Adolf Hippius.

England war Adam Johann nicht nur durch seine Interessengebiete verbunden, sondern er fühlte sich ganz allgemein zu diesem Land, seinen Bewohnern und deren Lebensart hingezogen. Nicht allein Liberalität, Pragmatismus und Understatement wußte er zu schätzen, sogar englische Produkte des täglichen Gebrauchs waren ihm lieb und wert. So ließ er sich z. B. ein Tafelservice aus England kommen und gab seinem Sohn Paul bei dessen Rückkehr von der Weltumseglung den folgenden Auftrag: "Du mußt mir aus England einige Kleinigkeiten bringen, wie zwei gute Rasiermesser, sechs Stück Seife, einen Seifpinsel, ein Dutzend ostindischer Schnupftücher, nur keine seidenen, ein halb Dutzend oder gar ein Dutzend schwarzseidener Halstücher, aber lasse sie einzeln zuschneiden, damit der Zoll keine Händel macht. ... Bringe mir ferner ein Ries Schreibpapier und ein halb Ries Postpapier, zwei Federmesser - simple -, und wenn Du kannst, ein Ries großes Papier von der Größe meines Atlasses, es darf aber nicht teurer sein als sieben bis acht £."[42]

Im Februar 1932 heiratete Paul als erstes der Kinder Adam Johanns, und zwar Wilhelmine - genannt Mimi - von Kotzebue, die jüngste Tochter Augusts, die mit ihrer verwitweten Mutter in Reval lebte. Da Paul es damals gerade erst zum Leutnant der Marine gebracht hatte, waren die Eltern von dieser frühen Heirat wenig erbaut, zumal es für sie auch eine zusätzliche finanzielle Belastung bedeutete. Das erste Enkelkind, Paul jr.[43], wurde im August 1834 in Reval geboren.

In den dreißiger Jahren hielt sich Adam Johann wieder häufiger während des Sommers in Ass auf. Das Gut, das über lange Strecken in den Händen verschiedener Pächter lag, hatte aufgrund der schweren wirtschaftlichen Zeiten, vor allem bedingt durch viele Mißernten, immer weniger eingebracht. Erst etwa fünfzehn Jahre nach der Übernahme begann sich eine Aufwärtsentwicklung abzuzeichnen. Eine solche positive Tendenz klingt aus einem Brief Adam Johanns an Horner vom Jahre 1832 heraus, in dem er über seinen mehrmonatigen Aufenthalt in Ass berichtet: "Ich habe mein Gut wieder in meine eigene Hand genommen, und es hat jetzt ein doppeltes Interesse für mich. Ich bin, was Sie mir vielleicht nicht glauben werden, ein sehr guter Landwirt; die Verwaltung meines Gutes, das nicht ganz klein ist, macht mir viel Vergnügen."[44] Allerdings ist es bei der Eigenbewirtschaftung aus Zeitgründen dann doch nicht geblieben. Das neu erwachte Interesse Adam Johanns an Ass schlug sich in allerhand Veränderungen und Verschönerungen nieder. Das Schloß ließ er vollständig renovieren und die Schmiede umbauen. Die Wasserfläche der Flußstauung wurde vergrößert und eine weitere Insel angelegt. Die bereits vorhandene Insel 'Nukahiwa' war in der Familie wegen ihrer gefälligen

Bepflanzung als Spazierziel beliebt. Ferner bestanden Pläne zur Kultivierung von Morästen.

Der Tod Johann Caspar Horners im November 1834 beendete eine drei Jahrzehnte während Freundschaft. Für den Autor dieser Zeilen versiegt damit eine der wichtigsten Quellen für Adam Johanns Leben.

Mit dem Amt des Kadettenkorpsdirektors waren selbstverständlich vielfältige gesellschaftliche Verpflichtungen verbunden. An erster Stelle ist hier die Präsenz bei Hofe an Feiertagen und bei anderen festlichen Anlässen zu nennen, nicht nur in St. Petersburg, sondern auch in den kaiserlichen Sommerresidenzen Zarskoje Selo, Pawlowsk, Peterhof und Oranienbaum. Für Adam Johann stellte diese Verpflichtung eine große Belastung dar, schon allein des vielen Stehens wegen. "Vater war ganz erschöpft und matt, denn er hatte die ganze Nacht in der Kirche gestanden[45] und nicht einen Augenblick geschlafen, den ganzen Vormittag mußte er bei der Zeremonie noch stehen und dann noch Wachtparade und den Abend bis in die Nacht Illumination. Ich begreife nicht, wie er es ausgehalten hat"[46], schreibt Schwiegertochter Mimi Ostern 1834 an ihre Mutter. In einem anderen Brief von ihr heißt es: "Am Dienstag abend war großer Ball bei Hofe, wo der Kaiser sehr viel mit Vater gesprochen hat."[47] Emil berichtet seinem Bruder Julius im Juli 1833: "Gewöhnlich begleite ich den Vater auf seinen wiederholten Fahrten nach Peterhof. Leider bekommen diese Fahrten unserem teuren Vater sehr schlecht. Vorigen Sonntag wurde er in der Kirche so schlimm, daß er herausgehen mußte und ward einer Ohnmacht nahe."[48] - Zahllos waren die Einladungen zum Essen bei den verschiedensten Personen und Gelegenheiten. Wenn Adam Johann in Briefen an Julie z. B. lapidar vermerkt: "Ich aß heute bei Kutusow"[49] oder "vorigen Sonnabend aß ich bei Cancrin"[50], so gehörten solche Essen für ihn zur alltäglichen Normalität. Nicht ganz so alltäglich war, daß Adam Johann beim russischen Thronfolger zu Tisch gebeten wurde. Merder, Erzieher des nachmaligen Alexander II., hat unter dem 28. Mai 1832 in seinem Tagebuch festgehalten: "Admiral Krusenstern speiste heute beim Thronfolger und erzählte einige überaus interessante Einzelheiten von seiner Reise um die Welt."[51]

Im eigenen Hause mußte man ständig mit Gästen rechnen, was für das gesellschaftliche Leben der Petersburger Deutschen typisch war. Im Reisebericht eines Besuchers aus Deutschland vom Jahre 1841 heißt es dazu: "In Petersburg ist die Tür dem anpochenden Freunde täglich und stündlich geöffnet, bleibt er zu Tische, so legt man ein Couvert mehr auf, und er nimmt fürlieb mit dem, was er findet, gewöhnlich findet er auch ein paar Gäste, die wie er zufällig hier sitzen blieben. Wünscht er aber ein splendides Diner, eine große Gesellschaft, so weiß er den Tag, wo sein Freund regelmäßig zu Hause ist und allen seinen Freunden offen Haus hält. Jedes einigermaßen gentile Haus hat einen solchen Tag in der

Woche, wo ein für alle Mal alle Freunde erwartet werden. ... Auch das ist eine angenehme Sitte der Petersburger Deutschen, daß sie die Geschäfte des Tages nicht in der Mitte durch ein Diner unterbrechen, sondern gewöhnlich erst um fünf oder sechs Uhr zu Mittag speisen. Eine Einladung zu Mittag ist daher auch fast immer eine Einladung für den Abend. Man bleibt nach Tische - bis elf oder zwölf Uhr des Nachts und verbringt den Rest bei Tee, Tanz und Spiel."[52] Gesprochen wurde in den Petersburger Salons neben Deutsch überwiegend Französisch, vereinzelt Englisch, aber kaum jemals Russisch.

Auch Adam Johann und Julie bedienten sich der Sitte eines wöchentlichen Jour fixe, was natürlich nicht bedeutete, daß an anderen Tagen keine Gäste anwesend waren. Nur konnten diese dann selten auf Adam Johanns Erscheinen zählen. Daneben wurde aus besonderen Anlässen zu festlichen Essen eingeladen. Mimi notiert: "Heute splendides Diner bei den Eltern, wo ein Dutzend Admiräle sein werden, denn das Examen wurde jetzt beendet."[53] "Bei den Eltern war ein splendides Diner Greigh und Struve zu Ehren."[54] "Bei den Eltern wurde dem vaterländischen Dichter Shukowski[55] zu Ehren ein brillantes Diner gegeben. Außer ihm waren noch Baer, Muralt, Admiral Wrangell, Samson und Bernhardi da."[56] Nach Abschluß der Examen im Korps gab es auch dort regelmäßig Feiern mit Ballett- und Theateraufführungen. Anläßlich der Eidesleistung des Thronfolgers Alexander im Jahre 1834 hatte das Gebäude des Seekadettenkorps festlichen Schmuck angelegt: "Um Punkt neun Uhr wurde das Corps illuminiert. Es war ein imposanter Anblick. Die Kuppeln waren wie mit Sternen übersät. 8.000 Lampen brannten und hoch über dem Corps schwebte ein brillantes großes 'A'. ... Es hatte sich eine Menge Volk unter den Fenstern angesammelt, denn auf dem Balkon stand die Musik und spielte unaufhörlich. Wir saßen am Fenster und hatten die Freude, den Thronfolger zweimal langsam vorbeifahren zu sehen. Der Englische Quai war sehr sparsam illuminiert, und nur das Bergcorps und die Börse sahen recht hübsch aus. Aber man sagt allgemein, das (See)Corps sei am hübschsten gewesen",[57] faßt Mimi ihre Eindrücke über dieses Ereignis zusammen.

Gelegentlich eines Besuchs der Geschwister aus Haggud bringt Julie in einem Brief unmißverständlich zum Ausdruck, wie wenig das gesellschaftliche Leben in Petersburg nach ihrem Sinne war: "Wir hatten jetzt die Freude, unsere teuren Haggudschen Verwandten während 14 Tage hier zu sehen, den 29. reisten sie wieder ihrer ruhigen Heimat zu. Ich wollte, wir hätten ihnen folgen können, denn hier ist es wahrlich ein unruhiges Leben, und man lebt nie wie man will, sondern wie Geschäfte und Convenienzen es gebieten."[58]

Mit Geschäften und Konvenienzen hatte es allerdings kaum zu tun, wenn Adam Johann ausländische Wissenschaftler bei sich empfangen konnte, wie z. B. den schottischen Geologen Sir Roderick Murchison und Alexander von Humboldt. Die Wertschätzung Humboldts für seinen Vater erfuhr Julius, als er sich 1833 in diplomatischer Mission für einige Wochen in Berlin aufhielt. Er berichtet seinen Eltern von dort: "Jemand, der sehr viel Güte für mich hat, ist (Alexander von) Humboldt, der nicht nur darauf bestand, selbst mir die größten Merkwürdigkeiten Berlins, wie das Museum[59] zu zeigen, sondern mir auch erlaubte, ihn öfters zu besuchen, was er doch nur aus Verehrung für meinen lieben Vater tat, denn obgleich ich bei solchen Gelegenheiten meine ganze Weisheit auskramte, konnte ich ihm gewiß doch nichts Neues sagen. Überhaupt habe ich erst jetzt gesehen, wie berühmt der Name meines lieben Vaters im Ausland ist, denn nicht nur Gelehrte, sondern auch Damen und Leute, die sich gewöhnlich wenig mit Wissenschaften beschäftigen, suchten meine Bekanntschaft zu machen, und alle beneideten mich um meinen berühmten Namen. Auch ist das Bestreben, diesem Namen keine Schande zu machen, in mir reger geworden als je."[60]

XXV
Letzte Jahre

Adam Johann hat Kaiser Nikolai niemals realistisch gesehen und hat dies offensichtlich auch nicht tun wollen bzw. können. "Sowohl mein Alter als meine Gesundheit machen es mir zur Pflicht, mich ganz zurückzuziehen", schreibt er im Jahre 1832, "allein ich kann mich dazu nicht entschließen, weil ich mir schmeichle zu glauben, daß es dem Kaiser nicht lieb sein würde, und da ich mein Amt ebenso liebe wie ich dem Kaiser aufs Innigste zugetan bin, so will ich schon mein Leben in seinem Dienst beschließen."[1] Wer sich so über den Kaiser äußert, von dem darf man füglich keine Objektivität ihm gegenüber erwarten.

Insgesamt hat Adam Johann unter vier russischen Kaisern gedient, aber wirklich gekannt hat er nur Nikolai. Keiner von ihnen hat auch Adam Johann so viel Aufmerksamkeit geschenkt wie dieser Kaiser. Es fällt auf, wie wichtig und wohltuend ihm diese Aufmerksamkeit und Anerkennung von Nikolai gewesen ist, doch erstaunt das nicht, wenn man bedenkt, wie viel Geringschätzung und Zurücksetzung Adam Johann über Jahrzehnte hinweg in Rußland hatte einstecken müssen. Nicht zuletzt verdankte er diesem Kaiser auch den mit so viel Hingabe ausgefüllten Posten des Seekorps-Direktors. Von Alexander hatte er zwar die Beauftragung mit der Weltumseglung erhalten, womit es dieser aber dann beließ, und daß er sich dessen allgemeinen Wohlwollens erfreute, hatte für Adam Johann praktisch wenig Bedeutung, da er anders als zu Nikolai zu Alexander keinen direkten Zugang hatte und jeweils eines Mittelsmannes bedurfte.

Was Adam Johann von seiner eigenen Person abgesehen an Nikolai gefallen haben dürfte, wird dessen Engagement, Offenheit, Natürlichkeit und die Tatsache gewesen sein, daß er zu seinen Versprechungen stand und treu an den Personen festhielt, denen er einmal sein Vertrauen geschenkt hatte. Überhaupt nicht gefallen haben kann ihm hingegen die zunehmende Militarisierung unter Nikolai, der eine Art 'Kommißkopp' war und von Militärparaden nie genug haben konnte. Einen größeren Gegensatz zu Adam Johann, der stumpfsinnigen Drill und Kadavergehorsan verabscheute, kann man sich in dieser Hinsicht kaum vorstellen. Und dennoch hat dies anscheinend das positive Bild, das sich Adam Johann vom Kaiser machte, nicht beeinträchtigt. Auf ihn wollte er und hat er nichts kommen lassen. Bei solcher Beurteilung ist zu berücksichtigen, daß Adam Johann nur die erste Hälfte von Nikolais dreißigjähriger Regierungszeit erlebt hat, also nicht die Zeit, in der Nikolai sich den bekannten, in ganz Europa verbreiteten Ruf eines reaktionären Gewaltherrschers erworben hat.

Obwohl Nikolai Adam Johann aufrichtig zugetan war und sein Urteil schätzte, hat es den Anschein, daß Adam Johann sich dies, von den

Reformen des Korps einmal abgesehen, nicht zunutze gemacht hat. Einfluß zu nehmen auf den Kaiser, gar in politischen Fragen, vom eigenen Vorteil ganz zu schweigen, kam für ihn nicht in Betracht.

Nikolai hat Adam Johann mehrfach mit Auszeichnungen bedacht. Erwähnenswert sind vor allem der Weiße Adler-Orden 1834, durch den der Kaiser seine persönliche Gunst auszudrücken pflegte sowie der Alexander Newski-Orden 1837. Dem Grafentitel, den Nikolai häufig verliehen hat, ist Adam Johann zum heimlichen Bedauern seiner Söhne mit Geschick ausgewichen[2], indem er sich anstelle der Standeserhebung eine vergleichbare Gunst erbat in Gestalt einer Wappenergänzung.[3] Diese wurde ihm sogar in der außergewöhnlichen Form gewährt, daß die russische Kriegsflagge mit dem Andreaskreuz in sein Wappen eingefügt wurde, die Flagge also, der er auch ohne Waffenruhm einen Platz auf den Weltmeeren erobert hatte.

Adam Johann hat viele Jahrzehnte in russischen Diensten gestanden, und ist dennoch - so verwunderlich das anmuten mag - nie eigentlich in Rußland gewesen. Er ist zwar in der Welt herumgekommen, aber Rußland hat er nicht bereist. Er kannte lediglich St. Petersburg und dessen nächste Umgebung, die nicht für Rußland stehen können. Bernhardi teilt mit, daß Adam Johann eine Abneigung gegen slawisches Leben und Wesen besessen habe und ihm die Vorstellung unmöglich gewesen wäre, z. B. in Moskau zu leben.[4] Hierzu steht die große Sympathie im Widerspruch, die Adam Johann zeit seines Lebens für russische Matrosen gehegt hat. Für sie haben ihn ihre besondere Ergebenheit, Anhänglichkeit und Treue eingenommen, und ihnen traute er auch so viel zu, daß er allen Widerständen zum Trotz es durchsetzte, seine Weltumseglung mit einer russischen Mannschaft auszuführen. Die von Bernhardi erwähnte Abneigung ist zweifellos auf Adam Johanns Umgang mit Vertretern der russischen Oberschicht sowie subalternen Bürokraten zurückzuführen. Private Kontakte hat Adam Johann fast ausschließlich mit Deutschen gepflegt. Im Kadettenkorps konnte ihm eine Bevorzugung von Deutschen, gar Balten oder gar Verwandten nicht nachgesagt werden. Ein Kadett und zugleich Neffe Adam Johanns, Sohn seines Bruders Carl Friedrich, hat auch berichtet, daß unter seinem Onkel strenge Disziplin geherrscht habe und von einer Verweichlichung der Kadetten, wie dies Gegner Adam Johanns gerne behaupteten, keine Rede habe sein können.[5]

In einer Zeit, in der man nationale Befangenheit nicht in der Weise kannte, wie schon bald danach, ließ es sich noch vereinbaren, daß Adam Johann als Deutscher ein aufrichtiger russischer Patriot sein konnte, überdies mit einer Vorliebe für England. Ein russischer Patriotismus wurde von zahlreichen anderen Deutschen geteilt, die gleich Adam Johann hohe Positionen im öffentlichen Leben Rußlands[6] bekleideten. Schließlich war auch das Zarenhaus deutsch geprägt. Die Kaiserinmutter sowie die

Frauen von Alexander und Nikolai waren deutsche Prinzessinnen. Von Nikolai ist bekannt, daß er deutschfreundlich gesinnt war; in seinem Familienkreis wurde sogar auch Deutsch gesprochen. Dennoch brach sich gerade unter ihm ein radikaler russischer Nationalismus Bahn. Diese Strömung kann aber Adam Johann nur unterschwellig oder in ihren Vorläufern berührt haben.

Adam Johann war von dem ihm so spät anvertrauten Amt als Direktor des Seekadettenkorps derart erfüllt, daß er keine Vorsorge für eine Nachfolgeregelung getroffen hat, obwohl ihm dies allein sein Alter und seine Gesundheit nahegelegt hätten. Hinzu kam, daß er in dem Fürsten Menschikow, dem Chef des Marinestabes, einen ihm nicht wohlgesonnenen Vorgesetzten besaß und damit rechnen mußte, einen Kandidaten seines Vertrauens geradewegs ins Unglück zu stürzen. Ein Kandidat von ihm wäre auch kaum durchzusetzen gewesen, denn selbstverständlich wollte Menschikow unter keinen Umständen darauf verzichten, diesen Posten endlich mit einem seiner Günstlinge zu besetzen. Er zögerte damit auch nicht, denn im Jahre 1835 stellte er seinen Protegé Nikolai Rimskij-Korsakow[7] Adam Johann als 'Gehülfen' zur Seite. Dieser nutzte sogleich den ersten Urlaub Adam Johanns zu eigenmächtigem Vorgehen aus. Da es sich um relative Kleinigkeiten handelte, sah Adam Johann keine Veranlassung, gegen Korsakow vorzugehen und unterließ es somit, ihn gleich zu Beginn in seine Schranken zu weisen, was seine eigene Autorität auf die Dauer minderte. Die Tatsache, daß man ihm Korsakow über seinen Kopf hinweg ins Korps gesetzt hatte, hat Adam Johann selbstverständlich tief gekränkt und ihn bewogen, an seinen Rücktritt zu denken. Obwohl er von Julius darin vehement unterstützt wurde, konnte er sich aber - wie schon wiederholt in seinem Leben - zu einem solchen entschiedenen Schritt nicht durchringen. Er verblieb also in seinem Amt, jedoch unter zunehmend bedrückenden Umständen.

Aus den so überschatteten späten dreißiger Jahren hob sich ein Ereignis heraus, das geeignet war, Adam Johann für manche bittere Stunde zu entschädigen: die Feier seines 50. Jubiläums als Marineoffizier. Sie wurde am 21. Januar 1839 von der Generalität und vom Offizierskorps der Marine veranstaltet und fand in großem und festlichem, aber auf Wunsch des Jubilars schlicht gehaltenen Rahmen im Kadettenkorps statt. Zu den 400 Teilnehmern gehörten der Präsident des Reichsrats, Fürst Ilarion Wassiltschikow, der Kriegsminister, Graf Alexander Czernyschew, die General-Adjutanten Graf Karl von Toll, Graf Pawel Kutusow und Graf Piotr Kleinmichel, der Innenminister, Dimitri Bludow, ferner zahlreiche Admiräle und Marineoffiziere - unter ihnen viele ehemalige Schüler Adam Johanns - sowie Vertreter der Kadetten. Für das Festbankett war der große Saal prächtig erleuchtet und mit Flaggen, Fahnen und Adam Johanns Wappen geschmückt worden. Am Saalende fiel ein großes

Ölgemälde ins Auge, die Nadeshda im Sturme darstellend. Den Auftakt bildete die Verlesung eines Reskripts des Kaisers[8], in dem dieser die Verdienste Adam Johanns würdigte und ihm die Brillantzeichen zum Alexander Newski-Orden verlieh. Von den weiteren Reden seien hier nur hervorgehoben die Laudatio von Vizeadmiral Peter Riccord und die Grußadresse des Präsidenten der Akademie der Wissenschaften. Für den musikalischen Rahmen der Feier sorgten zwei Orchester und ein Chor. Ein Sänger trug Lieder auf eigens zu diesem Anlaß verfaßte Texte vor.

Besonders gerührt zeigten sich sowohl Adam Johann als auch die anwesenden Gäste vom Auftreten dreier weißhaariger alter Männer, die als Matrosen die erste russische Weltumseglung mitgemacht hatten. Einer von ihnen war der schon früher erwähnte Tarass Gledianow und ein anderer Klim Grigoriew, der eine weite strapaziöse Reise aus dem Innern Rußlands nicht gescheut hatte, da er nach seiner Aussage nicht hatte sterben wollen, ohne seinen einstigen Kapitän noch einmal gesehen zu haben. Adam Johann hat später den Wunsch geäußert, daß "wenn je einige Zeilen seinem Andenken gewidmet würden, Klim Grigoriew nicht vergessen werden möge".[9]

Aus Anlaß des Jubiläums erschien in einer Sondernummer der Petersburger Zeitung 'Sewernaja Ptschela'[10] einschließlich ihrer französischen Ausgabe eine umfassende Würdigung Adam Johanns sowie eine ausführliche Schilderung der Jubiläumsfeierlichkeiten. In einer Art Festschrift[11] skizzierte der Naturforscher Karl Ernst von Baer die Geschichte der russischen Seefahrt und die Leistungen Adam Johanns für diese. - Eine besondere Ehrung des Jubilars bildete schließlich die Prägung einer Gedenkmünze mit seinem Bildnis.[12]

Adam Johanns Bruder reagierte auf all diese Ehrungen erfreut, konnte aber dennoch Enttäuschungen nicht verhehlen: "Ich hatte es mir anders ausgedacht und glaubte steif und fest, daß etwas ganz Extraordinaires den Tag verherrlichen würde, und so bin ich denn in meiner Dummheit nicht so ganz befriedigt."[13] Was Carl Friedrich hier vermißte, war die überfällige Ernennung zum Volladmiral, für die das Jubiläum eine ideale Gelegenheit geboten hätte. Daß es dazu nicht kam, war dem Fürsten Menschikow zuzuschreiben. Dieser hatte die Beförderung Adam Johanns bereits seit Jahren planmäßig hintertrieben, indem er mehrere alte Vizeadmiräle aus dem Ruhestand reaktivieren ließ, darunter sogar einen fast blinden und abgängigen. Und das tat er nur deshalb, um zu verhindern, daß die Reihe an Adam Johann kam.

Dem Fürsten Alexander Menschikow, der als gebildeter und intelligenter Mann galt, waren vom Kaiser im Bereich der Marine fast unumschränkte Vollmachten eingeräumt worden, und er war ein Mensch, dem es ausgesprochen lag, mit Macht umzugehen. Als solcher mußte ihm jemand wie Adam Johann, der kein Verhältnis zur Macht besaß, unverständlich und dadurch suspekt sein. So war es Menschikow z. B. unbegreiflich, daß Adam Johann sich des Zugangs zum Kaiser und dessen Wohlwollens nicht in einer für Menschikow selbstverständlich erscheinenden Weise bedient hat. Mit dem Ausspruch "Krusenstern hat es nicht verstanden, den Fahrtwind auszunutzen"[14] hat er dies rückschauend auf eine knappe Formel gebracht. Gerade ein solcher, von vielen als liebenswürdig charakterisierter Mann war nicht nach dem Geschmack eines Menschikow. Was hätte er auch von einem hohen russischen Offizier mit Führungsaufgaben halten sollen, der wie Adam Johann seinem Sohn Paul folgende Maxime vor Augen führt: "Die Natur aller Krusensterns ist, wie Du weißt, von der Art, daß man durch Härte nichts, aber durch Liebe alles erlangen kann."[15]

Ein weiteres Motiv für die Abneigung Menschikows gegen Adam Johann hing mit dessen Freund Admiral Alexis Greigh zusammen. Aus nicht überlieferten Gründen[16] bestand zwischen Menschikow und Greigh eine tiefe Feindschaft, die der Fürst dann auf den Freund übertrug. Die nicht verborgen bleibende Einstellung Menschikows zu Adam Johann schuf eine Atmosphäre, in der außer Gegnerschaft auch Spott gedieh. Und Adam Johann bot ja einigen Anlaß hierzu. Man braucht sich nur daran zu erinnern, wie schwer ihm das ständige Marschieren und Paradieren fiel, das gerade unter Nikolai so hoch im Kurse stand. Da Adam Johann aufgrund seines Werdeganges nicht reiten gelernt hatte, konnte er auch nicht zu Pferde erscheinen, was ihm erst recht Spott eintrug. So wird vom Großfürsten Michael der Ausspruch kolportiert "Krusenstern ist wohl ein paar Mal um die Welt gekommen, aber eine Reitbahn zu umrunden, bringt er nicht fertig".[17] Ernster zu nehmen war die spöttische Kritik, die an Adam Johanns Erziehungsmethoden sowie an seiner Förderung der wissenschaftlichen Fächer laut wurde, da sie sich an seinen Schülern aus den Offiziersklassen auch auswirkte. Hier war es nicht zuletzt Menschikow, der diese bei ihrem weiteren Fortkommen schikaniert hat. Er gab vor, sie seien aufgrund ihrer Vorbildung vielleicht zu Gymnasiallehrern tauglich, nicht aber zu praktischem Seedienst. Solchen Angriffen gegenüber war Adam Johann wehrlos. Erst nach seinem Tode sollte er mit seinen Grundsätzen rehabilitiert werden. Im Krimkrieg erwiesen sich nämlich seine Schüler gerade im praktischen Dienst als brauchbar, so daß man im Seekadettenkorps zu der von ihm geprägten Erziehung zurückkehrte. Hinfort galt es sogar als Empfehlung, aus der Schule Krusensterns hervorgegangen zu sein.

Von Mai bis Oktober 1840 erlaubte sich Adam Johann zusammen mit Julie und den beiden gleichfalls kurbedürftigen Töchtern die so dringend notwendige und immer wieder aufgeschobene Badereise ins Ausland, Adam Johanns erster Auslandsaufenthalt seit 25 Jahren. Sie reisten noch mit der Postkutsche, die Eisenbahn steckte erst in den Kinderschuhen. Ihr

Hauptziel war Teplitz, damals einer der bekanntesten europäischen Badeorte, gelegen in reizvoller Umgebung an der Straße von Dresden nach Prag. Jeden Sommer beherbergte Teplitz, das zum Besitz der Fürsten Clary gehörte, 4.000 Badegäste. Einen Namen hatte sich Teplitz nicht nur durch seine elf Heilquellen gemacht, sondern auch durch den Bündnisvertrag, den die Monarchen von Österreich, Preußen und Rußland hier 1813 gegen Napoleon schlossen.

Durch Zufall hat sich ein Brief erhalten, den Dr. Tilesius, der Reisegefährte von einst, aus Leipzig Adam Johann nach Teplitz geschrieben hat. Dessen Anschrift allein könnte schon beinahe eine Biographie ersetzen: "Seiner Excellenz dem Herrn Admiral von Krusenstern, Commandeur vom Großkreuz und Ritter mehrerer hoher Orden, berühmten russischen Erdumsegler, Mitglied der Admiralität, der Kaiserlichen Akademie der Wissenschaften in Petersburg etc. etc. dermalen in Toeplitz im Bade".[18]

An den Aufenthalt in Teplitz schloß sich ein weiterer in Bad Gastein an. Auf der Rückreise wurde u. a. in München, Frankfurt, Weimar, Dresden, Leipzig und Gotha Station gemacht. In einem Brief an Paul berichtet Adam Johann von unterwegs: "Es ist uns überall recht gut gegangen und sind auch immer ganz gesund gewesen. ... Ich glaube, spätestens den 12. October in Petersburg zu sein. Im Corps geht es, wie ich aus Briefen erfahre, sehr gut. Möchte es doch so bleiben, damit ich Ruhe habe. Ich sehne mich recht sehr nach Hause, so angenehm diese Reise in jeder Hinsicht auch gewesen ist, so ist das Einkehren und Ausfahren aus den Gasthäusern jeden Tag fatigant und unangenehm. - In Weimar blieben wir drei Tage, die Großherzogin war ausnehmend gütig gegen uns. Ich wurde zwei Tage nach der Reihe zu Mittag eingeladen. Mutter fürchtete die Toilette, so auch die Schwestern und gaben Krankheit vor. In Leipzig habe ich die große Freude gehabt, meinen alten treuen Reisegefährten Tilesius wiederzusehen. Ein exzellenter Mensch, dankbar, treu, redlich und mir außerordentlich ergeben, was er bei jeder Gelegenheit aufs Rührendste äußert. In Dresden habe ich die Bekanntschaft von Lindenau[19] und in Gotha die von Hansen[20] gemacht."[21] Auf dem Hin- und Rückweg legte die Familie in Warschau einen mehrtägigen Besuch bei Julius ein. Julius, der im Februar 1840 die erst siebzehnjährige Elisabeth von Fuhrmann geheiratet hatte, war damals Chef der diplomatischen Kanzlei von Fürst Paskewitsch-Eriwanski, dem Statthalter in Warschau. - Eine nachhaltige Wirkung haben die Kuren im Ausland für Adam Johann nicht gebracht, sein angeschlagener Gesundheitszustand bekümmerte seine Familie weiterhin. Im Sommer 1842 hat er es in Helsingfors[22] noch einmal mit Kuranwendungen für seine Knie versucht.

Da die Reise nach Teplitz mit erheblichem finanziellen Aufwand verbunden war, zumal Adam Johann im Hinblick auf seine gesellschaftliche und berufliche Stellung keinesfalls in billigen Gasthöfen absteigen konnte, hatte er für diesen Zweck einen Kredit in der stattlichen Höhe von 10.000 Rubeln aufnehmen müssen. Erleichtert haben mag ihm diesen Schritt, daß ihm anläßlich seines Dienstjubiläums auf Befehl des Kaisers vom 31. März 1841 an für die Dauer von zwölf Jahren eine jährliche Zahlung von 5.272 Rubeln ausgesetzt worden war. Finanzielle Sorgen begleiteten Adam Johann sein Leben lang. Dies hing einerseits mit seiner übergroßen Vorsicht in Gelddingen zusammen, die allerdings nicht ganz unberechtigt war - man denke nur an seine Erfahrung mit Koddil und daran, daß er für seine sechs Kinder reichlich zu sorgen bzw. vorzusorgen hatte -, andererseits damit, daß er sich stets davor gescheut hat, als Bittsteller aufzutreten. Andere gleich ihm schlecht besoldete russische Staatsdiener haben auf diesem Wege ihre Lebensumstände mit Erfolg verbessert.

Am 16. April 1841 wurde der inzwischen einundsiebzigjährige Adam Johann zum Volladmiral befördert, denn einmal hatten sich entsprechend der Anciennität die Möglichkeiten Menschikows, dieses zu verhindern, auf natürliche Weise erschöpft. Zu verhindern aber wußte Menschikow die anstehende Berufung Adam Johanns in den Reichsrat.

Erst im Jahre 1842 war es so weit, daß Adam Johann um seinen Rücktritt als Korpsdirektor nachsuchte, den der Kaiser mit der herkömmlichen Ehrenstellung 'unmittelbar bei der Person Seiner Majestät' und der Verleihung seiner Chiffre auf den Epauletten gewährte. Wenn jemand mit zweiundsiebzig Jahren, nachdem er so vieles bewirkt und erreicht hatte, aller Amtspflichten ledig, mit der Aussicht, sich auf sein geschätztes Gut zurückziehen zu können, endlich in den Ruhestand versetzt wird, müßte man annehmen, daß ihm dieses zur Freude und Muße gereichen sollte. Doch war das bei Adam Johann nicht der Fall. Er konnte den Rücktritt nicht verkraften. Paul schreibt seiner Frau im April 1843: "Im Hause der Eltern herrscht eine sehr traurige Stimmung. Vater quält sich immerwährend im Stillen, daß er das Corps verlassen hat.[23] Auch seine Finanzen haben sich nun verschlimmert, und das drückt ihn sehr. ... In dieser Niedergeschlagenheit des Gemüts ist Vater zu keiner energischen Handlung fähig."[24] Die Depression Adam Johanns wurde noch dadurch verstärkt, daß er mitansehen mußte, was unter seinem Nachfolger Rimskij-Korsakow im Kadettenkorps vor sich ging. "Korsakow läßt fast das ganze Haus einreißen, er scheint fest entschlossen zu sein, mein Andenken auf alle Weise zu vertilgen, sogar die Mauern müssen nicht bleiben, wie sie zu meiner Zeit waren", klagt er in einem Brief an Paul. "Korsakow hat alles verändert, was von mir eingerichtet war, und was nicht auf eine gemeine Weise erreicht werden kann, muß auf die frechste Weise geschehen. Menschikow hat ihm 30.000 Rubel Silber verschafft. Ich will einen Eid ablegen, daß K. nicht einen Rubel nötig hatte. ... Er läßt z. B., um seine unendliche Frechheit zu zeigen, den Konferenzsaal tapezieren für 400 Rubel Silber, und nun läßt er alles wieder abreißen, weil ein Balkon sich ein wenig gebogen hatte. ... Doch genug davon, es macht nur viel böses Blut."[25]

Adam Johann zog sich nicht nach Ass zurück, sondern behielt seinen Wohnsitz in Petersburg. "In Ass ist es recht hübsch", erklärt er während eines Aufenthalts im August 1843 dort, "ich möchte, ich könnte mich ganz hier etablieren, aber vielleicht kann ich in Petersburg doch noch etwas von Nutzen sein, hier gar nicht."[26] Hierbei dachte er natürlich auch daran, und das hatte beim Hinauszögern seines Rücktritts ebenfalls eine Rolle gespielt, daß er seine Schüler und Untergebenen durch seine Anwesenheit würde schützen können.

Rimskij-Korsakow hat in der Tat im Korps eine unsinnige Verschwendung getrieben. Schlimmer war jedoch, daß unter ihm die wissenschaftlichen Fächer zugunsten militärischen Drills zurückgedrängt wurden und eine allgemeine moralische Verwilderung um sich griff. Offensichtlich ist auch dem Kaiser der Unterschied zum Vorgänger nicht verborgen geblieben. Paul wußte seinem Vater als Trost zu erzählen, der Kaiser habe bei einer Führung des Prinzen von Hessen und Nassau durch das Seekadettenkorps auf eine abfällige Äußerung Korsakows über Adam Johann zu diesem gesagt: "Du bist den kleinen Finger von Krusenstern nicht wert."[27] Mit Korsakow sollte es kein gutes Ende nehmen. Nachdem er die Finanzen des Korps total ruiniert hatte, mußte Menschikow ihn fallen lassen. Einer bevorstehenden Untersuchung entzog sich Korsakow durch Selbstmord. Dies hat Adam Johann nicht mehr erlebt.

Auch in seinen letzten Lebensjahren blieb Adam Johann mit seinen alten Interessen befaßt. So nahm er besonders regen Anteil an der Erforschung des Petschora-Gebiets im Norden des europäischen Rußland durch seinen Sohn Paul und den Grafen Alexander von Keyserling. Ebenfalls hat er die Entwicklung der Dampfschiffahrt verfolgt und sich über ihre Möglichkeiten genau informiert. Den alternativen Einsatz von Dampf- und Windkraft hielt er auf damit ausgerüsteten Schiffen in europäischen Gewässern wegen der hier häufig wechselnden Witterung für wenig zweckmäßig und eher für Passat- und Monsunstrecken geeignet. Die Schiffsschraube, die den Dampfschiffen erst ihre Überlegenheit über die Segelschiffe verschafft hat, kam zu Adam Johanns Lebzeiten noch nicht zur Geltung.

Auf Vorschlag des Ordenskanzlers Alexander von Humboldt wurde Adam Johann im Juni 1842 der preußischen Orden Pour le mérite für Wissenschaft und Künste (Friedensklasse) verliehen. Außer ihm erhielten im Stiftungsjahr nur wenige Ausländer diesen Orden, darunter Chateaubriand, Franz Liszt, John Herschel, Michael Faraday, Bertel Thorvaldsen und in Rußland Wassili Shukowski.[28]

Der im Oktober 1845 auf Initiative von Baer, Lütke und Wrangell gegründeten Russischen Geographischen Gesellschaft gehörte Adam

Johann zwar nominell als Gründungsmitglied an, er hat aber - damals schon schwer krank - nur an ihrer Vorbereitung beteiligt sein können.

Im Mai 1845 erlitt Adam Johann unterwegs von Petersburg nach Ass auf der estländischen Poststation Waiwara einen Schlaganfall, der so schwer war, daß man ihm mehrere Wochen lang einen Weitertransport nicht mehr zuzumuten glaubte. Erst im Juli brachte man ihn nach Ass, doch blieb sein Zustand weiterhin sehr ernst, zumal er zusätzlich unter schwerem Husten und allgemeiner Entkräftung litt. Im Herbst schöpfte die Familie ein wenig Hoffnung, als Adam Johann wieder zu sprechen anfing und sich nach allen erkundigte. Bald darauf verlor er jedoch wieder die Besinnung. Die Angehörigen bemühten sich, den besten ärztlichen Rat einzuholen, und nahmen mit Erleichterung auf, daß der Dorpater Arzt Dr. Faehlmann die zuvor von einem anderen Arzt gestellte Diagnose auf Wasser im Gehirn dementierte.

Was die Familie während dieser Leidenszeit durchlebte, verdeutlicht ein Brief Julies an Paul vom Mai 1846: "Es ist mir immer ein Wunder woher die Kraft mir wird, so vielen Kummer zu tragen. Nun in diesem Monat ist es ein Jahr, daß unser teurer Vater erkrankte. Sein Leiden täglich vor Augen zu haben, immer und allmählich ihn hinschwinden zu sehen, täglich und stündlich zwischen Furcht, Hoffnung und Verzweiflung leben zu müssen, dabei seine himmlische Geduld. Seine Liebe sei ich und seine Kinder, mit so viel Freundlichkeit äußernd, ist herzzerreißend. Und ich ertrage das alles, lebe noch! - Wir haben immer wieder angstvolle Tage gehabt, der böse Husten kommt immer wieder, quält ihn sehr und läßt natürlich stets große Erschöpfung zurück."[29] Als auch Julie erkrankte, sahen die Töchter Charlotte und Julie, die den Vater bisher allein mit der Mutter gepflegt hatten, die Notwendigkeit ein, eine Krankenschwester einzustellen.

Man suchte dem Vater jede erdenkliche Erleichterung zu verschaffen, wie z. B. den folgenden Zeilen Julies zu entnehmen ist: "Da der teure Vater sich sehr nach Sommerluft sehnt, so beschlossen wir schon vor einiger Zeit mit Ottos Rat, vom Saal aus einen Balkon einrichten zu lassen, da keine Möglichkeit wäre, Vater die Treppen herunterzutragen. Seit vierzehn Tagen arbeitet man nun schon daran, er wird ziemlich groß und geräumig mit einer Treppe nach dem Garten. Gott gebe nun, daß der teure Vater ihn benutzen könnte."[30]

Nach vorangegangener zweitägiger Bewußtlosigkeit stirbt Adam Johann in den Morgenstunden des 12. August 1846.

XXVI
Nach ihm

Adam Johann ist der letzte, der in der Domkirche[1] zu Reval beigesetzt wurde. Seit 1773 galt in den Ostseeprovinzen ein Beisetzungsverbot in Kirchen, doch wurde auf Wunsch Adam Johanns mit kaiserlicher Sondergenehmigung diese Ausnahme gestattet. Nach umständlichen Vorbereitungen wie die Herstellung der Gruft, die Einkleidung des Sarges mit einer dafür vorgeschriebenen Zinkumhüllung und die Organisation der Feier selbst konnte die Beisetzung erst am 6. Oktober 1846 stattfinden.

Der Sarg traf am späten Vorabend in Reval ein und wurde in der Kirche feierlich empfangen. Er war mit einem Kreuz und silbernen Tressen auf schwarzem Samt verziert und trug den Spruch: "Selig sind, die reinen Herzens sind, denn sie werden Gott schauen" (Matth. V, 8). In der Kirche wurden Admiralshut und Degen auf den Sarg gelegt sowie Blumen und Kränze der Angehörigen. Die Trauerfeier am nächsten Tag bei großer Beteiligung hielt Superintendent Dr. Rein. Unter Choralgesang senkten Marineoffiziere sodann den Sarg in die Gruft gegenüber dem Haupteingang neben dem Grabmal des Admirals Greigh.[2] 2.000 Marinesoldaten marschierten vor der Kirche bzw. auf dem Schloßplatz auf und schossen Salut, in der Ferne von Kanonenschüssen erwidert.

Es ist noch nachzutragen, daß einen Tag vor Adam Johanns Tod seine Tochter Charlotte Theodor von Bernhardi geheiratet hatte. Sie waren schon seit längerer Zeit verlobt, hatten aber auf Wunsch des Vaters gewartet, bis Bernhardis berufliche Existenz gesichert sei. Auf dem Krankenlager hatte Adam Johann in der Befürchtung, die Hochzeit nicht mehr zu erleben, von dieser Bedingung Abstand genommen und als Termin den 7. August 1846, den 40. Jahrestag seiner Rückkehr von der Weltumseglung, bestimmt. Die Trauung fand jedoch nicht an diesem Tag statt, sondern war angesichts des Zustands des Vaters bis zuletzt verschoben worden. - Das junge Paar lebte zunächst[3] einige Jahre in St. Petersburg, wo Bernhardi eine Anstellung als Adjunkt bei der Akademie der Wissenschaften gefunden hatte. Julie wohnte nach dem Tode ihres Mannes zusammen mit ihrer jüngsten Tochter in Ass und Reval. In Reval ist sie auch den Folgen eines schweren Schlaganfalls am 18. Februar 1849 gestorben. Sie wurde an der Seite Adam Johanns beigesetzt. Ein von Julie selbst noch in Auftrag gegebenes Grabmonument wurde nach ihrem Tode innerhalb weniger Tage vom Revaler Steinmetz Johann Gottfried Exner in pseudogotischem Stil geschaffen. - Adam Johanns Grabstätte, lange wenig beachtet, ist heute ein viel aufgesuchtes Touristenziel. Den sowjetrussischen Historiker und Sekretär am Leningrader Institut für Arktis- und Antarktis-Forschung, Wassili Passetzki, hat sie besonders nachhaltig beeindruckt.[4]

Von den zahlreichen Nachrufen, die über Adam Johann erschienen sind, sei hier nur aus dem Artikel im Neuen Nekrolog zitiert, der vor allem seine Bedeutung als Weltumsegler hervorhebt: "Kein Seefahrer hat so viel Menschenfreundlichkeit, Sorgfalt und Aufopferung seiner eigenen Bequemlichkeit mit einer umfassenderen Kenntnis seines Faches vereinigt. Wenn irgendwo der Satz sich bewährt hat, daß den Talenten und Kenntnissen eines Mannes nur sein moralischer Charakter den wahren Wert erteilt, so zeigt es der Erfolg dieser Reisen."[5]

Im 19. Jahrhundert, zumindest in der ersten Hälfte, war Adam Johann von Krusenstern so weit ein Begriff, daß Herman Melville es sich in seinem Roman 'Moby Dick' leisten konnte, ohne weitere Erläuterung den Namen Krusenstern neben dem von Cook als Prototyp des Seefahrers zu verwenden.[6]

Im Jahre 1856 gab Admiral Sir John Ross ein Gedenkbuch für Adam Johann heraus, gewidmet der Royal Geographical Society in London. Im Geleitwort schreibt er gewiß nicht ohne Übertreibung: "Man kann wahrhaftig behaupten, daß noch nie ein Mann einen so bedeutenden Beitrag zur Sachkunde der Navigation und zur geographischen Wissenschaft geleistet hat."[7] Im zaristischen Rußland hat man Adam Johann solche Kränze nicht geflochten. Keine Gedenktafel, kein Schulbuch erinnerte an ihn. Lediglich Anekdoten über seine Güte und Höflichkeit erzählte man sich in Petersburg noch lange. Allein privater Initiative, nämlich der ehemaliger Zöglinge, ist die Errichtung seines Standbildes an der Newa unweit des Seekadettenkorps anläßlich seines hundertsten Geburtstages zu verdanken. Das Denkmal, ein Werk von J.N. Schröder, stellt Adam Johann in ganzer Gestalt auf einem etwa zwei Meter hohen Sockel in mehr als Lebensgröße dar, unter Verzicht auf jegliche Heroisierung. Nicht in strammer Haltung steht er da, sondern mit verschränkten Armen, seine Besucher freundlich anblickend, so als wäre er nicht aus Bronze. Ungeachtet der Zeitläufe hat dieses Denkmal, auch im heutigen Leningrad, seinen Platz behalten. Häufig liegen vor ihm Blumen, was auf die sowjetrussische Sitte zurückzuführen ist, daß Brautpaare der Marine es nach der Eheschließung aufsuchen.

Die Söhne von Adam Johann haben zwar ihrem Vater ein treues Andenken bewahrt, um seinen Nachlaß aber haben sie sich nicht in angemessener Weise gekümmert, so daß von diesem nur höchst unvollständige und verstreute Reste erhalten geblieben sind. Otto, 1852 zum Generalleutnant avanciert, hatte dem Vater auf seinem Gut Sawalino im Gouvernement Wladimir einen Gedenkraum eingerichtet, der während der Revolution mit dem Gut zerstört wurde. Ass war bei der Erbteilung in den Besitz von Julius übergegangen, wurde aber von Paul bewohnt, der es zum Vizeadmiral brachte und sich wie sein Vater stark in der Polarforschung engagiert hat. Emil, um auch den jüngsten Sohn nicht zu vergessen, war nach seinem Abschied als Gardeoberst 1852 bei der Zollverwaltung in Petersburg und Riga tätig.

Nach Adam Johann sind zahlreiche Objekte benannt worden, die im Anhang zu diesem Buch verzeichnet sind. Herausgegriffen seien an dieser Stelle das 500 Quadratmeilen große Kap Krusenstern in Alaska[8], die Seestraße Krusenstern in der Inselkette der Kurilen, der Berg Krusenstern im Königin-Maud-Land der Antarktis, erst 1961 entdeckt, der Krater Krusenstern auf dem Mond in der Gruppe Arzachel, der Schmetterling Papilio Krusensternia aus Manila und die tropische Nahrungspflanze Ipomea Krusensternii mit windenähnlichen Blüten.

Während anderswo Adam Johann weitgehend in Vergessenheit geraten ist, wurde er in der Sowjetunion in den fünfziger Jahren wiederentdeckt und ist dort seither populär geblieben. Dies äußert sich in zahlreichen Veröffentlichungen - in Sachbüchern ebenso wie in Schul- und Jugendbüchern, in denen er als 'unsterblicher Held' figuriert -, in Schiffsbenennungen, z. B. eines Eisbrechers und des inzwischen überall bekannten Großseglers, die frühere Padua, sowie in einem 1986/87 gedrehten Spielfilm über Adam Johanns Leben. Zum Bronzestandbild in Leningrad kam eine Büste in Sachalinsk hinzu. In Haggud - das Gutshaus, d.h. das Geburtshaus Adam Johanns, zur Ruine verfallen, wird jetzt erst wiederaufgebaut - erinnert seit seinem 200. Geburtstag ein Gedenkstein und in Ass, das heute eine Schule beherbergt, eine Gedenktafel an ihn.

Philatelisten könnte interessieren, daß Adam Johann von Krusenstern auch Briefmarken gewidmet worden sind. Erwähnt seien hier eine Briefmarke von St. Helena mit seinem Abbild in einer Serie berühmter Seefahrer, zwei Sondermarken der Sowjetunion von 1970 und 1976 sowie ein kürzlich erschienener Markenblock von Französisch Polynesien, dessen Zeichnung ein Original aus dem Atlas der Weltumseglung (Nukahiwa) spiegelbildlich darstellt.[9]

Sir John Ross setzt in seinem Erinnerungsbuch voraus, daß sich für Adam Johann ein Biograph finden werde "to embalm his memory as a man, his virtues as a Christian and his science as a sage".[10] Mein Hauptanliegen war es, den Menschen und keinen Helden zu zeigen.

Das Schlußwort soll Julius gehören, der Adam Johann einmal geschrieben hat: "Du gehörst, teuerster Vater, zu den Menschen, deren Verdienste erst lange nach ihnen anerkannt werden. ... Dann erst wird man nicht begreifen können, wie es zugegangen ist, daß ein Mann, dem die russische Flotte ihren schönsten Ruhm verdankt, arm und unbelohnt von seiner Laufbahn abgetreten ist. Auch Columbus hatte dieses Schicksal, glücklicherweise ist das nicht das einzige, was Du mit ihm teilst."[11]

ANMERKUNGEN

Kapitel I: Herkunft und Kindheit

1. Davon zwei Jungverstorbene. Zu den genealogischen Daten vgl. Ewert von Krusenstjern, Familie von Krusenstiern S. 30 f., 36 ff.
2. Das Manngericht regelte Streitigkeiten unter Gutsbesitzern.
3. Die wichtigsten Aufgabengebiete der ritterschaftlichen Verwaltung waren: 1. Bau und Erhaltung der Verkehrswege 2. Kirchen- und Schulwesen 3. Polizei und Gerichtswesen. - Die Voraussetzung der ehrenamtlichen Tätigkeit schuf ein ungeschriebenes Gesetz der Ritterschaft, das die Nichtannahme eines übertragenen Ehrenamtes ausschloß. Allenfalls bei Darlegung triftiger Gründe kam eine Dispensierung in Frage.

Kapitel II: Kronstadt

1. 1812 lebten in Kronstadt 9192 Zivilisten in 822 Häusern. 25 Jahre zuvor dürften es noch weniger gewesen sein. Vgl. Amburger, Ingermanland S. 70.
2. Bernhardi, Weltumsegler Krusenstern S. 3 - Der Schriftsteller Theodor von Bernhardi (1802 - 1887) heiratete 1846 Adam Johann von Krusensterns Tochter Charlotte.
3. Vgl. Steinberg, Slawnye morechody (Jugendbuch, 1954 in Moskau erschienen).
4. Vgl. Bernhardi, Weltumsegler Krusenstern S. 3
5. Vgl. Steinberg, Slawnye morechody S. 20.

Kapitel III: Krieg mit Schweden

1. Linienschiffe waren die größten Kriegsschiffeinheiten mit bis über 1.000 Tonnen Wasserverdrängung und mit bis zu 100 Kanonen. Daneben gab es die etwa halb so großen Fregatten mit 30 - 50 und die Korvetten mit 20 - 30 Geschützen. Auf Ozeanen auch noch anzutreffen war die nächst kleinere Einheit Brigg.
2. Für dieses Weltumseglungsprojekt war ein Geschwader von fünf Schiffen vorgesehen. Der erste Anstoß zu diesem Projekt war bereits 1732 gegeben worden, und zwar von den Admirälen Nikolai Golowin und Thomas Sanders.
3. Dies war Iwan Graf Czernyschew.

4. Bei diesen Vettern handelte es sich um Mauritz Salomon, Sebastian, Mauritz Peter und Fredrik Vilhelm v. K.
5. Vgl. Steinberg, Slawnye morechody S. 38.
6. Im 18. und 19. Jahrhundert herrschten im Ostseeraum klimatisch so ungünstige Bedingungen, daß sich der Finnische Meerbusen meist und die Revaler Bucht jeden Winter mit Eis bedeckten.
7. Herzog Karl von Södermanland, der spätere König Karl XIII.

Kapitel IV: Im Dienst Englands

1. Adam Johann von Krusenstern an Paul v. K., 24.1.1828, Familienarchiv v. K.
2. Sein Elternhaus, d. h. der Familiensitz Haggud, lag ca. 45 km südlich von Reval.
3. William Pitt d. J., seit 1783 Premierminister und Haupt der europäischen Koalition gegen das revolutionäre Frankreich.
4. Anonymes Manuskript vom Jahre 1874 aus dem Besitz Paul von Krusensterns, dem dritten Sohn Adam Johanns.
5. 1 Werst = 1,067 km.

Kapitel V: Warten

1. In einem Schreiben an Admiral Ribas vom 5.12.1800 bezeichnet sich Adam Johann als Kommandeur des Kutters 'Neptun', und auf S. 11 seiner 'Reise um die Welt' erwähnt er sein Kommando über die Fregatte 'Narwa' im Jahre 1801.
2. Das Schreiben Adam Johanns an Admiral Ribas wurde 77 Jahre später in der Revalschen Zeitung vom 18.4.1878 veröffentlicht. Ribas war Adlatus Graf Kuschelews und ist unmittelbar vor oder nach Erhalt dieses Briefes gestorben.
3. Geboren am 22.7.1780.
4. Ihr Vater war Otto Reinhold von Taube (1726 - 1798) und ihre Mutter Juliane Christine von Strandmann (1745 - 1780). - Als Arrendator eines Kronsgutes bezeichnete man im Baltikum einen Domänenpächter.
5. Vgl. Bernhardi, Jugenderinnerungen S. 160 f.
6. Julie von Krusenstern an Adam Johann v. K., 4.12.1804, Familienarchiv v. K.

Kapitel VI: Die Vorbereitung der Weltumseglung

1. Graf Nikolai Rumjanzew (1754 - 1826), seit 1802 Handelsminister, später Außenminister, Mitglied des Reichsrates, Kanzler und enger Vertrauter Alexanders I.

2. Krusenstern, Reise um die Welt Bd. 1, S. XIX. Vgl. Anhang S. 367 ff.

3. Das handschriftliche Tagebuch Hermann von Löwensterns - in deutscher Sprache abgefaßt - befindet sich im Historischen Museum in Tallinn/Reval. Für diese Biographie stand eine maschinenschriftliche Abschrift des Tagebuchs zur Verfügung. Eine Zitierung der originalen Seitenzahlen ist daher nicht möglich.

4. Vgl. Steinberg, Slawnye morechody S. 126 ff.

5. Vgl. Bernhardi, Weltumsegler Krusenstern S. 19, Steinberg, Slawnye morechody S. 154.

6. Dr. Johann Caspar Horner (1774 - 1834) aus Zürich wurde zunächst Pfarrer, wechselte dann zur Astronomie über. Studierte in Göttingen und Jena, wo er promovierte, wurde dann Adjunkt des Freiherrn von Zach, dem Gründer und Direktor der Sternwarte auf dem Seeberge bei Gotha. Dieser vermittelte ihm auch die Teilnahme an der Weltumseglung.

7. Dr. Wilhelm Gottlieb Tilesius (1769 - 1857) aus Mühlhausen in Thüringen studierte Pharmazie und Naturkunde in Leipzig und nahm Zeichenunterricht bei Adam Friedrich Oeser. 1795/96 beteiligte er sich an einer naturkundlichen Seereise nach Portugal. Durch Veröffentlichungen machte er den Naturforscher Peter Simon Pallas auf sich aufmerksam. Dieser empfahl ihn auch Krusenstern für die Weltumseglung. Tilesius schlug für die Teilnahme an dieser Expedition sogar eine Professur in Moskau aus.

8. Dr. Georg Heinrich von Langsdorff (1774-1852) aus Wöllstein/Rheinhessen studierte in Göttingen und war anschließend in Portugal Leibarzt des Prinzen Christian zu Waldeck, des Generalissimus der portugiesischen Armee. Nach dessen Tod blieb er dort im Dienste englischer Hilfstruppen. L. war korrespondierendes Mitglied der Akademie der Wissenschaften in St. Petersburg. Er begründete eine ethnologische Sammlung unter dem Namen 'Krusenstern'. Sie befand sich im Besitz der Wittelsbacher und wird heute im Völkerkundemuseum in München aufbewahrt.

9. Monatliche Correspondenz zur Beförderung der Erd- und Himmelskunde Bd. 9, 1804, S. 62.

10. Krans- oder Kranichsbeeren, auch unter dem Namen Moosbeeren bekannt, reifen im Spätherbst auf Mooren nordischer Länder.

11.   Espenberg, Nachrichten über den Gesundheitszustand der Mann-
      schaft, in: Krusenstern, Reise um die Welt Bd. 3, S. 200. Ausführlich
      zu diesem Thema: Seidel, Medizinische Beobachtungen während der
      Weltumseglung des Adam Johann von Krusenstern.
12.   Espenberg, Nachrichten über den Gesundheitszustand S. 197.

Kapitel VII: Abschied von Europa. Überquerung des Äquators

1.   Der 1582 eingeführte Gregorianische Kalender bekam in Rußland
      erst 1923 Gültigkeit. Bei der Umrechnung vom alten auf den neuen
      Kalender sind zwölf Tage hinzuzufügen.
2.   Ein Faß Revaler Butter wurde erst nach drei Jahren bei der
      Heimkehr entdeckt. Sie soll noch von einwandfreier Qualität
      gewesen sein.
3.   Graf Pawel Stroganow gehörte eine Zeitlang dem Freundes- und
      Beraterkreis des jungen Zaren Alexander an.
4.   Krusenstern, Reise um die Welt Bd. 1, S. 15.
5.   Löwenstern, Tagebuch.
6.   Krusenstern, Reise um die Welt Bd. 1, S. 33.
7.   Hermann von Friederici (1779 - 1869) aus Wesenberg in Estland,
      seit 1796 im russischen Militärdienst. Nahm später unter Barclay
      de Tolly am Krieg gegen Napoleon teil, wurde 1848 General der
      Infanterie.
8.   Krusenstern, Reise um die Welt Bd. 1, S. 52 f.
9.   Vgl. ebenda S. 43.
10.   Löwenstern, Tagebuch.
11.   Ebenda.
12.   Bei Matrosen wurden damals in Rußland zweierlei Prügelstrafen
      angewendet: 'Lenki' für kleinere, 'Koschki' für größere Vergehen.
      "Die Strafe mit Lenki besteht in Streichen mit einem Stricke. Der
      Schuldige steht und wird nicht gehalten. Die Streiche werden auf
      das Hemd gegeben. Koschki werden mit einem dicken Strick
      ausgeteilt, an dem viele kurze, dünne Stricke mit kleinen Knoten
      gebunden sind. Der Delinquent wird auf den Boden gelegt und
      gehalten. Die Zahl der Streiche ist nicht gesetzlich festgelegt."
      Hermann, Geschichte und statistische Beschreibung der russischen
      Seemacht, in: Storch, Rußland unter Alexander I. Bd.7, S. 48 f.
13.   Johann Caspar Horner an Franz Xaver Freiherr von Zach,
      23.10.1803, in: Monatliche Correspondenz zur Beförderung der Erd-
      und Himmelskunde Bd. 9, 1804, S. 65.

Kapitel VIII: Erholsame Tage in Brasilien

1.   Johann Caspar Horner an Franz Xaver Freiherr von Zach,
     28.1.1804, in: Monatliche Correspondenz zur Beförderung der Erd-
     und Himmelskunde Bd. 10, 1804, S. 210 f., 222
2.   Franz Xaver Freiherr von Zach (1754 - 1832) aus Preßburg. Leitete
     1787 - 1806 die Sternwarte auf dem Seeberge bei Gotha. Begründer
     namhafter Fachzeitschriften wie die 'Geographischen Ephemeriden',
     die 'Monatliche Correspondenz zur Beförderung der Erd- und
     Himmelskunde' und die 'Correspondance astronomique, geographi-
     que et hydraulique'. Vgl. auch Anmerkung 6 zu Kapitel VI.
3.   Franz Xaver Freiherr von Zach an Julie von Krusenstern, 10.8.1804,
     Familienarchiv v. K.

Kapitel IX: Kap Hoorn

1.   Alle Zitate aus: Löwenstern, Tagebuch.
2.   Sakuska = Zubiß. In Rußland und insbesondere im Baltikum wurde
     Schnaps von gesitteten Menschen nur zum Essen bzw. mit speziel-
     lem Zubiß getrunken. Nur Säufer, auch Hartsäufer genannt,
     mißachteten diese Regel.
3.   Johann Caspar Horner an Franz Xaver Freiherr von Zach, 4.9.1805,
     in: Monatliche Correspondenz zur Beförderung der Erd- und
     Himmelskunde Bd. 14, 1806, S. 195.
4.   Krusenstern, Reise um die Welt Bd. 1, S. 92 f.
5.   Kruke = kleiner Trinkkrug aus Ton oder Steingut.

Kapitel X: Nukahiwa

1.   Johann Caspar Horner an Franz Xaver Freiherr von Zach,
     27.8.1804, in: Monatliche Correspondenz zur Beförderung der Erd-
     und Himmelskunde Bd. 11, 1805, S. 153.

Kapitel XI: Über Hawaii nach Kamtschatka

1.   Die in dieser Aufstellung fehlenden Resttage entfallen auf küstenna-
     he Fahrtstrecken, auf denen es zumindest durch das Fernrohr
     einiges zu beobachten gab, sofern Witterung und Tageszeit solches
     zuließen.

2. Die Hawaii-Gruppe besteht aus acht Inseln vulkanischen Ursprungs von etwa 16.700 qkm. Die größte Insel ist fast zweimal so groß wie alle übrigen zusammen.
3. Vgl. Lisjanski, Puteschestwije wokrug sweta.
4. Ungefähr auf diesem Breitengrad liegt auch Bremen.

Kapitel XII: Kamtschatka

1. Auf Kamtschatka befindet sich auch der 4.850 m hohe größte Vulkan Asiens, Kljutschewskaja, der Asche und Gas bis zu sieben km hoch ausstößt.
2. Löwenstern, Tagebuch.
3. Krusenstern, Reise um die Welt Bd. 2, S. 231.
4. Johann Caspar Horner an Franz Xaver Freiherr von Zach, 27.8.1804, in: Monatliche Correspondenz zur Beförderung der Erd- und Himmelskunde Bd. 11, 1805, S. 156 f.
5. Die damalige Hauptstadt war Nishnij-Kamtschatsk, ca. 700 km und ohne Weg und Steg von Petropawlowsk entfernt.
6. Löwenstern, Tagebuch.
7. Vgl. Bernhardi, Weltumsegler Krusenstern S. 32 f. Der Brief Resanows ist dort auszugsweise wiedergegeben.

Kapitel XIII: Japan

1. Japan wurde erst 1542 von den Portugiesen entdeckt. Seit 1600 war es den Holländern, seit 1609 den Spaniern und seit 1613 den Engländern bekannt.
2. Löwenstern, Tagebuch.
3. Krusenstern, Reise um die Welt Bd. 1, S. 246 ff.
4. Johann Caspar Horner an Franz Xaver Freiherr von Zach, 15.6.1805, in: Monatliche Correspondenz zur Beförderung der Erd- und Himmelkunde Bd. 14, 1806, S. 244 ff.
5. Löwenstern, Tagebuch.
6. Tolk = holländisch Dolmetscher; im Estnischen 'tölk'. Der gleiche Wortstamm findet sich u. a. auch in 'tolkowatch' (russ.) und 'to talk' (engl.) = reden.
7. Langsdorff, Bemerkungen auf einer Reise um die Welt Bd. 1, S. 260.
8. Krusenstern, Reise um die Welt Bd. 1, S. 272.
9. Nikolai Nowosilzew (1770 - 1838), aus altem Adel, machte unter drei russischen Kaisern eine Karriere mit steilen Auf- und Abschwüngen.

Kapitel XIV: Die Rückkehr nach Kamtschatka. Sachalin

1. Johann Caspar Horner an Franz Xaver Freiherr von Zach, 28.9.1805, in: Monatliche Correspondenz zur Beförderung der Erd- und Himmelskunde Bd. 14, 1806, S. 267, 264.
2. Dr. von Langsdorff machte die Inspektionsreise Resanows nach Alaska mit und kehrte durch Sibirien nach St. Petersburg zurück. Er blieb in russischen Diensten, wurde russischer Generalkonsul in Brasilien, erkrankte 1828 schwer und erholte sich nie mehr ganz. Er starb 1852 in Freiburg.
3. Krusenstern, Reise um die Welt Bd. 2, S. 112 f., 115 ff.
4. Es sollte einem Schüler Adam Johanns vorbehalten bleiben, zur Amurmündung vorzudringen, nämlich Vizeadmiral Theodor von Bruemmer. Er führte 1858 eine Schraubenkorvette um die Erde und an die Amurmündung.
5. Vgl. Krusenstern, Reise um die Welt Bd. 2, S. 190.
6. In Rußland gebräuchliches Gewicht. 1 pud = ca. 16,5 kg.
7. Krusenstern, Reise um die Welt Bd. 2, S. 214.
8. Ebenda, S. 224. Gegen den Gouverneur lief nämlich ein Gerichtsverfahren, dem verleumderische Anklagen zugrundelagen.
9. Vgl. Krusenstern, Reise um die Welt Bd. 2, S. 225 f.
10. Adam Johann von Krusenstern an Julie v. K., 24.11. und 18.12.1805, Familienarchiv v. K.

Kapitel XV: China

1. Johann Caspar Horner an Franz Xaver Freiherr von Zach, 4.8.1806, in: Monatliche Correspondenz zur Beförderung der Erd- und Himmelskunde Bd. 14, 1806, S. 366 f.
2. Krusenstern, Reise um die Welt Bd. 2, S. 278 ff.
3. Adam Johann von Krusenstern an Julie v. K., 24.11.1805, Familienarchiv v. K.
4. Vgl. Krusenstern, Reise um die Welt Bd. 2 S. 306.
5. Löwenstern, Tagebuch.
6. Christel und August von Kotzebue an Adam Johann von Krusenstern, 17.9.1802, Familienarchiv v. K. Bei dem erwähnten Freund handelt es sich um den Göttinger Professor Johann Friedrich Blumenbach.
7. Luis de Camoes (1524/25 - 1580), portugiesischer Dichter.

8. Adam Johann von Krusenstern an Julie v. K., 24.11. und 18.12.1805, Familienarchiv v. K.

Kapitel XVI: Die Rückreise

1. Vgl. Krusenstern, Reise um die Welt Bd. 2, Kapitel 11.
2. Johann Caspar Horner an Franz Xaver Freiherr von Zach, 4.8.1806, in: Monatliche Correspondenz zur Beförderung der Erd- und Himmelskunde Bd. 14, 1806, S. 371.
3. Frische Kartoffeln sind neue Kartoffeln, die jedoch im Unterschied zu diesen geerntet wurden, noch ehe sie ausgewachsen waren und sich somit zur Lagerung nicht eigneten, erntefrisch in nordischen Ländern aber als Delikatesse galten. Es gab spezielle, hierfür bevorzugte Sorten.
4. Gerstengrütze - auch in skandinavischen Ländern und Rußland verbreitet - galt als estländisches Nationalgericht, das üblicherweise jeden Sonnabend, zum Teil auch jeden Mittwoch auf den Tisch kam und mit Milch oder Sauermilch gegessen wurde.
5. Wanten = Wandtaue. Fordunen = Pardunen, ebenfalls Taue, dienen zum Abstützen der Masten oder Stengen.
6. Nargen und Wulf, der Revaler Bucht vorgelagerte Inseln.
7. Werpen = Warpen, d. h. ein Schiff mit einer Leine und leichten Wurfankern vorwärts bewegen.
8. Johann Caspar Horner an Franz Xaver Freiherr von Zach, 22.8.1806, in: Monatliche Correspondenz Bd. 14, 1806, S. 392 f., Wolf, Horner, S. 376.
9. Monatliche Correspondenz Bd. 24, 1811, S. 495.

Kapitel XVII: Bilanz

1. Newsky, Wokrug sweta S. 200 ff.
2. Eines von vier als noch vorhanden bekannten Exemplaren dieser Gedenkmedaille befindet sich in meinem Besitz.
3. Adam Johann von Krusenstern an Johann Caspar Horner, 12.4.1808, in: Vierteljahrsschrift der Naturforschenden Gesellschaft in Zürich, Bd. 21, 1876, S. 404 f.
4. Monatliche Correspondenz zur Beförderung der Erd- und Himmelskunde Bd. 14, 1806, S. 255 f.
5. Ebenda.

6. Juri F. Lisjanski, Puteschestwije wokrug sweta w 1803, 1804, 1805 i 1806 na korable 'Newa', St. Petersburg 1812. Englische Ausgabe: A voyage round the world, London 1814.
7. Alexander I. litt an Seekrankheit und mied Seefahrten. Daher war dieser Posten wenig ergiebig.
8. Beides Chargen beim Militärgericht der Marine.
9. Nikolai Nowosilzew an Adam Johann von Krusenstern, 10.11.1806, Familienarchiv v. K.
10. Es handelte sich um die Aniwa-Bay auf Sachalin und die Insel Hokkaido, damals Jesso genannt. Genaueres zu diesen Überfällen vgl. Krusenstern, Wörter-Sammlungen S. I ff.

Kapitel XVIII: Die Reisebeschreibung

1. Adam Johann von Krusenstern, Reise um die Welt, ausgewählt und herausgegeben von Christel und Helmuth Pelzer.
2. Adam Johann von Krusenstern, Reise um die Welt in den Jahren 1803, 1804, 1805 und 1806, herausgegeben und kommentiert von P. Werner Lange.
3. Adam J. von Krusenstern, Voyage round the world in the years 1803, 1804, 1805 and 1806, 2 Bände, Bibliotheca Australiana 38/39, N. Israel, Da Capo Press.
4. Charles de Brosses (1709-1777), französischer Geograph und Schriftsteller, verfaßte u. a. die 'Histoire des navigations aux terres australes'.
5. Langsdorff, Bemerkungen auf einer Reise um die Welt Bd. 1, Einleitung.
6. August von Kotzebue an Adam Johann von Krusenstern, 9.2.1809, Familienarchiv v. K.
7. Ebenda, 11.5.1809.
8. Ebenda, 29.5.1809.
9. Ebenda, 18.7.1811.
10. Sie enthalten den ungekürzten Originaltext der Bände 1 und 2 der Erstausgabe. Der Preis für diese Taschenbuchausgabe betrug 1 Taler und 18 Groschen.
11. Monatliche Correspondenz zur Beförderung der Erd- und Himmelskunde Bd. 21, 1810, S. 340 f.
12. Alexander von Humboldt, Aus meinem Leben S. 194.
13. Vgl. Göttingische gelehrte Anzeigen, 1810, Bd. 1, S. 657 - 675, 1811, Bd. 2, S. 1153 - 1168, 1814, Bd. 2, S. 993 - 999.
14. König Friedrich Wilhelm III. von Preußen an Adam Johann von Krusenstern, 21.4.1810, Familienarchiv v. K.

15. Vgl. Rosen, Sechs Decennien meines Lebens S. 222.

16. Julius von Krusenstern an seine Eltern, 26.2.1833, Familienarchiv v. K.

17. Gemalt von Friedrich Georg Weitsch (1758 - 1828). Das Gemälde hängt heute im Schloß Bellevue, dem Berliner Amtssitz des Bundespräsidenten.

18. Tochter des Landgrafen Friedrich Ludwig von Hessen-Homburg und Gemahlin von Prinz Wilhelm von Preußen, des jüngsten Bruders des Königs.

19. August von Kotzebue an Adam Johann von Krusenstern, 3.9.1813, Familienarchiv v. K.

20. Johann Caspar Horner an Adam Johann von Krusenstern, 25.1.1811, in: Vierteljahrsschrift der Naturforschenden Gesellschaft in Zürich Bd. 22, 1877, S. 128.

21. August von Kotzebue an Adam Johann von Krusenstern, 1.10.1813, Familienarchiv v. K.

22. Allgemeine Geographische Ephemeriden Band 43, Januar 1814, S. 124 - 135.

Kapitel XIX: Koddil

1. "Mit den Kartoffeln geht es vortrefflich. Nicht allein meine Bauern, sondern auch alle benachbarten kommen schon zu mir nach Saat. Geben Sie acht, in wenigen Jahren genieße ich die unaussprechliche Freude, den Kartoffelanbau im Großen im ganzen Lande eingeführt zu sehen, und darauf werde ich stolzer sein als auf die 50 oder 60 Bände, die ich geschrieben habe." August von Kotzebue an Adam Johann von Krusenstern, 13.5.1810, Familienarchiv v. K.

2. Ebenda, 17.10.1810.

3. Ebenda, 11.11.1810.

4. Ebenda, 6.12.1810.

5. Eine Kibitka/Kibitke ist ein geschlossener oder überdachter Schlitten.

6. Rosen, Sechs Decennien meines Lebens S. 222.

7. Adam Johann von Krusenstern an Johann Caspar Horner, 11.3.1809, in: Vierteljahrsschrift der Naturforschenden Gesellschaft in Zürich Bd. 21, 1876, S. 406 f.

8. Ebenda, 2.5.1809, in: Vierteljahrsschrift Bd. 21, 1876, S. 410 f.

9. Johann Caspar Horner an Adam Johann von Krusenstern, 17.10.1809, in: Vierteljahrsschrift Bd. 21, 1877, S. 412.

10. Adam Johann von Krusenstern an Johann Caspar Horner, 20.8.1811, in: Vierteljahrsschrift Bd. 22, 1877, S. 214.

11. Nach Erscheinen der Reisebeschreibung dürfte dem Kaiser aufgegangen sein, daß man Adam Johann etwas schuldig geblieben war.

12. Adam Johann von Krusenstern an Johann Caspar Horner, 27.2.1812, in: Vierteljahrsschrift Bd. 22, 1877, S. 218 f. Adam Johann hatte in Koddil einiges Geld u. a. in den Bau von Wirtschaftsgebäuden investiert.

Kapitel XX: Zwischen Furcht und Hoffnung.

1. Koddil wurde in den letzten beiden Jahren von Adam Johanns Bruder Carl Friedrich verwaltet.

2. Vgl. Johann Caspar Horner an Adam Johann von Krusenstern, 27.5.1811, in: Vierteljahrsschrift der Naturforschenden Gesellschaft in Zürich Bd. 22, 1877, S. 212.

3. Adam Johann von Krusenstern an Johann Caspar Horner, 30.6.1811, in: Vierteljahrsschrift Bd. 22, 1877, S. 213.

4. Krusenstern, Beiträge zur Hydrographie S. 239.

5. Adam Johann von Krusenstern an Johann Caspar Horner, 11.4.1815, in: Vierteljahrsschrift Bd. 22, 1987, S. 351.

6. Bernhardi, Jugenderinnerungen S. 93 ff.

7. Karl Reichsfreiherr vom Stein schreibt am 27.9.1812 aus St. Petersburg an seine Frau: "... On rencontre cependant des personnes remarquables et souvent intéressantes - de ce nombre est le capitaine de Krusenstern, qui a fait le tour de monde." Freiherr vom Stein, Briefe und amtliche Schriften Bd. 3, S. 772, Stuttgart 1961.

8. Friedrich von Adelung, Philologe und Historiker / Nicolaus Fuß, Mathematiker und Astronom / Philipp Krug, Historiker und Numismatiker / Karl Bernhard Trinius, Arzt und Botaniker / Konrad Christian Stoffregen, Leibarzt der Kaiserin / Heinrich Friedrich Storch, Historiker und Statistiker. Alle diese gehörten zum Bekanntenkreis Adam Johanns.

9. Arndt, Wanderungen mit dem Reichsfreiherrn von Stein, S. 79. In seinen 'Erinnerungen aus dem äußeren Leben' schreibt Arndt über Adam Johann: "Krusenstern - der menschlichste, anspruchloseste, liebenswürdigste Mann, bei welchem jeder Seele wohl ward." Arndt, Erinnerungen S. 158.

10. Wolzogen, Memoiren S. 48.

11. Die hier genannten Bulletins wie überhaupt die gesamten Briefe Adam Johanns an Kotzebue sind, soweit bekannt, nicht erhalten geblieben.

12. August von Kotzebue an Adam Johann von Krusenstern, 2.9.1812, Familienarchiv v. K.

13. "Die erste Partie Rekruten (über 80), die sich befreiten, zogen nach
Rosenhagen, plünderten die alten Lantingshausens aus, miß-
handelten sie auch, gingen weiter, wurden von Mäks durch die
Entschlossenheit des Grafen Manteuffel abgehalten, der alle seine
Leute mit 19 Jagdflinten bewaffnete und von der Hoftreppe eine
Salve zu geben drohte; plünderten aber noch einige andere Güter,
deren Namen ich vergessen habe. Indessen vergingen hier in Reval
mehr als 24 Stunden, ehe man ihnen nachsetzte, weil bekanntlich
unser Gouverneur und der Militärgouverneur sich nicht leiden
können und der letztere den ersteren wohl erst gern in Verlegenheit
sah. Zum Glück soffen die Rekruten in den Krügen, und so gewann
man Zeit, sie alle wieder einzufangen. Kaum war es geschehen, so
brach wieder ein Haufe los, der aber bald dasselbe Schicksal hatte.
Hierauf wurden 300 derselben, deren Kleider fertig waren, nach
Riga abgefertigt. Von diesen gingen bei Schwarzen wieder hundert
durch, doch ohne Unfug zu verüben. In der Gegend von Fickel
gingen wieder 40 davon, die zwei Flickelsche Bauern erschlagen
haben. Sie haben übrigens nicht geplündert, sondern erklärt, sie
wollten auf die Petersburger Straße, um den Kaiser oder irgendeinen großen General zu treffen, dem sie ihre Not klagen könnten.
Es lagen nämlich 1.800 Menschen in zwei Häusern wie die Heringe
geschichtet, viele fanden nicht einmal einen Platz, um sich nieder-
zulegen, und die Luft war pestartig. Ihre Nahrung bestand in einem
Stücke schlechten Brot und einem Trog mit warmen Wasser, auf
dem etwas Fett schwamm, Suppe genannt. Auch konnten bei
weitem nicht alle zu diesem Trog gelangen. Da dieses Elend mir
ganz sicher bekannt wurde, so hielt ich es für Menschenpflicht, es
zu denunzieren, und tat solches beim Gouverneur. 14 Tage bevor die
Rekruten loszubrechen anfingen, erhielt ich aber einen sehr kalten
Dank mit der Erklärung, daß er selbst sich einige Male überzeugt
habe, daß ihnen nichts abgehe. Jetzt sollen sie etwas besser
behandelt werden. Unser aller Glück ist, daß sie keinen gescheiten
Anführer hatten, und besonders, daß die Bauern sich nicht zu ihnen
schlugen, sonst wären alle, die auf dem Lande wohnen, verloren.
Nur Verzweiflung hat die armen Menschen dazu getrieben."

14. August von Kotzebue an Adam Johann von Krusenstern, 8.1.1813,
Familienarchiv v. K.

1. Vgl. Passetzki, Krusenstern S. 90 f.
2. Unter dem Titel 'Übersicht der Polar-Reisen zur Entdeckung einer nördlichen Durchfahrt', in: Otto von Kotzebue, Entdeckungsreise Bd. 1, S. 23 - 72.
3. Ebenda S. 63.
4. Der Waffenstillstand galt vom 4. Juni bis 10. August 1813 und erwies sich als großer Fehler Napoleons.
5. Adam Johann von Krusenstern an Johann Caspar Horner, 20.8.1813, in: Vierteljahrsschrift der Naturforschenden Gesellschaft in Zürich Bd. 22, 1877, S. 222 f.
6. Ebenda S. 221 f.
7. Vgl. Krusenstern, Einleitung, in: Otto von Kotzebue, Entdeckungsreise Bd. 1, S. 8.
8. Vgl. Bernhardi, Jugenderinnerungen S. 159.
9. Krusenstern, Einleitung, in: Otto von Kotzebue, Entdeckungsreise Bd. 1, S. 5.
10. 'A voyage to Terra Australis', 2 Bände und 1 Atlasband, London 1814.
11. Krusenstern, Beiträge zur Hydrographie S. 9.
12. Von 1808 bis 1814 dauerte der sogen. Halbinsel-Krieg.
13. Krusenstern, Beiträge zur Hydrographie S. 6.
14. Ebenda.
15. Ebenda.
16. 'Über den Hafenbau in Plymouth', in: Annalen der Physik Bd. 60, 1818, S. 113 - 150.
17. Krusenstern, Beiträge zur Hydrographie S. 8.
18. Krusenstern, Einleitung, in: Otto von Kotzebue, Entdeckungsreise Bd. 1, S. 10.
19. Nicolas Appert hatte sich bereits Jahrzehnte mit der Konservierung von Lebensmitteln beschäftigt, bis ihm ein praktikables Verfahren gelang. Er experimentierte zunächst mit Flaschen, die sich natürlich für die Schiffahrt wenig eigneten.
20. Bryan Donkin vervollkommnete das Verfahren Apperts und produzierte seit 1814 fabrikmäßig Konservendosen für die englische Marine. Adam Johann hielt ihn irrtümlich für den Erfinder, was in einem französischen Nachschlagewerk sogar ausdrücklich vermerkt wird.
21. Krusenstern, Einleitung, in: Otto von Kotzebue, Entdeckungsreise Bd. 1, S. 10.
22. Vgl. Matzkina, Istorija raswitija mediziny S. 50 f.

23. Adam Johann von Krusenstern an Johann Caspar Horner, 4.12.1814, in: Vierteljahrsschrift Bd. 22, 1877, S. 349.
24. Ebenda, 11.4.1815, in: Vierteljahrsschrift Bd. 22, 1877, S. 350.
25. Ebenda, 28.6.1815, in: Vierteljahrsschrift Bd. 22, 1877, S. 422.
26. Ebenda, 26.7.1815, in: Vierteljahrsschrift Bd. 22, 1877, S. 422 f.

Kapitel XXII: Ass

1. Adam Johann von Krusenstern an Johann Caspar Horner, 11.4.1815, in: Vierteljahrsschrift der Naturforschenden Gesellschaft in Zürich Bd. 22, 1877, S. 351.
2. August von Kotzebue an Adam Johann von Krusenstern, 30.12.1814, Familienarchiv v. K.
3. Ebenda, 12.8.1815.
4. Otto Wilhelm von Krusenstiern war nun Besitzer des Loal benachbarten Gutes Jerlep. Eine seiner fünf Töchter - Wilhelmine - war August von Kotzebues dritte Frau.
5. Adam Johann von Krusenstern an Johann Caspar Horner, 26.7.1815, in: Vierteljahrsschrift Bd. 22, 1877, S. 423 f.
6. Anders als man heute es sich vorzustellen geneigt ist, standen in Rußland damals bei den Erörterungen des Für und Wider einer Aufhebung der Leibeigenschaft weniger humanitäre Gesichtspunkte im Vordergrund als vielmehr wirtschaftliche Überlegungen. Die Kaiser glaubten nicht anders das Wohlwollen und das Wohlergehen des Adels sichern zu können, als durch die Beibehaltung der Leibeigenschaft. Es war jedoch kein rein agrarisches Problem, sondern betraf in Rußland auch die Fabrikarbeiterschaft. Mit fortschreitender Industrialisierung konnte Leibeigenschaft nicht angemessen sein. Das Experiment der Aufhebung im Baltikum verlief zunächst nicht so überzeugend, als daß es für Rußland eine regelrecht bahnbrechende Wirkung hätte haben können.
7. August von Kotzebue an Adam Johann von Krusenstern, 10.1.1816, Familienarchiv v. K.
8. Adam Johann von Krusenstern an Johann Caspar Horner, 27.2.1812, in: Vierteljahrsschrift Bd. 22, 1877, S. 219.
9. August von Kotzebue an Adam Johann von Krusenstern, 10.1.1816, Familienarchiv v. K:
10. Adam Johann von Krusenstern an Johann Caspar Horner, 1.3.1810, in: Vierteljahrsschrift Bd. 22, 1877, S. 116 f.
11. Bernhardi, Jugenderinnerungen S. 162.
12. Ebenda S. 187.
13. Ebenda S. 157 f.

14. Ebenda S. 160.
15. Zum Thema der Anrede vgl. A. Denecke, Zur Geschichte des Grußes und der Anrede in Deutschland, in: Zeitschrift für den deutschen Unterricht Bd. 6, 1892.
16. Adam Johann von Krusenstern an Graf Nikolai Rumjanzew, ... 1821, zitiert nach: Passetzki, Krusenstern S. 12.
17. Bernhardi, Jugenderinnerungen S. 164.
18. Ebenda S. 162.
19. Ebenda S. 164.
20. Georg Knüpffer, Erinnerungen, Manuskript im Besitz der Familie Knüpffer.
21. Reinhold von Harpe an Georg von Krusenstjern, 18.10.1965, Familienarchiv v. K.
22. Bernhardi, Jugenderinnerungen S. 159.
23. Ebenda S. 160.
24. Gemeint sind der Landschaftsmaler Karl von Kügelgen (1772 - 1830), der auch als Hofmaler Alexanders I. tätig war, und seine Frau Emilie geb. Zoege von Manteuffel. Der Zwillingsbruder von Karl, Gerhard (1772 - 1820), machte sich ebenfalls als Maler einen Namen.
25. Gemeint sind der Sohn Gerhards, Wilhelm von Kügelgen (1802 - 1867), Maler und Schriftsteller, der durch seine 'Jugenderinnerungen eines alten Mannes' weithin bekannt wurde, und seine Frau Julie geb. Krummacher.
26. Friedrich Adolph Krummacher (1767 - 1848), religiöser Schriftsteller, verfaßte u. a. die 'Parabeln'.
27. Timoleon von Neff (1804 - 1876), berühmt als Portrait- und Kirchenmaler (u. a. Isaakskathedrale in St. Petersburg).
28. Luise von Lesedow an Julie von Krusenstern, 27.8.1827, Familienarchiv v. K.
29. Bernhardi, Jugenderinnerungen S. 166.
30. Karl Morgenstern, Meine Beschäftigungen Bd. 11, S. 249, Manuskript im Zentralarchiv Dorpat/Tartu.
31. Karl Ernst von Baer an Adam Johann von Krusenstern, 23.1.1820, in: Perepiska Karla Bera S. 15.
32. Jacob Georg von Berg, Rückblick auf 65 verflossene Lebensjahre S. 238 f., Familienarchiv v. K.
33. Bestechungen Höhergestellter handhabe man im damaligen Rußland zumeist auf die Weise, daß den Betreffenden Akten übergeben wurden, in denen sich ein Kuvert mit Geldscheinen verbarg. Bei der Rückgabe der Akten fehlte dann dieses Kuvert, es sei denn die Summe wurde für nicht ausreichend angesehen, der

Überbringer für nicht vertrauenswürdig gehalten oder, was auch schon mal vorkam, der Empfänger war unbestechlich.

34. Adam Johann von Krusenstern an Johann Caspar Horner, 20.8.1819, in: Vierteljahrsschrift Bd. 22, 1877, S. 444.

Kapitel XXIII: Atlas der Südsee / Rückkehr nach Petersburg

1. Leipzig 1819.
2. Im Wortlaut wiedergegeben bei Passetzki, Krusenstern S. 101.
3. Adam Johann von Krusenstern an Johann Caspar Horner, 28.2.1822, in: Vierteljahrsschrift der Naturforschenden Gesellschaft in Zürich Bd. 23, 1878, S. 126. Admiral Otto von Moller entstammte einer baltendeutschen Adelsfamilie von der Insel Ösel.
4. Unter dem Titel 'Atlas de l'Ocean Pacifique'.
5. Der Demidow-Preis wurde seit 1831 alljährlich aufgrund einer Stiftung von Anatoli Demidow von der Petersburger Akademie der Wissenschaften zur Förderung der russischen Literatur verliehen.
6. Unter dem Titel 'Recueil de Mémoires hydrographiques pour servir d'analyse d'explication à l'Atlas de l'Ocean Pacifique'.
7. Unter dem Titel 'Suppléments au Recueil de Mémoires hydrographiques'.
8. Vgl. Göttingische gelehrte Anzeigen, 1817, S. 1153 - 1159.
9. Erst kürzlich, im Jahre 1984, wurden im Dauerfrostboden der kanadischen Arktisinsel Beechey die völlig erhaltenen Leichen zweier britischer Seeleute entdeckt, die der Expedition unter Sir John Franklin angehört hatten.
10. Otto von Kotzebue, Entdeckungsreise Bd. 2, S. 149 - 160.
11. Adelbert von Chamisso, Bemerkungen und Ansichten auf einer Entdeckungsreise unternommen in den Jahren 1815 - 18, in: Otto von Kotzebue, Entdeckungsreise Bd. 3.
12. August von Kotzebue an Adam Johann von Krusenstern, 23.6.1817, Familienarchiv v. K.
13. Adam Johann von Krusenstern an Johann Caspar Horner, 20.5.1819, in: Vierteljahrsschrift Bd. 22, 1877, S. 442.
14. Ebenda S. 441.
15. Vgl. S. 176.
16. Vgl. S. 184,186.
17. Vgl. S. 185.
18. Krusenstern, Einleitung, in: Otto von Kotzebue, Entdeckungsreise Bd. 1, S. 17.
19. Adam Johann von Krusenstern an Johann Caspar Horner, 4.3.1823, in: Vierteljahrsschrift Bd. 23, 1878, S. 203 f.

20. Ebenda S. 203.
21. Ebenda, 16.3.1822, in: Vierteljahrsschrift Bd. 23, 1878, S. 206 f.
22. Ebenda S. 205 f.
23. Zitiert nach: Passetzki, Eestist pärit Arktika-uurijad S. 40.
24. Vgl. Krusenstern, Beiträge zur Hydrographie S. 242.
25. Dieser hatte es verstanden, das Wohlwollen des Kaisers zu gewinnen, nicht zuletzt durch die Bautätigkeit, die sich unter ihm, z. B. in Gestalt der Admiralitätsgebäude, prunkvoll entfaltete. Die Einsatzbereitschaft der Flotte hat Traversay hingegen sträflich vernachlässigt. Die Angaben zu seinen Lebensdaten schwanken: 1753 / 1754 - 1825 / 1830.
26. Passetzki, Krusenstern S. 94 f.
27. Vgl. Ebenda S. 92.
28. Johann Caspar Horner an Adam Johann von Krusenstern, 13.7.1820, in: Vierteljahrsschrift Bd. 23, 1878, S. 117 f.
29. Das Ballotement oder die Ballotage, ansonsten nur bei zivilen Körperschaften gebräuchlich, war von Peter dem Großen in Rußland auch für die Marine eingeführt worden.
30. Adam Johann von Krusenstern an Johann Caspar Horner, 16.3.1822, in: Vierteljahrsschrift Bd. 23, 1878, S. 207 f.
31. Wie aus späteren Briefen in der Familie hervorgeht, handelte es sich hier um ein Hämorrhoiden-Leiden.
32. Adam Johann von Krusenstern an Johann Caspar Horner, 15.10.1824, in: Vierteljahrsschrift Bd. 23, 1878, S. 292 f.

Kapitel XXIV: Der Korpsdirektor

1. Die Kaiserin Elisabeth starb nach längerer Krankheit im Mai 1826.
2. Passetzki schreibt dazu: "Krusenstern hatte stets abseits von der Politik gestanden. Er war gewohnt zu schaffen und nicht zu philosophieren. Der zerstörerische Wind der Revolution erschien ihm fremd und schädlich." Passetzki, Eestist pärit Arktika-uurijad S. 39.
3. Adam Johann von Krusenstern an Johann Casper Horner, 20.12.1825, in: Vierteljahrsschrift der Naturforschenden Gesellschaft in Zürich Bd. 23, 1878, S. 408 f.
4. Ebenda, 25.3.1826, in: Vierteljahrsschrift Bd. 23, 1878, S. 416.
5. Vgl. Anmerkung 8 zu Kapitel XX.
6. Adam Johann von Krusenstern an Johann Caspar Horner, 25.3.1826, in: Vierteljahrsschrift Bd. 23, 1878, S. 416.
7. Ebenda, in: Vierteljahrsschrift Bd. 24, 1879, S. 132.
8. Sarytschew starb wenige Jahre später, 1831, an der Cholera.
9. Newsky, Wokrug sweta S. 208.

10. Adam Johann von Krusenstern an Johann Caspar Horner, 4.4.1827, in: Vierteljahrsschrift Bd. 24, 1879, S. 320.

11. Engelhardt, Morski Kadecki Korpus, in: Russkaja Starina Bd. 41, 1884.

12. Adam Johann von Krusenstern an Johann Caspar Horner, 4.3.1829 (nicht wie hier angegeben 1828), in: Vierteljahrsschrift Bd. 24, 1879, S. 421.

13. Ebenda, 4.4.1827, in: Vierteljahrsschrift Bd. 24, 1879, S. 320.

14. Julius von Krusenstern an Paul v. K., 23.2.1827, Familienarchiv v. K.

15. Adam Johann von Krusenstern an Paul v. K., 22.4.1827, Familienarchiv v. K.

16. Adam Johann von Krusenstern an Johann Caspar Horner, 4.4.1827, in: Vierteljahrsschrift Bd. 24, 1879, S. 320.

17. Vorort von Petersburg.

18. Julie von Krusenstern an Paul v. K., 30.10.1827, Familienarchiv v. K.

19. Ebenda, 29.8.1827.

20. Carl Friedrich von Krusenstiern an Adam Johann v. K., 1.8.1827, Familienarchiv v. K.

21. Unter Arrende verstand man die Abtretung des Anspruchs auf Pachtzahlungen, auf deren Einlauf jedoch keine Garantie bestand.

22. Adam Johann von Krusenstern an Paul v. K., 24.1.1828, Familienarchiv v. K. Die vorherige Wohnung hatte sich auch auf Wassili Ostrow befunden, im 'Millerschen Hause' auf der 9. Linie. Auf den erhaltenen Kuverts sind auffallenderweise keine genauen Adressen verzeichnet. Das ist dadurch zu erklären, daß es damals in Petersburg noch keine Briefzustellung gab und Post in bestimmten, über die Stadt verteilten Läden abgeholt werden mußte.

23. Meyer über den Besuch im Jahre 1828: "Ein bescheidenes Häuschen auf Wassili Ostrow bewohnt der hochberühmte Weltumsegler Vice-Admiral von Krusenstern. Von unserem Freunde Muralt begleitet, fanden wir ihn nicht daheim den vielerfahrenen Seemann ..., dessen hohe Verdienste um die Wissenschaften und um das russische Reich, dessen überall bewiesener menschenfreundlicher Charakter ihm längst durch öffentliche Anerkennung den Lorbeer erworben, unter dessen selbstgepflanztem Schatten er seit einigen Jahren fast isoliert doch desto mehr im Vollgenuß seines stillen Familienlebens und der allgemeinsten Verehrung und Liebe gemächlich ruhen könnte, aber nicht ruhet, denn rastlos ist noch immer seine Tätigkeit. ... Am folgenden Tage besuchten wir den Admiral in seinem freundlichen Hause inmitten seines Familienkreises ... mich erfreuend der so gemütlichen als gehaltvollen Unterhaltung des

liebenswürdigen still bescheidenen Mannes." Meyer, Russische Denkmäler Bd. 2, S. 314, 316.

Über den Besuch im Jahre 1835: "Wie wir ihn damals verlassen, so fanden wir ihn jetzt öfterer wieder in häuslich glücklicher Ruhe und unvermindert eifrig tätig für den Unterricht der dem Seedienst sich widmenden Jugend, in dem weiten Kreis der erprobten Kenntnisse seines Faches der Seekunde. Unter dem ländlichen Schirmdach einer Gartenlaube hinter dem Häuselein, dessen Bewohung der spartanisch lebende Mann, besonders im Sommer, der des angrenzenden großartigen Palastes des Seekadettenkorps vorzieht, empfing er uns mit seiner gewohnten biederen Gastlichkeit. Unvergeßliche Stunden verflossen während seiner einfachen, freundlich schonenden Mitteilungen über persönliche Verhältnisse, den milde ausgesprochenen humanen Urteilen über Menschen und Sachen von hoher Wichtigkeit, der zum Besten kehrenden Darstellung mißlicher Erfolge und bedenklicher Ereignisse in auswärtigen Staaten. So steht dieser treffliche, in allem Wechsel der Verhältnisse sich immer gleiche Mann da ... das Kleinliche oder als minder Beachtete in manchen ihm fremden zur Ausführung gebrachten Plänen still belächelnd und das hochherzige Wort 'Minima non curat Praetor' selbst genügend in sich tragend." Meyer, Russische Denkmäler Bd. 2, S. 317. - Bei Friedrich Johann Lorenz Meyer handelt es sich im übrigen um den letzten Hamburger Domherrn. Er machte sich vor allem durch die Förderung von Dichtung, u. a. der Klopstocks, verdient.

24. Heute 'Leutnant Schmidt-Kai'.
25. Adam Johann von Krusenstern an Paul v. K., 30.8.1827, Familienarchiv v. K.
26. Ebenda.
27. Julie von Krusenstern an Paul v. K., 30.10.1827, Familienarchiv v. K.
28. Zitiert nach: Rieger, Klinger Bd. 2, S. 636 f.
29. Meyer, Russische Denkmäler Bd. 2, S. 315 f.
30. Adam Johann von Krusenstern an Johann Caspar Horner, 4.3.1829, in: Vierteljahrsschrift Bd. 24, 1879, S. 421.
31. Carl Friedrich von Krusenstiern an Adam Johann v. K., 15.12.1829, Familienarchiv v. K.
32. Adam Johann von Krusenstern an Johann Caspar Horner, 16.7.1830, in: Vierteljahrsschrift Bd. 24, 1879, S. 432 f.
33. Friedrich von Würst (1762 - 1831), Staatsrat und Zollchef, und seine Frau Dorothea waren mit Adam Johann und Julie schon vor der Weltumseglung befreundet. Würsts waren es auch, die sich nach Aufbruch der Nadeshda unmittelbar Julies angenommen hatten. Im

Jahre 1817 schreibt Julie über Würsts "Die Familie Würst ist uns von allen hiesigen Freunden der liebste und gehaltreichste Umgang." Julie von Krusenstern an Paul v. K., 30.10.1827, Familienarchiv v. K.

34. Carl Friedrich von Krusenstiern an Adam Johann v. K., 11.7.1831, Familienarchiv v. K.

35. Julius nahm als Sekretär der persönlichen Kanzlei von Feldmarschall Graf Diebitsch am Feldzug gegen den Aufstand in Polen teil.

36. Julius von Krusenstern an seine Eltern, 13.7.1831, Familienarchiv v. K.

37. Vgl. Passetzki, Eestist pärit Arktika-uurijad S. 44 ff.

38. Auf der Suche nach der Nordwestpassage stieß Ross damals in die Baffin-Bay vor, erkundete die Ostküste Grönlands und erreichte den Smith-Sund.

39. Zitiert nach: Passetzki, Eestist pärit Arktika-uurijad S. 49.

40. Ebenda S. 50.

41. Vgl. Paul von Krusenstern an Wilhelmine von Kotzebue, 7.11.1833, Familienarchiv v. K.

42. Adam Johann von Krusenstern an Paul v. K., 26.5.1829, Familienarchiv v. K.

43. Über ihn vgl. Ewert von Krusenstjern, Losgeknöpft durch die Welt.

44. Adam Johann von Krusenstern an Johann Caspar Horner, 31.12.1832, in: Vierteljahrsschrift Bd. 25, 1880, S. 128.

45. In orthodoxen Kirchen stehen die Gläubigen während des Gottesdienstes; Sitzgelegenheiten sind nicht vorhanden.

46. Mimi von Krusenstern an Wilhelmine von Kotzebue, 24.4.1834, Familienarchiv v. K.

47. Ebenda, 8.12.1833.

48. Emil von Krusenstern an Julius v. K., 6.7.1833, Familienarchiv v. K.

49. Longin Golenischtschew-Kutusow, Generalleutnant, langjähriger Vorsitzender des Gelehrten Marinekomitees.

50. Georg Graf Cancrin, Finanzminister von 1823 - 1844.

51. Tagebuch des K. K. Merder, Erzieher des Thronfolgers Alexander Nikolajewitsch 1824 - 1834, in: Russkaja Starina Bd. 47, 1885, S. 440.

52. Kohl, Petersburg Bd. 2, S. 238 f.

53. Mimi von Krusenstern an Wilhelmine von Kotzebue, 14.12.1834, Familienarchiv v. K.

54. Ebenda, 5.12.1833.

55. Wassili Shukowski(1783 - 1852), vorromantischer Lyriker, zugleich einer der bedeutendsten Übersetzer der Weltliteratur ('Odyssee'). Seine Übersetzungen englischer und deutscher Literatur "bedeute-

ten das Ende der Vorherrschaft des französischen Geistes in Rußland. ... Auf Jahrzehnte hinaus hat Sh. mit seinen meisterhaften Übersetzungen und freien Nachdichtungen auf die Entwicklung des russischen Geisteslebens eingewirkt. Durch die Vervollkommnung des Verses, die starke Bereicherung der Sprache in ihren dichterischen Ausdrucksformen und die Übernahme neuer Gattungen hat er die Dichtung Puschkins ermöglicht." Wilhelm Lettenbauer, Russische Literaturgeschichte, Wiesbaden 1958, S. 84.

56. Mimi von Krusenstern an Wilhelmine von Kotzebue, 30.12.1840, Familienarchiv v. K.

57. Ebenda, 24.4.1834, Familienarchiv v. K.

58. Julie von Krusenstern an Paul v. K., 9.2.1828, Familienarchiv v. K.

59. Gemeint ist das 1825-1830 erbaute, also damals gerade fertiggestellte Museum (heute 'Altes Museum') von Karl Friedrich Schinkel auf der sog. Museumsinsel.

60. Julius von Krusenstern an seine Eltern, 27.3. / 8.4.1833, Familienarchiv v. K. Julius nennt in seinen Briefen aus Berlin noch eine Reihe von Personen, die ihn wegen seines Vaters einluden bzw. seine Bekanntschaft zu machen suchten: u. a. den Herzog von Cambridge und Vizekönig von Hannover, die Prinzessinnen Marie und Augusta von Sachsen-Weimar, verheiratet mit den preußischen Prinzen Karl und Wilhelm (der spätere Kaiser), Friederike Gräfin von der Asseburg, eine Tochter des Generalfeldmarschalls Blücher, den Schriftsteller Hermann Fürst von Pückler-Muskau, den bayerischen Gesandten Graf Friedrich von Luxburg und den sächsischen Gesandten Karl von Watzdorf. Letztere kannten Adam Johann aus St. Petersburg.

Kapitel XXV: Letzte Jahre

1. Adam Johann von Krusenstern an Johann Caspar Horner, 31.12.1832, in: Vierteljahrsschrift der Naturforschenden Gesellschaft in Zürich Bd. 25, 1880, S. 128.

2. Da das Baltikum früher Ritterordensland gewesen war, besaß es einen relativ hohen Adelsanteil. Demzufolge zählte dort vor allem das Alter von Adel. Zwar entstammte Adam Johann einer erst im 17. Jahrhundert geadelten Familie, doch auch ihn konnte ein 'neuer' Adel mit so starkem Lackgeruch nicht reizen, zumal er sich persönlich längst einen 'Namen' gemacht hatte. Für Russen spielte der Grafentitel insofern eine besondere Rolle, als andere Adelsprädikate - von Fürsten abgesehen - in Rußland nicht gebräuchlich waren.

3. Außer den beiden Andreasflaggen wurden ein Malaie und ein Chinese als Flaggenhalter hinzugefügt sowie die Devise 'Spe fretus'.
4. Vgl. Bernhardi, Jugenderinnerungen S. 159.
5. Aufzeichnungen Constantin von Krusenstierns über seinen Großvater Friedrich v. K., Manuskript im Besitz von Georg von Prosch.
6. Rund ein Drittel aller hohen Beamten und Offiziere in Armee und Marine waren damals deutscher Abstammung.
7. Verwandter des gleichnamigen russischen Komponisten Nikolai Rimskij-Korsakow. Letzterer beendete im übrigen als Midshipman auf einer Weltumseglung seine 1. Symphonie.
8. Der Wortlaut des kaiserlichen Reskripts im Anhang dieses Buches.
9. Bernhardi, Weltumsegler Krusenstern S. 50.
10. Sewernaja Ptschela Nr. 23 vom 28.1.1839 (französische Ausgabe: L'abeille du Nord).
11. Baer, Festschrift zur Feier der 50jährigen Dienstzeit des Vice-Admirals von Krusenstern.
12. Ein Exemplar davon in Bronze ist ausgestellt im National Maritime Museum in Greenwich/England.
13. Carl Friedrich von Krusenstiern an Adam Johann v. K., 29.1.1839, Familienarchiv v. K.
14. Zitiert nach: Newsky, Wokrug sweta S. 209.
15. Adam Johann von Krusenstern an Paul v. K., 30.8.1827, Familienarchiv v. K.
16. Dazu Bernhardi, Weltumsegler Krusenstern S. 52: "Die Ursache dieser Feindschaft war so eigentümlicher Art und wirft ein so helles Licht auf Menschikows Wesen, daß es wohl der Mühe wert wäre, sie zu erzählen, doch würde das hier zu weit führen."
17. Zitiert nach: Newsky, Wokrug sweta S. 209.
18. Veröffentlicht in: Mühlhäuser Geschichtsblätter Bd. 9, 1908, S. 72.
19. Bernhard August von Lindenau (1779-1854), sächsischer Staatsmann und Astronom.
20. Peter Andreas Hansen (1795-1874), dänischer Astronom, an der Sternwarte in Gotha tätig.
21. Adam Johann von Krusenstern an Paul v. K., ohne Datum (Sept. 1840), Familienarchiv v. K.
22. Damals gebräuchlicher schwedischer Name für Helsinki.
23. In einer mir nicht zugänglichen unveröffentlichten Schrift vom Jahre 1843 mit dem Titel 'Menschikow und darüber, wie er mich aus dem Seekadettenkorps hinausdrängte' (vgl. Passetzki, Krusenstern S. 172) hat Adam Johann die näheren Umstände seines Ausscheidens aus dem Dienst niedergelegt.
24. Paul von Krusenstern an Mimi v. K., 12.4.1843, Familienarchiv v. K.

25. Adam Johann von Krusenstern an Paul v. K., 17.6.1843, Familienarchiv v. K.
26. Ebenda, 3.8.1843.
27. Paul von Krusenstern an Adam Johann v. K., 27.4.1844, Familienarchiv v. K.
28. Vgl. Anmerkung 55 zu Kapitel XXIV.
29. Julie von Krusenstern an Paul v. K., 6.5.1846, Familienarchiv v. K.
30. Ebenda.

Kapitel XXVI: Nach ihm

1. Die Bezeichnung 'Domkirche' rührt nicht von einem Dom, d. h. einer Bischofskirche her, sondern von dem Wort Dom in der Bedeutung Bergform. Somit lebten die Bewohner der Revaler Oberstadt 'auf dem Dom', wurde ihr Recht 'Dombürgerrecht ', ihre Schule 'Domschule' genannt usw.
2. Vgl. S. 24f.
3. Im Jahre 1851 siedelten Bernhardis zusammen mit der Schwester Julie nach Deutschland über, und zwar nach Cunnersdorf in Schlesien, wo sich Bernhardi nunmehr als freier Schriftsteller betätigte.
4. Vgl. Passetzki, Eestist pärit Artika-uurijad S. 11.
5. Schmidt's Neuer Nekrolog Bd. 24, 1846 Teil 2, S. 939.
6. In dem von Melville 1851 veröffentlichten 'Moby Dick' heißt es im Kapitel 24: "They may celebrate as they will the heroes of exploring expeditions, your Cooks, your Krusensterns, but I say that scores of anonymous captains have sailed out of Nantucket, that were as great, and greater than your Cook and your Krusenstern." Herman Melville, Moby Dick or the whale Bd. 1, S. 136 in der Ausgabe: The works of Herman Melville, Standard edition, Bd. 7, London 1922.
7. Ross, Memoir of Admiral Krusenstern, Geleitwort.
8. "Während der letzten Eiszeit erstreckte sich das Kap Krusenstern bis Asien, und im Laufe der Zeit fanden über es die ersten Einwanderungen nach Amerika statt. Nachdem die Gletscher verschwunden waren, ... nahm das Kap seine heutige Form an. Auf dem ganzen Kap kann man auf die Überreste prähistorischer Kulturen stoßen, die es als Nationaldenkmal schützenswert machen. ... Die heutigen Bewohner leben auf der dem Meere zugewandten Seite und setzen die 5.000 Jahre alte Tradition der Eskimos fort." Joseph Judge, Alaska rising northern star, in: National Geographic Bd. 147, 1975.

9. Vgl. G. Pant, Über Krusenstern, "Padua" und die Grabstätte Nukahiwa, in: Eesti Kollektsionäar/Der estnische Sammler 1.1990, S.13-15.
10. Ross, Memoir of Admiral Krusenstern, Geleitwort.
11. Julius von Krusenstern an Adam Johann v. K., 13.2.1834, Familienarchiv v. K.

Verzeichnis der Veröffentlichungen
Adam Johann von Krusensterns

Reise um die Welt in den Jahren 1803, 1804, 1805 und 1806, Bd. 1 - 3, St. Petersburg 1810 - 1812, Atlas, St. Petersburg 1814 (Zu weiteren Ausgaben und Übersetzungen vgl. S. 163 ff.).

Wörter-Sammlungen aus den Sprachen einiger Völker des östlichen Asiens und der Nordwest-Küste von Amerika, St. Petersburg 1813.

Mémoire sur une carte du détroit de la Sonde et de la Rade de Batavia, St. Petersbourg 1813.

Beiträge zur Hydrographie der größern Oceane als Erläuterungen zu einer Karte des ganzen Erdkreises nach Mercator's Projektion (mit 1 Karte), Leipzig 1819.

Atlas de l'Océan Pacifique, Bd. 1 - 2, St. Petersbourg 1824 - 1827.

Recueil de Mémoires hydrographiques, pour servir d'analyse et d'explication à l'Atlas de l'Océan Pacifique, Bd. 1 - 2, St. Petersbourg 1826 - 1827.

Supplément au Recueil de Mémoires hydrographiques, Bd. 1 - 3, St. Petersbourg 1835.

Über das Dasein von Davis-Land, in: Allgemeine Geographische Ephemeriden Bd. 17, Aug. 1805, S. 397 - 415.

Nutzen des Verkohlens von Wassertonnen auf Seereisen, in: Annalen der Physik Bd. 23, 1806, S. 354 - 356.

Observations et réflexions sur les marées dans le port de Nagasaki, in: Mémoires de l'Academie Imperiale des Sciences de St. Petersbourg Bd. 2, 1810, S. 530 - 562.

Iswestie o pribytii kapitana Chancellor is Archangelska w Moskwu (Nachrichten über die Ankunft des Kapitän Chancellor aus Archangelsk in Moskau), in: Syn Otetschestwa, 1814.

Puteschestwije ot myssa Dobroi Nadeshdy k Madrassu w 1797 na fregate l'Oiseau o 36 puschkach pod natschalstwom kapitana Lindsay (Reise vom Kap der Guten Hoffnung nach Madras im Jahre 1797 auf der Fregatte l'Oiseau mit 36 Kanonen unter der Führung von Kapitän Lindsay, in: Zapiski, hg. vom Kaiserlichen Admiralitätsdepartement Bd. 3, 1815.

Wypiski is shurnala puteschestwii kapitan-lietenanta Golownina (Auszüge aus dem Reisejournal des Kapitänleutnants Golownin, in: Ebenda Bd. 3, 1815.

O Maldonadowom otkrytii Sewero-Zapadnogo prohoda w 1588 godu (Über die Entdeckungen Maldonados in der Nordwestpassage im Jahre 1588), in: Ebenda Bd. 3, 1815.

Iswestie o ispanskoi expedizii predprinijatoi dlja otkrytii w 1791, 1792 i 1793 godach pod komandoju kapitana Malespina (Nachrichten über die berühmte spanische Expedition in den Jahren 1791, 1792 und 1793 unter dem Kommando des Kapitäns Malespina), in: Ebenda Bd. 3, 1815.

Rechtfertigung des Lord Cochrane, St. Petersburg 1817.

Über den Hafenbau in Plymouth, in: Annalen der Physik Bd. 60, 1818, S. 113 - 150.

Observations sur l'état actuel des phares de la cóte de Russie dans la mer Baltique et sur les améliorations qu'ils ont éprouvées depuis l'année 1802, in: Nouvelles Annales des Voyages, de la Géographie et de l'Histoire Bd. 6, 1820, S. 217 - 223.

Mémoire sur une carte des îles Kouriles, in: Ebenda Bd. 7, 1820, S. 154 - 181.

Ob ostrowach, nedawno otkrytych na Ledowitom more (Von unlängst entdeckten Inseln im Eismeer), in: Syn Otetschestwa, 1820.

Einleitung, in: Otto von Kotzebue, Entdeckungs-Reise in die Süd-See und nach der Berings-Straße zur Erforschung einer nordöstlichen Durchfahrt Bd. 1, Weimar 1821, S. 3 - 19.

Übersicht der Polar-Reisen zur Entdeckung einer nördlichen Durchfahrt aus dem Atlantischen Ocean in das Südmeer, in: Ebenda Bd. 1, S. 23 - 72.

Analyse der auf dem Rurick im großen Ocean entdeckten Inseln, in: Ebenda Bd. 2, S. 149 - 160.

Über Grönland und die neuen Versuche, die Nordwestpassage zu entdecken, in: St. Petersburger Zeitschrift Bd. 3, 1822, S. 3 - 48.

Über die Aberration der Magnetnadel auf Schiffen, in: Naturwissenschaftliche Abhandlungen aus Dorpat Bd. 1, 1823, S. 5 - 22.

Isledowania gidrografitscheskie i istoritscheskie ostrowow Karolinskich potscherpnutye is noweischich iswestii, soobschennych ispanskimi i angeliiskimi moreplawateljami (Hydrographische und historische Untersuchungen der Karolinischen Inseln, geschöpft aus den neuesten Nachrichten spanischer und englischer Seefahrer), in: Zapiski, hg. vom Kaiserlichen Admiralitätsdepartement Bd. 5, 1823.

Über einige neu entdeckte Inseln in der Südsee, in: Annalen der Erd-, Völker- und Staatenkunde, Reihe 3, Bd. 3, 1837, S. 169 - 179.

Remarques sur quelques îles récemment découvertes dans la mer du Sud, in: Bulletin Scientifique de l'Academie, Imperiale des Sciences de St. Petersbourg Bd. 2, 1837, S. 1 - 14, Bd. 4, 1838, S. 161 - 176.

Notice sur l'expédition de découvertes, envoyée par le gouvernement des Etats Unis de l'Amerique du Nord dans la mer du Sud, in: Ebenda Bd. 6, 1839, S. 88 - 93, Bd. 7, 1840, S. 104 - 106.

Notices sur les découvertes les plus recentes dans les régions polaires et antarctiques, in: Ebenda Bd. 6, 1839, S. 212 - 215.

Notice supplémentaire sur la carte de l'archipel Gilbert, in: Ebenda Bd. 7, 1840, S. 253 - 256.

O sochranenii sdorowja matrosow na korabljach (Über die Erhaltung der Gesundheit der Matrosen auf den Schiffen), in: Zapiski Utschennago Komiteta Morskogo Ministerstwa Bd. 14, 1838.

Narrative of Mr. Middendorf's journey in Northern Siberia, in: Journal of the Royal Geographical Society Bd. 14, 1844.

Posolstwo w Japoniu (Die Gesandtschaft nach Japan), in: Morskoi Sbornik, 1869 (verfaßt 1843).

Quellen- und Literaturverzeichnis (Auswahl)

Erik Amburger, Geschichte der Behördenorganisation Rußlands von Peter dem Großen bis 1917, Leiden 1966

Erik Amburger, Ingermanland. Eine junge Provinz im Wirkungsbereich der Residenz und Weltstadt St. Petersburg-Leningrad (Beiträge zur Geschichte Osteuropas 13/I-II) Köln/Wien 1980

Russian discoveries in the Pacific and in North America in the Eighteenth and Nineteenth Centuries, hg. von A. I. Andrejew, 1952 (russ. Originalausgabe 1944)

Ernst Moritz Arndt, Erinnerungen aus dem äußeren Leben, Leipzig 1840

Ernst Moritz Arndt, Meine Wanderungen und Wandelungen mit dem Reichsfreiherrn Heinrich Karl Friedrich von Stein, Berlin 1858

Karl Ernst von Baer, Festschrift zur Feier der fünfzigjährigen Dienstzeit des Vice-Admirals von Krusenstern, in: St. Petersburgische Zeitung für das Jahr 1839, S. 126 ff., 136 ff., 153 f., 157 f., 161 f., 166, 174

Hans Becher, Georg Heinrich Freiherr von Langsdorff in Brasilien. Forschungen eines deutschen Gelehrten im 19. Jahrhundert (Völkerkundliche Abhandlungen 10) Berlin 1987

M. Below, Arktitscheskoje moreplawanie s drewneischich wremen do serediny 19. weka (Die arktische Seefahrt von der ältesten Zeit bis zur Mitte des 19. Jahrhunderts), in: Istorija otkrytija i oswojenija sewernogo morskogo puti (Geschichte der Entdeckungen und Erkundungen der nördlichen Seewege) Bd. 1, Moskwa 1956

Friedrich von Bernhardi, Denkwürdigkeiten aus meinem Leben, Berlin 1927

Theodor von Bernhardi, Jugenderinnerungen (Aus dem Leben Theodor von Bernhardis Teil 1) Leipzig 1893

Theodor von Bernhardi, Der Weltumsegler Admiral von Krusenstern, in: Th. v. B., Vermischte Schriften Bd. 1, Berlin 1879, S. 1 - 56

Andreas Bode, Die Flottenpolitik Katharinas II. und die Konflikte mit Schweden und der Türkei, 1768 - 1792 (Veröffentlichungen des Osteuropa-Institutes München 48) Wiesbaden 1979. Zugl. Diss. phil. München 1979

Peter Brückner, "... Bewahre uns Gott in Deutschland vor irgendeiner Revolution!" Die Ermordung des Staatsrats von Kotzebue durch den Studenten Sand, Berlin 1975

Diary of George Mifflin Dallas while United States Minister to Russia 1837 to 1839. Edited by Susan Dallas, Philadelphia 1892. Reprint New York 1970

Hermann Dalton, Johannes von Muralt. Eine Pädagogen- und Pastoren-Gestalt der Schweiz und Rußlands aus der ersten Hälfte des 19. Jahrhunderts, Wiesbaden 1876

Greg Dening, Islands and Beaches. Discourse on a Silent Land. Marquesas 1774 - 1880, Honolulu 1980

Ernest Stanley Dodge, The Polar Rosses. John and James Clark Ross and their explorations, London 1973

Voyage pittoresque autour du monde. Résumé général des voyages de découvertes, hg. von Jules Dumont d'Urville, Paris 1842

Nikolai Engelhardt, Kadecki Korpus Morskoi. Is wospominanie 1822 - 1829 gg. (Das Seekadettenkorps. Erinnerungen aus den Jahren 1822 - 1829) in: Russkaja Starina Bd. 41, 1884

Ingeborg Fleischhauer, Die Deutschen im Zarenreich, Stuttgart 1986

Ian Grimble, The Sea Wolf. The life of Admiral Cochrane, London 1978

Patricia Kennedy Grimsted, The foreign ministers of Alexander I. Political attitudes and the conduct of Russian diplomacy, 1801 - 1825, Berkeley / Los Angeles 1969

Hans Hasert, Die drei glücklichsten Jahre des W. G. Tilesius, in: Das Volk, 25.3.1967, Beilage 12, S. 5

Dietmar Henze, Enzyklopädie der Entdecker und Erforscher der Erde, Graz 1975 ff. (erscheint in Lieferungen)

... Hermann, Geschichte und statistische Beschreibung der russischen Seemacht, in: Rußland unter Alexander I., hg. von Heinrich Storch, Bd. 6, 1805, S. 149 - 199, Bd. 7, 1805, S. 5 - 74, 159 - 213

Alexander von Humboldt, Aus meinem Leben. Autobiographische Bekenntnisse. Zusammengestellt und erläutert von Kurt-R. Biermann, München 1987

Tullio Ilomets, Karl Ernst von Baer, Tallinn 1976

Ilo Käbin, Maal ja merel. Eesti arste-maadeuurijaid (Zu Wasser und zu Lande. Estländische Ärzte als Forschungsreisende) Lund 1972
Schwedische Übersetzung: Till lands och till sjöss. En studie över estländska läkare-upptäcktsresande, Lund 1974

Peter Kaeding, August von Kotzebue. Auch ein deutsches Dichterleben, Berlin 1985

Johann Georg Kohl, Petersburg in Bildern und Skizzen, Bd. 1 - 2, Dresden / Leipzig 1841

Otto von Kotzebue, Entdeckungs-Reise in die Süd-See und nach der Berings-Straße zur Erforschung einer nordöstlichen Durchfahrt. Unternommen in den Jahren 1815, 1816, 1817 und 1818, Bd. 1 - 3, Weimar 1821

Otto von Kotzebue, Neue Reise um den Erdball in den Jahren 1823, 24, 25 und 26, Bd. 1 - 2, Weimar 1838

Rostislav von Kotzebue, History and genealogy of the Kotzebue family, Paris 1984

Adam Johann von Krusenstern: s. oben Verzeichnis der Veröffentlichungen Adam Johann von Krusensterns

Ewert von Krusenstjern, Die Familie von Krusenstiern. Geschichte - Genealogie - Gedenkstätten, Wiesbaden 1981

Ewert von Krusenstjern, Losgeknöpft durch die Welt. Bericht eines abenteuerlichen Lebens im 19. Jahrhundert. Zusammengefügt aus Tagebüchern, Briefen und Dokumenten, Hannover 1982

Georg von Krusenstjern, Das Geheimnis um die Tragödie des estländischen Ritterschaftshauptmannes und Philanthropen J. G. von Berg, in: Baltische Hefte Bd. 6, 1960, S. 212 - 226

Elsa Kudu, Admiral A. J. Krusenstern ja Tartu Ülikool (Amiral A. J. Krusenstern und die Dorpater Universität) in: Eesti Loodus 1982, 9, S. 569 - 571

P. Werner Lange, Südseehorizonte. Eine maritime Entdeckungsgeschichte Ozeaniens, Leipzig 1983

Georg Heinrich von Langsdorff, Bemerkungen auf einer Reise um die Welt in den Jahren 1803 bis 1807, Bd. 1 - 2, Frankfurt a. M. 1812

W. Bruce Lincoln, Nikolaus I. von Rußland, 1796 - 1855, München 1981

Juri F. Lisjanski, Puteschestwije wokrug sweta w 1803, 1804, 1805 i 1806 na korable 'Newa', St. Petersburg 1812
Englische Übersetzung: A. voyage round the world, London 1814

Christopher Lloyd, Mr. Barrow of the Admiralty. A life of Sir John Barrow 1764 - 1848, London 1970

Perepiska Karla Bera po problemam geografii (Briefe Karl Baers über geographische Probleme) hg. von T. A. Lukin, Leningrad 1970

A. Marksoo, Admiral A. J. Krusensternist ja tema sidemetest Eestiga (Admiral A. J. Krusenstern und seine Beziehungen zu Estland) in: Teaduse ajaloo lehekülgi Eestist Bd. 1, 1968, S. 177 - 184

R. Matzkina, Istorija raswitija mediziny i sdrawoochranenie w Rossii. Obsor dokumentalnych materialow (Die Geschichte der Medizin und des Gesundheitswesens in Rußland. Übersicht des Dokumentenmaterials) Moskwa / Leningrad 1958

Wolfgang Mayer, Der Rebell Thomas Cochrane, Puchheim 1981

Friedrich Johann Lorenz Meyer, Darstellungen aus Rußlands Kaiserstadt und ihrer Umgebung bis Groß-Nowgorod im Sommer 1828, Hamburg 1829

Friedrich Johann Lorenz Meyer, Russische Denkmäler. In den Jahren 1828 und 1835 gesammelt, Bd. 1 - 2, Hamburg 1837

W. Newsky, Wokrug sweta pod russkim flagom (Um die Welt unter russischer Flagge) Moskwa / Leningrad 1953

G. Nosinow, Na korabljach Krusensterna. Perwy puteschestwije russkich wokrug sweta (Auf den Schiffen Krusensterns. Die erste Reise der Russen um die Welt) Moskwa 1930

Alan Palmer, Alexander I. Gegenspieler Napoleons, München 1984

Wassili Passetzki, Woprosi isledowania arktiki i antarktiki w projektach I. F. Krusensterna i P. I. Krusensterna (Fragen zur Erforschung der Arktis und Antarktis in den Projekten I. F. Krusensterns und P. I. Krusensterns) in: Russkie arktitscheskie expeditie, Leningrad 1964, S. 23 - 36

Wassili Passetzki, W pogone sa tainoi weka (In Verfolgung des Geheimnisses des Jahrhunderts) Leningrad 1967

Wassili Passetzki / A. Minewitsch, Neiswestnie pisma I. F. Krusensternu (Unbekannte Briefe an I. F. Krusenstern) in: Priroda 1968, 5, S. 102 - 107

Wassili Passetzki, Otscharowanny Nadeshdoi (Bezaubert von der Nadeshda) Leningrad 1970

Wassili Passetzki, Eestist pärit Arktika-uurijad (Aus Estland stammende Polarforscher) Tallinn 1970

Wassili Passetzki, Iwan Fedorowitsch Krusenstern, Moskwa 1974

Wassili Passetzki, Arktitscheskie puteschestwija rossija (Reisen von Russen in die Arktis) Moskwa 1974

Wassili Passetzki, Geografitscheskie isledowania dekabristow (Geographische Forschungen der Dekabristen) Moskwa 1977

Victor Petrov, Kamerger dwora (Kammerherr am Hofe) Madrid 1973

Max Rieger, Friedrich Maximilian Klinger. Sein Leben und Werk Bd. 2, Darmstadt 1896

Eugenius Baron von Rosen, Die sechs Decennien meines Lebens, Riga 1877

Memoir of the celebrated Admiral Adam John de Krusenstern, the first
Russian Circumnavigator, hg. von Sir John Ross, London 1856

Kurt Schleucher, Alexander von Humboldt, Darmstadt (1986)

Die großen Entdeckungen. Dokumente zur Geschichte der europäischen
Expansion Bd. 2, hg. von Eberhard Schmitt, München 1984

Thomas Seidel, Medizinische Beobachtungen während der Weltumseglung
des Adam Johann von Krusenstern, Diss. med. Düsseldorf 1979

Olga Smoljan, Friedrich Maximilian Klinger. Leben und Werk (Beiträge
zur deutschen Klassik 12) Weimar 1962

Jewgeni Steinberg, Slawnye morechody. Iwan Krusenstern i Juri Lisjanski
(Berühmte Seefahrer. I. K. und J. L.) Moskwa 1954

Günther Stökl, Russische Geschichte von den Anfängen bis zur Gegenwart, Stuttgart 1965

Rußland unter Alexander dem Ersten. Eine historische Zeitschrift, hg. von
Heinrich Storch, Bd. 1 - 8, St. Petersburg/Leipzig 1804 - 1806

Anton Tschechow, Die Insel Sachalin, Berlin 1982

Ekkehard Völkl, Rußland und Lateinamerika 1741 - 1841 (Veröffentlichungen des Osteuropa-Institutes München 33) Wiesbaden 1968

Rudolf Wolf, Johann Caspar Horner von Zürich 1774 - 1834, in: R. W.,
Biographien zur Kulturgeschichte der Schweiz, 2. Cyklus, Zürich 1859,
S. 353 - 404

Notizen zur schweizerischen Kulturgeschichte (u. a. Briefwechsel Johann
Caspar Horners mit Adam Johann von Krusenstern), hg. von Rudolf Wolf,
in: Vierteljahrsschrift der Naturforschenden Gesellschaft in Zürich, Bd. 21
- 24, 1876 - 1879

Ludwig Freiherr von Wolzogen, Memoiren, hg. von Alfred Freiherr von
Wolzogen, Leipzig 1851

Nachrichten von der russischen Entdeckungsreise (Briefe der Expeditionsteilnehmer), hg. von Franz Xaver Freiherr von Zach, in: Monatliche

Correspondenz zur Beförderung der Erd- und Himmelskunde, Bd. 9 - 11, 14, 1804 - 1806

Anonym, Admiral Johann Adam von Krusenstern, St. Petersburg 1869

Anonym, Admiral von Krusenstern. Erster russischer Weltumsegler, St. Petersburg 1873

(Lexikonartikel über Adam Johann von Krusenstern sind in diesem Verzeichnis nicht berücksichtigt.)

Zu den benutzten ungedruckten Quellen vgl. den Anmerkungsapparat.

Zeittafel

	A. J. von Krusenstern	Allgemein
1770	Geburt in Haggud/Estland	Vernichtung der türkischen Flotte bei Tschesme durch die Russen unter Admiral Greigh
1770 - 1771		Cooks erste Weltumseglung
1772		Erste Teilung Polens
1772 - 1775		Cooks zweite Weltumseglung
1775		Watt baut die erste brauchbare Dampfmaschine
1776		Aufbruch Cooks zu seiner dritten Weltumseglung
1779		Ermordung Cooks
1780		Tod Maria Theresias
1781		Kants 'Kritik der reinen Vernunft'; Tod Lessings
1782	Eintritt in die Revaler Domschule	Aufhebung der Leibeigenschaft in Österreich unter Joseph II.
1783		Erste Aufstiege von Heißluftballons der Brüder Montgolfier; Gründung der Akademie der Wissenschaften in St. Petersburg
1785	Eintritt ins Seekadettenkorps in Kronstadt	
1786		Tod Friedrichs des Großen
1787	Gardemarin	
1787 - 1792		Russisch - türkischer Krieg
1788 - 1790		Russisch - schwedischer Krieg
1788	Überführung vom Kadettenkorps in die Flotte; Teilnahme an der Seeschlacht bei Hochland; Midshipman	Tod Admiral Greighs

1789	Teilnahme an der See-schlacht bei Öland	Beginn der Französischen Revolution; George Washington wird erster Präsident der Vereinigten Staaten
1790	Teilnahme an den See-schlachten bei Reval und Wiborg; Leutnant	Entdeckung des Phänomens der Berührungselektrizität durch Galvani
1791	Tod des Vaters	Tod Mozarts
1792		Ermordung Gustavs III.
1793	Eintritt in die eng-lische Flotte	Zweite Teilung Polens
1794	Nach Amerika komman-diert	Volkserhebung in Polen
1795		Dritte Teilung Polens
1796	Rückkehr nach England	Tod Katharinas II., Thron-besteigung Pauls I.
1797	Einschiffung nach Süd-afrika und Südostasien	Friedrich Wilhelm III. wird preußischer König
1798	Aufenthalt in Indien, Malakka, Kanton; Kapitänleutnant	Ägyptenfeldzug Napoleons, Nelsons Sieg über die fran-zösische Flotte bei Abukir
1799	Rückkehr nach Rußland	Staatsstreich Napoleons
1801	Heirat mit Juliane von Taube	Ermordung Pauls I., Thronbesteigung Alexan-ders I.; offizielle Abschaf-fung der Folter in Rußland
1802	Beauftragung mit der Weltumseglung; Geburt des ersten Sohnes, Otto	
1803		Tod Herders
1803 - 1806	Weltumseglung	
1804		Kaiserkrönung Napoleons; Tod Kants
1805		Schlacht bei Austerlitz; Vernichtung der französi-schen Flotte durch Nelson bei Trafalgar; Tod Schillers
1806		Kontinentalsperre; Ende des 'Heiligen Römischen Reichs Deutscher Nation'

1807	Geburt des zweiten Sohnes, Julius	Beginn der Reformen Freiherr vom Steins (u. a. Bauernbefreiung); erste Dampfschiffahrt
1809	Kapitän I. Ranges; Kommandant des Linienschiffes 'Blagodat' vor Kronstadt; Geburt des dritten Sohnes, Paul	Finnland fällt an Rußland; Metternich wird österreichischer Außenminister
1810		Gründung des Staatsrates in Rußland
1811	Klasseninspektor des Seekadettenkorps in St. Petersburg; Geburt des vierten Sohnes, Emil	
1812		Rußlandfeldzug Napoleons
1813		Völkerschlacht bei Leipzig
1814		Niederlage und Abdankung Napoleons; Bau der ersten Dampflokomotive durch Stephenson
1814 - 1815	Aufenthalt in England	Wiener Kongreß
1815		Napoleons 'Herrschaft der Hundert Tage'; Heilige Allianz; 'Kongreßpolen' in Personalunion mit Rußland vereinigt
1816	Übernahme des Gutes Ass; Geburt der älteren Tochter, Charlotte	Mißernten und Hungersnöte in Europa und Amerika; Beginn der ersten wissenschaftlichen Erdvermessung
1819	Kapitän Commodore; Geburt der jüngeren Tochter, Julie	Ermordung Kotzebues; Gründung der Petersburger Universität; erste Fahrt eines Raddampfers über den Atlantik
1820		Meuterei des Semjonowschen Garderegiments
1821		Tod Napoleons

1822		Verbot der Geheimgesell-schaften in Rußland
1823	Mitglied des Admira-litätsdepartements	Monroe-Doktrin
1824	Mitglied der obersten Schuldirektion	Hochwasserkatastrophe in St. Petersburg und Kron-stadt
1825		Tod Alexanders I., Thronbe-steigung Nikolais I., De-kabristenaufstand; erste Eisenbahn (in England)
1826	Konteradmiral; Stell-vertretender Direktor des Seekadettenkorps	
1827	Mitglied des Admira-litätsrats; Direktor des Seekadettenkorps	Tod Beethovens
1828		Balkanfeldzüge Rußlands gegen die Türken
1829	Vizeadmiral; Erho-lungsurlaub	
1830		Revolutionäre Unruhen in mehreren Staaten Europas; Aufstand in Polen
1831		'Kongreßpolen' wird russi-sche Provinz
1834		Deutscher Zollverein
1837	Alexander-Newski-Orden	
1839	Dienstjubiläum	
1841	Volladmiral	
1842	Ausscheiden aus dem Amt des Seekadetten-korps-Direktors; Or-den Pour le mérite (Friedensklasse)	
1844		Weberaufstand in Schlesien
1845	Schlaganfall	
1846	Tod in Ass/Estland	Mißernten und Hungers-nöte

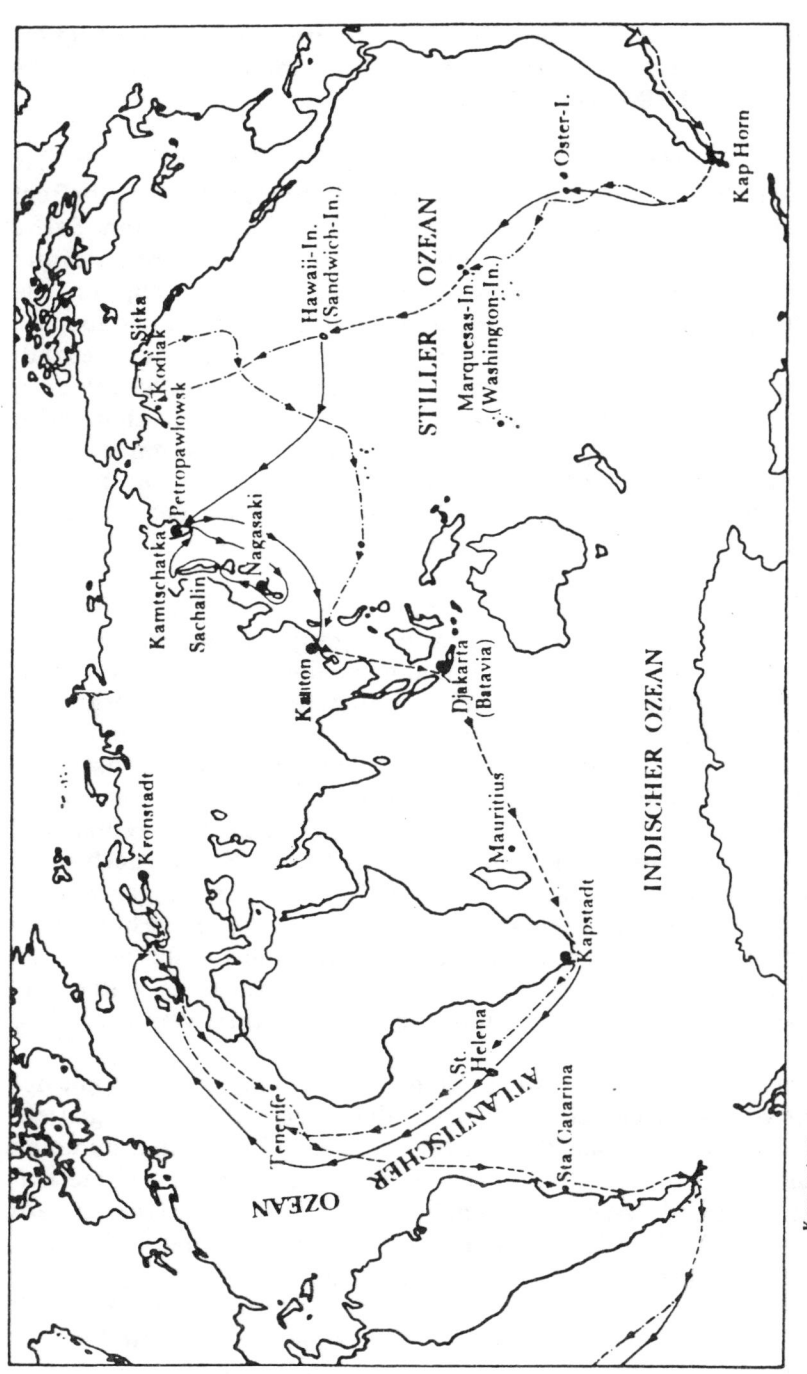

Karte der Weltumseglung 1803 - 1806

Kronstadt · Sitka · Kodiak · Kamtschatka · Petropawlowsk · Sachalin · Nagasaki · Kanton · Djakarta (Batavia) · Mauritius · Kapstadt · St. Helena · Teneriffe · Sta. Catarina · Kap Horn · Oster-I. · Hawaii-In. (Sandwich-In.) · Marquesas-In. (Washington-In.)

STILLER OZEAN

INDISCHER OZEAN

ATLANTISCHER OZEAN

——— Krusenstern

– – – Krusenstern und Lisjanski

–·–·– Lisjanski

Aus: Adam Johann von Krusenstern, Reise um die Welt, ausgewählt, bearbeitet und herausgegeben von Christel und Helmuth Pelzer, Leipzig 1985, S.8/9

Geheimbericht Johann Caspar Horners von der Weltumseglung an Franz Xaver Freiherr von Zach als Beilage zu seinem Brief aus Brasilien vom 28.1.1804 (vgl. S. 94)

"In Ihre mächtige Hand lege ich folgende Nachricht nieder, um der Wahrheit eine Zuflucht und den Schutz der Publizität zu verschaffen, wenn widrige Umstände oder Kabalen die Ehre der gerechten Sache vergraben sollten. Krusenstern, der durch die persönliche Aufmunterung des Kaisers bewogen, eine äußerst glückliche Lage verließ, um die ruhmvolle Ausführung eines Projektes zu übernehmen, wovon er selbst der Schöpfer war, hatte, wie er glaubte, dem Kaiser zu Gefallen den Gesandten nach Japan mitgenommen, welchen man sonst zu Land hinschicken wollte. Auf einer Reise durch England wurde ich mit dem kleinlichen Charakter dieses Mannes, der vom Schreiber zum Kammerherren gediehen war, bekannt. Seitdem hat sich gewiesen, daß er nicht bloß aus Schwachheit des Geistes, sondern aus Prinzip schlecht ist. Schon ehe wir Teneriffa erreichten, hatte er bei Fremden öffentlich sich die Befehlshaberehren der Expedition angemaßt und sich die beste Mühe gegeben, unter unserer Gesellschaft gegen den Kapitän zu kombinieren. Krusenstern, dem dies in Teneriffa endlich zu weit ging, machte ihm darüber sanfte Vorstellungen, als jener, wie um alles niederzuschlagen, mit einer erschlichenen, vom Kaiser unterschriebenen Instruktion herausrückte, die er billig hätte in Kronstadt zeigen sollen. Ich sage frei heraus mit einer erschlichenen Instruktion, denn Alexander ... kann keinen Krusenstern ... so kränken wollen, ihm das einzige, was einem Mann von seinem Geiste Belohnung sein kann, den Ruhm seines eigenen Werkes zu entreißen und einem anderen zur Beute geben, den die gestohlenen Federn doch nicht schmücken. Krusenstern erklärte, daß der Kaiser sei hintergangen worden und daß er deswegen nach Petersburg schreiben werde, um sich über die Beeinträchtigung seiner Ehre zu beklagen. Allein jener bat ihn aufrichtig um Verzeihung und bat ihn, die Sache beigelegt sein zu lassen und nichts davon zu schreiben, was der friedliebende Krusenstern versprach und auch hielt.

Unterdessen versäumte jener nicht, Klagen überzuschicken, daß mit der Entfernung von den russischen Grenzen, die Gleichgültigkeit gegen die Befehle des Kaisers zunehme. Späterhin deckte er selbst in einer dummen Vertraulichkeit gegen den Grafen Tolstoi alle seine sauberen Pläne auf, wie er in Zukunft andere Ordnung machen werde und wie er Krusenstern angeführt habe. Die Kapitäne sollten von der versprochenen Belohnung wenig zu sehen bekommen. Der Graf war sonst immer mit ihm uneinig gewesen; sein böser Geist gab jenem ein, aus Eigenlob seine Klugheit gegen ihn auszukramen. Tolstoi relatierte dies dem Kapitän und zwang den anderen voll Verwirrung und Beschämung, seine Äußerungen einzu-

282

gestehen. - Sein übriges Betragen, auch in Kleinigkeiten, von der Würde eines Gesandten weit entfernt, mehr gemein als populär ... Unterdessen scheint jener das gefährliche Spiel seiner ungerechten Prätensionen fortsetzen zu wollen; eine Quelle böser Zwietracht zwischen uns und nur die kalte Verachtung der Würdigeren und dann und wann der Schock der strafenden Elemente mag seinen Übermut im Zaum halten. Sie sehen, verehrungswürdiger Freund, wie schön es bei uns aussieht. In meinem Vertrauen auf den endlichen Sieg der guten Sache über die Bosheit triumphiert mein Gemüt über die Elenden und lacht ihrer. Aber für Krusenstern, den dies alles näher und härter trifft, sind alle Besseren besorgt. Allzuviel Ärger kann die Gesundheit des sanften Mannes nicht vertragen. Für alles, was ich Ihnen hier geschrieben habe, stehe ich Ihnen mit Gewissen und Ehre. Indem ich für einen Mann spreche, der gewiß niemandem Unrecht tut, würde ich mich scheuen zu viel gesagt zu haben.

P.S.: Obwohl die obige Reaktion etwas zu stark ist, um jetzt gebraucht werden zu können, so nötigen mich doch die erneuten Schlechtigkeiten des Gesandten, Sie noch einmal zu Krusensterns Hülfe einzuladen ... Übrigens habe ich jenem Menschen keineswegs zuviel getan. Ich habe schlechte Leute gesehen, aber einen solchen Ausbund von Niedertracht habe ich noch nirgends gefunden. In Kamtschatka werden wir hoffentlich von der sauberen Gesellschaft erlöst ... Steckte die Begierde des Eigennutzes nicht so sehr in ihnen, so würden sie in ihrem Leben keine solche Reise unternommen haben. Nur das verachtenswerte Betragen eines Mannes, den Krusenstern, keine hinterlistige Beeinträchtigung seiner Ehre vermutend, auf Ansuchen mitnahm, wird für ihn eine Quelle größerer Widerwärtigkeiten als die Elemente bringen."

Familienarchiv v. K.

Auszüge aus Briefen von Julie von Krusenstern an ihren Mann Adam Johann auf Weltumseglung unterwegs

"... Ein Tag vergeht wie der andere, und dies ist gewiß das Wünschenswerteste, was mir in meiner Lage begegnen kann, und wirklich vergeht dann die Zeit doch am Geschwindesten. Gewöhnlich stehe ich des Morgens zwischen sieben und acht auf, mein erster Gedanke ist mein geliebter Krusenstern und ein heißes Gebet für Ihre Erhaltung, mein erster Blick auf Ihr Portrait, das meinem Bette gerade gegenüber steht. Allmählich wird auch der kleine Otto wach, kommt zuweilen zu mir ins Bette und macht auch dem lieben Papa sein Dienerchen. Um acht Uhr ist die ganze Häuslichkeit* schon um den Kaffeetisch versammelt, und da finde ich mich denn auch mit dem kleinen Ottchen ein. Dies ist mir durch die Gegenwart unseres Eberhard** eine recht angenehme Stunde, um neun, wenn kein Besuch oder andere Abhaltungen sind, setze ich mich zu der kleinen Chatulle - wieder Ihrem Portrait gegenüber - und schreibe meinem teuren Krusenstern. Ach, ich schreibe oft nur wenig, oft muß ich lange innehalten, ich gehe im Zimmer umher, um wieder einige Fassung zu sammeln, ich knie vor Ihrem Bilde und bete zu Gott - ach warum soll ich Sie mit einer Schilderung betrüben, die Sie wohl oft selbst fühlen! Öfters unterbricht mich auch der kleine Otto und gibt mir durch seine unschuldigen, süßen Liebkosungen Trost und Erheiterung, und die Aufmunterung wird Ihnen nicht zuteil. Nur unangenehme, beschwerliche Geschäfte müssen Ihren Kummer zerstreuen. Um zwölf gehen wir pünktlich zu Tisch, und nach der Mahlzeit ist der kleine Otto der Gegenstand der allgemeinen Beschäftigung. Eberhard liebt ihn außerordentlich. Endlich geht ein jeder zu seinen Geschäften, ich bringe diese Zeit mit einer Handarbeit und dem kleinen Otto in meinem Zimmer zu, künftig, wenn die Tage länger werden, werde ich diese Stunde mit Lesen und Clavier-Spielen zubringen (jetzt ist mein Clavier noch in Reval, und aufrichtig muß ich gestehen, daß ich zu dieser Beschäftigung noch nicht ruhig genug bin); wenn ich erst Briefe aus Kamtschatka von meinem geliebten Krusenstern haben werde, dann wird mir alles besser und leichter werden. Wenn die Stunde der Dämmerung naht, so bringe ich sie mit Spazieren in den Zimmern zu, das ist wieder eine recht süße Stunde, denn dann kann ich ungestört mich mit Ihnen beschäftigen. Um fünf Uhr setzen wir uns zum Teetisch, welche angenehme Rückerinnerung gibt mir diese Stunde, Sie hatten sie so gerne, und Sie wissen wohl auch, wie Sie

---

*   Die Bewohner des Pastorats Rappel

**   Der Pastor

zu meinem Bruder immer um diese Zeit hinkamen,*** und als mein
Bruder mir sagte, daß es wohl nicht des Tees allein wegen wäre, wollte ich
es ihm nicht zugestehen, obgleich ich es wohl fühlte. - Der übrige Abend,
den ich im Sommer mit Spazierengehen zubringen werde, vergeht jetzt
mit dem kleinen Otto, Handarbeiten oder Lesen. Um zehn lege ich mich
zu Bette oder auch elf, nicht mehr um zwölf, denn Sie wünschen es ja
nicht. Möchten auch Sie dieses nicht tun, denn nichts schadet den Augen
so sehr, als spät zu lesen oder zu schreiben. Dies, mein bester Krusenstern, ist meine Tagesordnung, die, wenn Sie nach Ihrer Uhr sehen, Ihnen
so ziemlich richtig meine jedesmalige Beschäftigung sagen wird. Zuweilen
mache ich kleine Ausfahrten in die Nachbarschaft, doch nie bin ich über
eine Nacht von Hause. ..."

24.1.1804, Familienarchiv v. K.

"... Heute wird es ein halbes Jahr seit dem schrecklichen Tage, der uns
trennte - nie werde ich ihn vergessen! Wie viel Leiden haben diese sechs
Monate für uns gehabt! Welchen Gefahren haben Sie entgegengefiebert!
Gott! Jetzt, vielleicht jetzt sind Sie bei dem Cap Horn, in diesem Monat
hofften Sie dort zu sein. Meine Tränen lassen mich nicht weiter schreiben... ."

26.1.1804, Familienarchiv v. K.

"Heute, mein teurer Krusenstern, ist der Tag, der vor drei Jahren das
Glück unseres Lebens gründete, gewiß das Glück unseres Lebens, denn
vereinigte er nicht zwei Herzen, die nur füreinander geschaffen waren! Es
dünkt mir, als hätte ich vorher nur halb gelebt. Allein seit ich Sie liebe,
seit ich Sie mein nenne, sind wir gleich voneinander getrennt worden. Die
Liebe vereinigt uns, sie macht uns glücklich durch den Gedanken, daß wir
nur füreinander leben. ... Der Tag, der uns wieder vereinigen wird, der
wird noch schöner sein, als der 14. September - wäre es möglich, daß
Menschen ein größeres Glück empfunden hätten. Ja der Himmel muß, er
wird uns diese Entschädigung für so viel Leiden, so viel Qual geben, ohne
diese Hoffnung, wo nähmen wir den Mut her, die Gegenwart zu ertragen."

14.9.1804, Familienarchiv v. K.

***   Anspielung auf die Verlobungszeit

"O, mein geliebter Krusenstern, ich habe Briefe von Ihnen aus Kamtschatka! Sie leben, Sie sind gesund! Vorgestern erhielt ich diese Briefe,
noch kann ich mein Glück nicht begreifen, keine Sprache, keine Worte
können es ausdrücken - aus Kamtschatka Briefe! O, mein Gott! Sie leben,
Sie sind gesund, alles geht glücklich, Sie sind in Kamtschatka gewesen,
Sie schreiben uns von dort, seit vorgestern abend, ich kann nicht essen,
nicht trinken, nicht schlafen, ich denke nur, daß Sie in Kamtschatka
angekommen sind, daß ich von dort Briefe von Ihnen habe, ich habe halb
meinen Verstand verloren, ich kann noch nichts Zusammenhängendes
denken, selbst Ihre Briefe begreife ich noch nicht ganz, ich bin betäubt von
diesem unerwarteten Glück, nur darauf komme ich zurück, daß Sie in
Kamtschatka gewesen sind, daß Sie Cap Horn passiert haben, ach mein
Gott, wie danke ich Dir!

Ich habe vorher geglaubt, mich über Ihre Briefe freuen zu können, ich
habe jedesmal Freudentränen vergossen, allein was war das gegen das
Glück, daß ich jetzt gefühlt habe. Die lebhafteste Hoffnung, die mir mein
erlebtes Glück zur Gewißheit macht, hat meine ganze Seele eingenommen
- diese Hoffnung sie hatte mich ganz verlassen. ...

Lassen Sie sich erzählen, wie doppelt glücklich ich mich fühlen muß,
nachdem mir so vieles Anlaß zum Kummer gegeben hatte. Würst schrieb
mir vor einigen Tagen, daß der Kaiser eine Commission ernannt habe, um
die Schlichtung der Streitigkeiten mit R(esanow) beizulegen, welche aus
dem Admiral Mordwinow, Graf Rumjanzew und Geheimrat W(?) bestände,
daß da Mordwinow krank und Nowosilzew abwesend, er nichts von dem
Beschluß erfahren könne und er mir also riete, so balde als möglich nach
Petersburg zu kommen und mir selbst hierüber Licht zu verschaffen, weil
man es mir unmöglich absagen könne. Diese Nachricht beunruhigte mich
unendlich, weil ich vielleicht mehr fürchtete, als ich Ursache dazu hatte.
Ich beschloß also sogleich, nach Petersburg zu reisen, so schwer es mir
auch würde, meinen Kleinen verlassen zu müssen, da ich zu sehr
überzeugt war, daß bei der damaligen Lage der Dinge****, Sie ohnfehlbar
das Schiff verlassen hätten, so wollte ich wenigstens in diesem Falle
bitten, daß man Sie von Kamtschatka zurückberiefe, um zu vermeiden,
daß Sie es nicht ohne Befehl täten. Ich weiß nicht, bester Krusenstern, wie
zufrieden Sie hiermit gewesen wären, allein ich hielt es für abscheulich,
Sie noch ein ganzes Jahr diesen Verhältnissen ausgesetzt zu sehen.
Bruder Carl hatte die Freundschaft, mit mir reisen zu wollen. Heute sollte
ich hierher nach Reval kommen und übermorgen abreisen. Mit schwerem
Herzen packe ich mein Kästchen, mit noch schwererem sehe ich unseren

****   Vgl. S. 126 ff.

kleinen Otto an, da kommt Mamsell Eberhard und sagt, es wäre jemand, der mich sprechen wolle, ein Fuhrmann, der mir Sachen aus Petersburg gebracht hätte; da glaubte ich, es wäre das Kästchen aus Brasilien mit den Naturalien. Kaum trete ich ins Zimmer, so sehe ich die Rolle und den Brief - ich wußte nicht, wie mir geschah - ich erkenne Ihre Hand, ich erbreche den Brief, ich sehe den Brief an Ihren Bruder, überschrieben aus Kamtschatka. Von dem Augenblick an weiß ich nichts mehr, ich sank auf einen Stuhl fast ohnmächtig nieder, endlich erhole ich mich. Es ist von ihm, es ist von ihm! Er lebt, aus Kamtschatka! Das habe ich nur ausgerufen, meine Hände zu Gott erhoben - mein Gott ich danke Dir! Das hat man mir nachher gesagt, ich selbst kann mich daran nur dunkel erinnern, nur das weiß ich, daß es über ein paar Stunden dauerte, ehe ich anfangen konnte, Ihre Briefe zu lesen und daß mir leichter wurde, weil ich in Tränen ausbrach. Nein, mein bester Krusenstern, keine Sprache hat Worte für mein Gefühl, für meine Liebe. Ja, mein geliebter Krusenstern, mein Glück ist jetzt größer, als mein Unglück gewesen ist, es kann nur von dem übertroffen werden, wenn ich Sie endlich selbst in meine Arme schließen werde. Die Allmacht Gottes hat sie begleitet. Es wird mir diese Freude nicht gewährt haben, um mich zu täuschen, ich vertraue auf ihn. Er wird Sie zurückführen, zu mir, zu ihrem Julchen, zu Ihrem kleinen Otto, unserem Kinde. ...

Mein Gott! Wie verändert ist mir alles seit vorgestern, es ist doch noch alles dasselbe, wir sind getrennt. Ein schrecklicher Raum liegt zwischen uns, große Gefahren drohen Ihrer noch, noch anderthalb Jahre werde ich entfernt von Ihnen leben müssen, allein jetzt habe ich Mut, Hoffnung, Vertrauen. Es entschädigt mich für alles; allein ich sehe Sie auch glücklich in der schweren Unternehmung, in der Ausführung Ihrer Pläne, ich sehe Sie von aller Welt bewundert, geschätzt, gelobt, das, mein treuer Krusenstern, ist auch ein sehr glückliches Gefühl für mich.

Es ist hier eben Landtag, alles ist in der Stadt, Sie glauben nicht, bester Krusenstern, welche Teilnahme die glücklichen Nachrichten, die ich erhalten, bei allen meinen Bekannten, auch bei den fremdesten Personen erregt haben. Es ist fast keiner, der mir nicht mit der größten Rührung Glück gewünscht hat. Aber es müßte auch kein Gefühl auf der Welt geben, wer sich nicht mit mir freuen sollte, ich glaube, ich bin das leibhafte Bild der Freude und des Glücks, welches jedem doppelt auffallen muß, da keine Spur davon seit unserer Trennung zu sehen war. ...

Heute bin ich mit Gratulationsbesuchen überhäuft gewesen, meine eigene Unruhe läßt mich zu nichts kommen. Ich fand auch Briefe aus Petersburg vor, darunter von General Suchtelen den verbindlichsten Brief von der Welt über Sie, Ihre Talente, Ihre Verdienste, kurz ganz für mein Herz. ... Durch Suchtelen, Schubert wie auch durch unseren Würst erfahre ich, daß schon vor der Ankunft der Nachrichten aus Kamtschatka die

Commission ganz zu ihrem Vorteil entschieden hat. Aber dem Himmel sei gedankt, daß Sie (mit R.) versöhnt sind. ... Ich will nicht hoffen, daß er es wagen wird, Sie zum zweiten Male zu hintergehen. ..."

14.12.1804, Familienarchiv v. K.

(In Ergänzung zu dem vorigen Brief Julies ein Briefauszug von Carl Friedrich von Krusenstiern an seinen Bruder:
"Ich schloß soeben meinen Brief vom 8. Dezember, als ich Julchen zu mir kommen sah. Sie hatte sehr geweint und sah so traurig aus, daß ich äußerst erschrak. Sie zeigte mir einen Brief von Würst, der ihr allerhand beunruhigende Neuigkeiten meldete, die Errichtung eines Comitée zur Untersuchung Deiner Differenzen mit R. und verschiedene andere Gerüchte, wobei er ihr riet und verlangte, sogleich nach Petersburg zu kommen, um gemeinschaftlich hinter die Wahrheit zu kommen suchen und wenn es notwendig wäre, auch Deine dortigen Freunde und Gönner zu encouragieren, falls die Sache eine nicht ganz vorteilhafte Wendung nehmen sollte. Da ich sie nicht konnte allein reisen lassen, so erbat ich mich zu ihrem Begleiter, und die Reise sollte vier Tage darauf angetreten werden. Den Tag darauf reiste ich zur Stadt (Reval), um alles zu präparieren, und Julchen sollte einen Tag später eintreffen. Den Morgen früh darauf kommt Iwan Brevern von Kostifer zu mir, um mir zu erzählen, es habe sich den Abend vorher auf einem Balle in der 'Einigkeit' das Gerücht verbreitet, es wären Briefe von Dir aus Kamtschatka angekommen. Ich hielt es für ein Stadtmärchen, auf seine wiederholten Versicherungen aber, stürze ich den Dom herunter***** und erfahre von Salemann, daß alles wahr, er die Briefe schon tags vorher mit dem Fuhrmann nach Rappel geschickt habe. Eine Stunde darauf brachte die Post Briefe von Suchtelen, Schubert und Würst, ich erbrach sie auf dem Ritterhause und überzeugte mich von dem, was ich anfangs nicht glauben wollte. Der Ritterschaftshauptmann ließ eine Pause in der Sitzung (des Landtags) machen, alles mußte ich erzählen, und es war keiner im Saal, auf den es nicht mehr oder weniger Sensation machte. Meine Empfindungen denke Dir. So unerwartet aus der traurigen in die froheste Stimmung versetzt zu werden. Den Abend kam Julchen zur Stadt. Es wird ihr nicht gelingen, Dir zu beschreiben, wie Ihre Gemütsverfassung ist. Es ist ein Glück, daß die Freude keinen nachteiligen Einfluß auf ihre Gesundheit hatte. Aber man wird noch dereinst, wenn Dich der Himmel zu uns zurückführt, die größte Vorsicht und Vorbereitung anwenden müssen, wenn sie nicht

---

*****   Vgl. Anm. 1 zu Kapitel XXVI

erliegen soll. Die ersten Tage wurden mit Lesen und Erzählen zugebracht. Jetzt, da wir schon anfangen, zu uns zu kommen, fangen wir auch an, zu schreiben. ... Es wird ein neuer Kommandant nach Kamtschatka abgeschickt, der die Briefe mitnehmen und sie Dir sicher zustellen wird. Es wird Dir auch angenehm sein, zu hören, daß schon vor der Ankunft des Couriers in St. Petersburg das Comitée vollkommen zu Deinem Vorteil geurteilt hatte. Aus allem zu schließen, haben Deine Depeschen große Freude dort gemacht. - Wenn ich Dir die Namen aller derer nennen wollte, die mir aufgetragen haben, sich Dir besonders Deiner Teilnahme zu versichern, so hätte ich einen Schreiber nötig. ... Meine Frau, die mit in der Stadt ist und ihre Freudentränen mit den unsrigen vereinte, empfiehlt sich Dir auf herzlichste. ... Einem versöhnten Feinde aber ist nicht zu trauen, daher ist meine Freude über das wiederhergestellte gute Vernehmen (mit R.) nicht ganz rein. ..."

19.12.1804, Familienarchiv v. K.

"Seit dem 24. bin ich hier in Reval. Das ganze Land, also auch alle meine Nachbarn hatten sich schon seit mehreren Wochen zum Landtag hier versammelt. Man überredete auch mich, von allen Seiten, mich durch die sogenannten Vergnügungen zu zerstreuen. Ach, mein bester Krusenstern, ich brauche Ihnen wohl nicht zu sagen, daß diese mir weder Zerstreuung noch Vergnügen gewähren können. Nur da, wo ich am ungestörtesten an Sie denken kann, wo ich gleichsam durch meine Gedanken Ihnen nahe sein kann, da bin ich am liebsten: in Rappel Ihrem Portrait gegenüber. Hier, Sie wissen, wie unangenehm mir das immer war, ist man nie Herr seiner Zeit. Ich habe das nie mehr, als in diesen Tagen erfahren. Ich hatte mir vorgenommen, sie bloß dazu aufzuwenden, Ihnen zu schreiben. Kaum aber setzte ich mich hin und nehme die Feder zur Hand, da kommt gleich einer meiner Bekannten, sie bemerken meine traurige Stimmung, sie bringen mich fort oder bleiben bei mir, ach wüßten sie doch, wie gleichgültig mir alles ist, was nicht auf Sie Bezug hat. ..."

28.2.1805, Familienarchiv v. K.

REISE UM DIE WELT

in den Jahren 1803, 1804, 1805 und 1806

AUF BEFEHL

SEINER KAISERLICHEN MAJESTÄT

ALEXANDER DES ERSTEN

auf den Schiffen NADESHDA und NEWA

unter dem Commando

des Capitains von der Kaiserlichen Marine

A. J. VON KRUSENSTERN.

ERSTER THEIL.

Les Marins écrivent mal, mais avec assez de candeur.

DE BROSSES.

ST. PETERSBURG,

GEDRUCKT IN DER SCHNOORSCHEN BUCHDRUCKEREY, 1810.

Auf Kosten des Verfafsers.

Titelblatt der Erstausgabe von Adam Johann von Krusensterns 'Reise um die Welt' Teil 1

Dem

erften Führer der Ruffen um die Welt,

dem

vorfichtigen und kühnen Seefahrer,

dem

erfahrnen, wiffenfchaftlichen und forfchenden Nautifer,

dem

menfchenfreundlichen, forgfamen und väterlichen

Befehlshaber,

dem

theilnehmenden, nachfichtigen und offenen Freunde feiner Gefährten,

dem

edlen, rechtfchaffenen und würdigen Mann,

dem

allgemein verehrten v. Krufenftern,

weihet

diefen zweiten Theil,

als ein kleines Zeichen feiner Dankbarkeit und Achtung,

Der Verfaffer.

Widmung des 2. Teils von Georg Heinrich von Langsdorffs 'Bemerkungen
auf einer Reise um die Welt', Frankfurt 1812

Russische Weltumsegelungsexpeditionen 1803 - 1848

1. Krusenstern	("Nadezda")	1803-1806	Kap Hoorn	Südafrika
2. Lisjanskij	("Neva")	1803-1806	Kap Hoorn	Südafrika
3. Hagemeister	("Neva")	1806-1807	Südafrika	---
4. Golovnin	("Diana")	1807	Südafrika	---
5. M. P. Lazarev	("Suvorov")	1813-1816	Südafrika	Kap Hoorn
6. Kotzebue	("Rjurik")	1815-1818	Kap Hoorn	Südafrika
7. Hagemeister	("Kutuzov")	1816-1818	Kap Hoorn	Südafrika
8. Ponafidin	("Suvorov")	1816-1818	Kap Hoorn	Kap Hoorn
9. Golovnin	("Kamcatka")	1817-1819	Kap Hoorn	Südafrika
10. Bellingshausen	("Vostok")	1819-1821	Rio de Janeiro	Sydney
11. M. P. Lazarev	("Mirnyj")	1819	Rio de Janeiro	Sydney
12. Vasil'Ev	("Otkrytie")	1819-1822	Südafrika	Kap Hoorn
13. Sismarev	("Blagonamerennyj")	1819-1822	Südafrika	Kap Hoorn
14. Ponafidin	("Borodino)	1819-1821	Südafrika	Kap Hoorn
15. Dochturov	("Kutuzov")	1820-1822	Kap Hoorn	Kap Hoorn
16. Klockov	("Rjurik")	1821-1822	Südafrika	
17. Chruscev	("Apollon")	1821-1824	Südafrika	Kap Hoorn
18. M. P. Lazarev	("Krejser")	1822-1825	Südafrika	Kap Hoorn
19. A. P. Lazarev	("Ladoga")	1822-1824	Südafrika	Kap Hoorn
20. Kotzebue	("Predprijatie")	1823-1826	Kap Hoorn	Südafrika
21. Cistjakov und Muravev	("Elena")	1824-1826	Südafrika	Kap Hoorn
22. Wrangler	("Krotkij")	1825-1827	Kap Hoorn	Südafrika
23. Stanjukovic	("Moller")	1826-1829	Kap Hoorn	Südafrika
24. Lütke	("Senjavin")	1826-1829	Kap Hoorn	Südafrika
25. Chromcenko	("Elena")	1828-1830	Südafrika	Kap Hoorn
26. Hagemeister	("Krotkij")	1828-1830	Südafrika	Kap Hoorn
27. Chromcenko	("Amerika")	1831-1833	Südafrika	Kap Hoorn
28. Schanz	("Amerika")	1834-1836	Südafrika	Kap Hoorn
29. Tebenkov	("Elena")	1835	Kap Hoorn	---
30. Berens	("Nikolaj")	1837-1839	Kap Hoorn	Kap Hoorn
31. Kadnikov und Veovodskij	("Nikolaj")	1839-1841	Kap Hoorn	Kap Hoorn
32. Zaremba	("Naslednik Aleksandr")	1840	Kap Hoorn	
33. Junker	("Abo")	1840-1842	Südafrika	Kap Hoorn
34. Vonljarljarskij	("Irrtys")	1843	Südafrika	---
35. Nevelskoj	("Bajkal")	1848	Kap Hoorn	---

Aus: Ekkehard Völkl, Rußland und Lateinamerika 1741-1841, Wiesbaden 1968, S. 228 f.

Verzeichnis deutschbaltischer Polarforscher

Karl Ernst von Baer	(1792 - 1876)
Fabian von Bellingshausen	(1778 - 1852)
Alexander von Bunge sen.	(1803 - 1890)
Alexander von Bunge jun.	(1851 - 1930)
Constantin Grewingk	(1819 - 1887)
Ernst Hofmann	(1801 - 1871)
Otto von Kotzebue	(1787 - 1846)
Paul von Krusenstern sen.	(1809 - 1881)
Paul von Krusenstern jun.	(1834 - 1871)
Alexander von Middendorff	(1815 - 1894)
Friedrich Schmidt	(1832 - 1908)
Alexander von Schrenck	(1816 - 1876)
Eduard Baron von Toll	(1858 - 1902),
(auf einer Forschungsexpedition verschollen)	
Hermann Walter	(1864 - 1901)
Ferdinand Baron von Wrangell	(1796 - 1870)

Die auffällige Häufung von Polarforschern aus einem so kleinen Land wie Estland ist wohl auf die Anregung durch Adam Johann von Krusenstern zurückzuführen.

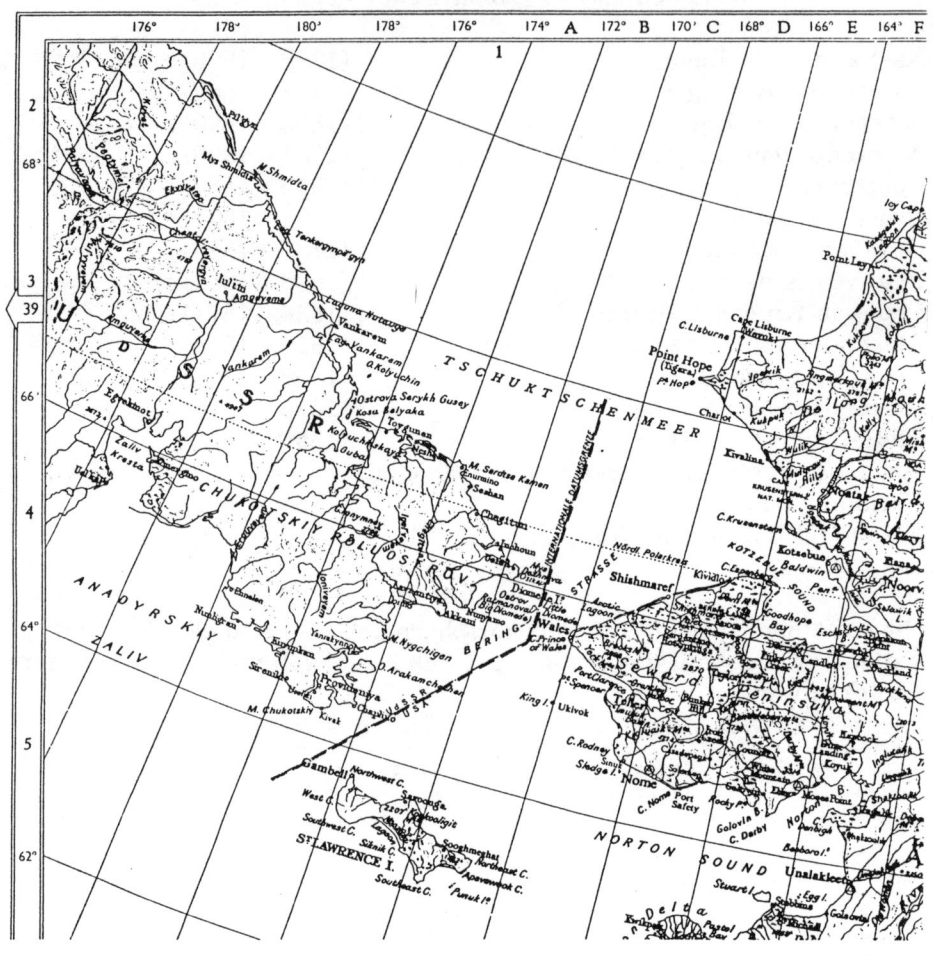

Aus: Knaurs Grosser Weltatlas, 10. neu bearbeitete Auflage 1985,
Tafel 113

294

Rescript de S.M. L'Empereur a l'Amiral de Krusenstern.

Après avoir longtemps dirigé avec une activité infatigable et d'une manière si utile le Corps des Cadets de la Marine, auquel vous avez constamment consacré toute votre sollicitude et vos soins si éclairés afin de l'amener à ce degré de parfaite organisation, tant sous le rapport moral que sous celui des études, dans lequel il M'est si agréable de le voir, vous avez témoigné le désir de quitter le Corps et de vous reposer des fatigues qui ont détruit votre santé.

Ayant consenti, quoiqu'avec un regret sincère, à vous accorder votre démission de la direction du Corps, J'éprouve une satisfaction particulière à vous exprimer à cette occasion Ma gratitude si justement méritée de la manière dont vous avez administré pendant seize ans cet établissement si exemplairement florissaut sous votre direction immédiate, et en témoignage de Mon entière bienveillance, Je vous attache à Ma Personne, en vous ordonnant de porter Mon Chiffre sur vos épaulettes.

Signé: Nicolas.

Tsarskoé-Sélo, le 14 octobre 1842.

- L'ordre du jour de S. M. l'Empereur du 14 octobre, donne à la marine Impériale, qui autorise l'amiral de Krusenstern à se démettre de la direction du Corps des Cadets de la marine et l'attache à la Personnne de S. M. I., lui conserve en même temps les fonctions de membre du conseil des amirautés.

Extrait du Journal de St.-Pétersbourg de jeudi
22 octobre 1812, No. 510.

Nach Adam Johann von Krusenstern benannt

Kap in Alaska nördlich des Kotzebue-Sundes, Fundstätte von zehn prähistorischen Kulturen. Benannt von Otto von Kotzebue (Vgl. Kotzebue, Entdeckungsreise, 1821 und National Geographic 147, Nr. 6, 1975)

Kap in Kanada und eine dortige Siedlung gegenüber Wollaston-Land (Vgl. The Times Atlas of the World, 1974)

Kap auf der Kurilen-Insel Paramuschir (Vgl. Atlas Mira, Moskwa 1954)

Seestraße zwischen den Kurilen Lowuschi und Raykoke. Benannt von Leopold von Schrenck (Vgl. Atlas SSSR, Moskwa 1962)

Seestraße bei Korea (Vgl. Nouveau Dictionnaire Geographique, Paris 1887)

Mittlere Insel der Diomedes-Gruppe. Zwischen dieser bewohnten Insel und der größeren Ratmanow-Insel verläuft die Datumslinie sowie die Grenze zwischen Amerika und Asien (Vgl. Brockhaus' Conversations-Lexikon Bd. 5, 1883)

Inselgruppe im Archipel Paumotu. Benannt von Otto von Kotzebue (Vgl. Atlas de l'Ocean Pacifique, St. Petersbourg 1824)

Inselgruppe Ailuk der Marschallinseln. Benannt von Otto von Kotzebue (Vgl. Kotzebue, Neue Reise um die Welt, 1830)

Bucht der Ja-mal-Halbinsel im Karischen Meer. Benannt von Iwan Iwanow (Vgl. Petermanns Geographische Mitteilungen 1971, 7)

Berg auf dem rechten Südzipfel Sachalins (Vgl. Atlas Sachalinskoi oblast, Moskwa 1967)

Berg auf Nowaja Semlja (Nordinsel). Benannt von Friedrich Lütke (Vgl. Hans-Peter Kosack, Die Polarforschung, 1967)

Berg der Antarktis auf Königin-Maud-Land (Vgl. L. T. Dubrowin, M. A. Preobraschenskaja, Russkie i sowjetskie geografitscheskii naswanija na kartach antarktiki (Die russischen und sowjetischen geographischen Namen auf den Karten der Antarktis / Leningrad 1976)

Langgestreckter See auf der kanadischen Insel Boothia. Benannt von John Ross (Vgl. Ross, Die zweite Entdeckungsreise, Leipzig 1835)

Felsenriff im Pazifik, westlich von Hawaii. Benannt von Juri Lisjanski
(Vgl. Andrees Allgemeiner Handatlas 1909)

Mondkrater in der Gruppe Arzachel, dem Apianus benachbart (Vgl.
Hallwag, Mondkarte)

Schmetterling, 'Papilio Krusensternia'. Benannt von Johann Friedrich
Eschscholtz (Vgl. Kotzebue, Etndeckungsreise, 1821)

Tropische Pflanze 'Ipomoea Krusensternii' mit eßbaren Knollen. Benannt
von Wilhelm Gottlieb Tilesius (Vgl. Krusenstern, Reise um die Welt, Atlas)

Personenregister

Standbild Adam Johann von Krusenstern
in St. Petersburg/Leningrad

Jürgen Mirow

Geschichte des deutschen Volkes

**1264 Seiten,
125 Fotographien,
Graphiken, Karten,
Gebunden
ISBN 3-925825-34-7**

Mirows Darstellung ist frei von Polemik und
Schönfärberei.

[Rudolf Pörtner − Die Welt]

Wo immer man aufblättert, man ist gefesselt,
eh man sich's versieht, vertieft man sich in die
Lektüre und wird belehrt entlassen.

[Karl-Heinz Janßen − Die Zeit]

Andererseits ist es gerade der unbefangene,
unkonventionelle Zugang eines jungen Historikers,
der das erfrischende an dieser Geschichtsdarstellung
ausmacht ...

[Eduard Mühle − FAZ]

Casimir Katz Verlag